Todos los libros de Linkgua Ediciones cuentan con modelos de Inteligencia Artificial entrenados por hispanistas. Pregúntale al chat de tu libro lo que desees acerca de la obra o su autor/a.

Para ebooks: Accede a nuestro modelo de IA a través de este enlace.

Para libros impresos: Escanea el código QR de la portada con tu dispositivo móvil.

Obtén análisis detallados de nuestros libros, resúmenes, respuestas a tus preguntas y accede a nuestras ediciones críticas generativas para una experiencia de lectura más enriquecedora.
La transparencia y el respeto hacia la autoría de las fuentes utilizadas son distintivos básicos de nuestro proyecto. Por ello, las respuestas ofrecen, mediante un sistema de citas, las fuentes con las que han sido elaboradas.

José Martí

Crónicas sociales

Barcelona 2024
Linkgua-ediciones.com

Créditos

Título original: Crónicas sociales.

© 2024, Red ediciones S.L.

email: info@linkgua.com

Diseño de la colección: Michel Mallard.

ISBN rústica ilustrada: 978-84-9953-602-6.
ISBN tapa dura: 978-84-9897-319-8.
ISBN rústica: 978-84-96428-18-8.
ISBN ebook: 978-84-9897-030-2.

Cualquier forma de reproducción, distribución, comunicación pública o transformación de esta obra solo puede ser realizada con la autorización de sus titulares, salvo excepción prevista por la ley. Diríjase a CEDRO. (Centro Español de Derechos Reprográficos, www.cedro.org) si necesita fotocopiar o escanear algún fragmento de esta obra.

Sumario

Créditos	4
Brevísima presentación	13
La vida	13
México en 1882	15
La industria en los países nuevos	20
México en Excélsior	24
México, los Estados Unidos y el sistema prohibitivo	27
Adelantos en México	31
Nueva York, 2 de agosto 1886	35
Nueva York, 9 de agosto de 1886	48
Nueva York, 23 de junio de 1887	55
Un libro del norte sobre las instituciones españolas en los estados que fueron de México. Los pueblos. Los presidios. Las misiones. Spanish Institutions of the Southwest por el profesor Frank W. Blackmar. Baltimore: John Hopkins' Press	66
Discurso pronunciado en la velada en honor de México de la Sociedad Literaria Hispanoamericana en 1891	71
Boletines parlamentarios. Sesión del día 2 de abril de 1875. Presidencia del C. Tagle	76
Boletines parlamentarios. Sesión del día 3 de abril de 1875. Presidencia del C. Tagle	77

Boletines parlamentarios. Sesión del día 5 de abril de 1875.
Presidencia del C. Tagle   79

Boletines parlamentarios. Sesión del día 6 de abril de 1875.
Presidencia del C. Tagle   81

Boletines parlamentarios. Sesión del día 8 de abril de 1875.
Presidencia del C. Tagle   82

Boletines parlamentarios. Sesión del día 9 de abril de 1875.
Presidencia del C. Tagle   83

Boletines parlamentarios. Sesión del día 12 de abril de 1875.
Presidencia del C. Tagle   85

Boletines parlamentarios. Sesión del día 15 de abril de 1875.
Presidencia del C. Tagle   87

Honrosa semblanza   89

Honra justísima   91

La estrategia   92

Muy notable cuadro   93

Correo de los teatros   94
    Señor don Joaquín Macal   97

Los códigos nuevos   99
    Al director de El Progreso   105

Revista Guatemalteca   107

Carta a Valero Pujol, director de El Progreso — 111

Guatemala — 116
    Prólogo — 116
    I — 118
    II — 119

Reflexiones destinadas a preceder a los informes traídos por los jefes políticos a las conferencias de mayo de 1878 — 177

Poesía dramática americana — 189

El popol Vuh de los quichés. Páginas del libro de José Milla — 195

Guatemala, la tierra del quetzal. W. I. Brigham — 199

Plátanos — 204

Quesos — 206

Árboles de quina — 208

Propósitos — 211

Muestra de un ensayo de diccionario de vocablos indígenas por Arístides Rojas — 216

«Venezuela Heroica» por Eduardo Blanco — 218

«La Venezoliada», poema, por J. Núñez de Cáceres — 220
    Nota — 222

El carácter de la Revista Venezolana — 224

Centenario de Andrés Bello   231

El poema del Niágara   237

Productos de Venezuela   259

Los Estados Unidos y Venezuela   262

«Manual del Veguero Venezolano». Por el señor Lino López
Méndez   264

Buenos y malos americanos. Fiestas en París en honor del
general San Martín   272

Un poema cubano. «Los Arabescos de Eduino» por José
Antonio Calcaño   276

Alba de Cuba. Relieve del escultor venezolano Rafael de la Cova 282
    A Fausto Teodoro de Aldrey   284
    A Diego Jugo Ramírez   285
    A Fausto Teodoro de Aldrey   286
    A Diego Jugo Ramírez   287
    A Agustín Aveledo   289
    A Diego Jugo Ramírez   290
    Nueva York, 10 de junio 1882   291
    Nueva York, 28 de julio 1882   293
    Heraclio Martín de la Guardia   294

Fragmento del discurso pronunciado en el Club del Comercio,
en Caracas, Venezuela, el 21 de marzo de 1881   297

Discurso pronunciado en la velada de la Sociedad Literaria

Hispanoamericana en honor de Venezuela, en 1892	310
Nueva York, 19 de septiembre, 1884	316
A Federico Henríquez y Carvajal	318
A tres antillanos	320
Fragmento de un discurso en elogio de Santo Domingo	322
Costa Rica, julio 8, 1893	326
Buenos Aires. Mensaje del presidente de la República al Congreso. Paz, escuelas, inmigrantes, ferrocarriles	329
Agrupamiento de los pueblos de América. Escuelas En Buenos Aires. Buenos Aires, París y Nueva York	334
Juárez	337
La Patagonia	340
La República Argentina en los Estados Unidos. Un artículo del Harper's Monthly	342
La República Argentina en el exterior	351
La Democracia práctica. Libro nuevo del publicista americano Luis Varela	362
Nuestra América	366
Tipos y costumbres bonaerenses, por Juan A. Piaggio	372

La Pampa. Juicio crítico   381

Las crónicas potosinas del señor Vicente G. Quesada y una carta del autor   393

La Sociedad Hispanoamericana bajo la dominación española. Libro nuevo del señor Vicente G. Quesada, ministro argentino en España   403

A Miguel Tedín   409

A Roque Sáenz Peña   413

A Miguel Tedín   414

Rafael Pombo   416

El té de Bogotá   422

Guerra literaria en Colombia. «El joven Arturo», de R. Mc Douall. «La escuela», de don Santiago Pérez   424

Un recuerdo de la lectura de la Historia de la literatura colombiana, de José M. Vergara   434

Poesías y artículos de Arsenio Ezguerra   436

Palabras en la Sociedad Literaria Hispanoamericana de Nueva York sobre Santiago Pérez Triana   438

Honduras tiene ya su Escuela de Artes y Oficios   443

Libros a la carta   447

Brevísima presentación

La vida
José Martí (La Habana, 1853-Dos Ríos, 1898). Cuba.
Era hijo de Mariano Martí Navarro, valenciano, y Leonor Pérez Cabrera, de Santa Cruz de Tenerife.

Martí empezó su formación en El Colegio de San Anacleto, y luego estudió en la Escuela Municipal de Varones. En 1868 empezó a colaborar en un periódico independentista, lo que provocó su ingreso en prisión y más tarde su destierro a España. Vivió en Madrid y en 1871 publicó El presidio político en Cuba, su primer libro en prosa.

En 1873 se fue a Zaragoza y se licenció en derecho, y en filosofía y letras. Al año siguiente viajó a París, donde conoció a personajes como Víctor Hugo y Augusto Bacquerie.

Tras su estancia en Europa vivió dos años en México. Por esa época se casó con Carmen Zayas Bazán, aunque estaba enamorado de María García Granados, fuente de inspiración en sus poemas.

En 1878 regresó a La Habana y tuvo un hijo con Carmen. Un año después fue deportado otra vez a España (1879). Hacia 1880 vivió en Nueva York y organizó la Guerra de Independencia de su país. Fue cónsul de Argentina, Uruguay y Paraguay en esa ciudad norteamericana; dio discursos, escribió artículos y versos, conspiró, fundó el Partido Revolucionario Cubano y redactó sus Bases. En 1895, al iniciarse la Guerra de Independencia, se fue a Cuba y murió en combate.

Las *Crónicas sociales* recogen artículos de Martí sobre la vida social y política de diferentes países de Latinoamérica.

Son un texto de referencia en la literatura cubana del siglo XIX.

México en 1882

Las revoluciones de los pueblos americanos han tenido dos orígenes: lucha vehemente del espíritu nuevo, que, como un aire de vida vuela ahora sobre todo el Universo para aparecer definitivamente y afirmarse; y falta de vías por donde echar naturalmente la actividad ansiosa y el insaciable anhelo de grandeza del hombre hispanoamericano.

Cuando México se sacó de las entrañas, como quien se extirpa un cáncer, el Imperio, quedó asegurada y triunfante, dispuesta a toda pujanza y maravilla la diosa permanente, que da de sí luz, que ilumina los altares nuevos: la persona humana; quedó en México el hombre después de tanta lucha heroica y sangrienta, dueño de sí, que es magnífico espectáculo, tanto como es pobre de ver, y doloroso, el del hombre que bebe en la copa del olvido licores de rosas nacidas en fango.

Pero, aun acabada esta razón de guerra, natural siempre e inevitable en los pueblos donde, en forma más o menos vehemente y culta, el hombre se rebela contra los que sujetan el noble, fructífero y majestuoso empleo de su albedrío —por hacer de sus rodillas pavimento de templo, y de su cerebro alimento de los dioses antiguos desmayados— quedaba aún en pie la segunda causa, avivada por el carácter belicoso que a la larga adquiere un pueblo nacido y criado entre guerras, y por cierta hidalga disposición del mexicano a fiar a la punta de la espada su derecho. Que daba en pie la segunda causa: llegados los hombres a la edad en que el deseo aguija y la ambición despierta al alma de los perezosos sueños juveniles, no hallaban instrumentos para su actividad, ni perspectiva para sus deseos, ni cauce para sus labores legítimas, en el cultivo rutinario, trabajoso, poco remunerativo, de tierras alejadas de los grandes mercados, ni en el servicio de industrias raquíticas y contrahechas, ni en un comercio ajeno y sórdido, no bien visto en el país por ir manchado de un descarado empeño en obtener de la tierra más provecho que el natural y honrado. Desdeñosos siempre de la vida, jugaban al azar de las batallas, a la más leve ocasión, su prosperidad o su muerte. De esta disposición, meramente económica; de esta desigualdad entre las demandas legítimas de la vida, acrecidas por un clima lujoso y un Sol caliente, y los medios de satisfacerlas; de este desasosiego del hombre fuerte y fiero de los campos, que no hallaba grato quehacer, ni qué hacer acaso, en mugrientas y ruines aldeas, o en campos abandonados, a cuya labor costosa, y a menudo estéril, no osaban atentar los mismos caballeros de la riqueza; de aquel malestar del hombre joven, deseador, mal enfrenado, suntuoso, repleto de fuerza, en una tierra dormida, de cuyo seno parecía que solo pudiese surgir el sustento de los hombres al fragor de la batalla, aprovechaban arteramente, con esa sonrisa lúgubre y fría de los que defienden cosas de su misma podredumbre muertas, los encendedores de discordia, que querían hacer pasar por sacudimientos políticos lo que no era más que desarreglos económicos. O ya era, como sucedió alguna vez, que los desocupados de todas estas guerras, o los desairados después de ellas, reunidos por el despecho, el apetito o la necesidad de sacudir la holganza, se juntaban en guerra formidable, alzaban bandera de una reforma accidental y confusa, y triunfaban.

Pero las fuerzas extraordinarias, en los hombres como en las tierras, por coartadas y oscurecidas que anden, surgen siempre. Nos parece, aunque, acaso, por ver el suceso de cerca, o con anteojos de pasión, no se vea por todos tan claro, que la nueva era económica, acelerada por estas cuantas paletadas de oro que echan en los hornos de México los norteamericanos, hoy sobranceros de caudales, comenzó con la extinción del Imperio, esto es, con la victoria definitiva sobre los mantenedores de la oligarquía teocrática en México. Desmayados de aquel golpe, apenas pudieron ya, de vez en cuando, en lugar de aquellas guerras tremendas y devastadoras que azuzaban antes y capitaneaban, arrimar la tea apagada a aquellos puñados, en México perennes, de descontentos o desocupados de las guerras. A poco de esto, asaltó los montes, llamando con grandes voces a la tierra adormecida, la locomotora de Veracruz, que puso en fuga a los bandoleros de las cercanías, a aquellos ociosos de antaño, con más presteza y éxito que el ejército más afortunado. No parece que el avantrén de las locomotoras libre de obstáculos la vía, sino de malvados. En descanso ya las armas de los que tantos años las esgrimieron noblemente en México por asegurar al hombre, contra convenciones religiosas y rezagos autocráticos, el ejercicio de sí, y no tan ocupadas, en virtud de la última derrota estrepitosa, las lanzas de los peleadores de alquiler, comenzó el suelo a dar flores durante el sueño, apenas interrumpido, de la guerra: y ha dado tantas, que no parece que la guerra misma, maravillada de tanta hermosura, tenga valor de atentar a ella, sobre que al aroma de las flores de la tierra cultivada se desciñe por mágica virtud, y vienen al suelo los arreajes y aprestos de la guerra.

Nos mueve a esas reflexiones, que aquí de mal grado interrumpimos, el amistoso informe que de México en 1882 publica ahora el caballero Strother, cónsul general de los Estados Unidos en México. Oírle es asistir a fiesta de encantamiento. Parece que los hombres todos se levantaron a la vez de un sueño, y éste seca un río, aquél perfora un monte, el otro lo vacía, tal destila oro, cuál levanta un pueblo, cuál, enarbolando una bandera blanca y puesto el pie sobre otra roja, se entra, a la cabeza de una locomotora, por la selva que abate a su paso las copas solemnes, y carga los vagones de sus frutos próvidos. Dice el cónsul Strother que al grueso dinero de plata sucede —¡ojalá que no sea, para evitar males futuros, con ciega presteza!— el papel moneda. Dice que no hay alba que no se anuncie con un nuevo descubrimiento; que no hay sustancia, de aquellas diversas que a millares da la tierra, que no esté ya sacada a luz y en vía de industria; que están llenas las mesas de los gobiernos de peticiones de compañías que quieren sembrar plantas de tejer, y trocar luego sus fibras en cuerdas, papel, velas, vestidos; que los pozos de oro abandonados se reabren, y vetas ignoradas salen a luz, y nuevas máquinas hidráulicas ahuyentan a las ruedas con que aún socavan en México las minas; que todo es mina de hierro, carbón y petróleo; todo esperanzas, donde el limpio maguey alza sus hojas; y en los campos abiertos, que se visten de gala para recibir amorosamente a los ferro carriles —¡gran desposorio nuevo!— todo es trigo y cebada, maíz, caña de azúcar. Plantan la vid, que ya se daba en los Estados de la frontera del Norte; domicilian la morera, que no estaba tampoco descuidada, porque México ha sido siempre tierra ávida de arte y ciencia, y tiene para su cultivo como privilegios naturales; traen de tierras lejanas caballos de buena alzada, que se cruzan con aquellos febriles y majestuosos de Aguascalientes; traen, y los sientan entre los indios benévolos y atentos, blandos siempre al amor, campesinos de Italia, viticultores de Francia, suizos honrados y alemanes fuertes. Entran al país nuevas semillas de árboles y hombres. Lucen en los cortijos los arados de acero y trilladoras: Y el gobierno, puesto al lado del pueblo, se ocupa en abrir puertas a las industrias y a los cultivos; y no, como otros, en cerrarlas.

En suma, y aunque nos duela sacar los ojos del informe del cónsul Strother, que en este tenor dice muchas cosas buenas, con dos hechos de gente de pelear pondremos punto a este artículo.

No bien entró, de vuelta de su cruzada épica, a gobernar en paz a México, aquel indio egregio y soberano, que se sentará perpetuamente a los ojos de los hombres al lado de Bolívar, don Benito Juárez, en quien el alma humana tomó el temple y el brillo del bronce, volvió armas contra él un capitán de guerrilla que años enteros había estado batallando en su favor. Ayer mismo, al grito de Juárez, sacudía la lanza sobre los amigos del Imperio; y hoy, al amanecer, vencidos los amigos del emperador, sacudía la lanza contra Juárez.

Y es fama que le dijo una persona de pro, con palabras históricas, al cabecilla reacio:

—Pero, maldito: si has estado doce años peleando porque gane Don Benito, ¿por qué, ahora que ha ganado, peleas contra él?

—Porque yo peleo contra el que manda.

Esto era aún diez años hace; y ahora es esto:

Antes se vendían en México, por cada 10 pesos de instrumentos de agricultura, 100 pesos de armas; y ahora se venden 10 en armas por cada 100 pesos de instrumentos de agricultura; y un cabecilla famoso, que jamás había sacado del lomo de su caballo la silla de batalla, dejando su corcel de guerrear atado a un árbol viejo, bajó pocos días hace a la ciudad, según Strother cuenta, y compró dos arados.

La América. Nueva York, junio de 1883

La industria en los países nuevos

Florece hoy en México la industria; y como están entrando en el país capitales nuevos; como es sabido que a la voz de las locomotoras la tierra abre sus senos; como se están poniendo ya en circulación los capitales del país, antes tímidos y enmohecidos, o consagrados a la cómoda usura; como va a haber más gente a quien vender y más dinero con que comprar, las industrias de México se avivan y se ponen en pie para seguir a la par de la corriente que empuja, tiempo arriba, a la nación.

¡Qué bueno fuera que, con ojo seguro, los acaudalados del país se diesen a ayudar las verdaderas industrias de México, que no son las imitaciones pálidas, trabajosas y contrahechas de industrias extranjeras, sino aquellas nacidas del propio suelo, que ni para nacer ni para vivir necesitan pedir prestado el alimento a pueblos lejanos, sino que trabajan de cerca e inmediatamente los productos propios! Y ¡qué malo fuera que, en vez de echar por este campo industrial, fértil, ancho y legítimo, se diera México a emprender una lucha desesperada, penosa e infecunda, para colocar en su territorio a altos precios productos que, aunque se puedan hacer mecánicamente en el país, no se pueden económicamente hacer; esto es, no se pueden producir de una manera ventajosa para el país y vencedora de las industrias similares rivales!

Pues ¿dónde hay caudales mayores que en los Estados Unidos? ¿Dónde han llegado a tal desenvolvimiento la asociación y el crédito, que son las dos claves con que ha de leerse en el interior, a primera viste maravilloso, y en verdad sencillo, de este pueblo? ¿Dónde se cerraron jamás con más dureza las puertas de la nación a los productos de las industrias que cultivaban los fabricantes nacionales? Pues en no siendo en aquellas labores que legítimamente arrancan de su propio suelo, y se dan naturalmente en él, en las que llegan a pasmoso desarrollo las industrias americanas, no han podido aún acercarse a sus rivales perfectas de Europa, a pesar de que no hubo nunca país industrial favorecido a la vez por capitales tan grandes, por tal monto de condiciones generales benéficas y por suma tan recia y severa de leyes prohibitivas.

Pueblos nuevos que han de vivir con sustos y trabajos, aun en medio de alzas aparentes y de irrupciones vertiginosas, hasta tanto que se serene la polvareda de la marcha y se vea qué queda después de ella; pueblos nuevos a quienes el ansia ajena y la propia pueden llevar, como globo con exceso de gas, a alturas donde la atmósfera ya no es respirable; pueblos nuevos, sin los beneficios, crisoles y tamices de la experiencia, que depura y decanta, y deja lo útil, sino con los hervores, prisas y ceguedades de la mocedad, pagada de lo premioso, fantástico y brillante; pueblos nuevos sin facilidades mecánicas generales, ni habilidad hereditaria, ni grandes organismos industriales que favorezcan la producción, ni comodidad geográfica, ni posibilidad racional para enviar a distancias considerables, por vías caras, productos imperfectos, a luchar en los mercados donde éstos se dan naturalmente perfectos, sin transportes que los raven ni viaje que los deteriore, y más baratos; pueblos nuevos sin abolengo, ni vecindades ni constitución industriales, no pueden producir ventajosamente industrias que vienen siendo el patrimonio, necesidad espoleadora y ocupación secular de países poco fértiles, donde la pobreza de la tierra aviva el ingenio; de países constituidos industrialmente, de manera que el arte mismo es torcido a los propósitos de la industria, y las escuelas, los talleres, las leyes mismas, talladas de manera que coadyuven a las grandezas y facilidades industriales. Los

Estados Unidos, con relojeros en todas partes del mundo, con caudales pasmosos y con la legislación más amparadora de los productos nativos que puede apetecer pueblo alguno, producen a $2.75 relojes inferiores, en seguridad, material y apariencia, a los que pueden por cinco francos obtenerse en Suiza.

Es imposible, por otra parte, que un gran territorio agrícola y minero no sea también un gran territorio industrial. Es imposible que tan gran reino vegetal no traiga en su diadema toda de joyas nuevas, industrias propias y originales. Es imposible que del maguey no surjan nuevos telares, nuevas ruedas de dientes poderosos, nuevos cobertores, nuevo cordelaje, nuevos paños, espíritus nuevos. Es imposible que tales riquezas industriales queden en abandono o en desmayo; porque lo que tiene razón de vivir trae consigo tal pujanza, que no hay preocupación de escuela, ley hostil o capricho pasajero que lo ahoguen. Y bien puede ser que haya en México industrias viables, que en el primer momento no lo sean, por ser también industria de otros países; mas a esto viene el genio industrial, que prevé que, a la larga, por dolorosos que sean los comienzos e idénticas a las propias las ventajas del pueblo rival, no podrá suceder al fin que en el propio suelo venzan, ni asomen a lidiar con los productos directos, otros iguales que, aunque sean también directos en el país que los produce, tienen que echarse a la mar y salvar tierras para entrar, con armas ya vencidas, en el combate. Es, pues, de alentar toda industria que tenga raíces constantes en el territorio que la inicia; es de rechazar como una rémora, como una catástrofe vecina, como un vicio de la mente, como un mal público, toda industria que, sin más mercado que el reducido del país propio, se empeñe en vencer, por sobre constantes e incontrastables elementos adversos, a industrias perfectas, antiguas, probadas y baratas, cuyos productos pueden venir, sin pérdida inútil de fuerza, fe, tiempo y caudales nacionales, de otros países.

La América. Nueva York, junio de 1883

México en Excélsior

Los lectores de *La América* conocen, porque en nuestro número del mes de junio se lo describimos, el baile suntuoso que, como un himno cantado por los colores y los miembros armoniosos del cuerpo humano a las conquistas del hombre sobre la Naturaleza, han dispuesto, con notable alcance en el pensamiento y lujo en la forma, sus afortunados autores.

Nueva York exhibe ahora el baile *Excélsior*, sin aquella plenitud de buen gusto con que, como flor inmensa que se abre en cesto de oro, lo exhibía el teatro Edén a los parisienses; pero con no menor riqueza. Cuando a nuestros ojos latinos asoman casi las lágrimas ante la dolorosa agonía, presentada en apropiada mímica, de los ingenieros franceses que creen haber errado sus cálculos y desesperan de haber venido abriendo el túnel del lado de Francia en la misma dirección en que lo venían abriendo del lado de Italia; cuando se dilata el alma jubilosa, y se sonríe dichosamente, como cuando se acaba de conmover a los hombres con una palabra, o arrancar un hecho nuevo a la Naturaleza; al ver entrar, al fin, lleno de abrazos, por el agujero abierto de ambas partes en el mismo lugar del túnel, al primer obrero italiano que dobla en tierra la rodilla, saludando con los llorosos franceses a un Dios nuevo, el público de Niblo's Garden apenas aplaude. Generalmente no aplaude. ¡Hay entonces poca luz, poco color, pocas damiselas en la escena!

Pero luego es de ver, en «Ismailia», el baile de todas las naciones. Todas están allí, en sus trajes peculiares y pintorescos; algunas faltan, que se están elaborando en la sombra y purgando pecados antes de subir a la morada de la Libertad; otras sobran, ya degeneradas y caídas, más hechas para ser bebidas de un sorbo por una sedienta bailarina, como el reino de Nápoles, que para llevar sus armas de abrir istmos en el cortejo de la locomotora prepujante, clarín de casco plumado de los ejércitos modernos.

En esa escena de *Excélsior*, en que los pueblos todos de la Tierra se juntan, en clarísimo espacio, por todas partes matizado —como por lenguas de gozo— de banderas, a celebrar la unión de los mares, aplauden los espectadores noche tras noche un curioso baile a cuatro, que viene después de magnífico quinteto bailado en que la Civilización, en saya corta, y la Luz, con casco y largo manto relumbrantes, disputan a un cruel señor de esclavos, azuzado por el genio negro de la Oscuridad, un pobre siervo desnudo y maltrecho, con quien la Civilización, al cabo victoriosa, baila en conyugal abandono el paso de la igualdad y de la paz; todo lo cual, con ser mímica y tener grano de chiste, conmueve, y enseña, y habla al juicio, y humedece los ojos.

Y en el baile de a cuatro, en que un inglés, todo vestido de dril blanco, figura a Europa, y a Asia un chino de ancha toga de seda, casco mondado y bigotes cadentes, cuyos extremos danzan como brazos de pulpo a los caprichos del aire, que el chino sacude con inquieto y cínico abanico, México ha sido elegido para representar a América; mas no de ridícula manera, como el inglés, que baila en la escena cancán descoyuntado, y el chino, que acompaña la animada orquesta con brincos y escarceos de ardilla loca; sino de garboso y cuasi heroico modo, y como caballero de la Civilización, que con igual brío la arrebatara de los brazos del chino que de los del inglés, cuando en los accidentes del baile se escapa a ellos.

A mayor atrevimiento, mayor honra. México se dio, en su lucha contra Europa, tamaños de pueblo; y hoy, cuando quiere un europeo simbolizar la América, la simboliza en México.

No por indio, tocado de vistosas plumas y vestido de blancos algodones, y sobre ellos colgantes del pecho gruesos trozos de horadada obsidiana, y en los dedos muestras ricas de aquellas labores de oro que tan sutilmente hacían los artífices aztecas; no por indio de tiempos de antaño está representado México en el baile, sino por charro gallardísimo, de vestido apropiado y lujoso, a quien solo sobran unas como monedillas de oro que le cuelgan del borde del sombrero. Su parte en el cuarteto no es la de Sganarelle, sino la de don Juan. No le engañan, ni se da ocasión a que se burlen de él. Es el amante preferido de la dama, a quien su valor rescata siempre de los brazos rivales. Y en la música misma, el zapateo que el mexicano y la Civilización bailan, que no llega a ser el melodioso jarabe tapatío, interrumpe, como dúo de amor entre carcajadas de payasos, las notas saltarinas y compases descuadernados que acompañan las piruetas carnavalescas del chino y del inglés.

De todo lo cual, aunque parece cosa pequeña, se deduce que, a la largo, todo pueblo saca ventaja, por la fama que asegura y respeto que inspira, de haber sido heroico;... así como queda para befa y mote cuando tarda en serlo.

La América. Nueva York, octubre de 1883

México, los Estados Unidos y el sistema prohibitivo

Más que palabras propias, que, por venir de labios latinos, podrían parecer alardes de teoría, importan las que al pie traducimos, en que el *Herald* diario de hechos, que tiene para ellos un ojo limpio, frío, y a menudo brutal, censura a su modo, con claridad igual a su crudeza, el sistema proteccionista, que apenas compensa al país con el beneficio de adquirir algunas industrias imperfectas, de los obstáculos que al amor de ellas se levantan, de la áspera contienda entre los industriales favorecidos y tercos y la nación gravada y ahogada, y del daño y riesgo en que pone a un país la acumulación de una población industrial que se ha de hallar al fin, por lo excesivo y caro de su producción, sobrada para el país y muy cara para los ajenos, en revuelta ira y hambre. Es lo peor del sistema proteccionista, usado siempre con la previsión de que solo se le tendrá en vigor mientras favorece la creación de las industrias nacionales, que éstas no le permiten luego detenerse donde debe; sino que, engolosinadas con los fáciles rendimientos que al principio, con un país entusiasta y no surtido, logra, no quieren abandonar los privilegios adquiridos, aunque de ellos sufra el país en cuyo beneficio se instituyeran; porque el sistema proteccionista, que se crea para que la nación se haga manufacturera, y, por tanto, rica y poderosa, no se mantiene luego sino por un grupo de industriales, ricos y poderosos, a costa del malestar y estrechez crecientes en la nación.

Como siete años hará, cuando el *Herald* no preveía por cierto lo que ahora lamenta, que la misma mano que estas cosas escribe en *La América* sobre México, las escribía en México sobre aquel país de corazón caliente y tierra valiosa y sobre esta otra tierra, cuyos apuros de ahora ya de entonces los veedores de ojos claros alcanzaban; lo cual recordamos porque es manía, entre gente de poco meollo, de esa que toma a ciegas puesto en bandos y generalizaciones, que, por el hecho de escribir desde los Estados Unidos, todo lo que se escriba, aunque sea tinto en la propia sangre y sacado del metal más puro que vetee por las minas del cerebro, ha de ser norteamericano; el soldado de filas no ve nunca los ensueños de gloria o deleites de sacrificio que iluminan o enternecen, en la hora del combate, los ojos del capitán.

Como siete años hace, decíamos, con nuestra previsión latina, lo que ahora, después de su experiencia sajona, reconocen los que a su costa lo tienen aprendido.

Los Estados Unidos, vivo ejemplo hasta ahora de las ventajas aparentes del sistema proteccionista, se revuelven contra él, como Neso haría contra su túnica, y por boca del *Herald*, que en esto hace coro a todos sus diarios, dicen, a propósito de su falta de arraigo actual, y acaso de arraigo futuro en el comercio con México, lo que les inspira su posición económica presente, consecuencia grave, si no formidable, del empleo desatentado y pleno de los métodos prohibitivos.

Dice el *Herald*, y como el *Herald* tipifica, en muchas cosas guía y en todas refleja bien a su país, no es de perder nada de lo que en estas cosas dice:

> Aun ahora, los ferrocarriles que desde este país están siendo introducidos en México están casi exclusivamente bajo el poder de ciudadanos de los Estados Unidos, y el capital americano se ha invertido en considerables cantidades en empresas de México. Cualesquiera que hayan sido nuestras desventajas cuando solo existía entre los dos países el comercio marítimo, los norteamericanos poseeremos (y este futuro lo expresa el *Herald* con su will absoluto, y no el shall que deja abierto campo a la posibi-

lidad o a la duda, el shall cortés), todas las ventajas comerciales que deben surgir de la terminación de los ferrocarriles.

Sí, todas las ventajas; pero si decidimos aprovecharnos de ellas. El mercado de México pertenece naturalmente a los Estados Unidos; pero por desdicha no se tuvieron en cuenta, sino que se alteraron, estas condiciones naturales, y se estableció en su lugar un estado de cosas puramente artificial, e innatural, por lo tanto, que ha venido a poner en manos de otras naciones un mercado que hubiera podido estar en las nuestras, y que, al paso que van siendo más favorables las condiciones en que se mueve, está en camino de ir creciendo casi indefinidamente. En los años 1882 y 1883 las exportaciones de México a Inglaterra aumentaron en cerca de siete millones, mientras que las exportaciones a los Estados Unidos aumentaron solo en tres millones; resultado que es todavía más lamentable en lo que se refiere a la exportación de metales preciosos, de los que Inglaterra importó de México en 1883 cerca de $504.000 más que en 1882, y los Estados Unidos más de 600.000 menos.

De nuevo preguntamos: ¿tendrán los Estados Unidos el mercado de México? No lo tendrán, decimos, a menos que no haya un cambio en nuestro sistema de comercio. México posee en abundancia las materias primas de la industria, y las industrias de los Estados Unidos necesitan precisamente de esas materias primas para poder reducir el costo de producción de sus artículos, y exportarlos a México y venderlos en competencia con las naciones europeas, que están ahora surtiéndose de aquellos materiales baratos. ¿Qué condiciones pudieran ser más favorables para un tráfico mutuo, que para ambas naciones sería ventajoso? Y ¿cómo caracterizaremos el estúpido y suicida sistema de comercio, mantenido por nuestra tarifa y nuestras leyes de navegación, que hace imposible ese beneficioso cambio? El carácter egoísta del sistema de protección es harto bien conocido para que se requieran ejemplos que lo pongan en claro; pero si algún ejemplo se necesitare, el rechazamiento del tratado de reciprocidad con México lo proporcionaría. México ha puesto mucho de su parte para abrir comercio con los Estados Unidos; los artículos que exhibe son los que en los Estados Unidos deseamos; y la generosa ayuda dada por México a los ferrocarriles demuestra su afán por establecer relaciones mercantiles con nosotros. Pero nosotros tranquilamente desdeñamos los ofrecimientos de nuestros vecinos, y preferimos mantener una política de aislamiento que está arruinando todas nuestras industrias y deprimiendo todos los ramos del comercio y la manufactura. Nosotros invitamos fríamente a otras naciones a que recojan las grandes ventajas que el comercio con México ofrece, y debemos pagar caro esta conducta si persistimos en ella.

Dice eso el *Herald*.

Por lo que hace al tratado, cierto que debe haberlo entre México y los Estados Unidos; y los que del lado latino, por prever males, no lo quisieran, no saben que, con cerrarle totalmente la puerta acumulan males mayores que los que pretenden evitar; así como los acumulan por otra vía, aunque con igual término, los que apresuradamente urden y azuzan tratados de naturaleza tan grave. Tratado debe haber; pero no aquel que se proponía, y yace en buena hora.

Y por lo que al sistema proteccionista hace, y lo que con él ha pasado en los Estados Unidos, ¿no será que el sistema proteccionista sea como esos cercados de madera de que se rodea en sus primeros años a los árboles tiernos, pero que luego, cuando ya se alza fuerte y gallardo el arbolillo, es necesario remover para que no oprima el tronco, que de todos modos ha de echar al fin el cercado a tierra?

La América. Nueva York, febrero de 1884

Adelantos en México

Mejora y cruzamiento de caballos.
Varias razas.
Crónica de zootecnia

Recuerda México a un buen caballero de un libro encantador del inglés Bulwer Litton, admirable libro, llamado del nombre de su héroe «Kenelm Chillingly»; el cual caballero inglés, Sir Leopold Travers, luego que gastó, con bríos de mozo, en querellas de amor y lujos sociales, sus primeros años y dinero, vio una buena mañana que por aquel camino iba a ambas ruinas, y sin dejar de una vez el trato ameno y espacioso de las gentes cultas, que es para el espíritu como la sazón para los manjares, se dio muy buenamente a mejorar sus campos, apuntalar y reforzar sus agrietados caseríos, abonar y sembrar sus empolvadas tierras y cruzar y embellecer sus animales. Y cuidaba con grandísimo amor su buena vaca Durham.

México, de vuelta ya de sus querellas de amor y nobles arrebatos del mocerío, ha puesto los ojos en su hacienda pingüe abandonada, que sin duda triplicará en valor, con el cuidado, como triplicó a vuelta de pocos años la de Sir Leopold Travers.

Ayer decíamos que México sembraba su valle; ahora diremos que México se ocupa activamente en la mejora y cruzamiento de sus ganados, en el modo de subir de alzada el nervioso y lindo caballo de Aguascalientes y llevar nuevas yeguas a Guanamé, La Gavia y Cruces, buenos criaderos donde ya escasean, y poner buena semilla en las receptoras afamadas de Tantoyuca.

Así como Guatemala, ganosa de mejorar la pobre especie de sus quinas y de sembrar en profusión un árbol cuyo consumo aseguran las numerosas industrias que lo usan, llama a que reconozca la tierra y presida la siembra a un hacendado de Ceilán, de habilidad probada en estas labores, así México pide informes sobre las razas caballares y tipos que fuera conveniente cruzar, y sistema que ha de seguirse en el cruzamiento, a una notable persona, rica en conocimientos de zootecnia.

La ciencia toda del cruzamiento cabe, al decir de este informador, en una sola frase: «que productores y receptores sean entre sí lo más alejados posible en sangre y genealogía». Y así los hijos heredarán los dobles caracteres salientes de ambos padres, que, por no asemejarse entre sí, no se funden en un hijo de cualidades pálidas y neutras.

Yeguas, no las hay mejores que las de Kentucky; y si tienen alguna sangre de aquella fogosa y pura de la Pampa, más apreciadas son todavía. Kentucky ha dado a los Estados Unidos esos caballos de veloces remos y de pechos anchos que hacen fruncir el ceño a los arrogantes criadores de Inglaterra, más de una vez vencidos por los nerviosos potros kentuckianos.

Y estas yeguas de Kentucky podrían dar excelentes hijos si se les llevasen padres árabes, no el Kadischi, de oscuro abolengo, y tal vez mal mezclado, ni el Attechi vulgar, ni el pesado Nedgedde, ni el Montific mismo, con ser noble y de casta probada; sino el Kochlani, soberano y esbelto; el leal y fogoso Kochlani, ala y amigo del corredor beduino, hijo de aquellas caballerizas afamadas del rey Salomón. ¡Gran rey aquél, que, sin monumentos y sin prensa, saca tantos codos por sobre las hombres y los pueblos de su tiempo; que se le ve entero y como vivo todavía! ¡Oh, fama, sueño y entretenimiento de los niños!

Para las receptoras normandas, el informador mexicano quiere semilla de pampas, en cuya sangre ágil y briosa ponen opima vida los suculentos jugos de aquellas yerbas vírgenes en que saca afuera su pujanza exuberante la tierra de la República Argentina. Hijos diestros y recios a la par nacerán de la normanda de anchos cuartos y nervudos remos, poderosa tiradora, y el pampa centelleante y flexible, en cuyos ojos vivos se hallan a veces relámpagos de ojo humano; no en Kentucky solo; en Louisiana, Filadelfia, Ohio y California tienen por yeguas excelentes las que algo conserven del caballo pampa. Gozan gran fama de ligeras trotadoras.

A la receptora boloñesa, madre de esos valientes y pundonorosos caballos de campo que, como a hermano suyo, cuida el labrador francés, vendría bien el semental inglés de sangre pura, el «blood horse» aristocrático, de elástico músculo y remos alados.

A la andaluza de paseo, de fría y acabada hermosura, el turcomano de fatiga, tan largo y desencajado como perspicaz y resistente.

Las peludas, ponderosas y colosales yeguas del Perche, madres de los percherones de gran pecho, velludo espolón, pezuña abierta y cuartilla corta, debieran ser cubiertas, como las normandas que en sus usos campesinos y fuerza se les parecen, por los Kochlanis elegantes.

Las artilleras de Jerez, hijas de árabe y normando, mansas y duras, darían gallardos hijos, bellos y trabajadores, si las cubriesen los racers ingleses, de miembros férreos y delgados, competidores hábiles del viento. Para la yegua francoárabe, que da a los campos de guerra sus mejores corceles, se aconseja el refinado Kentucky, en quien se concentran las razas opuestas.

A yeguas mexicanas, de variada índole, añadirían propiedades nuevas, mezcladas cuidadosamente en relaciones opuestas, los percherones pode rosos; los berberiscos, hijos de árabe y númida, que han dado buena semilla a los criaderos de Inglaterra; y los enjutos e infatigables mecklemburgueses.

Las yeguas de Filadelfia, altas, recias y hermosas, casarían bien con los sufridos y nobles argelinos.

Es la hacienda para un pueblo como los aposentos de la digestión para un individuo; y toda turbación o pobreza en aquélla trastorna al pueblo, como la falta de alimento o alimentación irregular trastorna y hace ineficaces o dañinos todos los demás órganos del hombre. Hasta en el exceso se parecen pueblo e individuo en ambas cualidades; que cuando hay plétora de hacienda oscurécense la virtud y sano sentido en las naciones, como en el hombre el juicio cuando ha puesto en sí cantidad excesiva de alimento.

México, que hace tan bien en imitar al caballero Travers y en arreglar cuidadosamente su sistema de creación y circulación de la riqueza, da prueba nueva de previsión y limpio entendimiento imitando a aquellos bravos caudillos feudales, menos románticos, acaso, de lo que pintan aisladas leyendas, que de sus guerras con mahometanos hallaban descanso en traer, como Ricardo Corazón de León, galanos caballos del Oriente, para mejorar las crías normandas, o en crear, como «Juan sin tierra», con cien sementales muy buenos de Holanda, el caballo de tiro valioso de que hoy se envanece Inglaterra.

Los pueblos, hombres magnificados, como los hombres tienen su edad de predominio de imaginación, y de predominio de razón. Caldea aquélla la máquina, que luego lleva a espaldas tren lujoso. Ya México prepara el tren de lujo.

Y hace bien, por cuanto es bueno pensar en la esencia de la vida al pensar en sus formas, y ver de mantener aquélla para que prosperen éstas; hace bien en buscar modo de celebrar tratados eficaces y de inmediatos y equilibradores resultados con todas las naciones de la Tierra, en la razón en que deben estar las receptoras con los sementales: veinte a uno. Lo cual no es fórmula cabalística, sino vital e interesantísimo consejo.

La América. Nueva York, 1884

Nueva York, 2 de agosto 1886
Señor director de *El Partido Liberal*:
Con ansiedad de hijo he venido siguiendo los sucesos que han abierto al fin vía a las pasiones acumuladas en los pueblos de las orillas del Río Grande: lo perentorio e inminente de ellos me impone su narración desnuda y exacta: ¡quién pudiera con sangre de sus venas comprar la paz del pueblo que ama!

En este mismo instante están presentándose al Congreso en Washington todos los documentos referentes a la prisión y proceso del periodista Cutting en El Paso; y la que no era hasta ayer más que una cuestión diplomática, en la que la prudencia innegable de dos gobiernos amigos parecía ir disipando la furia de una región brutal y ambiciosa, es ya en estos momentos un caso nacional, coloreado vivamente por los que quieren forzar al país a una guerra de conquista, y puesto a la merced de un cuerpo de Representantes que ni por la naturaleza de sus miembros ni por su dependencia de las masas electorales obrará probablemente con el tacto y la cautela con que tal vez lo reprima el Senado.

Solo hay una esperanza permanente de salvación en las resbaladizas relaciones entre los gobiernos de México y los

Estados Unidos. No son las relaciones entre estos países como las que, con más o menos cordialidad, sujetan en respetos mutuos a dos gobiernos capaces de desatar o reprimir la guerra; sino que las relaciones de México tienen que ser dirigidas de manera que a la vez respondan a la actitud del gobierno de los Estados Unidos, y a la de sus habitantes, que los empuja y precipita. Las relaciones con el gobierno son relativamente fáciles, porque aquél tiene a la fuerza, aun cuando no fuese sincero, que obrar como a la faz del mundo atento se lo imponen su decoro de República y su moderación de pueblo mayor; y así, se le tiene siempre por las bridas, por su propia necesidad de parecer justo y honrado. Pero en la opinión cruda del país hay respecto a la posesión final de México una especie de seguridad vaga, una como conciencia de natural dominio, una visión oscura de definitivo imperio, que espera para convertirse en certidumbre a que se ponga en pie el deseo.

Repugna y alarma la constante exhibición de desconocimiento e injusticia que acá se hace de las cosas de México. Por imprevisión fatal no se ha salido al paso de este concepto erróneo, no se ha puesto acumulado y terco empeño en sustituir ese recio desdén con la admiración sincera que en un pueblo, compuesto al fin de trabajadores y gente hecha de sí, tiene que inspirar un país que ha ido agrupando en nación sólida, con las manos ensangrentadas por las mordidas de sus propios hijos, los elementos más hostiles y desgranados que entraran en la composición de pueblo alguno. Ese es aquí el gobierno verdadero, ante el cual solo sirve de asesor y ejecutor el gobierno nominal: de manera que, en las relaciones con éste, que poco puede en los casos de conflicto, hay que tener constantemente la mira en aquél, que es el que los produce o los evita. A ese gobierno invisible y enorme es al que hay que tomar las avenidas. Esa es la originalidad temible y distinta de este pueblo respecto a los países de constitución monárquica. En esos países de constitución monárquica —lleven o no título de República— puede descansarse, por lo que hace a guerra, en las promesas, intrigas o influjo del gobierno, que realmente dirige. En los Estados Unidos el gobierno no dirige. El país se abandona a los políticos de oficio en las cosas de importancia menor pero manda, por sí, y arrolla a los políticos de oficio, en todos los casos mayores. De manera que aquí no se ha de cortejar a un rey ni a un presidente; sino a la masa nacional, que con toda realidad rige y preside. Ha de haber dos corrientes de diplomacia, con un solo espíritu; la una, para con el gobierno, a fin de tener siempre los ánimos obligados a entrar por la salida decorosa que se ha de tener pronta a todo caso probable de conflicto; la otra, para con la masa del país, a fin de ir destruyendo en ella la falta de respeto y conocimiento que hace el conflicto demasiado fácil. Y como por desdicha las pasiones acumuladas en la frontera, que están siempre a punto de estallar con ira, van más aprisa que esta propaganda directa de respeto todavía no emprendida, e irían más aprisa que la que se emprendiese; como la ambición descarada de los Estados fronterizos del lado americano prende sin trabajo en esa idea vaga de una posesión segura que acá está en la masa respecto de México, y encuentra apoyo, y apenas resistencia; como esa voluntad de invasión, que hay tiempo todavía de reprimir, no llega aún a tal viveza que sea inminente, porque el gobierno no ve razón para ella, ni el país distraído todavía la necesita; resulta indispensable el tener calculada en todo extremo una salida visible de derecho por donde hubiera de escurrirse, ante el mundo que ve, el gobierno, en que caben las malas como las buenas intenciones, —o le diera pretexto decoroso para negarse a atender a los interesados en la guerra. De eso parece que viene la presente angustia: de que este gobierno, que ni en palabra ni en acto ha apoyado a los turbulentos de Texas o puesto en mal al gobierno mexicano, ha hallado la salida de derecho que indudablemente ansía para salvarse de un conflicto venido en mal hora.

Desde que los despachos de Texas empezaron a avivar esa idea de dominio que es característica temible del norteamericano genuino; desde que la prensa, que suele acá hacer gala de brutalidad, prohijó sin enmienda, antes bien con expresiones de aplauso, los informes enviados de la frontera llenos de detalles exagerados o fingidos con habilidad siniestra, debe decirse en verdad que ni una palabra sola del Gobierno ha venido a azuzar el conflicto, y muchas en cambio ha hecho decir para calmarlo. Ni las censuras agrias e irrespetuosas de la gente de Texas y de su gobernador Ireland han sacado de esta actitud al Gobierno, que en toda ocasión dice que el deseo del de México de resolver honradamente este caso es tan sincero y respetable como el suyo propio. Y aun es seguro que, con esa ciencia de esperar que hace al hombre de Estado, hubiera extendido las negociaciones diplomáticas hasta dejar pasar el primer vaho de la ira, si azuzado por la gente de Texas no hubiera un Representante pedido con anuencia del Congreso al presidente los documentos del caso, que el presidente tiene que presentar al Congreso, según una provisión de los Estatutos reformados. Y en la prensa misma, donde no faltan a México observadores justicieros, no se nota aún un empeño real de forzar el conflicto, que salta en su desnudez, a pesar de sus colores de apariencia legal, con su carácter de invasión disimulada que cree cierto el triunfo, y quiere darse por razón, ya el proceso del periodista Cutting, ya el fusilamiento del naturalizado Resures, ya la insignificante detención de un Mr. Fleming, viajero de una casa de comercio, preso en Dallas.

Pero el Congreso no ha querido conocer del caso de Resures, entregado a las autoridades de México por la autoridad misma de Texas, —ni del de Fleming—. El caso único y de gravedad verdadera es el de Cutting, que por desdicha va al Congreso basado en una argumentación que apenas permite a éste una evasiva juiciosa. Cutting ha sido preso y procesado en El Paso de México por un artículo publicado en inglés en El Paso de los Estados Unidos, que el juez de El Paso mexicano considera penable conforme al Código de la República. El secretario de Estado, Mr. Bayard, mantiene que la ley de México, como la de ninguna otra nación, no puede causar efecto fuera de su territorio, —ni los periodistas de los Estados Unidos pueden naturalmente quedar expuestos a ser castigados conforme a la ley mexicana por haber expresado en su propio país, y conforme a sus leyes, opiniones que pareciesen penables a la justicia de México; no pueden los Estados Unidos admitir sobre los actos de sus hijos en su territorio más jurisdicción, ni diferentes penas, que las suyas propias: no puede admitirse que México castigue como delito mayor un acto que acaso es solo una falta en los Estados Unidos, o no es siquiera falta: ni puede, sobre todo eso, conformarse el gobierno norteamericano a ver efectuar el proceso de un súbdito suyo con formas y condiciones que en el derecho constitucional de los Estados Unidos se tienen por arbitrarias y opresoras.

En ese punto penoso descansa la controversia; y el Congreso de los Estados Unidos es llamado, como se ve, a declarar si puede su nación aceptar sobre los actos de sus ciudadanos en su territorio propio la jurisdicción extranjera. El secretario de Estado de los Estados Unidos lo niega. De la correspondencia aparece que el ministro de Relaciones de México, fundado en el artículo 188 del Código, lo afirma. Del tono de la controversia se desprende la sincera voluntad en uno y otro de salvar con decoro un peligro de guerra casual, que ninguno de los dos gobiernos desea. Del desdén que inspira Cutting, y del conocimiento que se tiene del espíritu agresivo de la gente de Texas, pudiera creerse que el Congreso, aun cuando decida exigir al presidente que intime la libertad de Cutting, como es casi inevitable que decidirá, no lo haga en una forma tan estrecha que impida el modo de evitar una guerra que no se ve con entusiasmo, ni se considera justa, aunque la verdad manda decir que, salvo en nobles espíritus, no se la vería con temor ni repugnancia. Pero de la Casa de Representantes, que ha entregado ya los documentos a la Comisión de Negocios Extranjeros no debe esperarse, a juzgar por lo que ya se ve, más que el acuerdo de intimar al presidente a que exija la libertad inmediata de Cutting. Los diputados tejanos ejercen todo su influjo sobre la Comisión. El juicio de aquella parte de la prensa que parecía dispuesta a mantener a México en el caso técnico de que el artículo de Cutting, penable según su ley, hubiese sido circulado en su territorio, se vuelve hoy contra México, desde que los documentos revelan que la República mantiene que puede penar en su territorio por sus leyes los actos de un ciudadano americano referentes a México en los Estados Unidos. Y ya se tiene en estos momentos por seguro que la Comisión de Negocios Extranjeros proponga a la Casa de Representantes que «apruebe la conducta del presidente en el caso de Cutting, y renueve la demanda de su libertad». Pero en ese mismo acuerdo de la Comisión resalta de propósito, y no está allí sin su intento, una frase que es una puerta abierta: ésta: «La Casa de Representantes, aunque aprecia la disposición mostrada por el Gobierno de México a cumplir con sus deberes internacionales, no podrá nunca aceptar la doctrina de que los ciudadanos de los Estados Unidos pueden ser perseguidos en un país extranjero por actos realizados en suelo americano». No impone por fortuna, semejante lenguaje, el deber de contestarlo con violencia; antes bien, dado el espíritu de este país y la naturaleza del conflicto, es una verdadera invitación a la paz, y a los medios suaves necesarios para mantenerla. La doctrina legal, ya se ve, no es cosa en que el Congreso de una nación pueda mostrarse blando. Pero no hay hasta hoy, por dicha grande, en cuanto va hecho y expresado en el caso de Cutting por el Gobierno y el Congreso de los Estados Unidos, una sola palabra o acto de provocación, abuso o desdén que comprometa el decoro mexicano a responder sin miramiento a la prudencia. Y más puede decirse: todavía halla excesiva la mayor parte de la prensa la prisa mostrada en este caso por el secretario de Estado: se le recuerda que hace poco puso España en un calabozo a un español naturalizado en los Estados Unidos, y a las reclamaciones de su ciudadano respondió el secretario que «podía perseguir ante los tribunales españoles al funcionario que lo había preso»: se le recuerda que con todo atrevimiento y deliberación han estado y están siendo conculcados por súbditos de Inglaterra los derechos y propiedades de los ciudadanos de los Estados Unidos en el Canadá, y él no pide su remedio inmediato, ni el Congreso se da prisa en conocer los trámites de estas burlas diarias. Ayuda indudablemente a México esta actitud del juicio público, que parece serle favorable. Parece que puede obrar con la conciencia de que este país mayor no se está regocijando en su pequeñez relativa. Pero estas exclamaciones de prensa, que permiten a México resolver en este asunto con el desembarazo de quien no siente encima la presión injuriosa y unánime de un pueblo de más fuerza, no pasa de simpatía que no causa estado, ni desvanece la decisión formal y urgente a que está sin duda determinado el Congreso.

He aquí el esqueleto de las negociaciones diplomáticas, sometidas en mal hora a una Casa de Representantes donde domina, por sobre el Este industrial y pacífico que no quiere esta guerra, el Sur que no parece sentirse completo en los límites que hoy tiene del lado del Río Grande, y el Oeste, criado con gente ruda y acometedora, para quien no es nueva la idea de continuar en los pueblos vecinos la conquista que ha realizado ya en las selvas. Y es de temer también en los actos de la Casa de Representantes el miedo interesado y servil con que, por no perder su puesto o comprometer su fortuna política, halagan los diputados contra su conciencia las preocupaciones y celos de la masa de electores: ¡aunque esta vez debe esperarse que, por ser de un solo Estado el interés directo, y por no hallarse condensado en esta hora del conflicto el espíritu invasor que aquí es la esencia del carácter, puedan los Representantes resolver sin la ligereza y desafío con que en caso de mayor pasión se habría mostrado la ruda y riesgosa ignorancia en que acá se vive de cuanto hay en México de respetable y vigoroso! —He aquí, como resulta de la correspondencia, el esqueleto de las negociaciones:

En 10 de julio, Brigham, el cónsul norteamericano en El Paso del Norte, expuso a su ministro en México, Jackson, la ineficacia de sus esfuerzos por obtener un proceso imparcial o la libertad bajo fianza de Cutting.

En 6 de julio, el ministro de Relaciones Exteriores de México, aseguró a Jackson que el Gobierno había recomendado al Gobernador de Chihuahua la aplicación pronta y desapasionada de la justicia. El 10 ordenó por telégrafo el secretario en Washington al ministro Jackson, que pidiese al Gobierno mexicano la inmediata libertad de Cutting. El 20 telegrafió de nuevo el secretario a Jackson, comunicándole correspondencia y hechos, y detallando las razones en que se apoyan los Estados Unidos para pedir la libertad de sus ciudadanos. El 22 transmitió Jackson, por despacho a su gobierno, las razones en que se apoya el ministro de México para desestimar la demanda de los Estados Unidos. El 27 remitió Bayard a Jackson por correo una formal protesta contra «la teoría de que México tenga jurisdicción sobre los delitos cometidos contra los mexicanos en los Estados Unidos, y el anuncio de que estos no pueden asentir a esas facultades extraterritoriales que reclama la ley de México. En tanto, dice el secretario, me aseguró definitivamente el ministro de México, señor Romero, que Cutting sería puesto en libertad en un plazo breve». Y al cónsul escribió el secretario que en su opinión «todos los casos de conflicto entre los dos Gobiernos pueden sin dificultad ser arreglados equitativa, honrosa y satisfactoriamente».

Esto, en Washington, donde sin duda brillan, en lo impalpable de estas negociaciones, las cualidades casi maravillosas con que la diplomacia mexicana ha venido por sobre brasas encendidas sacando con respeto a su país en la lucha gigantesca y sorda empeñada de igual a igual con el que ya ha tenido veleidades terribles de dominio. Mueve a respeto y enternece esta habilidad vigilante y profunda; esta sutileza sin avasallamiento, esta flexibilidad sin abandono, esta labor asombrosa y artística. Pero ¿en Texas? ¡Ah! en Texas, la Convención de los Demócratas reunida ayer pidió al presidente con seco lenguaje que mantuviese el honor de la bandera, y exigiese a México la libertad de Cutting y «el castigo de los asesinos de Resures, el ciudadano americano fusilado». El Gobernador habla de guerra, y amenaza con llevarla él si el Gobierno no la lleva. En muchas poblaciones se ofrecen voluntarios. Y en Dallas acuden 2.000 hombres a una junta que fue una asonada verdadera, donde un funcionario del Estado, brigadier en la Confederación, dijo a sus oyentes que estuviesen prestos para la llamada a tropa, y a obedecerla e ir adelante, «a clavar en las salas de los Moctezumas la bandera de las Fajas y de las Estrellas»; y un coronel de Caballería habló de acabar con los arados viejos y «tomar el país para los americanos, a fin de cultivarlo conforme a la civilización moderna»; y el Jefe de la Asociación de Veteranos votó por arreglar cuentas con la guerra, «aunque Inglaterra y Alemania y Francia ayudasen a México, y la creación entera». Uno hubo en la junta que tuvo el valor de reconocer que «el presidente Díaz y el Gobierno Federal tenían la determinación de obrar bien», pero no podían sujetar a su pueblo. No hay hora en que no lleguen despachos con tales noticias, sazonadas de cuanto puede airar la sangre y azuzar en la nación el odio a México. De Washington, en cambio, solo salen comentarios de prudencia, frenos puestos por las manos de más peso en el país a la ambición aventurera de los merodeadores tejanos. Y en la alta prensa aún está por aparecer una opinión favorable a las ideas de guerra, notándose más bien como la sorda voluntad de desacreditar con el silencio o sentido pacífico de los editoriales, las ideas violentas que el interés del periódico les obliga a aceptar en puestos menos honrosos de sus columnas. He aquí lo que ayer mismo imprimió el *Herald*:

En caso de que se vieran los Estados Unidos compelidos a reducir a México a la fuerza al cumplimiento de sus deberes internacionales, ya veríamos que la tarea era mucho más difícil de lo que aparentemente se supone. Yerran muchos de nuestros militares y políticos opinando que México no puede hoy resistirnos, porque el general Scott tomó en otro tiempo la ciudad de México con doce mil hombres. Cuando el ejército americano ocupó a México, solo tuvo que habérselas con un Dictador tiránico, corrompido y enteramente impopular: el general Santa Anna. Tan disgustados estaban los mexicanos con el gobierno ruinoso de aquel déspota, que la mayoría de ellos vio a las tropas invasoras más como amigos y redentores que como a enemigos de la patria. Enteramente han cambiado los tiempos. México se ha fraguado en buena lid una constitución federal. Derrotó al ejército de la invasión francesa, que contaba con unos cuarenta y ocho mil hombres. Abatió la conspiración monárquica que intentó establecer un imperio dentro de sus límites, y en los últimos diez o quince años ha realizado verdaderas maravillas en el aseguramiento de sus instituciones políticas y la organización de un ejército hábil y bien equipado.

Calcula el artículo que México puede poner en pie de guerra 250.000 hombres. Analiza minuciosamente la distribución del ejército. Celebra el valor, la sobriedad, la resistencia fabulosa de los soldados indios y mestizos. Aplaude las reformas recientes que han conducido a la centralización y mayor disciplina del Ejército, y quebrado la importancia funesta de los pequeños jefes. Cuenta las fábricas de armas y municiones. Tacha de mal tirador al soldado de México. Dice que es mucha y de la mejor la artillería, pero cortos los rifles y de poco calibre. Y de la caballería dice esto: «La caballería de México es famosa por sus intrépidos jinetes y sus valientes escuadrones; pero es demasiado ligera para soportar un encuentro con la caballería americana».

Tales son, por desdicha, los asuntos a que se mezcla ahora incesantemente el nombre de México. Esos le cuentan su ejército. Otros refieren los preparativos del coronel Unda en El Paso. Otros describen los atrincheramientos que dicen levantados por los mexicanos. Azuzan desde Texas la opinión, describiendo como ultrajes nuevos, que demandan venganza inmediata, la prisión sin causa del agente Fleming, la muerte del mexicano Resures que tomó hace poco papeles de ciudadanía en Texas y era acusado de robar caballos; y el proceso de Cutting, en que cuentan que le dieron por defensor a un abogado imberbe, y que el juez «para quitarle todo derecho de acudir a su gobierno en demanda de reparación» hizo traducir por el Medina ofendido en el artículo de Cutting, la ley de Texas que éste reconoce, a fin «de aplicarle sentencia con arreglo a su misma ley, y así no diga que le juzgaron por una ley que no es la suya».

Bien sabe México lo que hace; pero a ser todo eso cierto, como parece que lo es, no habría vergüenza, no, en reconocerlo así, sino deber perentorio. La moderación del Gobierno norteamericano, la prudencia con que ha ido entibiando el clamor de guerra que sube de la frontera con una prisa que le fuerza a hacer más de lo que quisiese, la amistad con que ha defendido los propósitos rectos del Gobierno de México, no darían por cierto carácter de debilidad al hecho honrado de confesar, si los hubiera, los errores de un funcionario menor, con las circunstancias que indudablemente los ennoblecen y atenúan.

No parece cercano, por desventura, el día en que pueda México entregarse en paz a su trabajo, sin temer las asechanzas de sus vecinos: no parece cercano. Pero así como en la frontera se amontonan riesgos que exigen una faena constante de misionero, y la presencia y obra pacífica de hombres de valía y mesura; así como ese peligro de todo momento es más real y mayor por la ignorancia americana de las cosas de México, que mantiene a los ánimos en la idea arraigada de la naturalidad y comodidad de su conquista; así como es verdad que parece llegada la hora, si se quiere salvar a la República, de atajar con una campaña infatigable de habilidad y propaganda este terrible espíritu de un pueblo que puede dejarse caer con tanta fuerza, así parece esta vez que, a pesar de la actitud a que lo compele la dificultad del caso, ha querido el gobierno americano dejar abierto de intento el camino, para la solución de este conflicto, negándose con energía a sospechar enemistad ni injusticia en el Gobierno de México, y conteniendo con su actitud directa, y su influjo indirecto, la ola de sangre que arranca de Texas.

Texas quiere la guerra; pero el resto del país ni la quiere ni la teme. Se ansía una excusa legal que la salve. La prensa aquieta el conflicto, y el Gobierno no lo compromete; pero el que puede es el Congreso, y el Congreso va a decidir que el presidente pida de nuevo la libertad de Cutting. No está ofendido en palabras ni en actos el decoro de México. Se le ha preparado una salida honrosa dejándoselo a salvo. Tiene levadura de santidad el enojo antiguo de los mexicanos de la frontera, y parece como que hoy acatan los violentos vencedores la justicia con que enciende los ánimos en México el recuerdo de 1818. ¿Qué vergüenza ha de haber en que México no se reconozca capaz por completo de sujetar los desbordes patrióticos del Estado de Chihuahua, cuando los Estados Unidos ni pueden tampoco sujetar los desmanes invasores del Estado de Texas? ¡Ojalá diesen razón las informalidades supuestas en el proceso de Cutting para salir por ellas del caso legal con cuya resolución terminaría la controversia! —¡Fía el alma enamorada de México en la sabiduría singular de sus hijos!

José Martí

Nueva York, 9 de agosto de 1886

Señor director de *La Nación*:

Valiera más esta vez no tener que dar cuenta de los sucesos culminantes de esta tierra, porque uno es el grave peligro de una guerra con México, y otro es la muerte inesperada de Samuel Tilden, aquel anciano que electo legítimamente a la presidencia de su república, prefirió consentir en la pérdida de su puesto y en el anatema de sus secuaces, a precipitar a su pueblo a la guerra para mantener su derecho.

Murió en sus arreos de batallar, con el cuerpo clavado a su sillón y la mente en el bien público. Murió mirando por sus ventanas al río Hudson, cuya corriente majestuosa es lícito comparar a la de sus pensamientos.

Es inminente en estos momentos el peligro de una guerra mexicana. Ya se comprende que la razón verdadera para ella no es el pretexto que la precipita acaso. El pretexto es la prisión, juicio y sentencia por los tribunales del Estado mexicano de Chihuahua de un Cutting, un periodista aventurero y de poca vergüenza, que circuló con su propia mano en México, contra lo que ordena y castiga la ley mexicana de libelo, un artículo difamatorio contra un mexicano, publicado en español e inglés en un periódico americano del Estado de Texas.

La razón es la insana avaricia de los cuatreros y matones echados de todas partes de los Estados Unidos sobre las comarcas lejanas de la frontera de Río Grande.

Allí, de un lado está México, con sus ciudades viejas, su riqueza descuidada, sus hijos bravos, sus recuerdos encendidos de la invasión americana de 1848, su disgusto de ver crecer cada día en su suelo la población americana, su miedo justo de una invasión ansiada por la mayoría de los habitantes del otro lado de la frontera, y su instintiva repulsión contra la insolencia agresiva de la caterva que merodea y acecha desde las orillas opuestas de su río.

Del otro lado está Texas, que fue antes provincia de México como es ahora Chihuahua, y fue poblándose de americanos como se está poblando ella, y un día fue invadida por ellos y quedó entre sus garras, como Chihuahua teme quedar ahora: del otro lado están los Estados Unidos con su vanguardia de ciudades nuevas, sus hoteles y casas arrogantes, sus puentes que atraviesan el río como garras clavadas en la tierra de México, y su populacho desalmado, que la mira como una cosa de su pertenencia, y tiene ansia de caer sobre sus dehesas y sus minas.

A aquellos mexicanos se les hace sangre la boca de pensar en la batida que sufrieron, tanto por la traición de su jefe como por la suerte de las armas, en la guerra de 1848. A estos americanos fronterizos ce les ve en los ojos el fatídico desdén hacia la raza de color trigueño que un novelista simbolizó acá hace pocos años en «Niñita» lindísima, india muy ella enamorada en mal hora de un americano blondo, que muere aplastada por la triunfal locomotora que guía México adentro el hombre a quien ama. Los novelistas lamentan la suerte de «Niñita»: ¡y los tejanos la aplastan!

Y esos dos pueblos viven en la frontera pecho a pecho, excusándose en la conciencia sus depredaciones mutuas con sus odios nacionales, entrándose como enemigos diariamente unos en tierras de otros, achacando cada día a los vecinos los crímenes que cometen en su Estado propio. Allí viven en tráfico constante, divididos por una estrecha cinta de agua estos dos pueblos que se odian. El Paso frente a El Paso del Norte, Laredo frente a Nuevo Laredo, comunicadas por tramways las dos ciudades hostiles, aguardando constantemente la una, el instante de invadir, y la otra el de rechazar la invasión.

En tanto, los gobiernos de los Estados Unidos y México han venido manteniendo relaciones pacíficas que casi tenían carácter de cordiales, ya porque por ahora no estuviese en la mente de una administración presidida por un hombre apacible del norte llevar la guerra a México que interesa más a los Estados del sur, ya porque con habilidad suprema ha venido esquivando México todo peligro de conflicto, y obligando con sus muestras de buena voluntad al gobierno de los Estados Unidos a reprimir cualquier turbulencia de sus ciudadanos contra un país tan amigo.

Pero en lo general de la opinión subsiste la creencia vaga en la cercana realidad de la posesión de México, y en el pensamiento público viene a ser la actual independencia mexicana como una mera concesión de los Estados Unidos, que no se interrumpe porque todavía no ha sido menester, pero cesará tan pronto como sea preciso. Y si en el norte mismo, que está alejado del campo del conflicto, perduran este desprecio de la raza y esta seguridad de abatirla, que en realidad se explican solo por la ignorancia, risible si no fuera tan grave, en que están de la historia y el carácter mexicanos, en el sur, y bastante también en el oeste, esa idea de conquista es cara a la imaginación popular. Se apetece la gran riqueza. Se percibe el júbilo inicuo de los animales fuertes. Todo pretexto, pues, de conflicto que se levante entre los dos países, encuentra a la frontera deseosa de la guerra; al sur dispuesto a ayudarla; al norte convencido de que la guerra ha de ser algún día y tanto es que sea hoy como mañana, y al gobierno, obligado por moralidad diplomática a la paz y empujado a la guerra por el apetito de invasión de la frontera, el espíritu belicoso del sur, y el consentimiento tácito del resto de la nación.

Esa es, en verdad, la situación que en estos instantes presenta el conflicto mexicano, aunque la negativa de la Casa de Representantes a votar la resolución hostil redactada por la comisión de negocios extranjeros en vista del resumen de la controversia presentado por el secretario de Estado, parece por fortuna haber aliviado el caso de sus primeros peligros. La negativa súbita, contraria a la resolución belicosa que se esperaba del Congreso, se debió solo —¡de qué pequeñeces dependen los sucesos mayores!— al discurso inesperado de un diputado oscuro, que acusó con pruebas al secretario de Estado de haber presentado el caso al Congreso, en su resumen de la correspondencia con el gobierno mexicano, en contradicción plena y aparentemente voluntaria de lo que de la correspondencia misma resulta.

Por voluntad sería, o por descuido, aunque no cabe descuido en cosa semejante; pero los representantes acudieron a los ejemplares impresos que no se habían cuidado de leer, y era verdad que el caso se presentó al Congreso falsamente.

En vano defendieron al secretario sus amigos, pidiendo ansiosamente para él la sanción inmediata de la Casa de Representantes: en vano alegaban que la revelación del diputado Hitt, que es republicano, no era más que un movimiento de partido para presentar a los demócratas como amigos de una guerra innecesaria, a lo que debían los demócratas, que tienen mayoría en la Casa, responder con un voto unánime de partido.

La cuestión era demasiado grave para que cupiera en ella tanta ligereza. El país se hubiera indignado de que su Congreso lo precipitase sin necesidad a una guerra inesperada, y en toda apariencia inexcusable ante los demás pueblos. El representante Hitt habló poco, y a golpes; y el hecho de haberse prestado a firmar la resolución misma a que ce oponía, daba peso invencible a su afirmación, comprobada con asombro por los representantes todos, de que esa resolución se había obtenido de la comisión por sorpresa, y que no era de aceptar, puesto que la comisión solo conocía al dictarla el resumen notoriamente engañoso de la correspondencia que con tanta claridad lo desmentía.

Los republicanos asieron con júbilo esta ocasión de probar al país que no son ellos solo ni es solo Blaine, los que favorecen una política de intimidación e intrusión en los países americanos de casta española; y por venganza de partido censuraron en su contrario lo que hubieran aplaudido en sí. Los demócratas se exasperaron de verse guiados sin sinceridad por uno de sus jefes predilectos, por su propio secretario de Estado, en un caso en que el país no puede perdonarles andar de ligero, ni caer en error, ni comprometerlo por razones de bando político. Y el Congreso suspendió sus sesiones sin aprobar la resolución hostil de la comisión de negocios extranjeros, que loaba la actitud del secretario, e instaba al presidente a que insistiese en exigir de México la libertad inmediata del americano preso «por no poder consentir los Estados Unidos que un poder extranjero se arrogase, como se arrogaba México, la facultad de castigar según sus leyes en territorio mexicano delitos cometidos por ciudadanos americanos en los Estados Unidos».

Pero ése no era el caso, y Hitt lo reveló así ásperamente al país entero.

No era verdad, como decía el secretario Bayard, que México se negase a entregar al preso apoyado en una ley suya que le autoriza a castigar a los americanos por delitos contra mexicanos cometidos en territorio de los Estados Unidos. No era verdad, a pesar de que Bayard lo afirmaba así, que se estuviese procesando a Cutting en El Paso del Norte, en México, por un delito cometido en El Paso, en Texas.

De la correspondencia resultaba la verdad: en el Paso del Norte se estaba procesando a Cutting por un delito cometido en territorio mexicano, en violación del asentimiento suscripto por Cutting ante el juez que había reconocido con su firma en el acto de conciliación provocado por una falta anterior: se le estaba procesando en México, no porque había publicado en Texas una ofensa a un ciudadano mexicano, sino porque había distribuido en México la ofensa impresa que cabe dentro de la ley mexicana de libelo, con desprecio —perpetrado en México— de una disposición anterior en el mismo caso, acatada por él, de un juez mexicano.

Y México no decía lo que le hacía decir el secretario de Estado, sino que «con una cortesía y blandura en que la complacencia se orillaba casi con la humillación», argüía a los Estados Unidos que no podría entregar al preso Cutting, porque el gobierno federal no tenía facultad para forzar las decisiones de un tribunal de un Estado, —que es precisamente, por desdicha de Bayard, lo mismo que Bayard, el secretario de Estado, respondió hace pocos meses al gobierno chino, cuando éste le pide reparación por los asesinatos en masa de sus súbditos en un territorio del oeste.

Ni Cutting era tratado con las amarguras que decía el secretario, porque Hitt demostró, con la misma correspondencia, que estaba preso por su capricho, y porque quería dar causa a una invasión de los de Texas; puesto que había rechazado voluntariamente su excarcelación bajo fianza, que en todo instante le tuvo abierta el juez de El Paso del Norte, como a cualquier ciudadano mexicano.

Se esparcieron por el país los miembros del Congreso, después de condenar con esa censura tácita y enérgica la actitud del secretario de Estado, que no parece ser muy del agrado del mismo presidente. Pero el conflicto, por desventura, está aún lejos de su solución pacífica, no tanto porque el secretario lastimado quiere hacer caso de partido la aprobación de su conducta, y trata tal vez de prepararse absolución completa en una sesión extraordinaria del Congreso, cuanto por el espíritu de guerra que arde en la frontera. Allí está esperando Cutting, condenado ya a un año de penitenciaría en El Paso del Norte a que los tejanos invadan a Chihuahua al mando de su gobernador, que quiere guerra, o desea hacerse popular entre los que la quieren: allí hay de un lado y otro acumulaciones de tropas y paradas, los de Texas envían por todos los Estados Unidos despachos calculados para encender la opinión: los de México ven venir el peligro, y atrincheran sus alturas: los veteranos de la guerra de México ofrecen a los tejanos sus servicios: el trabajo está suspendido en las ciudades rivales: a caballo y en armas pasean los americanos por sus calles en partidas: fórmanse en casi todos los Estados de la frontera compañías de voluntarios y todo parece a punto de precipitar el conflicto, que el gobierno de México esquiva con su habilidad usual y sorprendente, que el Congreso y la prensa americana sin duda reprueban, que no desea el presidente, dispuesto a irse a veranear a las montañas, pero que el secretario Bayard mantiene a punta de lanza, exigiendo aún la libertad incondicional de Cutting, a que México, con modesta entereza, no accede.

¡De qué débiles hilos depende la fortuna de ese pobre país mexicano, exangüe y admirable!
¡Oh, no: la simpatía no puede estar con la boca del león!
José Martí
La Nación. Buenos Aires, 18 de septiembre de 1886

Nueva York, 23 de junio de 1887
Señor director de *El Partido Liberal*:
Estos días han sido mexicanos. Que México tendrá pronto en Washington un palacio digno de él; que el comercio entre México y los Estados Unidos recibirá un súbito empuje con el nuevo tratado de correos, según el cual pueden enviarse cartas y paquetes a la otra margen del Bravo, por lo mismo porque circulan en los Estados Unidos; que la hija de Juárez, el indio que crece, fue agasajada en la Casa Blanca; que unas fieles amigas peregrinaron a la tumba de Helen Hunt Jackson, la que con tal arte y ternura contó en su novela Ramona las desdichas de los indios de México, cuando la conquista de California; que en un salón, con poca luz, se reunieron para oír a Cutting los delegados de la «Liga de Anexión Americana», y hablaron cosas torvas; que es una maravilla la loza tornasolada de los indios de Santa Fe, y pudiera convertírsela en una pingüe industria; que el *American Magazine*, buena revista, trae un artículo limpio de iras, sobre la Villa de Guadalupe y sus piedades y leyendas; que Charles Dudley Warner, el escritor pintoresco y afamado, describe sin bondad en el *Harper's Magazine* su viaje por Toluca, Pátzcuaro y Morelia. Veamos todo esto. Desembaracémonos primero de lo desagradable. Asistamos al salón de poca luz. Para conocer a un pueblo se le ha de estudiar en todos sus aspectos y expre-

siones: ¡en sus elementos, en sus tendencias, en sus apóstoles, en sus poetas y en sus bandidos!

Era de noche, como conviene a estas cosas, cuando en los salones de un buen hotel de Nueva York, se reunieron en junta solemne los directores de la «Liga de Anexión Americana» y los delegados de todas las ramas de ella, para hacer un recuento de sus fuerzas y mostrar su poder a los misteriosos representantes que los Estados anexionistas del Canadá envían a la Liga, a la vez que para tributar honores al presidente de la «Compañía de Ocupación y Desarrollo del Norte de México», al coronel Cutting. Presidía el coronel W. Gibbons, conocido abogado; canadienses había muchos, a más de los delegados de la Liga, cuyo objeto inmediato es «aprovecharse de cualquier lucha civil en México, Honduras o Cuba, para obrar con celeridad y congregar su ejército»; pero no había ningún hondureño, ningún cubano, ningún mexicano. «La ocasión puede llegar pronto», decía el presidente; «lo cierto es que puede llegar de un momento a otro.» «¿Honduras también?» preguntó un neófito. «¡Oh, sí; vea el mapa de Byrne. Honduras tiene muchas minas.» «¡Que no nos tomen en poco —decía un orador— que lo que va detrás de nosotros, nosotros lo sabemos; con menos empezó Walker hace treinta años!; solo que tendremos cuidado con no acabar como él.»

Nueve años hace quedó establecida la Liga de Anexión, y hoy cuenta, repartidos en los varios Estados de la República, y «prontos a acogerse al banderín de marcha» más de diez mil afiliados, «gente buena» —dice uno de los informes—, «a la que cuesta esfuerzo reprimir, pero los tiempos no están aún maduros para una agresión aislada e independiente». Cada delegado de las ramas numerosas de la Liga leyó su informe, y de ellos y de sus conversaciones, resulta que tienen fe en la espalduda canalla que, impaciente de guerra y saqueo, se cría siempre, como las setas venenosas de las mejores maderas, en los pueblos fuertes de muchos habitantes. Su deber es acudir a la primera voz de mando. Les sobran afiliados, dicen, lejos de faltarles. Su organización es la de un ejército de reserva.

De todo el Sur y el Este del Canadá habían venido para esta junta magna delegados especiales, y no de poca monta, pues dos de ellos son diputados en el Parlamento del Dominio. ¿Ni cómo pueden tomarse enteramente a la ligera, por lo menos en cuanto hace al Canadá, los trabajos de la Liga, cuando a la vez que celebra una convención especial para afirmar sus relaciones en el país vecino y tratar con sus representantes, piden los diarios demócratas, el *Sun* y el *World*, sin escándalo de los demás, que el partido haga dogma de su programa la anexión del Canadá a los Estados Unidos? En New Brunswick no hay un solo ciudadano que quiera ser inglés, dijo uno de los diputados, y todo Manitoba es anexionista.

—¿Y a México, por qué no? —preguntó al *Sun* otro diario— puesto que está tan cerca de nosotros y nos es tan necesario como el Dominio?

—No debemos querer a México —respondió el *Sun*— porque su anexión sería violenta, inmaterial y odiosa, sobre que nos fuera incómoda, porque allí, ni las instituciones, ni la lengua, ni la raza son las nuestras, y no habría modo de llegar a una asimilación fecunda; mientras que en el Canadá vienen de ingleses como nosotros, como nosotros hablan inglés, y como nosotros desea el país confundirse con nuestra República. Y eso mismo dijeron en la junta los canadienses, que no son conocidos por su nombre, sino por números, parí que no les caiga encima por traidores su gobierno nativo.

Pero este asunto, con ser tan importante, lo pareció menos a la junta que la presencia del coronel Cutting.

—«Viene —se decían en susurros— a unir las fuerzas de la Liga de Anexión con las de la Compañía de Ocupación y Desarrollo del Norte de México.»

—«Sí, a eso viene, se trabaja mucho. Las dos asociaciones van a celebrar una asamblea.»

—«¿Dónde?»

—En Niagara Falls.»

—«¡Ah! ¿En la frontera del Canadá?»

—«¿De qué se trata, pues, primero, del Canadá o de México?»

Y en medio de esos comentarios, todos al caso y ciertos, iba explicando Cutting a la junta, que lo oyó con favor, la organización de «las fuerzas de la Compañía», después de haber pretendido encender el odio con la aleve pintura de su prisión en México, que acaso procuró para servir de buen pretexto a la Compañía invasora. Allí dijo lo que debe repetirse y los periódicos todos publican: —que los soldados de la Compañía pertenecen a Estados diversos, pero son más los del Sur, por irles más de cerca; que ya son quince mil, prontos a una llamada; que el objeto de la Compañía es desposeer a México de los Estados del Norte, y en especial de Sonora, California, Chihuahua y Coahuila; que «su gente» es probada, toda de aventura, y hecha ya la mano a empresas tales, gente recia y sin miedo. Dijo, en fin, lo que no puede ser, que Nuevo León y Tamaulipas, semejantes a un hijo que acaba de asesinar aquí a su madre porque ella se empeñaba en hacerlo ir por bien, están dispuestos a acogerse a los Estados Unidos; y dijo la vulgar locura de que, con tal de echar a su gobierno abajo, muchos mexicanos ayudarían a la invasión, a pesar de su odio al Norte. Va a reunirse una asamblea preparatoria de la general en Nueva Orleáns.

Ya tienen escogido el hotel donde la general va a celebrarse en Niagara Falls. A Cutting, para su persona, nada le falta. Ahora urgiría que todo lo favorable a México se propalara y cundiese, para que cuando por una u otra parte alzasen cabeza estos bandidos, no estuviera la opinión de acá indiferente o inclinada en su pro, sino sintiera que le venía de la conciencia el freno; lo que no puede lograrse sino aprovechando, y con prisa, toda ocasión de inspirar respeto a quienes pueden ser, con su obra, o su bolsa, o su indiferencia, hostiles. ¿No cuentan ahora mismo los historiadores de Lincoln cómo atizaban año sobre año los espíritus turbulentos de la frontera; cómo provocaron; cómo intentaron, una y otra vez; cómo al fin trajeron la guerra, entre el Sur y el Norte, de que eran ellos látigo y vanguardia? Las saetas venenosas no son más que saetas, pero matan. Y es bueno conocerlas y prevenirse contra su uso.

El que describe a Guadalupe en el *American Magazine* no pone por cierto su leño en esa hoguera. Él, Arthur Howard Noll, no es de los que busca en las estatuas los lunares; él no estudia a los vecinos por lo absoluto, como no se les ha de estudiar, sino en relación con sus antecedentes, que es como queda el observador prendado de ellos. Guadalupe le parece «la población más interesante de los alrededores de la capital». La Sacristía le recuerda *La Vicaría* de Fortuny. Cuenta sin burla las aventuras de Juan Diego; el crecer de las rosas en la piedra viva; el milagro de que, al llegar a la casa del Obispo, las flores hubiesen pintado el retrato de la Virgencita en la frazada; cuenta las hazañas de la de Guadalupe, en su formidable pelea con la de los Remedios; en el día de los muertos, ve, entre las sepulturas cubiertas de flores, la tumba de Santa Anna con una sola corona, la de su esposa; azota «el gran vicio nacional, el juego», aunque observa que el mexicano no juega tanto por la ganancia como por los lances y la novela de la diversión, y porque se vea que sabe perder como sabe morir.

Pero ¡en cuán distinto espíritu está inspirado lo que Charles Dudley Warner, que aquí campea entre las autoridades literarias, escribe sobre su viaje, superficial y pretencioso, por Toluca, Pátzcuaro y Morelia! Nadie, en verdad, pudiera atestiguar mejor sobre aquella hermosura natural, y evocar con palabras, vivas como colores, los soberbios cambiantes de aquellas puestas; porque él es escritor elegante y personal, que comparte con John Burroughs el mérito de describir con ternura la naturaleza, y la ama como Thoreau, el solitario de Concord, mas no con la pasión desmedida de aquel eremita desconsolado, sino con gracia de artista francés, y en virtud de una fina y vehemente necesidad de color y hermosura.

Hay en sus estilos la misma diferencia que entre sus personas: —Thoreau, enjuto, cenceño, de ojos dolorosos y fijos, de cabello despeinado e hirsuto, raso el labio de arriba, como un lacedemonio, la boca comprimida, para que no se le saliese por ella la tristeza, y la barbilla en barboquejo: —Warner, pulcro en el traje, amigo de gustar, nariz montada, ceja rasgada, ojo adoselado, frente griega, cabello rico, partido a la mitad; barba apostólica. Conoce su jardín hoja por hoja. Se ha sentado a horcajadas junto al árabe. Ha ido, buscando la gracia, al Levante y al Nilo. Después de eso, ve a Morelia, y exclama: «¡Es lo más bello que he visto!». Pero no merece escribir para los hombres; porque no sabe amarlos.

Ve bien en los detalles; pero ¿de qué le sirve, si no ve con cariño? Pinta bien lo que ama, los lagos resplandecientes, los sembrados lucidos, los coros de montañas, arrebujadas como las vírgenes en velos vaporosos; mas el mérito no está en eso, pues para eso no hay nada que vencer sino en domar la antipatía, si se la tiene, y pintar con lealtad, y como si se le quisiera, aquello que por naturaleza no se ama. No es que todo sea bueno, ni que haya de disimularse lo malo que se ve, porque con cosméticos no se crían las naciones, ni con recrearse contemplando en la frente inmóvil su hermosura; pero todo se ha de tratar con equidad, y junto al mal ver la excusa, y estudiar las cosas en su raíz y significación, no en su mera apariencia. ¡Pues si acá fuera a juzgarse el país por la corteza, y no se mirara a sus brutalidades con la piedad y razón que son menester para excusarlas! Los pueblos, Warner, son como los obreros a la vuelta del trabajo, por fuera cal y lodo, ¡pero en el corazón las virtudes respetables!

Entiende la naturaleza, pero es escritor estrecho, que no sabe salirse de su raza, como aquel del cuento indio, que porque tenía asido al elefante por una pata, sostenía que todo era pata. Por sobre las razas, que no influyen más que en el carácter, está el espíritu esencial humano, que las confunde y unifica: sus emperadores tienen el pensamiento, que son los que ven de alto y en junto, como Emerson, y sus alféreces, que son los que de andar en los asuntos de su compañía todo lo quieren modelar por ella.

Como Warner. Entiende la naturaleza, mas en cuanto les ve cambiar de color, ya no entiende a los hombres. ¡Lástima de estilo, porque de veras escribe con cierto calor, precisión y viveza en todas partes desusados!

Toluca le parece limpísima ciudad, y preferible en esto a todas las de los Estados Unidos; le recuerdan el Oriente las columnas egipcias del mercado, y la capilla con su dombo de azulejos. Admira estático la perfección de los cultivos, no sin enseñar su vulgar preocupación. «No creíamos, dice, hallar en México tan celosa agricultura.» La puesta de Sol, vista desde un cerro que domina la población, «es uno de los más bellos espectáculos del Universo». El viaje a Morelia le impacienta por lo lento; y el viaje a Toluca le entretuvo reflexionando en lo mucho que robaban antes por allí «estos mexicanos, que al parecer con el favor de la opinión pública variaban la monotonía de sus ocupaciones ordinarias con la del robo en despoblado»; como si en los Estados Unidos no se hubiese robado de la misma manera, cuando vivían sus comarcas en el mismo aislamiento y condición primitiva en que estaban, cuando eso pudo decirse, las de México; como si los enormes fraudes que comete en los Estados Unidos, en lo cabal de su civilización, la gente culta, y de los que México está casi libre, no revelasen una corrupción nacional más vasta e inexcusable que el bandidaje romanesco, fatal secuela de las guerras, en soledades sin vigilancia y sin medios de trabajo; ¡como si en México, dondequiera que ha aparecido el trabajo, no hubiese desaparecido el robo!

Al fin llegó a Morelia, después de ver el lago Cuitzeo, que cree más bello que el de Winnipiscoyee, o el afamado lago George; después de apuntar que los indios de México viven como cuando Cortés, ¡como si hubiese cosa más triste, fuera de las escuelas de Hampton y Carlyle, que los indios norteamericanos; como si no los tuviera extenuados la desolación o el vicio; como si Helen Hunt Jackson no apellidase este siglo, por el maltrato de los indios, «un siglo de infamia»; ¡como si de los indios norteamericanos hubiese surgido un Juárez!

Llega a Morelia, y allí escribe sus páginas con rosas; se siente en su estilo la noche serena y el aire aromado; las flores invisibles danzan en torno del búfalo, y lo doman; ellas le dejan ver que la ciudad es un árbol de jazmines, que el orden reina en Morelia adorable y sencilla, que el colegio es excelente, aunque sobran en su librería pergaminos inútiles y faltan los libros de la vida nueva. Las flores lo guían; Morelia sale de sus manos como una maga que invita al mundo a reparar las fuerzas en su seno; hay suave tristeza en el éxtasis con que admira cada nuevo espectáculo. Las flores lo llevan, no le enseñan castellano, porque dice que «calzada» quiere decir «sombrío», pero describe la calzada como bóveda sacra y opulenta, y entra en paz el espíritu, solo de divisar en la pintura las guías de carmelina, asomadas a los muros blancos para ver pasar al Búfalo vencido. Y llega a la Alameda por el noble acueducto que trae a su memoria, con lo que alcanza a ver entre los arcos, los paisajes menos bellos de la campiña romana, donde nada hay que se compare en su poético abandono a aquel paseo, a la vez jardín y bosque, con una que otra choza de labrador en los canteros, cercada de claveles, con su follaje espeso y elocuente, con su rumor que acalla los pesares, con la divina quietud del poeta persa. ¡Repara, el malagradecido, en que los bancos no están bien cuidados!

Luego, más vale no leerlo. ¡Pretende juzgar la ciudad, quien no sabe que allí vivió Ocampo! ¡Quiere dar voto sobre la gente del país, y no pregunta dónde peleó Rayon! ¡Que son mestizos; que los extranjeros tienen que sobornar a los jueces para obtener justicia; que los amantes se entienden a señas por las ventanas, como si no fuera esto mejor, sin ser loable, que estrujarse en el Parque Central por los rincones; que los novios, como cosa nunca vista y pecado especial de México, se ganan a las criadas para hablar con las novias en sus habitaciones; que a un americano le permitieron una vez depositar en una elección el voto de sus trabajadores ausentes; que en las fiestas de la plaza, adornada de carnavales, vio a los «petimetres de la ciudad, de piernas pobres, jovenzuelos sin seso, escoria de una civilización degenerada, sin virilidad y sin propósito».

¡Este Warner merecería que se le pusiera, como en tiempo del Cid, la mano en la barba! ¡Conque las piernas fuertes hacen los corazones animosos!

¡La civilización en México no decae, sino que empieza!

¡La han levantado de sobre un cesto de hidras, con brazos que esplenderán en lo futuro como columnas de luz, un puñado de hombres gloriosos! ¡Ha sido la heroica pelea de unos cuantos ungidos contra los millones inertes, y contra privilegios capaces de ampararse de la traición! ¿Qué civilización heredó México, cuando ya tenía el brío propio necesario para declararse libre? ¡Esa Nación ha nacido de esas piernas pobres y de unos cuantos libros franceses! ¡Más ha hecho México en subir a donde está, que los Estados Unidos en mantenerse, decayendo, de donde vinieron! Quede Warner en paz, que fuera hablar más de él, darle la gran lanzada al moro. ¡Piernas pobres! Davides han hecho más que Goliates; Bolívar pesaba tanto como su espada; don Miguel Hidalgo llegaría a unas ciento treinta libras; las piernas pobres no arremetieron mal el 5 de mayo. ¡Piernas pobres!; precisamente era así el guía que cierto caminante llevaba una vez de Acapulco a México, el cual camino acabó con una buena suma a la cintura, sin que nadie le robara; era así el guía, poco de carnes y años, sin seso y zancudo; pero como un francés corpulento, que se agregó a la caravana, diera en punzarlo y hacer burla de él, llegando, porque lo creyó flojo, a mover mucho el sable y desafiarle el valor, saltó el mozo de su arria con tal vuelo que pareció a todos gigante, y más que a nadie al francés, que escondió el sable en cuanto le vio al mozo los ojos, tan encendidos que no había modo de hacerle seguir camino hasta que el francés no se bajara de su caballo y aceptase el combate. Al francés no le pareció el mozo ¡piernas pobres! —Pero, ¡ah, de esos juicios de viajeros, que no se responden al punto y en su propia casa, se hace aquí lentamente el juicio nacional, que México no ha de querer que le sea en las malas horas enemigo!

Un libro del norte sobre las instituciones españolas en los estados que fueron de México. Los pueblos. Los presidios. Las misiones. Spanish Institutions of the Southwest por el profesor Frank W. Blackmar. Baltimore: John Hopkins' Press

Por toda nuestra América empieza a mostrarse el deseo —como si ya hubiese comenzado a cuajar el alma continental— de conocer, por sus raíces y desarrollo, la composición de los pueblos americanos. La política no es la ciencia de las formas, aunque sea esto en mucho; sino el arte de fundir en actividad pacífica los elementos, heterogéneos u hostiles, de la nación: y lo primero es conocer al dedillo estos elementos, para no intentar nada que haya de chocar contra ellos, e irles acomodando gradualmente aquellas novedades foráneas que fuesen de posible y útil acomodo. Ya para nuestra América pasó, por más que acá o allá no lo parezca aún, aquella época ardiente y alocada, aquella época de mocedad y de romance, en que pueblos y hombres tienen por bello todo lo que lo parece, y abogan, en su ansia de crecer, por cuanto viene de modelos ya crecidos. Aquella época constitucional rudimentaria, en que la ignorancia impaciente llevó a la imitación confusa, en que el anhelo de romper los moldes que nos reducían la vida llevó a la aceptación ligera de los moldes nuevos en que se habían echado a hervir civilizaciones distintas; aquella época de abnegación sobrehumana y frenética que fue indispensable para acumular y confirmar, de modo que no se la pueda ya vencer, el alma nueva, ha pasado para los pueblos americanos. La libertad parece ya segura: no lo están aún sus métodos, pero su espíritu lo está: el que niegue al hombre un ápice de su decoro, o quiera vivir sobre los hombres, ya no puede vivir en América: lo que importa ahora es ver cómo se vive en paz y abundancia dentro de la libertad. Lo que importa es que le nazcan a la libertad hombres reales.

Y de que le van naciendo, por todas partes a la vez, no hay prueba mejor que esos estudios de orígenes en que, como por simultáneo acuerdo, se empeñan los talentos sagaces de la nueva generación. Apenas sabernos en nuestra América los unos de los otros, pero todos vamos a una, como movidos por secreto resorte, estudiando, allegando, proponiendo lo mismo. Saberse de memoria a Taine no vale tanto, para gobernar el territorio de Tepic, como conocer hombre a hombre y costumbre a costumbre el territorio. Ni con galos ni con celtas tenemos que hacer en nuestra América, sino con criollos y con indios. Lo que Sarmiento, el primero, hizo en la Argentina con su libro fundador, su famoso Civilización y Barbarie, lo hacía Justo Sierra hace un año en México. Es necesario conocernos para gobernarnos. Es necesario estudiar la potencia de nuestra virtud, para no fiar de ella, ni desconfiar, más de lo justo; —y las causas de nuestros defectos, para irlos aminorando gradualmente con la aminoración de las causas. Un defecto a veces ¿qué es más que la forma y tesón de una virtud? —A esa clase de trabajos de raíz, de estudios, de elementos, corresponde el libro nuevo de Frank W. Blackmar, Instituciones españolas en el sudoeste, en los Estados del Norte que fueron antes de México.

De España le vinieron a México sus instituciones coloniales: y de Roma le vinieron a España las suyas: solo que, como Blackmar dice sagazmente, Roma respetó la constitución del país donde la hallaba, y no envió la suya sino donde no la había aborigen; mientras que España desalojó las leyes nativas con las suyas de afuera, sin haber logrado exterminar la población que en siglos de desenvolvimiento genuino creó las leyes que le exterminaba. Y a Roma va a buscar Blackmar el origen de las instituciones de California. Ve persistente en América, a pesar de la rebelión sorda y secular y salvadora del indio, la ley romana que persistió en España, a pesar de godos y de moros, y triunfó al fin de ellos. El municipio es lo más tenaz de la civilización romana, y lo más humano de la España colonial. El municipio de San José de los Ángeles, el municipio típico, de diez mil acres arables repartidos en suertes de a doscientas varas, «¿qué es más que el municipio de Roma, con sus decuriones y sus duunviros?». Allá en Buenos Aires, cuando San Martín ¿no se llamaban decuriones los regidores? allá en Cuyo magnífica, donde San Martín pensó en pasar los Andes, y organizó el paso San Martín, allá en su Cuyo, hizo lo que los romanos: no tocó a las instituciones nativas, obtuvo todo lo que pedía, no solo porque era justo, sino porque lo pedía por las autoridades propias del país, y conforme a las instituciones y nombres del país. Sobre los indios puso España a Roma: por eso anda así la América. Pero del municipio no se ha de decir mal, porque por un municipio, por el de Móstoles, volvió España a la fuerza y decoro que depuso de siglos atrás, y por los municipios, en las más de las colonias, entró en la libertad la América. Esa es la raíz y esa es la sal, de la libertad: el municipio. Él templa y ejercita los caracteres, él habitúa al hombre al estudio de la cosa pública, y a la participación en ella, y a aquel empleo diario de la autoridad por donde se aquilata el temple individual, y se salvan de sí propios los pueblos. Blackmar atiende en su libro más a la ley escrita que a la costumbre, y toma a veces por real lo que no era más que ley «acatada y no cumplida», que es como juzgar la colonización española por las leyes de Indias: en lo formal ha penetrado más que en lo real: la originalidad del municipio californiano, del pueblo, la halla en el repartimiento de sitios a los pobladores que quieran entrar en crianza: primero fueron de una legua estos sitios de ganado, y luego fueron de más, hasta que la ley tuvo que fijar un límite de once leguas por poblador. Ahí ve Blackmar el origen de aquellas grandes haciendas de los californianos.

Parecen los presidios cosa muy española, pero Blackmar repite que no eran más que el presidio romano, la guarnición o fortaleza, traída a América, bien para guardar las conquistas de la religión, bien para impedir que el poder religioso levantase mucha cabeza. La misión se alzaba por un lado, y el presidio se le ponía al pie. Cerca, allá en las afueras, estaban los pastos reales, donde comían las bestias del rey. De las cuatro leguas de tierra asignadas a cada presidio, daba el capitán lo que le parecía bien, para casas y siembras, a sus oficiales y soldados. Así iba creciendo, irregular y caprichoso, alrededor del presidio el caserío. Dentro estaban la iglesia, los almacenes, los pozos, los comercios, las viviendas de la guarnición. Así se alzaron las cuatro ciudades presidiales de California: San Francisco, Monterrey, Santa Bárbara, San Diego.

A las misiones no las juzga Blackmar por lo que ha quedado de ellas. No ve que iban cuando eran como debían ser —contra el espíritu de la colonia—; y que la colonia disgregaba con su rapacidad lo que la misión, por el abrazo del alma ardiente de los misioneros y el alma menesterosa de los indios, había logrado congregar. Ni averigua, qué eran los indios cuando la conquista, y qué sabían por sí antes de que los desbandara el terror, y qué fue, en el éxito de las misiones, sabiduría del misionero o gratitud del indio. Pasaron las misiones, con la esperanza de justicia que les dio valer: lo que llevaban no fue lo importante, ni una ni otra enseñanza fácil con gente tan blanda y de tan dispuesto natural: lo que esperaba el indio de ellas, el indio acorralado y escarnecido, la humanidad que hallaba en la misión el indio tratado inhumanamente, fue el secreto verdadero de aquellas fundaciones de amor. Hoy, por las fuentes secas de la misión pasea el lagarto callado y misterioso: y ha desaparecido el indio infeliz. Un crítico de Blackmar lo dice, en un juicio que parece escrito con puñal: «En los nombres de las montañas y los ríos y las ciudades, es donde ha dejado la civilización española sus huellas más durables en el Sudoeste». Blackmar celebra, por la comparación favorable con los de otros misioneros, los resultados de los métodos, no siempre loables de los frailes franciscanos. A los Juníperos y Salvatierras parece haber estudiado más que a los padres mundanos y comodones que les sucedieron, y se amigaron con lo civil por sobre lo que convenía a la mejora y condición del indio. «No tendía siempre aquella educación —dice— a levantar la independencia de idea y acción de los futuros ciudadanos.» La caída de las misiones no la ve tanto en su desacuerdo con el espíritu colonial, que las permitía y amparaba para servirse después de ellas. En el desaliento del indio, convencido al fin de que esperó de ellas en vano, y de que la bondad de los padres era más fervorosa que potente; en la invasión que desmigajó, a balazos y robos, la indiada a quien ya no servían las misiones inútiles de consejo y refugio: la ve, como buen hombre de libros, y devoto tenaz de la metafísica histórica de su tiempo, en que la «tentativa de infundir súbitamente la civilización en tribus que no han entrado aún en la edad pastoral, debe fracasar necesariamente». Ve a los misioneros enseñando a los indios, rigurosamente, primero el cuidado de los rebaños, luego las cosas de la agricultura, luego las artes y oficios. Pero enseguida de decir que todo eso lo hicieron las misiones en sesenta a feos, reconoce que los indios «las tribus que no habían entrado aún en la edad pastoral», ganadeaban y esquilaban, sembraban y cosechaban, plantaban viñas y huertas, construían toda la obra de los edificios, cultivaban toda especie de industrias.

De la arquitectura morisca de las misione, habla el libro, con su arco de herradura, y el techo de artesón, y las columnas cuadradas de los corredores. Aunque el arte románico es el que le parece que impera, con sus muros macizos y en arco redondo. Habla de los trajes felices de aquel tiempo —la mujer, de camisa de encajes y saya de muselina orlada de escarlata, con cinturón de seda y rebozo de algodón, y zapatos de terciopelo o raso azul, y collar y pendientes de perlas—, el hombre, de chaqueta y botas de cuero bordado, los zapatos de adornos y costuras, y el pelo en trenzas cogido de cintas, con el pañuelo de seda negra por casquete, y el sombrero picador de alas muy anchas. Habla de las voces de México que han entrado en la lengua del Norte: «adobe, cañón, bonanza, corral, rancho, bronco». Pero «en los nombres de las montañas y los ríos y las ciudades es donde ha dejado la civilización española sus huellas más durables en el Sudoeste».

José Martí
Publicado en *El Partido Liberal*. México, 25 de noviembre de 1891

Discurso pronunciado en la velada en honor de México
  de la Sociedad Literaria Hispanoamericana en 1891
Señoras y señores:
Este júbilo es justo, porque hoy nos reunimos a tributar honor a la nación ceñida de palmeros y azahares que alza, como un florón de gloria, al cielo azul, las cumbres libres donde el silbato del ferrocarril despierta, coronada de rosas como ayer, con la salud del trabajo en la mejilla, el alma indómi-

ta que chispeaba al rescoldo en las cenizas de Cuauhtémoc, nunca apagadas. ¡Saludamos a un pueblo que funde, en crisol de su propio metal, las civilizaciones que se echaron sobre él para destruirlo! ¡Saludamos, con las almas en pie, al pueblo ejemplar y prudente de América!

Fue México primero, antes de la llegada de los arcabuces, tierra como de oro y plumas, donde el emperador, pontífice y general, salía de su palacio suntuoso, camino de la torre mística, en hombros de los caballeros naturales, de adarga de junco y cota de algodón, por entre el pueblo de mantos largos y negro cabello, que henchía el mercado, comprando y vendiendo; o aplaudía la comedia al aire libre, con los niños vestidos de pájaros y mariposas; o abría campos a los magnates de vuelta del banquete, con sus bailarines y bufones; o saludaban al paso del teculi ilustre que mostró en sus pruebas de caballería el poder de domarse a sí propio; o bullía por las calles de las tiendas, probándose al dedo anillos tallados, y a los hombros mantones de pieles; o danzaba, con paso que era aire, el coro de la oda; o se agolpaba a ver venir a los guerreros de escudo de águila, que volvían en triunfo, con su ofrenda de víctimas, a las fiestas del monarca conquistador. Por entre el odio de las repúblicas vencidas al azteca, inseguro en el trono militar, se entró, del brazo de la crédula Malinche, el alcalde astuto de Santiago de Cuba. Los templos de las pirámides rodaron despedazados por las gradas; sobre el cascajo de las ruinas indias alzó sus conventos húmedos, sus audiencias rebeldes y vanidosas, sus casucones de reja y aldaba, el español; todo era sotana y manteo en la ciudad de México, y soldadesca y truhanería, y fulleros e hidalguetes, y balcón y guitarra. El indio moría desnudo, al pie de los altares.

Trescientos años después, un cura, ayudado de una mujer y de unos cuantos locos, citó su aldea a guerra contra los padres que negaban la vida de alma a sus propios hijos; era la hora del Sol, cuando clareaban por entre las moreras las chozas de adobe de la pobre indiada; ¡y nunca, aunque velado cien veces por la sangre, ha dejado desde entonces el Sol de Hidalgo de lucir! Colgaron en jaulas de hierro las cabezas de los héroes; mordieron los héroes el polvo, de un balazo en el corazón; pero el 16 de septiembre de cada año, a la hora de la madrugada, el presidente de la República de México vitorea, ante el pueblo, la patria libre, ondeando la bandera de Dolores.

Toda la jauría de la conquista salió al paso de la bandera nueva: el emperador criollo, el clero inmoderado, la muchedumbre fanática, el militar usurpador, la división que aprovechó el vecino rapaz y convidó al imperio austriaco. Pero los que en la fatiga de gobiernos inseguros y en la fuga triunfante habían salvado, con las manos ensangrentadas en el esfuerzo, el arca santa de la libertad, la escondieron, inmaculados, «mientras duraba la vergüenza», en un rincón donde el pan era tan escaso como abundante el honor; la muerte por el derecho del país funde, al fuego de la Reforma, al indio y al criollo; y se alza Juárez, cruzado de brazos, como fragua encendida en las entrañas de una roca, ante el imperio de polvo y locura, que huye a su vista y se deshace.

Hoy campea segura la libertad, por modos suyos y crecidos con el país, en la república serena y majestuosa, donde la hermosura de la Naturaleza prepara a las artes, donde la mirada de la mujer mueve a la vez a la piedad y al lujo; donde la prueba franca de la guerra ha afirmado la paz; donde templa el trato amigo las diferencias de la condición y la pena de vivir; donde el vivir no es pena. Hoy descansa, en reposo vigilante, aquel pueblo que, cuando pelea, pelea como si vaciara en sus hijos la lava de sus volcanes; y cuando ama, ama como ha de amar el clavel a la llamarada de la aurora. Ya no es Tenochtitlán, la ciudad de guerreros y de sacerdotes, la que pasea en las plazas de México, y entra a orar en sus teocalis, y boga cantando, al son del remo, en las chalupas; es París quien pasea, refinado y airoso, por aquellas alamedas de follaje opulento que, al rumor de las fuentes, cala sobre las sendas una Luna más clara que ninguna otra Luna. Los perseguidos y hambrientos de ayer son hoy estatuas en el Paseo de la Reforma. El palacio de la República va sumiso por la calle de la riqueza y el trabajo, como buscando el alma del país, al palacio indio de los emperadores. Rey parece cada lépero de la ciudad, por el alma independiente y levantisca. La noche alumbra el portón donde, a la sombra de un zarape, conversan de amor los novios pobres; o el teatro que corona al poeta nacional, con las flores que se arrancan del talle las mujeres; o el salón donde la esposa del presidente trata con sus amigas del alivio de las madres desamparadas; o el baile donde compiten en vano con la mujer de México la palma y la magnolia. Al asomar el día bajan de sus canoas, como en cestas de flor, las indias de vestido azul; trae el canal, de las islas flotantes, la hortaliza y la jardinería; bulle, como avispero despierto, la industria popular; se abre a los jóvenes ávidos la muchedumbre de escuelas y de bibliotecas; pasan de brazo los poetas con los obreros y los estudiantes; vierten en las plazas su carga de trabajadores los tranvías; silban, proclamando a la nación, las chimeneas de los ferrocarriles. Resucita, al abono de la propia sangre, aquel alma imperial que huyó, en el horror de la conquista, a lo profundo de la tierra, y hoy sazona, con la virtud indispensable de lo nativo, el alma importada. Como de la raíz de la tierra le viene al mexicano aquel carácter suyo, sagaz y señoril, pegado al país que adora, donde por la obra doble de la magnífica Naturaleza, y el dejo brillante de la leyenda y la epopeya, se juntan en su rara medida el orden de lo real y el sentimiento romántico.

¿Y ante quién tributaremos el entusiasmo que nos inspira la obra firme y creciente de la República que viene a ser en América como la levadura de la libertad, sino ante el que, con el mérito y brío de su persona, más con su cargo oficial de cónsul, representa a México en Nueva York, ante uno de los luchadores gloriosos que han puesto la libertad de la tierra mexicana, la libertad de pensar y de vivir por sí, donde no parece que haya poder que la derrumbe, ante aquel cuya barba blanca ennoblece el rostro donde se revela la juventud del corazón, como aquellos festones de delicado gris, canas del bosque, que realzan el verde perpetuo de las colinas que vieron vivir a Moctezuma, y morir, al pie de su bandera a los cadetes heroicos de Chapultepec? ¡señor: como los guerreros de manto y penacho de diversos climas se juntaban al pie del ahuehuete, a jurar su ley al árbitro imperial, las Repúblicas agradecidas de América, con palmas invisibles y flores selladas con el corazón, se juntan alrededor de la bandera mexicana!

Boletines parlamentarios. Sesión del día 2 de abril de 1875. Presidencia del C. Tagle

La sesión pública de ayer ha sido escasa de acontecimientos: nada hubo en ella más que lo reglamentario y natural.[1]

Abierta la sesión, dio la secretaría cuenta de algunos documentos recibidos, antes de la apertura del actual período, por la comisión permanente.

Leyó luego el C. Guillermo Valle el dictamen de la comisión de presupuestos, cuya impresión fue acordada por la Cámara.

Leídas por la secretaría las protestas elevadas al Congreso por vecinos de ambos sexos contra las leyes adicionales a la Constitución, el Congreso acordó enviar al archivo las protestas de las señoras, por cuanto no pueden ejercer el derecho político de representación que su sexo les niega. Y porque el Congreso estimó injuriosa la manera con que se dirigen a él los vecinos protestantes, acordó a su vez remitir las protestas de éstos a los jueces de Distrito respectivos para la ratificación de las firmas, y para que procedan a lo que sobre esto haya lugar.

Acordado así, se levantó a las cuatro y media la sesión pública, y se abrió inmediatamente la secreta.

J. M. *Revista Universal.* México, 3 de abril de 1875

---

[1] Estas crónicas son citadas en una carta a Rosario de la Peña y fueron escritas para la *Revista Universal.*

Boletines parlamentarios. Sesión del día 3 de abril de 1875. Presidencia del C. Tagle

Los nombramientos necesarios para completar las comisiones que han de entender en los asuntos sometidos a la decisión del Congreso, han ocupado hoy principalmente la atención y el tiempo de la Cámara.

Abierta a las tres y media la sesión, aprobada el acta de la anterior, y dada por la secretaría cuenta al Congreso de algunos documentos que se habían recibido anteriormente, se procedió a reintegrar la primera y segunda sección, necesarias para que pueda ejercer sus funciones el Gran Jurado: resultaron para estos cargos elegidos el C. Antonio Robert en reemplazo del C. Echavarría, y el señor Lancaster Jones en reemplazo del señor Alcázar, miembros ambos de la 1,3 sección, y para ocupar el lugar del señor Tiburcio Montiel en la 21 el señor Vidal Castañeda y Nájera.

Suspendióse en este punto la sesión a fin de dar a la Gran Comisión el tiempo preciso para proponer a la Cámara los diputados que a su juicio debían ser nombrados para reintegrar las comisiones existentes. Reanudada la sesión, se propusieron a la Cámara, y ésta aprobó, al señor Vidaña, para la Comisión de Alcabalas; al señor Julio Zárate, para la de Corrección de Estilo; para la de Hacienda, al señor Julio González; a los Sres. San Salvador, Palacios y Rivera para la primera de Justicia, y para la segunda a los señores Dublán, Alcalde y Nicoli.

Se sometió a votación en lo general el proyecto de construcción de una vía férrea entre La Zamorana y Veracruz; pero pedida por algunos señores diputados la lectura del proyecto, y comenzada ésta, llegó la hora de reglamento y se cerró con ella la sesión.

José Martí
Revista Universal. México, 4 de abril de 1875

Boletines parlamentarios. Sesión del día 5 de abril de 1875. Presidencia del C. Tagle

Las sesiones han comenzado a tener hoy algún interés. Alguno ha dado a la de hoy la proposición sobre Reforma del Código, presentada por el señor Núñez de Velasco.
Aprobada el acta de la sesión anterior, dio la secretaría cuenta de una comunicación de Sonora participando al Congreso la apertura de su 49 período parlamentario, de otra de Colima para el mismo objeto, y de una comunicación, de Colima también, dando cuenta de los decretos expedidos por su legislatura.

Presentó luego el señor Núñez de Velasco un proyecto para que se nombrase una Comisión de letrados notables que entendiesen en el grave estudio que requieren los vacíos y defectos que se notan en el actual Código de Procedimientos Civiles. Dos veces usó de la palabra el señor Núñez de Velasco, y con iguales argumentos en una que en otra, dijo: que solo una larga práctica en el foro, y no solo en el foro de esta capital, podía dar toda la fijeza y amplitud de conocimientos jurídico-prácticos necesarios para la reforma pedida y urgentísima. Habló contra el proyecto el señor Frías y Soto, y fundó su oposición en la atendible razón de economía, y en la seguridad de encontrar en el seno mismo de la Cámara diputados suficientemente entendidos en materia y práctica jurídica, para el estudio y señalamiento de los puntos reformables del Código. Votado al fin el proyecto del señor Velasco, fue aprobado por 95 votos contra 21.

Dio luego cuenta la secretaría de algunos documentos recibidos, que pasaron a sus comisiones respectivas: el más importante de ellos fue uno que propone adiciones, supresiones y cambios en distintas partes del artículo 17 de la Constitución. Pasó a la 1.ª Comisión de puntos constitucionales.

Reanudada la discusión sobre construcción de la vía férrea entre La Zamorana y Veracruz: y no habiendo pedido la palabra diputado alguno, fue aprobada en lo general, y en lo particular seguidamente varios artículos. En este estado fue suspendida, por haber llegado la hora de reglamento, la sesión pública para abrir inmediatamente la sesión secreta.

José Martí
Revista Universal. México, 6 de abril de 1875

Boletines parlamentarios. Sesión del día 6 de abril de 1875. Presidencia del C. Tagle

Se abrió la sesión a las tres de la tarde.

Se dio lectura al acta del día anterior, que fue aprobada.

Se dio segunda lectura al proyecto de ley sobre presupuestos de ingresos y egresos del próximo año fiscal, y se señaló su discusión para cuando se reparta impreso el referido proyecto.

Concluyó la discusión en lo particular del proyecto de ley del ferrocarril de Veracruz a la Zamorana, y se declaró con lugar a votar. El presidente hizo la declaración de que el Congreso se erigía en colegio electoral.

La comisión escrutadora presentó dictamen consultando que pase el expediente sobre elecciones de procuradores y magistrados de la corte, a una de las comisiones de Gobernación. Este dictamen fue aprobado, y el presidente mandó pasar el expediente a la 11 comisión de Gobernación. Se levantó la sesión pública para entrar en secreta, extraordinaria.

José Martí
Revista Universal. México, 7 de abril de 1875

Boletines parlamentarios. Sesión del día 8 de abril de 1875. Presidencia del C. Tagle

A asuntos de interés material se ha dedicado casi en su totalidad la sesión de ayer.

Se presentaron al Congreso varios proyectos por las comisiones respectivas, y algunos de ellos encierran verdadera importancia práctica para *El Progreso* de los Estados. Leyó y recomendó la comisión el proyecto de la línea telegráfica que ha de unir a Xuchipila y Aguascalientes, favorecido por este Estado y por el de Zacatecas. Apoyado en breves palabras por la comisión, y aprobado por el Congreso, pasó para los efectos constitucionales al Ejecutivo.

Presentaron las comisiones dictámenes rechazando la iniciativa de la Legislatura de Coahuila sobre aumento de derechos a la importación del algodón extranjero y los efectos introducidos en el Estado por el puerto de Piedras Negras. Este dictamen vejatorio, y otro negando la subvención de 8.000 pesos para la instrucción pública del mismo Estado, fueron aceptados por el Congreso.

Pasó al Ejecutivo un proyecto, declarando libre del impuesto de portazgo el mármol nacional que se introduzca en la capital, y, señalando para la discusión en el día de hoy algunos proyectos, entre ellos uno sobre subvención de $2.500 al Estado de Veracruz para el pago de la fuerza de seguridad pública, y otro estableciendo que ningún Estado imponga la pena de comiso a los productos que pasen por su territorio. Se levantó a las cuatro y media la sesión pública, para comenzar la secreta de reglamento.

José Martí
Revista Universal. México, 9 de abril de 1875

Boletines parlamentarios. Sesión del día 9 de abril de 1875. Presidencia del C. Tagle

La sesión pública de ayer ha ofrecido ya alguna importancia, por uno al menos de los asuntos que en ella se sometieron a discusión. Justamente preocupaba al diputado señor Lemus la cuestión sobre que habló en la Cámara ayer.

Aprobada el acta anterior, y leídos a la Cámara algunos documentos, se puso a discusión el grave proyecto presentado por la Diputación de Oaxaca, sobre supresión del derecho de comiso en los frutos que se consuman en el país o pasen por su territorio, en armonía con el artículo de la Constitución que proscribe las alcabalas. Con justicia pidió el señor Lemus que se señalase día para este asunto importante. Mezclada íntimamente la cuestión de alcabalas con los medios de vitalidad de numerosos Estados, sería doloroso que un acuerdo poco meditado de la Cámara, admitiendo sin madurarlo el proyecto de Oaxaca, lastimase los respetables intereses que están con esta decisión relacionados. Apoyado en estas razones, y aduciendo que aun cuando la Constitución autorizaba el proyecto, las necesidades prácticas han demostrado en cuántos puntos es necesaria la reforma de la Constitución, el señor Lemus pidió a la presidencia que retirase este proyecto de una discusión que creía por lo precipitada perjudicial, y señalase día para que los diputados tuviesen todo el tiempo necesario para adquirir el conocimiento y la firmeza en lo que han de votar. La presidencia comprendió bien las razones que el señor Lemus expuso, y señaló para la discusión del proyecto la sesión del lunes próximo. Este fue el acontecimiento más interesante de la sesión de ayer.

Suspendida la sesión en su principio, en tanto que la gran comisión se retiraba a integrar la 21 comisión de Hacienda, se propuso luego a la Cámara, y ésta aceptó, el nombramiento de los señores Hernández y Hernández y Vidaña para integrarla.

Devuelto por el Ejecutivo el proyecto que acuerda nombrar una comisión de letrados para revisión y examen de las reformas necesarias en el Código de procedimientos civiles, fue aprobado en votación definitiva; los señores Prieto, Urquidi, Pacheco y algunos otros, votaron en contra.

Leídos algunos otros documentos, se levantó la sesión pública a las cuatro y media, para entrar, a petición de algunos señores diputados, en sesión secreta extraordinaria.

José Martí
Revista Universal. México, 10 de abril de 1875

Boletines parlamentarios. Sesión del día 12 de abril de 1875. Presidencia del C. Tagle

Una discusión de gravedad económica ha despertado hoy con justicia el interés de la Cámara.

Aprobada el acta, dada por la secretaría lectura a algunos proyectos de subvenciones y pensiones particulares, se puso a discusión el que suprime la pena de comiso en el Estado de Coahuila, en armonía con lo que sobre supresión de alcabalas dispone un artículo de la Constitución. El señor Lemus habló en contra, y en pro en nombre de la comisión el señor Prieto.

Basó el señor Lemus principalmente su discurso, sobre la diferencia que a favor del sistema de contribuciones indirectas existe entre este que se quiere con el proyecto abolir, y el de la contribución directa, a su juicio muy perjudicial a los Estados.

El señor Prieto hizo ver que la principal cuestión encarnada era la supresión señalada por la Constitución. Ni el plagio, dijo, con todos sus horrores, ni el servicio militar con todas sus anomalías, producen más daño que el sistema feudal de las alcabalas.

Rectificó el señor Lemus, y dijo que no era necesario invocar la confiscación como cruel, porque el comiso era una garantía para el fisco, no una pérdida de bienes para el confiscado.

Comiso es confiscación, rectificó a su vez el señor Prieto. Podrá ser como el señor Lemus dijo, que la Constitución haya sido violada una vez; pero esto no será nunca una razón para que se cometa otra nueva violación. La alcabala es impuesto odioso y el espíritu moderno, y los pueblos modernos rechazan el impuesto. Impuesto es vasallaje; contribución es retribución del pueblo al gobierno por los cuidados que con el pueblo tiene el gobierno. La cuestión capital es romper con el sistema de alcabalas, armonizar el sistema económico, armonizar la práctica con la Constitución. Decida la Cámara.

El señor González W. quedó con la palabra en contra para mañana.

Se levantó la sesión.

José Martí
Revista Universal. México, 13 de abril de 1875

Boletines parlamentarios. Sesión del día 15 de abril de 1875. Presidencia del C. Tagle

Por fin se ha votado ayer en la Cámara el proyecto presentado por la Comisión para la supresión de la pena de comiso. Habló el señor Romero, antes de continuar la discusión de este proyecto, sobre reforma del de construcción de una vía férrea entre Veracruz y la Zamorana.

Habló el señor Prieto contestando extensamente el discurso pronunciado en la sesión del martes por el señor Lemus. Probó su definición de comiso; refutó otras consideraciones del señor Lemus, e interrumpido por éste, terminó el señor Prieto su discurso.

Ocupó la tribuna para hablar contra el dictamen de la Comisión el señor Gómez del Palacio. Basó todo su discurso en que el dictamen significaba la contravención del artículo de la Constitución, toda vez que reglamentaba las alcabalas prohibidas por la Constitución, y reconocía al reglamentarlas su derecho de existir.

El C.[2] Prieto respondió al argumento del señor Gómez del Palacio. Dijo que lo que este C. pretendía era, bajo el pretexto de no violar la Constitución, dejar vigente en todo su vigor el sistema de alcabalas, escándalo y vergüenza de la nación.

Votado al fin el dictamen, fue rechazado por una considerable mayoría, acordándose que volviera a la Comisión.

Al terminar de votar eran ya más de las cinco. Por lo avanzado de la hora, se difirió para mañana la sesión secreta que hubiera debido tener lugar ayer.

Se anunció la discusión de la supresión en las fábricas de hilados de la contribución del huso.

José Martí

2   Sic. (N. del E.)

Revista Universal. México, 16 de abril de 1875

Honrosa semblanza

Honrosa, y muy merecida, es la bella semblanza que La Ley Fundamental ha hecho del señor Francisco Montes de Oca. Alma bondadosa, talento claro y múltiple, habilísimo cirujano, mano siempre dispuesta a salvar una vida del peligro y a un infeliz de la miseria, cuantos han conocido a Montes de Oca, tienen para él las unánimes y calurosas celebraciones que sus raras cualidades merecen. Nuestro compañero Martí, entre otros, le debe muy especial gratitud, y se alegra de tener una ocasión de Hacerla pública. A la solicitud afectuosa y notable habilidad de Montes de Oca, debe una curación casi completa, obtenida merced a una oportuna operación que notables médicos de España no se decidieron a hacer, y que el doctor mexicano llevó a cabo con precisión sorprendente, tacto sumo y éxito feliz. En el alma lleva nuestro compañero estos favores.

La semblanza de La Ley dice así:

>Brilla sobre su frente pensadora
>El Sol esplendoroso de la ciencia,
>Y a su ojos asoma la conciencia
>Pura como los tintes de la aurora.
>
>Su alma noble, sensible, soñadora,
>Abarca un infinito de experiencia,
>Y donde hay un pesar, una dolencia
>Su tierno corazón padece y llora.
>
>Por la ciencia y el bien conquista fama,
>El débil le bendice, le ama el fuerte,

Y le busca el dolor y le reclama;

Y aunque joven afín, el mundo advierte
Que México orgullosa le proclama
El vencedor heroico de la muerte.

Revista Universal. México, 13 de julio de 1876

Honra justísima

El pueblo es siempre bueno y agradecido: así se explica el culto religioso que México entero, y los obreros especialmente, tributan a la memoria del gran Benito Juárez.

El Gran Círculo de Obreros celebra hoy una velada literaria, en la que se harán oír desde la tribuna voces de oradores tan elocuentes como Andrés Clemente Vázquez y Gerardo Silva, y de poetas tan estimables como Agapito Silva, Juan Peza y José Monroy.

Todo hace esperar que la velada será digna del hombre eminente a quien conmemora.

Irá a ella sin duda el hijo que dejó el grande hombre: ¿no querrá perpetuar Benito el ilustre nombre de su padre? Dolor sería que no quisiera.

Revista Universal. México, 19 de julio de 1876

La estrategia

Están de enhorabuena los discípulos de La Bourdonnais y Staunton. Según sabemos, desde el próximo domingo comenzará a ver la luz pública en esta capital un periódico en folio mayor y a tres columnas que se ocupará únicamente de ajedrez y que saldrá del establecimiento tipográfico de San José de Gracia.

Dirigirá el periódico nuestro amigo el señor licenciado Andrés Clemente Vázquez, y colaborarán en él varios notables ajedrecistas extranjeros y los más distinguidos amateurs del Club de México. Cada domingo saldrá un número conteniendo juegos, problemas, noticias, etc., y será el resumen completo de lo más interesante que, acerca del universal entretenimiento de que se trata, ocurra, ya en nuestro país, ya en los Estados Unidos y en Europa.

Lo primero que tendrán los suscritores de la *Estrategia*, será el match que acaban de jugar en Londres los dos principales campeones del mundo (Mr. Blackburne y Herr Steinitz); y la obra Morphy's Cames, escrita en inglés por Herr Lowenthat y vertida al castellano por el señor Vázquez y el ajedrecista tamaulipeco don Antonio Fiol.

Nuestras más sinceras felicitaciones a los ajedrecistas de México y que la *Estrategia* viva tanto y llegue a adquirir tanta celebridad como la que MM. Saint Amand y La Riviere han publicado y publican todavía en la capital de Francia.

El periódico saldrá los días 1, 7, 15 y 23 de cada mes, valiendo el ejemplar seis centavos.

Revista Universal. México, 1 de agosto de 1876

Muy notable cuadro

Sancionado por la Exposición de París, y precedido de renombre justo, llegó a México muchos años hace un cuadro del maestro Pina, feliz reminiscencia del Renacimiento, y cariñosa ofrenda del artista a quien le sirvió amorosamentede Mecenas y de amigo.

Era el cuadro *La Virgen de la Piedad*, porque Piedad se llamaba la esposa del benefactor Bernardo Couto.

Hoy, por feliz accidente y breves días, está la admirable obra en el estudio de su autor. Del estudio hablaremos, que nos sorprendió cuando le vimos, y del cuadro también. No olviden donde está los aficionados, y vayan a cobrar satisfacciones con esa victoria de nuestro arte, ya que nuestra industria y comercio andan todavía tan perezosos en vencer.

El cuadro es famoso.

Revista Universal. México, 1 de agosto de 1876

Correo de los teatros

El público de Chicago ha recibido como siempre, con extraordinario entusiasmo a la distinguida artista de la ópera bufa Mademoiselle Aimée.

Particularmente en *La Jolie Parfumeuse* y *La Vie Parisienne*, obtuvo la compañía un éxito completo.

No es difícil que el mes de diciembre tengamos en el teatro Arbeu una deliciosa temporada de ópera bufa francesa.

Quercy y Geoffroy, el tenor y la *prima donna* que tantas simpatías conquistaron en México durante su corta residencia, han muerto del vómito a bordo de un vapor americano, según lo dice una carta recibida por el último paquete de Nueva York.

Tuvo muy buen éxito antenoche la comedia nueva del señor José Sebastián Segura. El nombre del autor habría bastado para llenar todas las localidades del teatro: la obra justificó la estima en que se tienen las aptitudes literarias de uno de los más correctos, eruditos y estudiosos hablistas que son valioso adorno de las ricas letras de México.

Decíase en el patio que era la comedia copia, no muy prudente por serlo, de determinada familia mexicana: ni adivinamos intenciones ajenas, ni las suponemos malas en nadie. Fuera esto o no Ambición y Coquetismo, el público la oyó con mucho agrado; severo en el primer acto, benévolo ya en el segundo, y entusiasta en el tercero, premió la hábil disposición, fidelidad de caracteres, hermosa locución y lección saludable de la obra.

Parca en chistes, y todos ellos cultos y oportunos; débil de trama, pero realzado este vacío por observaciones morales, a veces demasiado frecuentes, y una amena y galana dicción; precipitado y un tanto maravilloso el desenlace, pero traído a la obra para ejemplo de vanidosos y útil enseñanza —la comedia del señor Segura es una buena obra, bien pensada, bien desarrollada, bien escrita—. Es comedia, y no exageró lo cómico. Si es retrato, zahirió sin ofender; si es imitación, fidelísimamente tomó del natural. Oyendo la obra se sentía uno a sus anchas, con el oído gustosamente entretenido, como quien escucha algo saturado de buen gusto, como quien está de visita en una casa donde reina una distinguida intimidad.

En punto a exposición la obra es animada, clara y sencilla.

En punto a desarrollo, más se ve el pensamiento que la acción, y aunque ésta es escasa y lenta, el pensamiento la envuelve en forma harto ligera y bella para que se sienta cansancio ni lentitud.

En cuanto al desenlace, no nos gustó mucho, precisamente porque nos gustaba mucho la comedia. Es en ésta mérito excelente, aquella experta manera de llevar a la escena algunos de nuestros caracteres que revela en el autor observación concienzuda y práctico conocimiento de la sociedad que le rodea: y, para los que de la obra dijeran mal, ¿qué comedias tenemos en México que tiendan a un fin práctico, curen sin lastimar, lleven a las tablas caracteres ciertos, y den tan severa, aunque ruda lección, en forma tan delicada y tan amena?

Tal vez abra época en nuestras letras dramáticas modernas la comedia de Segura.

Y siendo el principal mérito de Ambición y Coquetismo la naturalidad irreprobable de los caracteres, y el realismo de la trama, tal vez por demasiado real un tanto descarnada, bueno hubiera sido el mismo término feliz, sin traer a él aquel repentino título y aquella súbita fortuna, que en lo posible caben, pero que no están en su lugar en comedia donde todo es tan natural que parece perfectamente cierto. Debió ser todavía más moral la lección cómica: debió el pobre ser exclusivamente estimado por la honradez y resplandor de su pobreza. ¿A qué la maravilla de una gran fortuna? La holgada medianía que el señor Segura recomienda, hubiera bastado.

Si se incluyesen las obras en grupos, se diría que la comedia del jueves merecía un honroso lugar en el grupo moratiniano.

Sin querer ser juicio, van tomando estas líneas proporciones mayores que las de crónica.

Ambición y Coquetismo nos parece, ya que hemos de dar idea de ella en breves frases, la comedia de un retórico cristiano, que pertenece a un mundo distinguido, y que habla sabrosamente el español.

Diga ahora la crónica lo suyo. Estaba el Principal, como por la novedad y el nombre del autor era forzoso, completa y agradablemente lleno: la élite de la riqueza en los palcos, y la del buen tono y el talento en el patio abundantemente concurrido. La obra, salvo algunas excepciones, gustó generalmente, y de una manera tan recatada al principio, como luego abierta y espontánea. Se celebraban los chistes, hacía algún observador tenaz, mofa ligera de la abundancia de refranes, y se señalaban por todos caracteres semejantes a los en la obra retratados: estas miradas hacia el natural son el mejor elogio de la comedia, porque esa es la comedia buena: lección útil, envuelta en la copia artística del natural.

Quiso el público desde el segundo acto ver en escena al autor, y éste, modesto cuanto es ilustrado, se abstuvo hasta el final del tercer acto, de presentarse a recibir los aplausos que le eran cariñosamente tributados. Tres veces, entre palmadas calurosas, fue Segura llamado a la escena.

Y se hablaba animadamente en los pasillos, y había en plateas y corredores ese calor y atmósfera simpática especiales de las noches en que hay obras de estreno.

Donde eran de ver el aprecio en que por viejos maestros y jóvenes principiantes se tiene al hablista castizo y erudito sabedor de no muy sabidas cosas literarias, era en lo que Guasp llama su foyer, estrechísimo el jueves para contener a todos los que fueron a felicitar al aplaudido autor.

Con distinción y humildad ejemplares recibía el señor Segura tanto plácemepresent. Es lo cierto que nunca ha reunido el foro del viejo teatro de los virreyes, tal número de gentes distinguidas, ganosas de estrechar la mano de un autor feliz.

Y todo lo tiene Segura merecido: es hermoso ver cómo un hombre amaestrado en las lizas de la literatura, viene modestamente a solicitar del público que lo estima, censura severa, o sanción espontánea y cariñosa. Contentos salíamos del Principal el jueves último, porque habíamos visto una comedia buena, a un público inteligente, y a un hombre de talento premiado y aplaudido.

Revista Universal. México, 12 de agosto de 1876

Señor don Joaquín Macal
Ministro de Relaciones Exteriores

Mi respetable amigo:

Quería usted saber qué pensaba yo del Código nuevo, y ver algo de lo que le dicen que yo he escrito. ¿Por qué me pide usted nada de lo pasado? La vida debe ser diaria, movible, útil; y el primer deber de un hombre de estos días, es ser un hombre de su tiempo. No aplicar teorías ajenas, sino descubrir las propias. No estorbar a su país con abstracciones, sino inquirir la manera de hacer prácticas las útiles. Si de algo serví antes de ahora, ya no me acuerdo: lo que yo quiero es servir más. Mi oficio, cariñoso amigo mío, es cantar todo lo bello, encender el entusiasmo por todo lo noble, admirar y hacer admirar todo lo grande. Escribo cada día sobre lo que cada día veo. Llego a Guatemala, y la encuentro robusta y próspera, mostrándome en sus manos, orgullosa, el libro de sus Códigos; lo tomo, lo leo ansioso, me entusiasma su sencillez y su osadía, y encogido por los naturales temores de escribir donde no se es conocido, pero deudor a usted de algunos renglones esos que aquí le envío, y no han de ser ellos los últimos que sobre tan noble y bien entendida materia escriba mi pluma apasionada, apasionada de la grandeza y de mi deber; por eso, como ayer decía a usted, nunca turbaré con actos, ni palabras, ni escritos míos la paz del pueblo que me acoja. Vengo a comunicar lo poco que sé, y a aprender mucho que no sé todavía. Vengo a ahogar mi dolor por no estar luchando en los campos de mi patria, en los consuelos de un trabajo honrado, y en las preparaciones para un combate vigoroso.

No me anuncie usted a nadie como escritor, que tendré que decir que no lo soy. Amo el periódico como misión, y, lo odio... no, que odiar no es bueno, lo repelo como disturbio. Por sistema me temo vedada la ingerencia en la política activa de los países en que vivo. Hay una gran política universal, y esa sí es la mía y la haré: la de las nuevas doctrinas. Servidor de ellas, y agradecido de usted, quedo su amigo obligado S. S. Q. E. S. M.

José Martí
[Guatemala] 11 de abril de 1877

Los códigos nuevos

Interrumpida por la conquista la obra natural y majestuosa de la civilización americana, se creó con el advenimiento de los europeos un pueblo extraño, no español, porque la savia nueva rechaza el cuerpo viejo; no indígena, porque se ha sufrido la ingerencia de una civilización devastadora, dos palabras que, siendo un antagonismo, constituyen un proceso; se creó un pueblo mestizo en la forma, que con la reconquista de su libertad, desenvuelve y restaura su alma propia. Es una verdad extraordinaria: el gran espíritu universal tiene una faz particular en cada continente. Así nosotros, con todo el raquitismo de un infante mal herido en la cuna, tenemos toda la fogosidad generosa, inquietud valiente y bravo vuelo de una raza original fiera y artística.

Toda obra nuestra, de nuestra América robusta, tendrá, pues, inevitablemente el sello de la civilización conquistadora; pero la mejorará adelantará y asombrará con la energía y creador empuje de un pueblo en esencia distinto, superior en nobles ambiciones, y si herido, no muerto. ¡Ya revive!

¡Y se asombran de que hayamos hecho tan poco en treinta años, los que tan hondamente perturbaron durante trescientos nuestros elementos para hacer! Dennos al menos para resucitar todo el tiempo que nos dieron para morir. ¡Pero no necesitamos tanto!

Aun en los pueblos en que dejó más abierta herida la garra autocrática; aun en aquellos pueblos tan bien conquistados, que lo parecían todavía, después de haber escrito con la sangre de sus mártires, que ya no lo eran, el espíritu se desembaraza, el hábito noble de examen destruye el hábito servil de creencia; la pregunta curiosa sigue al dogma, y el dogma que vive de autoridad, muere de crítica.

La idea nueva se abre paso, y deja en el ara de la patria agradecida un libro inmortal; hermoso, augusto: los Códigos patrios.

Se regían por distinciones nimias los más hondos afectos y los más grandes intereses; se afligía a las inteligencias levantadas con clasificaciones mezquinas y vergonzosas; se gobernaban nuestros tiempos originales con leyes de las edades caducadas, y se hacían abogados romanos para pueblos americanos y europeos. Con lo cual, embarazado el hombre del derecho, o huía de las estrecheces juristas que ahogaban su grandeza, o empequeñecía o malograba ésta en el estudio de los casos de la ley.

Los nacimientos deben entre sí corresponderse, y los de nuevas nacionalidades requieren nuevas legislaciones. Ni la obra de los monarcas de cascos redondos, ni la del amigo del astrólogo árabe, ni la buena voluntad de la gran reina, mal servida por la impericia de Montalvo, ni la tendencia unificadora del rey sombrío y del rey esclavo, respondían a este afán de claridad, a este espíritu exigente de investigación, a esta pregunta permanente, desdeñosa, burlona; inquieta, educada en los labios de los dudadores del siglo XVII para brillar después, hiriente y avara, en los de todos los hijos de este siglo. Esa es nuestra grandeza: la del examen. Como la Grecia dueña del espíritu del arte, quedará nuestra época dueña del espíritu de investigación. Se continuará esta obra; pero no se excederá su empuje. Llegará el tiempo de las afirmaciones incontestables; pero nosotros seremos siempre los que enseñamos, con la manera de certificar, la de afirmar. No dudes, hombre joven. No niegues, hombre terco. Estudia, y luego cree. Los hombres ignorantes necesitaron la voz de la Ninfa y el credo de sus Dioses. En esta edad ilustre cada hombre tiene su credo. Y, extinguida la monarquía, se va haciendo un universo de monarcas. Día lejano, pero cierto.

Los pueblos, que son agrupaciones de estos ánimos inquietos, expresan su propio impulso, y le dan forma. Roto un estado social, se rompen sus leyes, puesto que ellas constituyen el Estado. Expulsados unos gobernantes perniciosos, se destruyen sus modos de gobierno. Mejor estudiados los afectos e intereses humanos, necesitan el advenimiento de leyes posteriores, para las modificaciones posteriormente advenidas: esta existencia que reemplazó a la conquista; esta nueva sociedad política; estos clamores de las relaciones individuales legisladas por tiempos en que las relaciones eran distintas; este amor a la claridad y sencillez, que distingue a las almas excelsas, determinaron en Guatemala la formación de un nuevo Código Civil, que no podía inventar un derecho, porque sobre todos existe el natural, ni aplicar éste puro, porque había ya relaciones creadas.

Hija de su siglo, la Comisión ha escrito en él y para él. Ha cumplido con su libro de leyes las condiciones de toda ley: la generalidad, la actualidad, la concreción; que abarque mucho, que lo abarque todo, que defina breve; que cierre el paso a las caprichosas volubilidades hermenéuticas.

Ha comparado con erudición, pero no ha obedecido con servilismo. Como hay conceptos generales de Derecho, ha desentrañado sus gérmenes de las leyes antiguas, ha respetado las naturales, ha olvidado las inútiles, ha desdeñado las pueriles y ha creado las necesarias: alto mérito.

¿Cómo habían de responder a nuestros desasosiegos, a nuestro afán de liberación moral, a nuestra edad escrutadora y culta, las cruelezas primitivas del Fuero Juzgo, las elegancias de lenguaje de las Partidas, las decisiones confusas y autoritarias de las leyes de Toro?

¿Poder omnímodo del señor bestial sobre la esposa venerable? ¿Vinculaciones hoy, que ya no existen mayorazgos? ¿Rebuscamientos en esta época de síntesis? ¿Dominio absoluto del padre en esta edad de crecimientos y progresos? ¿Distinciones señoriales, hoy que se han extinguido ya los señoríos? Tal pareciera un cráneo coronado con el casco de los godos; tal una osamenta descarnada envuelta en el civil ropaje de esta época. Ya no se sentarán más en los Tribunales los esqueletos.

La Comisión ha obrado libremente; sin ataduras con el pasado, sin obediencia perniciosa a las seducciones del porvenir. No se ha anticipado a su momento, sino que se ha colocado en él. No ha hecho un Código ejemplar, porque no está en un país ejemplar. Ha hecho un Código de transformación para un país que se está transformando. Ha adelantado todo lo necesario, para que, siendo justo en la época presente, continúe siéndolo todo el tiempo preciso para que llegue la nueva edad social. No hay en él una palabra de retroceso, ni una sola de adelanto prematuro: con entusiasmo y con respeto escribe el observador estas palabras.

A todo alcanza la obra reformadora del Código nuevo. Da la patria potestad a la mujer, la capacita para atestiguar y, obligándola a la observancia de la ley, completa su persona jurídica. ¿La que nos enseña la ley del cielo, no es capaz de conocer la de la tierra? Niega su arbitraria fuerza a la costumbre, fija la mayor edad en veintiún años, reforma el Derecho español en su pueril doctrina sobre ausentes, establece con prudente oportunidad, el matrimonio civil sin lastimar el dogma católico; echa sobre la frente del padre, que la merece, la mancha de ilegitimidad con que la ley de España aflige al hijo; y con hermosa arrogancia desconoce la restitución in integrum obra enérgica de un ánimo brioso, atrevimiento que agrada y que cautiva. Fija luego claramente los modos de adquirir; examina la testamentifacción en los solemnes tiempos hebreos cuya contemplación refresca y engrandece, los de literatura potente y canosa, los de letras a modo de raíces. Ve el testamento en Roma, corrompido por la invasión de sofistas; aquellos que sofocaron al fin la voz de Plinio, y estudiando ora las Partidas, ora las colecciones posteriores, conserva lo justo, introduce lo urgente, y adecúa con tacto a las necesidades actuales las ideas del Derecho Natural. Y eso quiere, y es, la justicia; la acomodación del Derecho positivo al natural.

Ama la claridad, y desconoce las memorias testamentales.

Ama la libertad, y desconoce el retracto.

Quiere la seguridad y establece la ley hipotecaria; base probable de futuros establecimientos de crédito, que tengan por cimiento, como en Francia y la España, la propiedad territorial.

Reforma la fianza, aprieta los contratos, gradúa a los acreedores. Limita, cuando no destruye, todo privilegio. Tiende a librar la tenencia de las cosas de enojosos gravámenes, y el curso de la propiedad de accidentes difíciles. Sea todo libre, a la par que justo. Y en aquello que no pueda ser cuanto amplio y justo debe, séalo lo más que la condición del país permita.

Es pues, el código preciso; sus autores atendieron menos a su propia gloria de legisladores adelantados, que a la utilidad de su país. Prefirieron esta utilidad patriótica a aquel renombre personal, y desdeñando una gloria, otra mayor alcanzan: solo la negará quien se la envidie. En el espíritu, el Código es moderno; en la definición, claro; en las reformas, sobrio; en el estilo, enérgico y airoso. Ejemplo de legistas pensadores, y placer de hombres de letras, será siempre el erudito, entusiasta y literario informe que explica la razón de esas mudanzas.

Ni ha sido solo el Código el acabamiento de una obra legal. Ha sido el cumplimiento de una promesa que la revolución había hecho al pueblo: le había prometido volverle su personalidad y se la devuelve. Ha sido una muestra de respeto del Poder que rige al pueblo que admira. Bien ha dicho el señor Montúfar: no quiere ser tirano el que da armas para dominar la tiranía.

Ahora cada hombre sabe su derecho: solo a su incuria debe culpar el que sea engañado por las consecuencias de sus actos. El pueblo debe amar esos códigos, porque le hablan lenguaje sencillo, porque lo libran de una servidumbre agobiadora: porque se desamortizan las leyes.

Antes, éstas huían de los que las buscaban, y se contrataba con temor, como quien recelaba en cada argucia del derecho un lazo. Ahora el derecho no es una red, sino una claridad. Ahora todos saben qué acciones tienen; qué obligaciones contraen; qué recursos les competen.

Con la publicación de estos códigos, se ha puesto en las manos del pueblo un arma contra todos los abusos. Ya la ley no es un monopolio; ya es una augusta propiedad común.

Las sentencias de los tribunales ganarán en firmeza; los debates en majestad. Los abogados se ennoblecen; las garantías se publican y se afirman. En los pueblos libres, el derecho ha de ser claro. En los pueblos dueños de sí mismos, el derecho ha de ser popular.

No ha cumplido Guatemala, del año 21 acá, obra tan grande como ésta. ¡Al fin la independencia ha tenido una forma! ¡Al fin el espíritu nuevo ha encarnado en la Ley! ¡Al fin se es lo que se quería ser! ¡Al fin se es americano en América, vive republicanamente la República, y tras cincuenta años de barrer ruinas, se echan sobre ellas los cimientos de una nacionalidad viva y gloriosa!

Al director de El Progreso

Señor director de *El Progreso*

Mi distinguido amigo:

Usted ama todo lo bueno, y atoará lo que le envío: gustan siempre de lo bello los hombres enamorados de lo noble.

Diré a usted poco más o menos lo que dije el sábado último en la Escuela Normal.[3] Como si no bastaran a apaciguar mi sed saber cosas de esta tierra, la palabra ciceroniana de Marure;[4] la rima correcta profunda, y a menudo amarga de Batres,[5] y la ficción de Goyena, digno heredero de la faena apológica de Pilpay y Ramsamgayer, hallé en un libro de versos unas trovas que me llamaron la atención, por su elegante giro, su ternura digna, y su medida blandamente armónica. Eran de Francisco Lainfiesta,[6] el «self-made roan» guatemalteco. Y como yo gozo con que los demás valgan, fui a rogarle que escribiera unos versos sáficos, que en su lira melodiosa habrían de sonar a suave arpegio. Ahí van,[7] como yo los es-

3 Durante su breve estancia en Guatemala, y a través del educador cubano José María Izaguirre, director entonces de la Escuela Normal, Martí obtuvo el cargo de profesor de literatura y Filosofía de dicha escuela.

4 Martí se refiere extensamente al historiador guatemalteco Marure en su folleto *Guatemala*, publicado en México, 1878.

5 En el mismo trabajo se refiere también a José Batres. Conviene señalar, sin embargo, que el amigo de Martí, al que hace especial mención en su «testamento literario», fue el célebre jurista, filólogo e historiador guatemalteco Antonio Batres Jáuregui.

6 Al poeta guatemalteco Francisco Lainfiesta, se refiere igualmente Martí en el citado folleto *Guatemala*.

7 Los versos a que alude están reproducidos en *Papeles de Martí*. (Archivo de Gonzalo de Quesada.) III. Miscehínea. Recopilación, intro-

peraba; correctos, esténicos, buenos todos y algunos excelentes. En la Escuela misma me los dio el citado Lainfiesta.

Yo le había dicho: «La época es libre: séalo el verso. Y séalo, sobre todo, porque en toda esfera la buena obra libre vale más que la obra esclava». Así escribieron Schiller y Virgilio: sea así la rima, que mientras más límites se salven, se está más cerca de lo ilímite; y mientras más trabas rompe el hombre, más cerca está de la divinidad germinadora.

Haga usted leer estos versos, que honran la tierra en que se han escrito; y al humilde poeta que tuvo la buena fortuna de excitarlos a nacer. Usted y yo sabemos gozar con los ajenos méritos: paz y amor para todos.

Su amigo muy obligado y afectísimo.
José Martí
Su casa, abril 29 de 1877

ducción, notas y apéndice por Gonzalo de Quesada y Miranda, La Habana, 1955, pág. 64-65.

Revista Guatemalteca

Me propongo publicar un periódico que se llamará *Revista Guatemalteca*.[8] Quiero dar a mi publicación el nombre del país que me ha acogido con cariño.

Las riquezas de Guatemala son poco conocidas: el comercio intelectual con Europa es escaso; esto explica la creación de mi periódico. Fuera de la razón de mi actividad personal —que fervientemente consagro al bien de América sobre obstáculos y apreciaciones— responde la *Revista* a mi deseo de dar a conocer cuanto Guatemala produce y puede producir, y de hacer generales las noticias de letras y ciencias, artes e industrias, privilegio hoy del escaso número de afortunados a quienes es fácil saborear las excelentes revistas europeas.

Yo conozco a Europa, y he estudiado su espíritu; conozco a América y sé el suyo. Tenemos más elementos naturales, en estas nuestras tierras, desde donde corre el Bravo fiero hasta donde acaba el digno Chile, que en tierra alguna del Universo; pero tenemos menos elementos civilizadores, porque somos mucho más jóvenes en historia, no contamos seculares precedentes y hemos sido, nosotros los latinoamericanos, menos afortunados en educación que pueblo alguno; tristes memorias históricas, —secretos de muchas desdichas que no es el caso traer a la luz...

Europa busca los productos de nuestro suelo, que dan brillo a sus plazas numerosas; nosotros hemos menester entrar en esa gran corriente de inventos útiles, de enérgicos libros, de amenas publicaciones, de aparatos industriales, que el mundo viejo, y el septentrión del nuevo, arrojan de su seno,

---

8 Prospecto de la *Revista Guatemalteca*, que Martí se proponía publicar, pero que nunca llegó a salir.

donde hierven la actividad de tantos hombres, la elocuencia de tantos sabios, la vivacidad de tantas obras.

¿Quién entre nosotros sabe, amén de cierto gremio de escogidos, que bien sé que hay aquí hombres cuya erudición corre parejas con la de pueblos adelantados? ¿Quién sabe entre nosotros qué libros salen de las prensas de Hetzel y de Bouret, de Rivadeneira y de Navarro? ¿Quién lleva cuenta de tantas delicias de Jules Claretie, de Pierre Veron, de Charles Mazade? ¿Quién toma nota de tanta máquina asombrosa que en la América del Norte es gran ahorro de brazos, trabajo alado, maravilla de seguridad y de presteza? Apenas los poetas, con sus inmensas alas llenas de perfume, nos envían las brisas del alma con sus versos. Dramáticos insignes de España y de Francia; filósofos alemanes, científicos, místicos imponentes, obra humana, nos son hoy, en lo común, desconocidos, ya por que temen los libreros no verse remunerados de los gastos que la introducción de los numerosos libros nuevos acarrea, ya porque no inspira mucho interés lo que frecuentemente no se trata, ya porque son escasos los suscriptores a esos grandes periódicos de Europa, útiles generalmente de principios, inventos y sucesos, libros ambulantes, magníficos resúmenes del desarrollo espiritual e industrial moderno.

A tal necesidad pretende, por una parte, responder.

Y, por la otra, ¿saben en Europa, en nuestra misma América saben, cuántas bellezas, cuántas riquezas, cuántas industrias naturales encierra este pueblo, que los mares buscan como cortejando su hermosura, como trayéndole mensajes de tierras luengas; como solicitando sus productos? ¿Se ha dicho bien a los viajeros cuánto hay aquí que admirar; a los poetas, cuánto hermoso espectáculo; a los industriales, cuánto campo nuevo, a los agricultores, cuánta olvidada, tierra pudieran explotar en Guatemala? Apáganse más allá de la frontera las congojosas brutas del barrio, los hondos movimientos de los montes, las armónicas voces de los lagos. Incultos quedan en los bosques seda, maguey, palmares, hule... Así, cuando se elevó en Plymouth la primera oración cristiana; cuando solo se oían entre las salvas las dolientes querellas de Haiwatha, dormían descuidados los extraordinarios gérmenes fecundos que hoy sustentan, con desenvolvimiento milagroso, los pueblos de la Unión Americana. Así poco tiempo hace, guardaba México escondidas riquezas que Guatemala también guarda, y hoy, cayendo y levantándose, en el gran calvario político, como gran niño impaciente, alentada la actividad por el consumo, los mercados de México se llenan de productos, ya elementales y burdos, ya bellos y perfectos, que rinde opimo el país. Nuestras entrañas son de oro; es preciso que nuestros brazos sean de hierro. Sepan que valemos, vengan los que sepan. Aplíquese el trabajo inteligente a la tierra dócil y rica, es forzoso presentarlo en todas partes, no como una leyenda oscura, no como una india hermosa y descalza, sino como un terreno fértil e impaciente, rico en inteligencias, belleza y productos. Es necesario que nadie pueda afectar desde que sentirlo no puede por este cúmulo de incorrectas y bulliciosas concepciones de los cerebros americanos, cerebros de héroes y de locos, de niños y gigantes a la vez. Es necesario que América sea en todas partes, no una esperanza avariciosa de granjerías sino una amante respuesta a la solicitud laboriosa de los hombres de todas las razas y países.

Contendrá, pues, mi periódico, en cada uno de sus números, descripciones —más útiles que pintorescas— de las comarcas de la República; estudio de sus frutos y sobre su aplicación; remembranzas de muertos ilustres, y de obras notables que enorgullecen al país —respondiendo a mi ideal de hacer resaltar todo lo bueno y cuanto bueno y bello encierra. Y en respuesta a la natural y curiosa demanda de noticias europeas, contendrá cada número una revista de artes bellas y útiles, de ciencias e invenciones, de libros y de dramas, de lo último que se publique o imagine, de lo que con sanción y aplauso, forje el ingenio y escriba la pluma en los ilustres y viejos pueblos de nuestras riberas humildes, —Guatemala ante los ojos; y Europa a la mano. Verteré con juicios míos, cuanto sobre adelanto de ciencias, mejoramiento de artes y publicaciones de libros en los otros mundos sepa.

Es vasto el programa; por eso lo acepto; por eso, y porque es útil. Pido, en gracia a mi buena voluntad, excusa por aquello en que a llenarlo no alcanzare. Me lisonjean de antemano con el buen éxito de mi empresa. Haga yo bien, y estaré contento. Creo que responde a una necesidad, y que será recibida con el amor con que es intentada.

José Martí

Carta a Valero Pujol, director de El Progreso[9]

27 de noviembre (1877)
Señor don Valero Pujol
Amigo mío:

En un cariñoso párrafo, inserto en el último número de *El Progreso*: —Por las cosas generosas que de mí dice, gracias. Para la observación con que termina, algunas observaciones.

Rechazo absolutamente, no el consejo de mi amigo, sino el injusto rumor de que se ha hecho eco. Yo analizo mis pequeños actos, y estoy contento de ellos. ¿Qué he hecho, para merecer tanta atención? Amo la prensa, ese poder nobilísimo, y he escrito un artículo de que dice usted sobrado bien, y una manifestación que me honra, porque en ella expresé la gratitud ajena y la mía: ¡desventurado el que no sabe agradecer!

Amo la polémica viva, la juventud naciente, los esfuerzos literarios, y por temor de parecer intruso, he rehuido los amenos centros donde los jóvenes hablan, y las grandezas futuras se prometen. Manuel Acuña, el poeta pálido de México ¿qué fue sino un discutidor modesto de la Sociedad Netzahualcóyotl?

Amo la tribuna, la amo ardientemente, no como expresión presuntuosa de una locuacidad inútil, sino como una especie de apostolado, tenaz, humilde y amoroso, donde la cantidad de canas que coronan la cabeza no es la medida de la cantidad de amor que mueve el corazón. Si los años me han

---

9 Esta carta ha sido proporcionada por el doctor Néstor Carbonell. La carta refleja el ambiente polémico y constructivo creado por Martí durante su corta estancia en Guatemala, con su actuación y con la preclara y valiente expresión de sus ideas en la cátedra, en la tribuna y en su folleto *Guatemala*. Años después habría de enfrentarse con situación análoga en Venezuela, país que se vio obligado a abandonar, lo mismo que Guatemala.

negado barbas, los sufrimientos me las han puesto. Y éstas son mejores.

¿Qué he hecho yo en la tribuna? —Una vez, conmovido por la voz de un bardo joven, saludé a Guatemala, que me da abrigo, y de quien aquí no digo bien, porque parecería lisonja. Otra vez, allá en familia, en las útiles pláticas que la Escuela Normal sustenta, y el público favorece, encomié unos versos de Lainfiesta, medidos a la manera de Meléndez, el dulce poeta. Hablé luego sobre el influjo de la Oratoria: ¿qué he de hacer con las palabras, si se me salen del alma? —Una inteligente maestra guatemalteca quiso ser anunciada por mí al público: ¿había yo de ser descortés? Me invitó El Porvenir —honra que no olvidaré— a hablar en su primera velada. Veo yo desenvolverse los gérmenes tanto tiempo contenidos, cruzarse los alambres por el aire, tenderse los carriles por la tierra, crearse una nueva generación en las escuelas, llenarse de libros modernos las librerías, embellecerse la forma de las casas, multiplicarse los maizales ricos, quejarse la caña en las centrífugas, reconocerse los puertos y los ríos; era yo el orador de una fiesta de este renacimiento, y ¿no había de cantarlo? Ensalcé a la próspera Guatemala. Mi mano agradecida sabe que se sentía allí lo que yo decía. Los que la estrecharon, no serán olvidados. Aquella noche, no me equivoqué. Mi cariño estaba pagado: —yo había alentado a los jóvenes, encomiado la necesidad de la energía individual, censurado el respeto ciego, el continente sumiso, la mano floja, la mirada opaca, el habla humilde, todo eso que usted ha llamado circunstancias, y que ya merced al libro, a los hombres de 1871, y a usted mismo —ya no lo son. Canté a la Guatemala laboriosa, alba de limpieza, virgen robustísima, pletórica de gérmenes; canté una estrofa del canto americano, que es preciso que se entone como gran canto patriótico, desde el brillante México hasta el activo Chile. Esa estrofa pugna por ser himno. Aquella noche, corrió a mi lado aire de amor.

Luego, el 16 de septiembre, invitado por mi amigo Izaguirre, y por alguien más, hablé de nuevo. Decir mal de España, con mis labios cubanos, hubiera parecido una pueril venganza. Son flojas las batallas de la lengua. Volví los ojos hacia los pobres indios, tan aptos para todo y tan destituidos de todo, herederos de artistas y maestros, de los trabajadores de estatuas, de los creadores de tablas astronómicas, de la gran Xelahú, de la valerosa Utatlán. La manera de celebrar la independencia no es, a mi juicio, engañare sobre su significación, sino completarla. Enumeré las fuerzas de Guatemala, y las excité al movimiento y al trabajo. Creo que me enojé un poco con las perezas del Ser Supremo, vuelto de espaldas tantos siglos a la América. He ahí mi oscura campaña. Amar a un pueblo americano, y, por tanto, mío, tan mío como aquel que el Cauto riega; celebrar una nueva época, censurar aquella en que un ministro reñía ásperamente a un maestro, porque enseñaba francés a sus discípulos —he ahí las circunstancias que he atacado; he ahí la inoportunidad que he cometido. La verdad es que solo aquel ministro, y los suyos, tenían derecho a quejarse—. Cierto que para ellos fui yo inoportuno.

Pero para otros, no: para ancianos respetables, que me estiman; para el afectuoso —e impagable— círculo de jóvenes que me alienta; para los maestros entusiastas, de mirada grave y ciencia sólida, que acaban de salir de la Escuela en que yo también enseño; para el mundo nuevo, las circunstancias no están heridas, ni la oportunidad lastimada. Cuando una sociedad vive entre dos extremos, el uno audaz —que adelanta, y el otro tenaz— que no camina, no se puede ser oportuno para todos. El que alienta a aquéllos, lastima a éstos. Aquéllos no se me quejan, amigo mío. Aquí, en mi oscuridad, aquéllos me aman. Me vienen a ver, hablan conmigo largamente. Yo, tranquilo con mis actos, a éstos dejo mi justificación. Estos amigos míos son: estudiantes desconocidos, adolescentes empeñosos, personalidades sencillas, pero enérgicas. Y otras gentes, que me enaltecen ante mí mismo con quererme.

Les hablo de lo que hablo siempre: de este gigante desconocido, de estas tierras que balbucean, de nuestra América fabulosa. Yo nací en Cuba, y estaré en tierra de Cuba aun cuando pise los no domados llanos del Arauco. El alma de Bolívar nos alienta; el pensamiento americano me transporta. Me irrita que no se ande pronto. Temo que no se quiera llegar. Rencillas personales, fronteras imposibles, mezquinas divisiones ¿cómo han de resistir, cuando esté bien compacto y enérgico, a un concierto de voces amorosas que proclamen la unidad americana? —Ensalzando a la trabajadora Guatemala, y excitándola a su auge y poderío, ¿habré obrado contra ella? —Rogando a una hermana que sea próspera ¿habré obrado en mal de la familia? —Impacientándome porque no se consigue pronto este fin gloriosísimo, con moderada impaciencia ¿qué falta podrá echarme en cara mi gran madre América? ¡Para ella trabajo! —De ella espero mi aplauso o mi censura.

Suyos; suyos son estos esfuerzos y dolores; a ella envío las rosas del camino; por ella no me duelen las zarzas venenosas.

Obro bien, y estoy contento: —¿Que no halago las circunstancias? Un hombre nace para vencer, no para halagar. —¡Ah, inoportuno! Si circunstancia es repulsión a toda mejora, ira contra toda útil tentativa, odio contra toda energía, no, no la halago. Ni usted ni yo la halagamos.

¿Que soy vehemente en decir todo esto? ¿Culpa es mía solo que sea América tierra de pasión?

Por ahí me han mordido unas culebras. Hasta mi talón quiero yo conservar noble. ¡Ofrenda a la gran madre!

Amo a Guatemala. Probárselo será mejor que decírselo. Nada intento enseñar, yo que he tenido que admirar la elocuencia de un negro de Afrecha, y la penetración de un ladino de Gualán. Los que me pinten soberbio, se equivocan. La inteligencia, dado que se la tenga, es un don ajeno, y a mis ojos, mucho menos valioso que la dignidad del carácter y la hidalguía del corazón. Estoy orgulloso, ciertamente, de mi amor a los hombres, de mi apasionado afecto a todas estas tierras, preparadas a común destino por iguales y cruentos dolores. Para ellas trabajo, y les hablaré siempre con el entusiasmo y la rudeza —no de un Mentor ridículo, que Mecenas y Mentor tuvieron canas, ni de un Redentor cómico, que si amor me sobra, fuerzas me faltan—; de un hijo amantísimo, que no quiere que sus amigos llamen a la energía necesaria, inoportunidad; a las resistencias sordas, circunstancias.

Vivir humilde, trabajar mucho, engrandecer a América, estudiar sus fuerzas y revelárselas, pagar a los pueblos el bien que me hacen: éste es mi oficio. Nada me abatirá; nadie me lo impedirá. Si tengo sangre ardiente, no me lo reproche usted, que tiene sangre aragonesa.

Usted me ha hecho mucho bien: —hágame aún más. No diga usted de mí, —que eso vale poco: «Escribió bien», «habló bien». Diga usted, en vez de esto: «Es un corazón sincero, es un hombre ardiente, es un hombre honrado».

Y así, lo abrazaré.

Su amigo

José Martí

Guatemala

Prólogo

¿Quién no conoce a José Martí?[10] ¿Quién no le ha visto en la tribuna arrebatando al auditorio con el fuego de su palabra? ¿Quién ha dejado de leer esos brillantes artículos con que ha solido engalanar las columnas de irás de un diario de esta capital?

Joven, de una reputación literaria justamente merecida y de quien nadie ignora que, así en la república de las letras como en el mundo de la política, todo lo que es bello y todo lo que es bueno encuentra en su corazón un eco sincero del más puro entusiasmo, ¿necesita, acaso, de que un amigo suyo venga a poner su nombre al frente de un libro por él escrito? Ciertamente que no. Ni, en tal caso, sería a mí a quien este honor correspondiera; que allí están los Peón Contreras y los Chavero; los Altamirano y los Mateos, los Sierra y los Ortiz, que son legítimo orgullo de la literatura mexicana y amigos y admiradores entusiastas del autor.

Pero hay prólogos obligados y los hay también espontáneos. El mío pertenece a la categoría de los últimos. Yo he tenido en mis manos el manuscrito de Martí en los momentos de ir a la prensa, y me he dicho, como Lleras, recogiendo el primer tiro de los versos de Posada: yo quiero acompañar a mi amigo.

Sí, porque las buenas compañías honran, y faltaría a los deberes de la caballerosidad si no recomendase a todo el mundo la lectura de ese precioso folleto en que su autor, con mano maestra, se ocupa de estudiar los actuales elementos de la prosperidad de mi país, sus adelantos en el orden físico

---

10 Edición de El Siglo XIX. Folleto publicado en México en 1878.

y moral, sus fuentes de riqueza y sus halagüeñas esperanzas para lo porvenir.

Las repúblicas latinoamericanas, en general, son poco conocidas en Europa; pero, por un lamentable error de nuestra política internacional, lo son menos todavía entre ellas mismas. Felizmente ese error va pronto a subsanarse; México, la hermana mayor de las hijas de Bolívar y de Hidalgo, ha dado el primer paso votando por unanimidad, en su Congreso, la ley que en proyecto le presentó uno de sus más distinguidos hombres de Estado, el señor Vallarta. La iniciativa será también por unanimidad correspondida desde las playas del Golfo mexicano hasta la Tierra del Fuego. Pero en esta obra d*El Progreso*, urgentemente demandada por el espíritu del siglo, no es solo la política la que con tesón debe trabajar; también a la literatura le está reservado un papel muy importante, y —preciso es decirlo en su elogio— ella es quien hasta ahora ha suplido, en cuanto le ha sido posible, la falta de esas fraternales relaciones que harán del Continente de Colón un todo respetable. A este efecto se necesitan libros como el de Martí, escritos con imparcialidad y no por lo que se sabe de oídas, sino por el estudio filosófico que de lo que se escribe se ha hecho.

Muy poco hace que en uno de los diarios más acreditados de esta capital vieron la luz pública unas Cartas sobre Centro América, en que se juzga de la cultura actual de aquellos países por lo que eran hace cincuenta años. Aquella sección del Continente no podía ser, en consecuencia, conocida. El folleto de Martí sobre Guatemala servirá por sí solo para refutar aquellas cartas. No es una obra completa que abarque en todos sus pormenores cuanto de un país puede decirse. Obras de este género no pueden escribirse en las pocas horas de que el autor ha podido disponer.

Tampoco surten resultado, porque pocos son los que tienen la paciencia de leerlas; estamos en el siglo de la hoja suelta y del periódico, y no del libro, como ha dicho un célebre escritor contemporáneo.

Guatemala debe estar agradecida al señor Martí por el servicio que positivamente le hace con la publicación de su trabajo. Como uno de sus hijos, yo me honro en hacerle esta pública manifestación de reconocimiento, porque estoy convencido de que publicaciones de este género son las que más poderosamente influirán en el incremento de la inmigración inteligente y trabajadora, que es el medio de que todos los pueblos hispanoamericanos deben valerse para hacer efectivas las inmensas riquezas depositadas por la Naturaleza en sus vastas cuanto fecundas soledades.

R. Uriarte México, 20 de diciembre de 1877

I

¿Por qué escribo este libro?

Cuando nací, la Naturaleza me dijo: ¡ama! Y mi corazón dijo: ¡agradece! Y desde entonces yo amo al bueno y al malo, hago religión de la lealtad y abrazo a cuantos me hacen bien.

Yo llegué, meses hace, a un pueblo hermoso; llegué pobre, desconocido, fiero y triste. Sin perturbar mi decoro, sin doblegar mi fiereza, el pueblo aquél, sincero y generoso, ha dado abrigo al peregrino humilde. Lo hizo maestro, que es hacerlo creador. Me ha tendido la mano y yo la estrecho. Guatemala es una tierra hospitalaria, rica y franca: he de decirlo.

Me da trabajo —que es fortaleza—, casa para mi esposa, cuna para mis hijos, campo vasto a mi inmensa impaciencia americana. Estudiaré a la falda de la eminencia histórica del

Carmen, en medio de las ruinas de la Antigua, a la ribera de la laguna de Amatitlán, las causas de nuestro estado mísero, los medios de renacer y de asombrar. Derribaré el cacaxte de los indios, el huacal ominoso, y pondré en sus manos el arado, y en su seno dormido la conciencia.

Y entretanto, vuelvo bien al que me ha hecho bien. Y en la tierra de México, noble y entusiasta, donde prende toda idea amorosa, donde arraiga todo extraordinario sentimiento, diré con mi palabra agradecida cuánto es bella y notable, y fraternal y próspera, la tierra guatemalteca, donde el trabajo es hábito, naturaleza la virtud, tradición el cariño, azul el cielo, fértil la tierra, hermosa la mujer y bueno el hombre.

Amar y agradecer.

II

Allá, en horas perdidas, buscan, los curiosos, periódicos de Sur y Centro América, por saber quién manda y quién dejó de mandar, y no se sabe en la una república lo que hay de fértil, de aprovechable y de grandioso en la otra; y hoy, como en 1810, puede decirse con el padre Juarros, pintoresco y cándido cronista del reino guatemalteco, lo que por entonces él decía: «Vemos con la mayor admiración que, después de tres siglos de descubierto este Continente, se encuentran en él reinos y provincias tan poco conocidos como si ahora se acabasen de conquistar». Es ¡ay de nosotros! que el veneno de tres siglos, tres siglos ha de tardar en desaparecer. Así nos dejó la dueña España, extraños, rivales, divididos, cuando las perlas del río Guayato son iguales a las perlas del Sur de Cuba; cuando unas son las nieves del Tequendama y Orizaba; cuando uno mismo es el oro que corre por las aguas del río Bravo y del venturoso Polochic.

De indios y blancos se ha hecho un pueblo perezoso, vivaz, batallador; artístico por indio; por español terco y osado; y como el inglés es brumoso, y el sueco grave, y el napolitano apático, es el hijo de América ardiente y generoso, como el Sol que lo calienta, como la naturaleza que lo cría. De manera que, de aquéllos hubimos brío, tenacidad, histórica arrogancia; de los de oscura tez tenemos amor a las artes, constancia singular, afable dulzura, original concepto de las cosas y cuanto a tierra nueva trae una raza nueva, detenida en su estado de larva, ¡larva de águila! Ella será soberbia mariposa.

Pero ¿qué haremos, indiferentes, hostiles, desunidos? ¿Qué haremos para dar todos más color a las dormidas alas del insecto? ¡Por primera vez me parece buena una cadena para atar, dentro de un cerco mismo, a todos los pueblos de mi América!

Pizarro conquistó al Perú cuando Atahualpa guerreaba a Huáscar; Cortés venció a Cuauhtémoc porque Xicotencatl lo ayudó en la empresa; entró Alvarado en Guatemala porque los quichés rodeaban a los zutujiles. Puesto que la desunión fue nuestra muerte, ¿qué vulgar entendimiento, ni corazón mezquino, ha menester que se le diga que de la unión depende nuestra vida? Idea que todos repiten, para lo que no se buscan soluciones prácticas. Vivir en la Tierra no es más que un deber de hacerle bien. Ella muerde y uno la acaricia. Después, la conciencia paga. Cada uno haga su obra.

Yo vengo de una tierra de volcanes alto, de feraces yerros, de anchurosos ríos, donde el oro se extiende en placer vasto por las montañas de Izabal, donde el café —forma mejor del oro— crece aromoso y abundante en la ancha zona de la Costa Cuca. Allí la rubia mazorca crece a par de la dorada espiga; colosales racimos cuelgan de los altos plátanos; variadísimas frutas llenan la falda de la gentil chimalapeña; obediente la tierra responde a los benéficos golpes del arado. Extraordinaria flora tupe la costa fastuosa del Atlántico; el redondo grano, que animó a Voltaire y envidia Moka, como apretado en el seno de la tierra, brota lujosamente en la ribera agradecida del Pacífico. Aquí, sabino pálido; allí, maíz robusto, caña blanca y horada, trigo grueso y sabroso, nopales moribundos, hule nativo, ricos frijolares en asombrosa mezcla unidos, con rapidez lujuriosa producidos, esmaltan los campos, alegran los ojos y auguran los destinos de la tierra feliz de donde vengo.

La cantó Batres, la historió Marure, la copió en inimitables fábulas Goyena; se exploran los ríos, se tienden los carriles, levántanse institutos, leen los indios, acuden los extranjeros, improvisan su fortuna; vínose a la libertad por una revolución sencilla y extraordinaria, admirable y artística; es esa tierra, más que tierra desconocida, amorosa virgen que regala a los que acuden a su seno. En mí están vivos estos sucesos y bellezas; y ¿no he de hablar yo de aquellos poetas y prosistas, de aquellos agricultores y gobernantes, de aquella tierra ávida de cultivo, de aquella juventud ávida de ciencia?

Para unir vivo lo que la mala fortuna desunió. Más acá ha de saberse lo que más allá se hace y se vale, más allá de la frontera chiapaneca. Las manos están tendidas; ésta es la hora.

Viniendo de Izabal por el ancho camino carretero, que llevará pronto al Norte —¡gran perspectiva!— los azúcares y el café del Oeste, vense a lo lejos, más allá del río, altas iglesias sobre ameno valle, vasto perímetro, diáfana atmósfera, gentil señora, bella y gran ciudad.

Viniendo del puerto, del floreciente San José, pasajero en cómoda diligencia; o jinete en humilde caballo, brota de entre los montes pintoresco pueblo que, a medida que se acerca la distancia, brota de entre su cerco de robustos montes, desafía con su elegante castillo, eleva sus numerosos minaretes y abre luego sus limpias y amplias vías al viajero, admirado de la pulcritud resplandeciente que realza las anticuadas y holgadas construcciones.

Peregrinando vino esta ciudad hermosa desde Almolonga terrible hasta el risueño Valle de las Vacas. Poco memoriosos los conquistadores atrevidos, no temieron que la tierra árida se alzase contra los que la ofendían, y, por fenómeno súbito inundada, pereció entre turbios mares de agua, que bajaban en remolinos del volcán, la enferma Santiago, y en ella la esforzada dama, feliz gobernadora, que hubo por nombre Beatriz de la Cueva.

Tendíase no lejos el encantado valle de Pauchoy, el de ricas aguas, vecinas canteras, pastos sobrados, flores menudísimas, por río colgado, por dormidos volcanes coronado; y a él se fueron los habitantes fugitivos. Ni cielo más azul cubrió, ni más sabroso aire respiró ciudad alguna de la Tierra. Pero de pronto, preñado el suelo con el llanto de fuego de los indios, reventó en espantosos terremotos que sacaron de quicio torres y palacios, hendieron las bóvedas y echaron fuera los cimientos de la soberbia catedral. Golillas y maestros de obras acrecieron el justo alboroto, y, movidos de la evidente ganancia, apresuraron la traslación de la ciudad Antigua al llano espléndido en que hoy se extiende, desdeñosa y tranquila, la blanca y próspera señora del añejo dominio del Utatlan.

En este instante mismo trueca su forma la ciudad dormida. A esencia liberal, activa forma. Conmovida en lo político por aquella herencia funestísima que envilece a Bolivia, que sofoca a Quito, que con ondas de sangre acaba de aumentar las poéticas ondas del río Cauca; a par solicitada por el viejo régimen que cierra las puertas a toda grande idea, atrevido proyecto o comercial mejora, y por el inexperto nuevo régimen que a toda idea útil las abre con amor, la ciudad, llevada del instinto, derriba el claustro de Santo Domingo, tumba de almas, y lo trueca en depósito de frutos —cuna de riqueza—, del poderoso aguardiente, del delectísimo tabaco; arranca su huerta, mansión antigua de opulentas coles, a la iglesia de la Recolección, y la convierte en escuela politécnica, mansión ahora de inteligencias ricas y vivaces. Paseaban los pacíficos paulinos por largos y desiertos corredores, y hoy les suceden animados grupos de jóvenes celosos, que llevarán luego a los pueblos, no la palabra desconsoladora del Espíritu Santo, sino la palabra de la historia humana, los reactives de la química, la trilladora y el arado, la revelación de las potencias de la Naturaleza. La nueva religión: no la virtud por el castigo y por el deber; la virtud por el patriotismo, el convencimiento y el trabajo.

Y ¡qué bellas iglesias ostenta Guatemala! Gran prisa se dieron y grandes millones gastaron aquellos piadosos sacerdotes, entonces señores únicos de la oprimida conciencia popular. Enseña San Francisco su hermosísima fachada, su imponente nave, sus robustas murallas, que no muros, irguiéndose, empinándose sobre penosa cuesta, como un rectángulo colosal. Más castillo que el castillo parece la gran fábrica destinada a sobrevivir al espíritu que la animó; antes, numerosos fieles y fieles numerosos tenían vencido el suelo con las humildísimas rodillas; hoy, salvo los días tradicionales, apenas si discurre por la nave ancha, milagro de atrevimiento arquitectónico, alguna fiel creyente, que en el perfume de las flores que regala envía a la hermosa Virgen el perfume de su alma candorosa.

Gran templo tiene también la virgen de la Merced; y blancas paredes luce Santo Domingo, el de hábito blanco; majestuoso atrio ofrece la Catedral, vasta y artística; linda torre eleva al Cielo el elegante templo de la Recolección. Es San Francisco, el monje austero; Santo Domingo, el pacífico santo; la Merced, matrona augusta; la Recolección, una hermosa mujer arrepentida. Allá, hacia el Norte, la Ermita del Carmen; acá, hacia el Sur, la Ermita del Calvario; aquélla, grave como una conciencia que sufre y se recoge; ésta, triste y lacrimosa como María al pie de la Cruz.

Allá van, caminito del Cerro, los apuestos jinetes, los alegres grupos, implacables estudiantes, artesanos bulliciosos, chicuelos ocurrentes, mujeres de pie breve y negros ojos. ¡Ojos hay en Guatemala soñados por las moras! Tiene ese Cerro del Carmen sus domingos y fiestas de guardar. Entonces, sobre la alfombra de fragante musgo, extiéndese otra alfombra más viva, animadísima, compacta, cada vez más estrecha; alfombra de movibles filas, de parisienses figurines, de arrogantes tipos populares, realzados por mantos de colores vivos. Lluvia de rosas semeja el Cerro; el desorden, fruta gruesa, no altera nunca la gracia encantadora del jardín.

¡Y la ermita desierta! Bajo la cúpula redonda, más hecha para tumba de muerto que para morada de vivo, llora solo el espectro del hermano Pedro. Alrededor de aquella extraña peña, ofrecida sumisamente a Dios, los niños triscan como cervatillos, la vida ríe gozosa, las gentes se apodan con nombres saladísimos, la doncella de adentro hace ojos al petimetre de la casa; desdéñala éste por la atildada señorita que estrena su sombrero de primavera; y, sobre todo, este abandono natural, entre las conversaciones que chispean, entre las miradas que se cruzan, entre el ruido de los carruajes tirados lujosamente por los inquietos corceles del país, los labios sonríen, y con ellos el alma; se está tranquilo, se siente placer dulce; hay amor, hay cultura, hay aseo de espíritu, hay familia.

Esta es la faz seductora de la vida guatemalteca. El amor puro, la hospitalidad amable, la confianza histórica, la familia honrada. Gran salvación.

Las cuestiones políticas no alcanzan a hacer rudo el carácter afable de la tierra. No se puede ser mezquino, ni egoísta, ni brusco bajo un cielo tan hermoso. Se examina al extranjero, se le pregunta, se le duda tal vez, pero no se le odia. Si es hombre de salón, no tardará en llevar del brazo a una mujer bella y afable; si es hombre de labor, no tardará en haber tierra de lujosísimos productos; todo es nuevo, todo es explotable. Al hombre trabajador, al inteligente, al bueno, la tierra le brinda vida, antes que él, menesteroso, de ella la demande. ¡Mi tierra americana; tan maltratada y tan hermosa! ¡Tan desconocida, tan amable, tan buena!

Así, el 15 de septiembre, el día de la patria, muchedumbre incontable se dirige hacia el Calvario; ¡lo había andado la patria tanto tiempo!

Rompe el limpio cerro ancha escalinata, y desde su cumbre se domina la gran población. No es esta eminencia, capaz ahora y risueña, tan correcta y redonda como la del Carmen; pero el aspecto de la pintada iglesia, de la cercana y concurrida calzada, de los grupos de indios que se cruzan, se detienen, se brindan chicha, se saludan respetuosamente y siguen su camino; los bruscos cortes e irregularidades del perrillo le dan carácter propio, y parece más hecho a las travesuras, infantiles lidias y gozoso bullicio, que el del Carmen.

Vense desde él las amplias calles tenazmente rectas, sin una desviación, sin un capricho. Si no fuera americana, Guatemala sería desesperante. Solo en nuestras tierras es animada la simetría; y es que la vida primitiva, el resplandor inteligente, la vivacidad nativa, se anteponen, por dormidas que estén, a todo otro interés y concepto. Así, desde el Calvario domínanse las severas vías, las anchas casas, los macizos de verdura que llenan patios y escalan muros, esmeraldas entre ópalos; las huertas de Belén y Santa Clara, en medio de la ciudad enclavadas; la orgullosa Plaza Mayor; la riente plazuela de la Victoria. Al Oriente, el teatro; al Poniente, la Escuela Politécnica de Ciencias Exactas; la Escuela Normal, preparadora de maestros. Hermosa calle lleva del alto Calvario a la plaza orgullosa: a la diestra está la plazuela, con sus dátiles; con sus cactus; con sus masas salomónicas; con sus grandes dalias amarillas; con sus racimos de uva; con sus araucanas; más adelante la Aduana laboriosa, el reciente telégrafo, el cumplidísimo correo; luego, club rico, abundantes almacenes, tiendas lujosas; y allá, en la mitad, la plana del Palacio y el Municipio, rodeada de la Casa Presidencial, de abastecidas tiendas, de la afamada Catedral, con sus dos torres laterales, como la raquítica de Cuba, hermosa por vieja; la atrevida de México, la rica de Puebla; hijas todas del numen de aquel Juan de Herrera, por Felipe II acariciado; aquel del Escorial, de sonría tumba. Del 30 de junio se llama esta calle central; Real se llamó antes, pero ya los reyes tienen que pedir permiso a la libertad para serlo. Es hermoso que las reacciones respeten siempre la mayor parte de la obra de las revoluciones. Y si no las respetan, mueren. 30 de junio se llama, porque fue en aquel día augusto cuando las tropas redentoras que vinieron de Comitán a Guatemala, con la rápida brillantez de una leyenda, entraron entre vítores unánimes en aquella tierra animada y ansiosa; había sido el ejército libertador tan afortunado en la lid como clemente en la victoria; día aquél de popular regocijo en que la tierra brotó coronas para los caudillos, y fue el camino de San Pedro, más que camino, alfombra de cabezas. Treinta y tres hombres comenzaron en la frontera mexicana la campaña. Vencieron, vencieron, siempre vencieron, y acrecidos, socorridos, bendecidos, los revolucionarios maravillosos entraban a ocupar el solio desierto del heredero del autócrata. Revolución extraña, radical en resultados, fabulosa en fortuna, generosa en medios. Ni la manchó sangre inútil, ni esterilizó las sementeras. Sea loada.

Y por esa calle, de entonces gloriosa, compacta multitud discurre los tradicionales días de agosto. Porque a la diestra queda la plazuela de San Sebastián, y su iglesia y su fuente; pero más allá brilla al Sol el humilde Jocotenango, lugar de ciruelas, que tanto como ciruela valen *jicote*. Y *cote*, con su valle tapizado de carruajes, con su feria de ganado, donde el caballo chiapaneco piafa, el novillo hondureño corre, el cerdo imbécil gruñe, bala la linda oveja.

Alquilan las familias las casas vecinas. Sobre sufrida estera de petate, apuestos galanes y ricas damas comen el pipián suculento; el ecléctico fiambre; el picadísimo chojín. Pican allí los chiles mexicanos, y la humilde cerveza se codea con excelentes vinos graves. Hace de postres un rosario, cuyas cuentas de pintada paja encubren delicada rapadura. Y como se está en agosto, y en Jocotenango, ¿quién no gusta los jugosos jocotillos, rivales de la fresca tuna?

Interrúmpese el democrático banquete para ver pasar el estrechísimo gentío. Lucen las señoras, estos días, sus más hermosos trajes; luce el padre a la hija, el esposo a la esposa. Adorna el jinete su tordillo fiero y le cuelga al cuello el rosario de la fiesta. Cuál ostenta su alazán, cuál su retinto. Desdéñase el galápago europeo y apláudese la silla mexicana. Hoy se estrenan carruajes, corceles, vestidos y sombreros; ¡cuánto celo, elegancia y donosura! ¡Cuánto orden; alabanza y discreteo! ¡Cuánta memoria de la feria de San Antón, aquella que en Madrid hace famosa a la vetusta calle de Hortaleza!

Este que pasa, caballero de una bella dama azul, es un grave ministro; la multitud lo estruja, lo olvida, lo gobierna.

Aquel que monta en arrogante bruto, es el presidente de la República. Lleva humilde vestido y humildísimo sombrero. Cuando mira, piensa. Cuando deja de hablar, habla consigo mismo. Es penetrante, dadivoso e intrépido. Va sin temor a donde cree que debe ir. Ahora, ni atropella, ni se anuncia; le ha llegado su día de obedecer.

El de apostura inglesa, marcial anciano, que a su lado lleva, es su antecesor en el poder, hombre de libros y de espada, revolucionario en el campo y la tribuna: Miguel García Granados. Sesenta años tenía cuando empuñó la espada vengadora.

Vuelven ya los millares de hombres; nubes de polvo aceleran la noche; átanse las curiosas de las casas los sombreros de paja al gentil rostro, y bajo lluvia importunísima vuélvese a los hogares, no fatigado como de otras fiestas, sino enamorado de ellas.

Conserva este secreto Guatemala: severa, no entristece; desdeñosa, no irrita; bulliciosa, no desordena; agitada, no cansa. Su vestido de baile nunca se aja. En este mes hermoso, lucidas cabalgatas interrumpen el silencio de las calles, bañadas de tibia plata por la Luna. Una rival tiene la Luna guatemalteca: la de México. Y ya en opaca noche brille sola, ya en noche brillante humille a las estrellas, siempre tiene aquel cielo un místico lenguaje, y parece más que otro alguno abierto al fin sublime y descanso grandioso de las almas. No es un cielo irritado que condena; es un cielo amoroso que nos llama.

El trabajo alimenta esta alegría. Un harapo es en Guatemala un extranjero; Colbert, el gran hacendista equivocado, estaría allí contento, viendo cómo en las horas de comercio pasan de tienda a tienda gruesos paquetes de dinero. Pero no es la saciedad de las arcas la fortuna que un buen ministro ha de apetecer. Llénense holgadamente para vaciarse útilmente. Créese riqueza pública, protéjase el trabajo individual; así, ocupadas las manos, anda menos inquieta la mente. La facilidad del trabajo es el principal enemigo de las revoluciones.

Eso buscan, para eso entran en el Ministerio de Gobernación, donde tan patriótica acogida les espera, un alemán que solicita, un francés a quien se concede, un belga a quien se regala, un americano a quien se subvenciona, un explorador a quien se remunera. Tal encopetado contratista sembró, pocos años hace, un cafetal oscuro, allá en el hondo monte. Tal adinerado finquero era, breve tiempo ha, desconocido labrador. La tierra es la gran madre de la fortuna. Labrarla es ir derechamente a ella. De la independencia de los individuos depende la grandeza de los pueblos. Venturosa es la tierra en que cada hombre posee y cultiva un pedazo de terreno.

Ni ¿qué vale pasar largas horas sembrando la vid en Salamá, en San Agustín el trigo, en San Miguel Pochuta los cafetos, si luego, acabada la labor, se dejan los aperos de labranza y se viene a oír buenas óperas y buenos dramas en el lindísimo teatro de la ciudad? Tal viajero recuerda sin esfuerzo la Magdalena de París, el más pagano de los templos católicos; tal otro lo compara a la Bolsa, el menos eclesiástico de todos los templos; cuál, que vio a Madrid, hace memoria del suntuoso Palacio del Congreso, y cuál, pertinaz observador, afirma que corren parejas el teatro de Guatemala y el de la histórica, y por sus edificios afamada, Aix-laChapelle. Griego en la fachada, moderno en el conjunto, esbelto y elegante, esta obra bella es prez de la ciudad. Alzase solo en ancha plaza, sembrada de naranjos rumorosos. Y en las noches de Luna, ¡cuánta amante pareja dialoga, cuánta viva comedia se enreda a la sombra de aquellos árboles simpáticos! Pasean por la plaza las familias haciéndose lenguas de los cantantes famosos que —y no una vez sola— han pisado el proscenio guatemalteco. Y como es allá muy vulgar don el gusto músico, y todos lo han, es cosa de pensarse ésta de ir a cantar a la, por inteligente, descontentadiza Guatemala.

Y son muy animadas aquellas noches de función. Se dicen burlas, y no las hay más penetrantes, ni ingeniosas, ni precisas, ni inolvidables, que las burlas guatemaltecas. Visitan los mancebos a las gallardas señoritas, con lo que no se hace aquella fría separación de sexos que lamentaba el evangelista de amor, el gran Michelet. Hablan los hombres graves de libros, viajes, acontecimientos y memorias; confúndense los grupos, animados siempre; rebosan paseantes los pasillos; tienen qué hacer los abanicos; tienen espacio las galanterías. Hay expansión en la atmósfera; corren por todos los labios las sonrisas.

Y se van luego alegres, llena el alma de delicias de música y de miradas de mujer.

Pero ¿es solo la altiva Guatemala la tierra en Guatemala bella? ¿Y la añosa Antigua? ¿Y la vivaz Quezaltenango? ¿Y Cobán la creciente, la azucarera Escuintla, la Amatitlán volcánica, la calurosa Salamá, Huehuetenango la agraciada?

¡Ya acaban las ruinas y comienzan los cimientos! Pierden las poblaciones su aspecto conventual, su tinte apático, su enfermizo matiz, y cobran, al ruido de las centrífugas, entre los pámpanos frondosos, entre los aromáticos cafetos, los colores de la juventud y las revelaciones de la vida. La libertad abrió estas puertas.

Venía antes todo lo extranjero por el camino de Izabal, y eran ciudades importantes, por su enviar y recibir, las hoy dormidas Zacapa y Chiquimula. Pero, en cambio, ¡cuánto entra por San José! ¡Cuántos cañaverales rodean a Escuintla! ¡Qué múltiples siembras las de Amatitlán! ¡Qué vigorosa producción la de los Altos, tierra fiera y batalladora, naturaleza fértil y agradecida! Todo se va del lado del Pacífico; más muy rica es la tierra, y hecho camino por el Norte, gran resurrección espera al afligido lado del Atlántico.

Quezaltenango crece como las espumas de la mar. Ella tiene tortuosas calles, pero mercado animadísimo; aspecto antiguo, pero vida completamente nueva. Y poderosa, infatigable. A las doce del día, véndese por acá trigo, maíz por allá, por allá lanas. Celebra éste sus patatas jugosas; dice aquél que tiene la ciudad 35.000 habitantes; habla el otro de los millares de arrobas de café que sin recoger dejó tendidas en la última cosecha, por escasez de brazos; Retalhuleu, Huehuetenango, Totonicápam, Mazatenango, San Marcos, hacen de ella comercio central; vense en la fría Quezaltenango, en las rudas mañanitas de frío, cuando sopla el cierzo cruel de enero, los frutos de la ardiente costa a par de los de la comarca elevadísima; allá viven los ricos cafeteros; allá tienen su corte de apelaciones y su universidad; allá hacen, con amor y prisa, su ya celebrada Penitenciaría, salvadora de malvados, creadora de hombres útiles.

Hermosa vista goza el pueblo. Allá, desde su rehoya, se ve el cerro Quemado, el Xelahú indígena, en erupción constante de vapores. Y el imponente Santa María, alto y dormido. Y, para más venturas, cerca está Almolonga, la de aguas termales, refugio de los doctores dermatólogos.

Gran obra hace Quezaltenango; gran riqueza logra; gran vida le espera.

Son las seis de la mañana, y sale la diligencia de Guatemala para la Antigua. Atrás quedan el castillo de San José, la allí inofensiva Plaza de Toros, donde ¡oh honor! se ha llamado asesinos a los espadas españoles; porque es hermoso lo de capear, y animado lo de burlar al bruto, y arrogante lo de retarlo, azuzarlo, llamarlo, esperarlo, y es lujoso el despejo, y gusta siempre el valor; pero lo de herir por herir y habituar alma y ojos de niños, que serán hombres, y mujeres que serán madres, a este inútil espectáculo sangriento, ni arrogante, ni animado, ni hermoso es. Así que, más que bravos toros, lidian en la plaza negros ojos de dama y atenoriados sombreros de hombre; que unas y otros gustan de ver, más que sangre, ágiles juegos de títeres, sin carácter de nobleza, pero sin carácter de crueldad.

Y, camino de la Antigua, se dejan castillo y plaza. Y la Unión y la Libertad, pueblecillos nacientes y crecientes; hijos risueños del exuberante calor de la ciudad.

Allí, a los lejos, se comprende por qué los egipcios hacían pirámides para sus muertos. La manera de enviar un muerto al Cielo es acercarlo a él. Y nada es más elevado que las montañas, y las grandes montañas son piramidales. Y ¡cómo burla la naturaleza americana al maravilloso arte faraónico el osado, el perfecto, el semihumano, con su volcán de fuego, coronado por los blanquísimos vapores, con su volcán de agua, con su falda sembrada de flores amarillas! ¡Bien haya este camino que recorremos, tan rico en manantiales, tan lleno de colores! Azul quiebracajete, pintada guacamaya, morada campanilla; sobre un tronco agrietado una blanca enredadera, sobre una oscura piedra una parásita; que cuando muere el abuelo nace el nieto; que cuando el plátano se fatiga se reproducen sus hijuelos; y en Italia, cuando el arte había muerto, nació de un sepulcro. Toda muerte es principio de una vida. ¿Quién no teme a no ser honrado? ¿Quién no lo sabe ya?

Henos al fin, por esta vía hermosísima, en la vieja ciudad. ¡Vieja cúpula rota! ¡Pobre muro caído! ¡Triste alero quebrado! ¡Ancho balcón desierto! Largas calles, antes pobladas, hoy son series larguísimas de muros; sobre el alto cimborio verde oscuro, ha echado otro la hiedra; la frondosa alameda, amplia, serena y grave, llora sobre las ruinas.

Pero hay aún mucha vida en aquella muerte. Los pulmones, roídos por la orgía; el corazón, hinchado por el pesar; el cerebro, fatigado por el pensamiento; los ojos, enfermos por la labor; la sangre, envenenada en la ciudad, ¡siempre mefítica!, hallan igual alivio en aquellas corrientes de agua varia y pura, en aquella paz amable y pintoresca, ante la soberbia arcada del palacio roto enfrente del deforme, pero genioso Neptuno de Julián Perales, talento artístico nativo, y en aquel aire, pletórico de existencia, libre siempre de miasmas y de contagio. Se va a la Antigua pisando flores. Se viene de la Antigua brindando vida. Verdad es que los nopales se arruinaron, que el color solferino mató a la cochinilla, que el terror y la pobreza diezmaron la opulenta población; pero para el enfermo y el poeta —¡otro enfermo sin cura!— para el artista y el literato, que es también otro artista, siempre habrá vida nueva en aquella tierra virginal, corona fresca de aquella ciudad grandiosa y correcta, con sus ferradas y altas ventanas, a modo de Zaragoza; con sus aleros vastos, a modo de la vieja Valladolid. Y en cada flor azul que crece por entre las grietas de las torres, en cada alba paloma que se posa sobre los trozos de las naves, en cada mujer bella, aseada y fragante, que cruza por aquellas calles tan limpias, tan simpáticas, tan rectas, toma el pincel múltiples tintes, hallan, las liras amorosos sones. Y cantando a la vieja ciudad —¡tan amarillo es el musgo! ¡Tan rumorosa es la alameda! —hallarán los bardos novísima poesía. Que para hacer poesía hermosa, no hay como volver los ojos fuera: a la Naturaleza; y dentro: al alma.

Volvamos, pues, con un crucifijo en las manos, que allí los hacen muy buenos, y de allí es uno que está en el oratorio íntimo del Papa; volvamos, pues, entre una hermosa antigüeña, robusta y airosa, y una cesta de frutas, pintada y variada, y viendo de lejos la laguna de Amatitlán; como tenemos miedo a los volcanes, vamos en busca de nueva ciudad.

¿Qué nos ha hecho Escuintla, que la tenemos tan olvidada? Ella es añeja, y era derruida; pero hoy va valiendo más por lo que la rodea que por ella misma.

En este grupo de pequeños indios, el uno se refresca con sabrosa caña; gusta el otro con delicia un terrón de blanca azúcar; cata el otro un redondo trozo de panela, lo que en México llaman piloncillo. Y tienen razón, que por aquí abunda el azúcar. Hay palmas y cañales, refinería, trapiches, centrífugas. Se traen administradores extranjeros, inteligentes en el cultivo. Se crean hoteles, porque las industrias nuevas están llamando caminantes. Y a par de las humildes casas, álzanse con premura otras nuevas, vastas y elegantes. Sopla el trabajo y corre como el viento la riqueza. Se siente crecer la vida por aquellos contornos. Y mientras se monda una dulcísima piña palineca, se auguran años hermosos a la que hoy es aún pueblo de tránsito, y será mañana, con el tráfico y el cultivo, esbelta y acomodada población.

Cruje la fusta, brotan pasajeros los hoteles, y en la diligencia, tirada por briosos frisones, salimos camino a San José. Dije yo de mi Cuba que tierra ninguna tuvo como ella leguas de flores y leguas de frutas; también las tiene de flores Guatemala. Holgadas rancherías y vastas haciendas ocupan las cercanías de la carretera; y, por rápido que cruce el carruaje, ¿quién no ve estos macizos de verdor, donde son las florecillas menudas y opulentas mucho más numerosas que las hojas? Dije de Yucatán que tenía un campo elegante. Guatemala tiene un campo aseado. Ya estaría bien pintada en una india de negro cabello, con la falda de oscuro azul llena de flores; ya lo estaría también en un labriego de limpias vestiduras, con brillante sombrero de petate, puesta la honrada mano sobre lucientes aperos de labor.

Ese que llaman San José es pantanoso y pobre en apariencia. Y será menos enfermizo, ahora que tratan muy activamente de desecar el pueblo húmedo. Un firme muelle elegante desafía la cólera del mar. Pequeños y grandes buques pueden acercarse sin temor. Y se acercan, que aunque a los ojos humilde —como todo lo guatemalteco, crece muy velozmente San José— más café envía afuera que mercancías y dinero —¡raro milagro de fortuna!— entra al país.

Y ahora, con el ferrocarril que ya comienza, con el buen telégrafo, con el incesante ir y venir de buques de todas tierras y de todos calados, el puerto rico cobrará más fama, y crecerá sin duda a medida de ella.

Allá está, airado y triste, del lado del Atlántico, el que antes fue próspero Izabal. Viniendo de Belice —nombre que de Wallis ha de venir, no de Wallace— déjase atrás a Livingstone, populosa y encantadora tierra de caribes. Suena el caracol que llama al descanso; recogen los pescadores el velocísimo cayuco; arreglan las fantásticas mujeres el aseado hogar; ayúdanse en la construcción de las nuevas casas loa unos a los otros; y, en tanto, el viajero asombrado, trasponiendo la entrada del Río Dulce, ve el más solemne espectáculo, la más grandiosa tarde, el más majestuoso río que pudo nunca un hombre ver. Otros más caudalosos: nuestro Amazonas. Otros más claros: mi Almendares. Ninguno tan severo, de tan altas montañas por ribera, de tan mansa laguna por corriente, de tan menudas ondas, de tantas palomas, de tan soberbios cortinajes de verdura, del Cielo prendidos, y orlados y basados luego por la espuma azulosa de las aguas. Islas como cestos; palmas que se adelantan para abrazar; sibilíticas inscripciones en extrañas piedras; abundantísimas aves; eco sonoro, en que se escucha algo de lo eterno y lo asombroso.

Así, en noche de Luna, se llega al puerto de Izabal, que sabe ansioso que se reconocen los ríos cercanos, que se piensa en canalizar el Motagua, que se extrae oro de su sierra fastuosa, que allí afluyen, en busca de fortuna, numerosos extranjeros, y que de estas exploraciones, trabajos y nuevos caminos, espera volver pronto a aquella animada prosperidad que, con bien de los pueblos del Pacífico, ha hurtado a los del Atlántico el favorecido San José.

Y cerca de Izabal, mueve sus olas, que no ondas, el gran Golfo Dulce, laguna amplísima, por geógrafos descrita, loada por poetas, por viajeros discretos admirada. Es vasta como un mar. Encadenada ruge e irritada es bella. Se encrespa y juega con los buques.

Quédense tras nosotros el Mico, desde donde se es, en empinada cumbre, vecino del alto Cielo, dominador del ancho mar, y Quiriguá, y Gualán, donde tan buenos gallos riñen, donde tan buen café cosechan, donde tan hospitalariamente acogen.
   Vía de Guatemala, vengamos por entre estas empalizadas y calles tupidísimas, tomando de los árboles vecinos aquí un mamey, acá una ciruela, luego una almendra; un marañón después. Silvestre, espontáneo. Veamos cómo corren flotantes islas de mangos por el río; crucémoslo valerosamente; pongamos a una viajera enamorada, en el lindo sombrero, las florecillas rojas que acabamos de coger en el camino; oigamos en la iglesia de Zacapa el tamboril y la chirimía, con que llaman al culto y hacen fiestas; comamos de su queso; gocemos de los chistes de su gente; anotemos en nuestra cartera de viaje la vivacidad de sus mujeres; lamentemos sus grandes tiendas, repletas antes, hoy desiertas; saludemos su iglesia y su plaza y preguntemos a este buen arriero qué le ha parecido la próspera Cobán.

Era Cobán, quince años hace, un pueblecillo oscuro, rico en indios caprichosos, en fértiles terrenos, en pastos excelentes, en animadas marimbas, que son, a modo de tímpano, el instrumento popular que acompaña todo baile, bautizo, fiesta y concurrida chichería.
   Hoy no es solo pintoresca morada de indígenas, sino bullicioso centro de adinerados cafetaleros, de holgados labradores, de laboriosos extranjeros. Ha corrido la nueva de la

fortuna de Cobán. El café la enriquece; la enriquecerá pronto el ganado.

Allí van los franceses inquietos, los norteamericanos ansiosos, los recomendables alemanes; hasta los graves ingleses. Les hablan los cafetos, con sus blandos rumores de la tarde, un lenguaje gustoso al hombre honrado: la subsistencia debida al trabajo propio, el placer de acumular, sin avaricia ni maldades, el pan de la mujer, la cuna del primer hijuelo, los libros de los hijos.

En tanto que los de allende hablan de la sabrosa uva de Salamá, que, al decir de un catador de fama, compite con la de Fontainebleau la variedad morada, y de la blanca —de la familia de indios salamatecos que de México a allá fueron—, de la opulenta vegetación de la comarca y sus productos múltiples, de cómo es linda la alegre San Cristóbal con sus ladinos picarescos, con sus indígenas trabajadores, los indios cobanecos bailan su agitada zarabanda, y el santo inmóvil contempla la algazara y barahúnda, y cada indio con su vestido de cotón resplandeciente, y cada india con su enagua plegada, con su huipil suelto, con su cabello aderezado con trenza luenga de lana, deja un medio piadoso en el infatigable plato católico; ¡absorbe tantos ahorros de los pobres pueblos!

Usan aquellos indios curiosas baratijas. Es una el rosario o collar ceñido al cuello, en que usan el dinero. Es otra, sus originalísimos aretes, que son monedas de a dos reales del ahogador e infamante tiempo de Carrera, el matador de los caracteres viriles, el torcedor de la naturaleza humana. Resucitar es menester después de haber sido muertos de aquel modo. Cobán tiene ahora lindas cosas: torre airosa de arte moderno, celebrada iglesia, —que nunca faltan en los pueblos hispánicos, iglesia y castillo, cárcel y cárcel, grave convento de Santo Domingo.

Viniendo de Guatemala para el puerto, ¿cómo no nos detuvimos a almorzar, de paso para el Palín de los frutos, para la Escuintla de las cañas, en Amatitlán, la antigua nopalera? ¡Ah, valle! ¡Ah, ricas sementeras! ¡Ah, grandes volcanes! ¡Ah, eternas maravillas!

Tibia es el agua, como brotada de tierra presa del vivo ardor del turbulentísimo Pacaya. Humildes van muriendo los tristes nopales olvidados; pero arrogantes se alzan sobre ellos la dulce caña criolla, el oloroso café con flores de jazmín.

¡Bien se entienden ahora los ricos trajes, los soberbios caballos, los paquetes de especias, las numerosísimas escuelas que dan vida y belleza a Guatemala! La verdad, sobre todo en punto a hacienda, es que la savia de las plantas es la más segura savia de los hombres.

Sepamos, pues, de qué productos vive la tierra que por un lado abrasa a México y por otro a sus repúblicas hermanas.

Y digamos ahora algo de sus departamentos principales, que los tiene vastos y muy productivos y muy trabajadores. Cada hombre se ocupa de sí mismo, y fía a su obra propia, no a la casualidad ni a las revueltas públicas, su éxito... Modo de adelantar.

Llaman Retalhuleu a un departamento que rebosa maderas, y suculento cacao, y él exquisito grano americano.

Esto y caña produce Mazatenango, del mercantil Quezaltenango fiel tributario.

En Quezaltenango abundan, sobre las fertilidades apuntadas, los ganados lanares. Inexplotado este ramo, es fuente segura de riqueza. Mucho tienen que hacer allí cardadores, exportadores, tejedores.

San Marcos cría ganado bueno a fe; espiga el trigo de oro, cultiva el maíz nutritivo, amén de los productos generales.

Y Sololá ¡lindo lago tiene! Así como al borde de la fuente vagan palomas blancas, así cercan el lago pueblillos de indígenas agricultores. ¡Dicen que por las mañanas allí es muy bello el Sol!

De Escuintla, el rico departamento, ¿quién no vio los vastos zacatales, las risueñas haciendas, las jugosas frutas? Sale allí al encuentro la fortuna. Ese bravo novillo, ese necio cerdo, todo es en Escuintla olvidado germen. Aliméntanse allí los cerdos con camote y maíz, que de tierra copiosamente brotan. A hacendar, pues.

De Amatitlán, dijimos la del agua salitrosa y valle mágico, mágicamente fértil.

Comprende Sacatepéquez a la antigua Guatemala. Como en fresco nidal nacientes aves, esmaltan el ameno valle de saludables corrientes y aromático clima muy numerosos y pintados pueblos. Y como descansarían las avecillas sobre brillantes hojas verdes, así los pueblos sobre tupidos valles de legumbres. Rico es en brazos este departamento.

De Chimaltenango, si es tierra americana y además guatemalteca, ¿qué menester es decir que es tierra fértil? Crece ahora con el ir y venir de pasajeros.

Y llegan a veintidós los departamentos que fuera larga cuenta, y da envidia ir diciendo cuánto producen, auguran y valen.

Pero hay uno que no es para callado, y hasta el nombre es poético: la Alta Verapaz. Sus hombres son, como hijos de los trópicos, apáticos, pero sumisos y amantes del trabajo. En pastos, no hay cuento de lo que da espontáneamente aquel terreno, y salamatecos y cobanecos tienen gran porvenir en la hoy descuidada ganadería. Bien es cierto que Salamá es en sus contornos, al decir de los que los han visto, ardiente y estéril; pero la viña se está allí extendiendo grandemente. Ya hay varias siembras y frondosas vides; ya han venido explotadores americanos y comprometido capitales serios en la elaboración del caliente zumo de la uva. Y como da el Gobierno cuanto le piden, y por acá cede tierras, y por allá quita derechos, y al uno llama con halagos, y al otro protege con subvenciones, Salamá y Cobán están de fiesta, y ven día a día más crecida su ya considerable suma de huéspedes.

Luego, tiene Cobán almacenes buenos, camino carretero hasta Panzón, puerto interior de importación y exportación, en el Polochic, de arenas de oro, que vierte su agua preciosa en la extensa laguna de Izabal.

Y es cosa de hacerse pronto dueño de más tierras que la casa de Zichy tuvo en Hungría, y tiene Osuna en España, y gozó en México Herrando Cortés. ¿Quién no compra aquellas inexploradas soledades, frondosas y repletas de promesas, si se venden a 50 pesos la caballería? Y como tienen por aquel departamento tan justa creencia en que, criando cabezas de ganado, se irá pronto a la cabeza de la fortuna, ¿quién no empaqueta libros y papeles —¡aunque ellos no, que son los amigos del alma!— y se va, con sus arados y su cerca de alambre, camino de la Alta Verapaz?

—¡Oh, sí! El rico grano, que enardece la sangre, anima la pasión, aleja el sueño, inquietísimo salta en las venas, hace llama y aroma en el cerebro; el que afama a Uruapan, mantiene a Colima y realza a Java; el haschich de América, que hace soñar y no embrutece; el vencedor del té; el caliente néctar, el perfumado cafeto, crece como la ilusión con los amores como la marcha de la nube con el impulso de los vientos, en loe cerros y planicies de la hospitalaria Guatemala.

Quiere el café suelo volcánico: ni el muy ardiente de la costa ni el muy frío de las cumbres; lo que llaman en Guatemala bocacosta.

Y es bueno, porque de veras será bien remunerado el que a ellos vaya, señalar dónde plugo a la Naturaleza hacer más fértil el grano. Es muy allá del lado del Pacífico; sueco parece en la Costa Cuca el crecimiento de la planta; fantasía en San Miguel Puchuta; surgimiento impensado en las planicies de Ghimaltenango; capricho lujurioso en las faldas del cerro de Atitlán, volcán dormido. Por Pochuta crecen muy rápidamente las haciendas. Porque es ir, plantar, esperar y hacerse rico. Aquí dos, allí tres, muy rara vez más de tres años, y ya los fatigados brazos no bastan, ni aun con el ansia primeriza, a recoger del tapizado suelo la abundantísima cosecha.

¿Pero es por aquí solo? ¡Oh, no! que es por todas partes.

Esa gran Costa Cuca, por el Gobierno hoy con tanta generosidad cedida, con tan patriótico celo distribuida, con tan vivas instancias solicitada, divisa el mar inmenso. Está en Quezaltenango y alcanza a la frontera chiapaneca. Tres anchas leguas, prósperas en una extraordinaria longitud. Bien es verdad que se vende a 500 pesos caballería, más de tal modo produce, que vender de este modo es dar la tierra. Porque, ¿quién no la compra, si este mismo dinero en vales se ha de paliar con grandísimo descuento, cosa así de un 60 o 65 en cada centenar de pesos duros?

Y ya el terreno falta para los que lo quisieran poseer. Bien hacen los que hoy rigen la vida guatemalteca. La raza indígena, habituada, por imperdonable y bárbara enseñanza, a la pereza inaspiradora, a la egoísta posesión, ni siembra, ni deja sembrar, y enérgico y patriótico, el Gobierno a sembrar la obliga, o permitir que siembren. Y lo que ellos, perezosos, no utilizan, él, ansioso de vida para la patria, quiebra en lotes y lo da. Porque solo para hacer el bien, la fuerza es justa. Para esto solo; siempre lo pensé.

Cultivar, emprender, distribuir; como arrastrado por secreta fuerza ciega, tal mente guía al que preside hoy a Guatemala. La riqueza exclusiva es injusta. Sea de muchos; no de los advenedizos, nuevas manos muertas, sino de los que honrada y laboriosamente la merezcan. Es rica una nación que cuenta muchos pequeños propietarios. No es rico el pueblo donde hay algunos hombres ricos, sino aquel donde cada uno tiene un poco de riqueza. En economía política y en buen gobierno, distribuir es hacer venturosos.

Hay grandes gérmenes; descúbranse y desenvuélvanse.

Hay vastos campos; siémbrense y aprovéchense.

Enseñar mucho, destruir la centralización oligárquica, devolver a los hombres su personalidad lastimada o desconocida; tales cosas propónese y prométese el gobierno actual en Guatemala, que pone contribución sobre los caminos, pero con ella abre escuelas. El presidente suele traer entre su escolta pobres indios, pobres ladinos, que recoge por los míseros campos para que sean enseñados en las nuevas escuelas de la capital. Vienen con los pies desnudos; vuelven profesores normales. Traían la miseria cuando Barrios los recogió; llevan a sus pueblos una escuela, un hombre instruido y un apóstol. Sepan cumplir y agradecer.

Lo sé bien y lo veo. Presidente y ministros anhelan atraer gente útil, que lleven una industria, que reformen un cultivo, que establezcan una máquina, que apliquen un descubrimiento. No parcos, pródigos son de dádivas. Hay afán por ocupar a los inteligentes. Los hombres de campo tienen allí su techo y su mesa. Quiere el Gobierno que den ejemplo, inteligencia y fuerza a los campesinos, a menudo desidiosos, del país. Resucitar; esto quiere el Gobierno. Cultivar, emprender, distribuir.

Honra ahora allí el Ministerio de Gobernación, encargado de los asuntos de tierras y repartos, un hombre grave y modesto. Don José Barberena, amigo de su patria. Elogio de un hombre que otro hombre puede hacer sin sonrojo. Se anima hablando del crecimiento de la riqueza, de las empresas proyectadas. Todo lo explica, facilita y favorece. De él hube datos, y debo decirlo en justicia. Entusiasta de la tierra en que nació, como a hija la quiere; a su bien, como al de una hija propia, se consagra.

Y hablando juntos de las desgracias pasadas y de las posibles venturas de estos pueblos, es como supe —y a otro hombre honrado, ministro de Fomento, don Manuel Herrera, debí también datos de esto—; que así como ya andan por los corredores de los buenos hoteles de Guatemala los ingenieros encargados de la construcción del ferrocarril, otros examinan el lago Motehuá, ven otros la manera de limpiar la tenaz barra del caudaloso Polochic.

Amplia y segura, va ya camino del Norte la carretera que ha de unir a la hermosa ciudad con el Atlántico, con lo que podrá Alemania saciar ya fácilmente su amor extraordinario al buen café, y renacerán las angustiadas esperanzas de los habitantes de Zacapa y Chiquimula, tierras de plátanos y mangos, de grueso maíz y ricos quesos.

¡Y de excelso café!

De manera que es forzoso volver a hablar del jugo excelso. Por Zapaca el más estimado es el de Quezaltepec, que viene siendo cerro de quetzales. Y ¿cómo ha de haber nada malo donde hay un ave tan hermosa? Muy bella, porque no se dobla a nadie.

Es fastuosa esta producción en toda la República. Tarda, en la Costa Cuca sobre todo, dos años en dar fruto, si es de trasplante; tres si es de semilla. Produce generalmente cada árbol de cuatro a cinco libras, sin que sean raros los que dan seis. Quien tiene 25.000 árboles, tiene 1.000 quintales al año de café. En la tierra muy caliente dura la planta poco, pero en la media vive sin riesgo largo tiempo.

Colosales gradas llevan de la costa al interior del continente. A más de la Costa Cuca, rinde cosecha desusada toda la faja de la bocacosta, en la grada primera y la segunda, que llevan en fértiles y ascendentes ondulaciones a las altiplanicies de la comarca.

Favorece a la planta la tierra de San Marcos, de altiva gente, de dos temperaturas, de bellas perspectivas.

Como tierras cercanas a volcanes, por excelentes son tenidas las del Atitlán, de Santa María, del Pacaya.

Y a todos estos terrenos únense la bocacosta de Patulul, la estimada Santa Lucía, Cotzamalhuapa, Siquinalá y las extensiones, blandas al arado, que hermosean el Sur de la antigua Guatemala.

Y como si la tierra caliente no fuera bastante a producir el preciado fruto, la templada no le va en zaga. Bien es verdad que no se da el café tan pronto en ésta como en aquélla, pero el grano de temperatura moderada es superior, según hábito y afirmación de discretos cultivadores, al de temperatura ardiente. Dase por esto bien en Amatitlán, la trémula amenazada del Pacaya; que es bien que junto al volcán de la tierra se dé el jugo volcánico animador de la pasión y del pensamiento. Y no menos bien se da en Petapa. Prodúcese en Guajiniquilapa, más no con tanto éxito.

De Amatitlán hablamos y de su espléndida laguna y de la sorprendente del Río Dulce. Tierra de lagos es, pues, Guatemala, que a par de éstas bien merece memoria la laguna de Ayarza; tendida sobre cráteres, por nadie alimentada y alimento ella de muchos manantiales. Cosa que hace creer que en la erupción de un volcán o de los dos volcanes sobre que descansa quedó formado un pozo artesiano natural.

Se ama más la Naturaleza alrededor de la laguna con su extenso horizonte, con sus planicies fértiles, con su abundancia de brazos, los más recios por cierto para el trabajo y más voluntarios, como se dice en lengua campestre, que hay en el país.

Y se desea la ciencia para conocer hondamente el raro misterio. Tiene la laguna de 3 a 5 leguas de largo, y a medida que la sonda adelanta nótase que se hunde, como si las pendientes laterales formaran embudo, en progresión verdaderamente rapidísima. Llégase a 150 varan de la costa, y no alcanza ya la sonda.

Responde aquella tierra amantemente al golpe más perezoso del arado. No se resiste, sino que se brinda. Está fatigada de su inacción, y se abre en vida. Todo prende en aquel territorio afortunado. Diérase y dase el café con gran riqueza. Crecen silvestres muy jugosos pastos. Gimen desiertas las praderas vastas. Y esto a 25 leguas por buen camino a Guatemala, a 20 de la costa del Pacífico, cuando por toda carga, ¡cuatro reales cuesta llevar desde la cercanía de la laguna cada quintales Guatemala!

Soberbia hacienda la que pudiera hacerse allí, y mucho más de una, con tan hinchado seno, con tan extensos brazos. Alejemos, alejemos libros y papeles y vayamos, como Cincinati, como Washington, como mi profesor de griego, a sembrar trigo, a vigilar ganado, a cultivar cerezas. Mi profesor de griego es un gran hombre. Lloró, porque nos dejaba presos, cuando él salía libre de la cárcel. Son, pues, buenos sus ejemplos.

¿Y por Verapaz, donde se da todo?

Por Gualán crece bien el cafeto, y el río Montagua, de famosa boca, arrastra en sus ondas las flores blancas del cargado arbusto. Y también crece en la parte fresca de las costas del Atlántico, aunque éstas, más que para café, para caña están hechas, porque crece lujosa y se exportaría el azúcar fácilmente. Cultivándola anda por aquellos rumbos, y él mismo es maestro de azúcar, humilde puntero, uno que fue gobernador de Nueva Orleáns: Cincinati Sino.

Y por Cobán se da el fruto nectáreo, con mejores condiciones en loe lugares apartados de la cabecera.

¡Oh, café rico, generoso don de América, que en corrientes de vida vuelve a Europa el mal que entre tan preciosos bienes le hizo! Madame de Sevigné, la de las bellas cartas, no debió tomar nunca buen café.

Y en la demolición de Europa vieja, por Voltaire emprendida, ¿cuántas lanas terribles no se habrán templado al ardor de nuestro jugo americano? Destronado el té tibio, padre oscuro del amargo spleen de los ingleses, y del cobarde laxamiento de los chinos, pierde también corona y cetro el alimentoso chocolate, tan gustado de los españoles y los clérigos, sin que falten humildes seglares, y de todas tierras, que a la sabrosa bavaroise parisiense, de aquel lindo café que asoma muy cerca de los Bufos, prefieran una taza de Tabasco, o una de buen cacao guatemalteco.

Enojoso el cultivo, y aminorando de consumo, no faltan, sin embargo, capitalista que intenten su exportación, ni hacendados que abastezcan el sólido gusto que en Guatemala se tiene por el, en verdad, muy nutritivo chocolate. Con poco azúcar lo usan, pero ¿a qué, si lo sirven blancas manos?

Lo que de veras ha de preocupar a las gentes honradamente ambiciosas, es el seguro bienestar que se conseguirá en aquellas tierras dando incremento a la ganadería. Porque el ganado escasea y es solicitado. Se le compra barato y se vende caro. Como la demanda crece, la oferta encarece. Si se tiene dentro, ¡qué gran ventaja para los tenedores!; ahora hay que ir a buscarlo fuera. Centuplicarían los capitales destinados a esto. «Con criar cerdos, esto es, con dejarlos comer, me decía un ministro, se hace uno rico.» Yo pregunté en Escuintla, y tenía razón.

De 17 a 22 pesos se compran míseros novillos, en 35 pesos se venden; luego, y en 55 sonoros duros, un buey gordo.

¡Y son por todas partes tan fáciles los pastos! y ¡los hay tan buenos por Salamá, por Cobán y por Ayarza!

Huehuetenango, el departamento de hermosa cabecera, es rico en esta producción, y como en Jalapa y Jutiapa hay buenos pastos, muy macizos, para allá se encaminan los especuladores. Y hacen bien, que una gran fortuna merece el trabajo de buscarla. No hay en la tierra más vía, honrada, que la que uno se abre con sus propios brazos.

Así lo entienden los franceses que por Gualán tienen café, los americanos que por Salamá hacen vino, los ingleses que por Izabal tienen ganado.

¿Qué madera es ésta, tan flexible, tan blanda, tan dúctil por su cara del corte?

Guatemalteca es, y un guatemalteco está labrando en ella.

¡Ah!, ¡si la conocieran los grabadores europeos! Es el huachipilin suave y rojizo, que reemplaza con justo éxito al bru afamado de Turquía.

Porque en maderas, como en todo género de producciones americanas, Guatemala es madre infatigable. Ella tiene el veteado granadillo, el ébano lustroso, el duro ronrón, de vetas negras; el inflexible guayacán, el maqueado brasilete. Y allá por el Petén rebosa la caoba, cansa el cedro.

Por cierto que en el Petén, más rico en ruinas que en hombres trabajadores, hay un muy bello lago, el de Itzá, y en medio de él se alza la capital, canastillo de casas, ciudad de flores.

Y ¡cuánto natural producto abandonado sin aplicación!

Porque el maguey cree, se da el hule en los bosques, el algodón brota en la selva.

Los campesinos de las comarcas del Atlántico secan sobre delgados cujes pálido tabaco, que sería mejor a estar cuidado. Y como la hoja pura va desterrando a lo que por allá llaman cigarrillos de tusa y dobladores, y por Yucatán llaman, aunque en distinta forma, joloches, fuerza es que la producción del tabaco, libre y protegida, se vea pronto en estado de dar abasto a la creciente petición, sin acudir para ello a muy raros tabacos extranjeros. Se intenta en las haciendas un ensayo. Mis laboriosos hermanos de familia, maestros en el cultivo, vendrían alegres a hallar ellos pan de destierro, ganado en honra de la industria y bien del país.

Y del hule, si, como hoy, no se le desdeña, podrá sacarse gran partido. Con qué placer leí yo, ni sé en dónde, hace unos días: «¡Hale mexicano!».

Y como es tan útil, tan abundante y tan fácil, apenas conocido, como el maguey, abrirá al victorioso porvenir de la activa República nuevos caminos.

Con el maguey múltiples los tiene. Muy preso yo, me hicieron poner ropa de corteza de árbol, hecha en los Estados Unidos. Raspaba y hería; pero era por la patria. La del maguey sería mejor.

Tónico, líquidos, bebida vegetal, vinagre y bálsamo, papel y tela, podrían lograrse de la planta fértil. El país trabaja y compra. No solo los agricultores, sino los industriales, hallarán en Guatemala gran quehacer. Porque la ciudad sin dejar de ser propia, entra a ser francesa. Se afinan les gastos, naturalmente delicados. Lo superfluo se va haciendo ya preciso. El patriarcado reza el rosario, se hace viejo y cede su lugar al confort. Arreos y telas de México, manta barata y buenos casimires, sombreros y sarapes, airosos fustes y piedras de ónix, telares de los Estados, ¿qué hacéis, ociosos? Ejemplos múltiples daría yo ahora de fáciles riquezas logradas en los que fueron dominios de Alvarado, con trabajos breves.

Y los mineros, ¿qué no investigan? Por Izabal extraen atora oro, y al cebo de Belice y rumbos varios han acudido aventureros numerosos. Señala la pública voz minas de plata inexplotadas. Y ahora que el carbón de piedra inglés va escaseando, que el vizcaíno encarece, ¿por qué no examinar los osados las entrañas de la tierra, que así, dando carbón, producen oro? El trabajo convierte en amarillo lo negro. Es milagroso el trabajo.

Bien, pues, y de veras bien. La tierra es rica; por ella misma, por los honrados hábitos de los que la viven, por la enérgica voluntad de los que la gobiernan. Crear, extender, vivir;

esto se quiere. El país no opone resistencia. Ama la limpieza, está acostumbrado a la sobriedad, gusta del trabajo. Naturalmente artístico, una vez despierto el gusto, buscará con amor todo lo bello.

Una larga dominación ha quebrado un poco el carácter. Pero él resucitará. La dignidad es como la esponja: se la oprime, pero conserva siempre su fuerza de tensión. La dignidad nunca se muere.

El país tiene la firme decisión de adelantar: va por buen camino, piensa más en la agricultura que en la política. La política grandiosa es el primer deber; la mezquina el mayor vicio nacional. Ni la pereza, ni la incuria son vicios guatemaltecos. Gocé mucho viendo a un ladino, allá en el fondo de un monte, leer atento, mientras su hijo aderezaba la carga, un libro de muestras de centrífugas. Los indios apáticos se quejan, pero el gobierno respeta a los buenos —¡y hay tan buenos!— y pasa par sobre los tercos, raras veces malos. Allá, por la Antigua, hay limpísimos pueblos que obedecen a un gobernador indígena, que lee periódicos, que sabe francés, que con el ejemplo y la palabra enseña virtudes, y en el humilde campo estableció y mantiene escuelas.

Los inteligentes agricultores, los útiles mecánicos, los industriales prácticos, hallarán en Guatemala una tierra que paga de sobra el servicio que se le presta, un hogar afable y un cimiento de fortuna.

No se rechaza al extranjero bueno; se le llama y se le ama.

Hay impaciencia por ver cumplida una alta obra: la grandeza patria, basada en la prosperidad. Cuanto ayuda a producir es ayudado. Se piden hombres; no se les rechaza. Ni son como en Jauja, de terrones de azúcar las cajas; pero allí, con la miel de la buena voluntad, el azúcar es muy dulce.

Y en el alma de Guatemala ¿no hay artistas, no hay pintores, no hay músicos, poetas? ¿Nada a nadie dijeron las palmas de la Antigua, las palmas de Amatitlán, las flores sobre los cráteres, los verdes cañaverales eacuintlecos? Y el amor ¿no sollozó? Y la historia ¿no se pintó? Y la simpática malicia guatemalteca ¿no halló lira?

¡Oh, sí! ¡Hay poetas queridos, hubo buenos pintores, hiciéronse grandiosas esculturas, se cultivó el alma tanto como el campo! Y ¡qué triste un cultivo sin el otro!

Capítulo de poetas.

Cuando murió José Batres, un gran poeta, dijo Alcalá Galiano, un gran orador: «Harta enfermedad tenía él con vivir». José Batres nació en Guatemala. Supo francés e italiano; leyó a los enciclopedistas y a Casti; ciñó espada y tañó el laúd; vivió digno y murió joven; temía no gustar y gustará siempre. El orador español tuvo razón. Alma grandiosa, cantó con metro épico afectos concentrados y sobrios. Sufrió como Bécquer, amó como Heine, cantó poco porque tenía poco grande que cantar. Murió de vida, como el autor de las Rimas. Se reía, pero se moría. Los que leen las sabrosas estrofas de «El Reloj», las picarescas descripciones de don Pablo, ni a Lope, ni a Villaviciosa, ni a los satíricos de Italia echan de menos. Un verso de Pepe Batres no se olvida nunca. Hubiera sido amigo de Mande Acuña. Él era pulcro, casi adarvado, observador, temido, agudo. Superior al mundo habitual, se vengó de él, ¡oh noble alma!, legándole, a modo de pintura de ridiculeces, inimitables y vivacísimos poemas. Como Ercilla la heroica, manejó Batres la octava burlesca. Ningún consonante le arredra, y de intento, como Bretón, los amontona difíciles, y como Bretón, triunfa siempre de ellos. Sus descripciones, ora gráficas en una frase, ora ricas de vericuetos y detalles; sus pintorescas enumeraciones; la burlona amargura con que flagela el falso pudor, la necia petulancia, la monjil severidad, la vanidad ridícula; los raros, desusados y valientes giros con que matiza su lenguaje; la rica instrucción literaria que revelan sus naturales alusiones; el seductor descuido; las inagotables sales; los punzantes episodios; la filosófica sensatez; el castizo abandono de aquel ingenioso que sabía elevarse como el águila, gemir como la paloma, vivacear como la ardilla, hacen del vate guatemalteco, injustamente olvidado de los que estudian la América, una extraña figura, pálida, profunda, entera, hermosa y culminante.

Era en la conversación general ¡demasiado serio! o silencioso. No lo entendían, y se ahogaba. Dotado de potencia inmensa de observación, se hizo satírico, porque tenía que hacerse alguna cosa. En este género lo juzgan, y esto es equivocado. Aquel laúd estaba vestido de luto, no colgado de cascabeles. Cuando escribía íntimamente, y en la intimidad hablaba, leerlo u oírlo dolía. Era una desesperación severa, sin satirismos falsos, sin byronismos imitadores. Lo comparan con Espronceda; vale más. Para juzgarlo, no ha de leerse lo que hay suyo, que es lo menos valioso y es poco; ni se puede leer lo que religiosas preocupaciones destruyeron, y fue muy bueno y mucho; de juzgársele ha por lo que en lo que hizo reveló que haría. Amó y practicó lo bello en toda forma. Gustaba de verse elegante, y elegantemente hablaba y discurría. Él pintó un desierto en estrofas que secan y que queman. Pintó un volcán en versos que levantan y dan brío. Pintó un muerto de amores, dignamente doliente, en unos breves versos que todos saben, que todos admiran, que son muy sencillos, que son muy grandes, que los extraños copian: «Yo pienso en ti».

Desdeñó el amor como amorío y lo profesó como religión. Fue mal político, leal hermano, notable músico, profundo conversador, bravo soldado, excelente prosista y gran poeta.

No tiene tumba. Descansa en la memoria de sus enorgullecidos compatriotas.

Donde escribió, grabó. Donde censuró, curó. Lo que imitó, realzó. Desconfió de sí mismo y amó puramente. He ahí su epitafio.

Cuando yo venía, un año hace, animada de sueños la frente y frío de destierro el corazón, del caluroso Izabal a la templada Guatemala, en una aldehuela que llaman el Jícaro, luego que hube visto pasar, en brillante cabalgata, el cortejo de dos risueños novios, eché pie a tierra en asea de un ladino, decidor, fanfarrón, letrado y tuerto; cosa esta última que tiene en el carácter más importancia que la que le es generalmente concedida.

Enseñado que me hubo una mohosa tajante, que dice que cercenó cabezas en más de una batalla fratricida, y una mazorca de maíz, que por allá llaman de fuego, porque, echada la semilla, a los sesenta días da fruto; y convenido que fue que los indios tinecos de por San Agustín —de quienes el ladino estaba quejoso— son gente hosca y rebelde, muy apegada a lo suyo, muy reacia a lo nuevo y muy enemiga de los curas malos, comenzó el ladino, para dar tiempo a que me frieran unos humildes blanquillos, a recitar, mal que bien, una buena fábula.

La primera redondilla me hizo alzar la cabeza; la segunda, fijó mucho mi atención. ¡Qué gracia y animación! ¡Qué rima tan nueva, a veces brusca, pero siempre atinada y original! ¡Qué copia de la Naturaleza! ¡Qué observaciones tan americanas! ¡Qué propiedad, en fin, y qué olvido de esos convencionales —apólogos del indio Pilpay, y el liberto Fedro, y el rubicundo Lafontaine, y el amanerado Samaniego!

—Eso es muy bueno —decía el ladino—. Así para el venado las orejas; como él dice, mueve la cola; así de ese modo se pone la trampa; me parece ver saltar al animalito.

¡Oh, elogio perfecto, tan apetecido y tan raro: ser hombre de ciudad, y ser admirado, en cosas de campo, por un hombre de campo!

El fabulista, ya ido de la Tierra, es García Goyena; bien haya el que hizo en Guatemala lo que en Cuba hizo Jeremías Docaranza, José María de Cárdenas: americanizar el apólogo. Censurar nuestros defectos con nuestros animales y nuestras plantas. Acomodar a nuestra naturaleza las moralejas. Tomar de nuestra naturaleza nuestros ejemplos.

Picaresco en los epigramas, severo en las epístolas, ingenioso en los múltiples jueguecillos de talento, en su tiempo de moda, fue García Goyena; siempre, en el pensamiento, intencionado; en los giros, variado; en la rima, atrevido; aunque a las veces no muy preciso ni correcto.

Amante de la Naturaleza y observador profundo de ella, en las fábulas de García Goyena, que son, de vez en cuando, más que máximas oportunas, inimitables descripciones y graves y nuevos consejos, se aprende esa simpática ciencia animada de los árboles y de las aves, de las flores y de los brutos; sus costumbres, sus amores, sus peculiaridades, sus cualidades dominantes. Cáustico en política, práctico en moral, exacto en ciencia, nuevo en la invención, rico en literatura: ése es García Goyena.

Hay en la Escuela Normal, que en la educación generosa, tolerante, aplicable y liberal, completa la obra del Gobierno en la política, unas muy animadas reuniones de hogar, donde, a tiempo que se familiarizan con la vida social los educandos, se hace buena música, se dicen discursos, se cantan correctamente bellas piezas y se leen a menudo buenos versos. Cosa de familia, con buena voluntad y con perfume. Gozo yo con que el que la haya establecido y recoja ya sus frutos de apostolado sea un cubano, amigo de los hombres: José María Izaguirre.

A aquel proscenio humilde subió una vez un elegante mestizo, de esbelto cuerpo y rizada cabellera. Y dijo una muy larga tirada de versos que él llamó fábula, como la llamó su autor, y tiene, sin embargo, los tamaños de un poema didáctico, apológico sí, pero, a más, en el fondo interesantísimo y en la vestidura magistral. Original urdimbre, sonoro endecasílabo, fáciles asonantes, corte osado del verso, más cuidadoso del pensamiento que de la censura, hábil enseñanza en deliciosa forma, tal fue y así me cautivó la, por desventura, única producción conocida de fray Matías de Córdoba, ya muerto: «La fábula del León». Trozo es ése que hace a un poeta; revela reposo de carácter, evangélica bondad, clásico estudio.

¿Quién no sabe en Centro América algo de los tiernos Diéguez? Dos hermanos fueron, Juan, y Manuel, tan apretadamente unidos, que lo de uno parece del otro. Patria ausente, montañas queridas, ríos de la infancia, flores de la tierra, ilusiones, flores del alma, penas de amor, de vida y de destierro; todo esto tiene en estos laúdes gemelos los tonos de un sentimiento, no prestado, común ni preconcebido, sino sincero, suave y blando. Canta la tórtola por la tarde, y cantaban los dos hermanos Diéguez. Su llanto es dulce y refresca; su esperanza es honrada y anima; sus sueños son posibles y consuelan. Yo los llamo poetas de la fe.

Hubo ¡también muerta! una poetisa en Guatemala, amiga de Batres, famosa decidora, que no dejó suceso sin comentario, hombre sin gracioso mote, defecto sin epigrama, conversación sin gracia. Talento penetrante, alma ardiente, rima facilísima, espíritu entusiasta, carácter batallador, fue María Josefa García Granados, por mucho tiempo animación y para siempre gala de la literatura guatemalteca.

Ella no desdeñaba ir a las prensas, publicar papeles, provocar controversias, sostenerlas con brío. En prosa como en verso escribía con sólida fluidez. Era abundante, pero tanto en pensamientos como en vernos.

Lo serio de ella no vale tanto como lo incisivo. Anda casi en secreto un Boletín del Cólera —de los tiempos en que el aire mefítico del Ganges sopló fuerte, y ella, como Moliere, la emprendió con loe médicos— que es cosa de no dejar aquella ocurrentísima y castiza sátira un solo instante de las manos. Picantes ensaladillas, difíciles —nunca vulgares— charadas, por ella levantadas a género digno de estudio y de cultivo, porque en sus versos adquirió siempre gracia, a veces ternura, a menudo profunda expresión lírica; retratos, anacreónticas, canciones, epitalamios y letrillas; ir y venir de vivas réplicas; diaria y siempre nueva discusión de sucesos grandes y pequeños; tales fueron los culminantes caracteres y múltiples empleos de aquel extraordinario espíritu, de aquella mujer viril, de aquella lira fácil y elegante.

Marure se llama el historiador de las revoluciones en Centro América, valioso libro que el Gobierno reimprime ahora y que alcanza hasta el año 1852.

La ira de partido persiguió al muerto hasta su obra, y la última parte de ésta, por muy notable tenida, desapareció sin ser vista de nadie. Costaba entonces trabajo por allí ser liberal, y liberal fue el libro de Marure. Muy niño yo, admiraba ya en La Habana la concisión de estilo, corte enérgico de frase, mesurado pensamiento de un letrado guatemalteco, para quien no era cosa nueva oír decir que escribía a modo del egregio prosista Jovellanos.

Rebusqué luego, para hacer unos cuantos versos dramáticos sobre el día patriótico, la librería nutrida del señor don Mariano Padilla, americanista religioso, minucioso bibliófilo, coleccionador inteligente, y hube ocasión de asombro con leer los más humildes papeles públicos que, por los años 15, y 19, y 21, y 25, y 30, veían con animación, hoy olvidada, la curiosa luz. Brío en la idea, sensatez en el deseo, pureza y sobriedad; sobriedad, sobre todo, en la dicción. Aquellos escritores, periodistas, algunos de ellos principiantes, escribían como diestros académicos.

Leí entonces a Marure y mi celebración creció de punto. Ni quiso ser Tácito, ni había para qué serlo, que no hay más repugnantes cosas que sentimientos e indignaciones postizos; pero, salvas algunas explicables vivezas de partido, conserva la larga obra el tono histórico, sin hinchazón fastuosa, sin familiaridad censurable. Habla, no como quien lucha, sino como quien observa; y ése ha de ser el tono de la historia. Ella es un examen y un juicio, no una propaganda ni una excitación.

Era en aquel tiempo muy corriente en Guatemala leer los libros que en Francia prepararon, con Holbach y D'Alembert, y cumplieron con Desmoulins y Dantón, el más hondo trastorno que recuerdan aterrados los siglos. Amén de este contagio de giros, inevitable cuando se lee, como Marure debió leer, mucho francés, bien puede aquel estilo, reposado y serio, servir de útil modelo a los que quieran en literatura hallar una manera que, sin dejar de ser caliente, responda por su templanza a las severas exigencias del criterio. Hay corte antiguo en la obra celebrada de Marure.

Historiadores no han faltado a Guatemala; ni le faltan en este instante mismo, ni escritores galanos, ni sentidos y jóvenes poetas.
En punto a historias viejas, tiene la antiquísima, la candorosa, la religiosa y crédula, pero benévola y en datos rica, del buen padre Juarros, sencillo narrador de las épicas luchas de los indios y minucioso cronista de frailes, misioneros, cofradías, imágenes, soldados y conventos.
De otro padre es otro libro, sin tanto alcance ni tanta amenidad, aunque curioso: las Memorias del arzobispo García Peláez. Hombre afamado de humilde, pero pertinaz, acre y turbulento. Hacía caridades, y en cuenta se las tengo, pero como una vez le dijesen que quería hablarle un señor y resultase que el señor era el maestro sastre, respondió con muy poco evangelismo: «Pues ése, ni es señor, ni entra». Pero él, aunque menudo de cuerpo y tenaz como un vizcaíno, era un hombre de enérgico carácter, de firmeza en sus derechos, de verdadero valer. Cuéntanse de él originalidades sin término; ya que exigiendo —a lo que dicen un asno la ceremonia, se empeñó en entrar a caballo a tomar posesión de su arzobispado—; ya una resistencia, a veces cómica, a hacer todo lo que, siéndole aconsejado, no hiciesen los demás antes que él; ya como hizo que en el panteón de Catedral le variasen el lugar destinado a tumba suya, porque allí había una claraboya y no quería que le entrasen a molestar después los gatos.
Pero con todo esto, si no como valiosa prenda de dicción, como consejero histórico, cúmulo de detalles, color de época y juicio de los hombres, bien merece el libro del arzobispito

—que así es llamado— un puesto honroso en una biblioteca americana.

En punto a historia, si no nueva en todo, nuevamente escrita, dan quehacer a las manos y fatiga a la mente, en este instante mismo, escritores distinguidos, algunos de ellos, el doctor Montúfar, guerrero ya probado en las lides de la tribuna y de la prensa, del folleto liberal, de la instrucción histórica, de la discusión viva y constante. Guerrea bravamente en este campo. A él está encomendada la moderna parte de la historia. Don Ignacio Gómez, literato de nota muy justa, versado en lenguas y todo género de crítica y poesía; conocedor del mundo viejo y nuevo, caliente en el decir y en el escribir macizo y muy galano, ha la tarea de redactar otra importante época reciente; y a don José Milla, de fácil vena, de erudición notoria, de ocurrente lenguaje y vivas sales, toca la historia del que fue Reino y Capitanía General de Guatemala, desde los tiempos en que por tierras y princesas peleaban kachiques, quichés y zutujiles, hasta los brillantes días de aurora en que la animada palabra del polemista y orador Barrundia, la vivaz actividad del abogado Córdova y las duras consideraciones de Molina, dieron en tierra con los muros y fondos coloniales.

No debo, pues que de libros hablo, callar una publicación reciente, a los esfuerzos debida del que ha sido para estas páginas rapidísimas, casi escritas entre los cerros y a caballo, mi generoso introductor. Es el libro la *Galería Poética Centroamericana*, que ahora revisa, reforma y con patrio celo aumenta su autor, tan hábil ministro cuanto estudioso hombre de letras y elegante poeta, Ramón Uriarte, de quien más bien no digo porque no pueda tomarse a pago del que él dice de mí.

Hócense a menudo estudios y publicaciones que, en forma de ligero folleto, van de mano en mano. Ya publica Antonio Batres, de pulcra pluma y sólidos estudios, un buen estudio sobre bellas artes; ya Agustín Gómez, que maneja bien su lengua, historió con fidelidad la institución de los cónsules; ya se cruzan alegatos impresos sobre acciones jurídicas, ricos en jurisprudencia y en calor. No es aún aquel movimiento del año 1821, guiado por la palabra arrebatada del histórico Barrundia; pero ya se renace rápidamente de aquel abatimiento enfermizo —época de almas postergadas, de dignidades dormidas—, en que hundió a la tierra de los terribles volcanes y majestuosos ríos, el terror más que una fuerza real, el látigo insolente de Carrera.

Ya deben ver la luz dos libros buenos: de blandos versos el uno; de fiel, correcta y muy amena narración el otro. Forman el primero las poesías de Francisco Lainfiesta, a quien ungió la maga fortuna con la miel del idilio, del sáfico y de la égloga. Quiebra el verso airosamente. Tiene el instinto prosódico y el castizo. En lenguaje adivina lo que no conoce. En acentos, admira la espontánea precisión de su cesura. Yo le hice un sáfico, y él me devolvió inmediatamente veinte, dignos de Ventura de la Vega. Tiene la intuición de la bella forma este poeta.

De más grave orden, aunque en apariencia sencillo, es el otro libro nuevo, de memorias también, pero éstas del general Miguel García Granados. Ajedrecista y estratégico, enamorado de César y concurrente asiduo al café de la Regencia, la observación y la atención son condiciones dominantes en el general guatemalteco. Como él vivía ya en los tiempos de la independencia, y conoció a los hombres que entonces privaron, y anduvo en guerras, los describe entre sueltas relaciones, con justa apreciación y amena gracia. Libro será éste, para el de letras, agradable; para el de armas, útil. No desmerecen de Larra el viejo ciertos párrafos del libro.

Pero entre estas publicaciones, como el Acultzingo entre los montes, como el Ixtaccihuatl entre los volcanes, como la resurrección después de la inercia, como la irradiación después de la tiniebla, viene a su puesto el Código Civil. ¿Qué es? La justicia a mano, en español, de modo que pueda entenderla todo el mundo. Se echa abajo una casta de intérpretes y se ponen en breve claridad utilísimos principios. Dejan de ser los abogados augures para comenzar a ser sacerdotes. Se ha aprovechado para el Código todo lo nuevo, se ha repelido todo lo intrincado, lo repetido, lo laberíntico, lo añejo. Primitivas disposiciones del Fuero Juzgo, cándidas —aunque honradas— prescripciones del Código alfonaino; locales e inoportunos mandamientos de las Ordenanzas ¿qué ha de hacer en América lo que se mandó para Nájera?; —sujeciones señoriales de la antes sabia ley de Toro, han venido a tierra precedidas de un vigoroso informe, bello en la forma, sintético en la expresión, perfecto en el método, debido todo a la instrucción jurídica y reformado anhelo de Montúfar.

Quedan aún en pie, porque se juzgó que no podía hacerse todo de una vez, instituciones ya bien muertas. Queda el matrimonio eclesiástico, que es cosa de Dios, surtiendo efectos civiles, que son cosa de los hombres. Queda así ilógicamente sujeto a la Iglesia el Estado, cuando bien pueden ser dos poderes mutuamente respetuosos: el uno juez de lo temporal; de lo incorpóreo el otro. Pero han venido abajo los dilatados procedimientos, las infamantes penas, la impersonalidad de las mujeres, la larga minoría de edad, la restitución in integrum, las trabas enojosas a la circulación libre de bienes. La luz se ha hecho sobre los escombros de la Curia Filípica, red intrincada, ahogadora de los ingenios verdaderos.

La mujer es persona. El menor es persona. La tutela no es una granjería. El juicio es rápido. Las penas son más dignas. Los heredamientos serán claros. La que puede ser madre puede ser testigo. Las excepciones castellanas no aprovechan a los habitantes guatemaltecos. A vida propia, derecho, en lo necesario, propio. Tales motivos guiaron y tales efectos consigue el Código Civil, con natural regocijo promulgado entre el amor de los abogados jóvenes y el pueblo agradecido, y la resistencia de loa letrados de antaño, prendados de las sutilezas del «Sancho Llama» y la oscura profundidad del erudito Pérez.

Los códigos nuevos, prez de la administración restauradora de los derechos verdaderos, han sido por los extraños celebrados; por los hombres hipócritas, mordidos; por los sinceros amigos del país, recibidos con júbilo vehemente. Ese día mereció ser blanca y azul la muy linda bandera guatemalteca. Y se añadió al escudo de Guatemala, aunque en él no figure, un libro abierto. Ese día, el quetzal lo fue más.

Los jóvenes dotados de las copiosas aptitudes comunes a los hombres de estas tierras, echado ya hacia atrás el manto de cadenas que la dominación del hombre de los montes puso en sus espaldas; abiertas ampliamente las vías del crecimiento y del trabajo, se lanzan, sin concierto aún, ganosos a ellas; se apoderan de los modernos libros, leen afanosos en historia a Laurent, en literatura a Gautier y a Musset. Quinet, Michelet, Pelletan, Simon, Proudhon, van siendo ya libros vulgares. La ciencia amena se va haciendo amable; como que amenizar la ciencia es generalizarla. Médicos y abogados futuros, médicos y abogados recientes coronan las calvas cabezas de Papiniano e Hipócrates con los blancos azahares de las musas. Vagos ensueños de americanismo preocupan a aquellas mentes juveniles: Matta, Gregorio Gutiérrez, Lozano, Prieto, Palma, les son familiares y amados.

Tienen ahora activas sociedades, y vi alegre en las mesas de periódicos de México las revistas que les sirven de órgano: *El Porvenir* y *El Pensamiento*. Aquélla tiende a desarrollar el gusto por lo bello; ésta por lo grave; aquélla por lo literario; ésta por lo científico. Discuten, proponen, reglamentan, eligen por sufragio, gustan de ver reunidas a las gentes, dan veladas. Estos ejercicios de palabra, de discusión, de sociabilidad, fortalecen el carácter, mejoran las uniones, acentúan la cultura. La actividad es el símbolo de la juventud. Apenas nacidos, mejoran visiblemente los periódicos; lo que comenzó como un ensayo, adquiere ya, con el estímulo y la crítica, serias proporciones. Al fin se lucha; se despierta; se crea algo. Sobrada está Guatemala de talentos; la libertad, los hará muy pronto florecer. Penetración, espíritu de independencia, impaciencia noble e hidalguía; esto observo en los hombres jóvenes de la mayor de las repúblicas centrales. Tengo fe en su naturaleza bondadosa, en su inteligencia clara, en su costumbre de trabajo, en su honroso y seguro porvenir.

Más trascendental en fines, más grave en sus miembros y en sus medios más poderosa, es la Sociedad Económica, la de estantes de ídolos, la de patio muy bello, la de salón del Renacimiento, con sus columnas de gigantes; la que sembró el café, la que recomendó la caña, la que estudia cuanto al fomento de la agricultura, a la mejora de las artes, a la bondad, riqueza y belleza de la República se dirige. Su nombre va unido, luengos años hace, a cuanto hermoseamiento cobra la ciudad, a cuanta nueva idea utiliza el campo. Sociedad de agricultora, de educación, de bellas artes y bella literatura, de fomento de minas, celebra sesiones, estudia comarcas, protege cultivos, experimenta siembras, publica periódico. Un químico notable la dirige; propietarios, agricultores, literatos y extranjeros ilustres son sus miembros. Ya descubre y clasifica un molar de megalonix; ya populariza ricos libros incógnitos; y a estudia las planicies de la Verapaz; ya protege a los campesinos de los peligros de las siembras.

Fomentar: éste es su empleo. Por varones egregios sostenida, y hoy por el Gobierno, dice bien de un pueblo la larga holgada estancia de una institución que ha sabido mantenerse, herida por hostiles vientos, movida por las olas revolucionarias. Poco hace encomiaba el eucalipto. ¡Antes de que se introdujera el hule y el maguey!

Artes y Sociedad Económica van aparejadas. ¿Quién con más cuidado conserva los cuadros del famoso maestro Merlo, la viva gallina, las húmedas flores? ¿Quién socorrió con más amor a Buenaventura Ramírez, a aquel escultor reputadísimo, a quien venían a conocer y pedían obras de las repúblicas vecinas, de la opulenta Habana, de España la artística?

Hay por Guatemala, en pintura y escultura, grandes nombres; y, más que nombres, grandes aptitudes.

Manuel Merlo llámase el autor de los correctos y anchos lienzos que allá, entre sombras, saltan valiosos a los ojos inteligentes, en la pintoresca capilla del Calvario. Original para inventar, osado para componer, hábil para colocar, alejar y acercar, dar perspectiva, oscuro en el color, seguro en el dibujo, bien puede Manuel Merlo ir a la par del suave Pontaza, del fiel Cabrera, del místico Rosales, del penetrante Jallá.

Primera y segunda maneras tuvo Pontaza, enamorado en aquélla del cobre plomizo, de las sombras pétreas, de las duras líneas, ¿qué podía hacer tampoco con el uso imperfecto, casi intuitivo, de tres pobres colores? Y en el modo segundo, ya pintaba Pontaza la bondadosa fisonomía de Santo Domingo, plegaba con acierto su albo traje, animaba su escuela, embellecía sus tentaciones, ponía en sus ojos graves mirada sobre el tratado de los Sacramentos. Tenía entonces, con más color y más práctica, no aquella ruda perspectiva, infantil composición y pueril ornato del cuadro, más afamado que digno de fama, en que pinta la muerte de los amorosos dominicos —¡buenos siempre, hasta para América buenos!— en Polonia; sino blandas carnes, movibles plegaduras, nebulosas sombras, delicados contornos, miniaturesca precisión. Abigarramientos alegóricos no le pueden faltar, que eran de la época y del caso religioso, pero él era un muy original, muy delicado y muy concienzudo pintor.

Pintaba el rey Pontaza, y no oscureció nunca la fama de la señora Vasconcelos; extraña, no por su absoluto mérito, sino porque en escasez amarga de maestros y recursos, en procedimientos y en ideas, túvoselo todo que inventar. Adivinó la artista los secretos del color, los de la perspectiva, los de la dificilísima carne humana.

Dejó Rosales, osado colorista, cuadros de caliente entonación para el Calvario; pero el en su género no imitado, el no vencido fisonomista, el de pincel y lápiz segurísimos, ese es Cabrera. Había convención en los fondos, dureza en las ropas, porcelana en el rostro y en las manos; pero ¡qué imitar! ¡Qué ver y copiar enseguida! ¡Qué ver y no olvidarse nunca de haber visto! ¿Qué casa en Guatemala no tiene un retrato de Cabrera, fondo ceniza, delineo miniaturista, sonrojada la carne, muy pulido el cabello, exacto el ojo? ¡Y no tuvo en su tumba más riqueza que los versos ardientes de un poeta noble!

Por San Francisco había, y ya desaparecieron, unos pasajes de la vida del santo, que pintó, con su rapidez del Tostado y Lope, el muy fecundo, el asombroso Villalpando, que cubrió, como Rubens la Europa, de cuadros, más o menos bellos, nunca malos, en días breves, palacios, casas solariegas y conventos; el héroe inolvidable del poeta yucateco José Peón Contreras, el inventor sin tregua, el agrupador sin miedo, el dibujante sin fatiga, el vivo colorista sin esfuerzo. Era en él pintar como soñar. Iba tan deprisa, que parecía en todo un alma en fuga.

Este gallardo mozo, que recela de esa abierta ventana y a hurtadillas estrecha una mano picaresca que ella sola, morena y exquisita, habla y sonríe, ¿qué mira, una vez cerrado el balcón, a la luz tibia de la Luna?

—Ve —dice a otro—; éste es de Julián Perales, el escultor antigüeño. Para Cristos no tiene rival. Toca la madera y ya está sangrando. Esto que tengo en mi bastón es el retrato de ella. No la ha visto, se la pinté; vela cuán viva.

Y dice el otro:

—Admirable de veras. Creía yo que lo mejor que él había hecho era aquel famoso retrato de Morazán, nuestro altivo héroe, en madera de café.

—En España y Francia no quieren Cristo que no sea de Perales.

—¿Y viste tú trabajar a Cirilo Lara?

—¿Ese perezoso, ese extraño artista, ese atrevido artífice, que hace una fornida Venus de una haba, y de una semilla de naranja un niño Jesús?

—Algo más que eso. Ve el San Juan que hace para Catedral. Con una mano señala a la Tierra; con la otra, levantada, mira al Cielo. No está aún pulida y es piedra burda; pero ya los colosales pliegues se adivinan, la amorosa cabeza se destaca, natural es la posición, buena la mano, bien tocada la difícil cabellera.

—Más fama tiene Quirino Castaño.

—Ganada la ha. Él hizo el muy venerado señor de Esquipulas, el Cristo, negro de expresión doliente, de delgado torso, de estudiadas formas.

—¡Ah, Esquipulas, la de la feria!

—La de las reliquias de oro, la del soberbio templo.

—Gótico dicen que es.

—Y mayor que la misma Catedral.

Y así se van el enamorado y el amigo, diciendo que en 1640 apareció en Guatemala el muy célebre Alonso de la Paz, y tallando madera, hizo amén de obras gloriosas, un Jesús Nazareno, riqueza de que está orgullosa hoy la iglesia de la Merced, corpulenta y artística iglesia.

Virgen hay de la Piedad en el Calvario renombrado que incita a llorar: también llora ella. Esta fue obra de Vicente España, discípulo que pudo y supo más que su maestro, el buen José Bolaños.

Y hay en Santo Domingo una hermosa virgen india, trigueña, risueña, casi voluptuosa. Es una virgen demasiado humana.

No hay templo sin su escultura predilecta. A bien que yo vi en París disputarse reñidamente una Concepción menuda, de Ramírez. Está contenta la Virgen madre; su ropaje azul ondula airosa, su cuerpo esbelto pliégase a modo de arcángel que asciende. Y de Ramírez, ¡ni el nombre sabían! El así honrado, moría, en tanto, en su patria, tan próspera y tan agradecida, en terrible pobreza.

Hay por Barcelona copia abundante de imagineros. Ni viejos ni nuevos les son los guatemaltecos inferiores; han domado la madera y la han hecho hombre y mujer.

Un triste dijo un día, ante una escultura de Santo Domingo:

—¡Oh, qué hermosa! ¡Parece que han visto llorar a Magdalena!

Y como la Virgen de la Piedad tiene en el manto tan hermosos pliegues, ¡quién fuera católico para, en la hora de la tribulación, ampararse en ellos!

Afortunadamente hay vivas vírgenes.

Es cosa curiosa: en Guatemala los músicos se distinguen por familias: los Andrino, los Sáenz, algún Padilla.

Hay en la música guatemalteca, limitada hoy a melodiosos valses, a religiosos y solemnes himnos, a lánguidas canciones, cierto tierno fraseo, cierta melancólica repetición, cierta recogida dulzura, cierta expresión de amores afligidos.

Del país fueron los primeros que en él cantaron con Oroveso, Norma y Polion. Fue aquel mismo empresario el autor de un imponente Miserere, que en los maitines del Jueves Santo, allá en la iglesia Mayor, esparce por las bóvedas los amargos acentos de la culpa, las aterradas voces del arrepentimiento, el súbito clamor de la conciencia, los ecos amorosos del perdón, de Benedicto Sáenz.

El protegido cilindro, el de la música doméstica, el que amparó Europa y reformó, invención fue del padre Juan Padilla, guatemalteco, que murió dando vueltas en la mente a gigantescos pensamientos filarmónicos.

Hay un tipillo concreto, semidesnudo, burlón, vivaz, aparentemente hambriento, al que en Madrid llaman granuja y en París gamin, y cerillero en México, y en Guatemala vendeflores. Natural agudeza, heroico sufrimiento, raterías pequeñas y cómicas generosidades los distinguen. Y es tal el musical instinto de la patria de los Batres y los, Diéguez, que cuando estos simpáticos pobrecillos entran a vender flores o dulces a los bulliciosos corredores del teatro, sea la música del penetrante Verdi, del melifluo Bellini, del dificilísimo Mozart, del poderoso instrumentista Meyerbeer, no se da caso de que a la primera audición de la ópera no salgan los pequeños tarareando con admirable precisión las más difíciles arias, el momento menos comunicativo del nuevo spartitto.

Y en la hermosa sala, tibia para los aplausos, unánime silencio censura una pequeña desviación de la partitura, casi por todos correctamente conocida.

Y apenas se estrecha una linda mano, que no acabe de tocar los deliciosos acordes del Pensamiento de Cástulo Méndez, los valses magistrales y rápidos de Arditi, las bulliciosas fantasías de Leybach, melodías dolientes n rápidas polonesas de Chopín.

La música está allí en el instinto artístico, en la afabilidad del carácter, en el rumor del aire grave, en el lánguido hablar de las mujeres.

Y ¡cómo vivía antes, oligárquicamente gobernada, esta vasta República, de extensiones tan fértiles, de espíritus tan ricos! En míseras escuelas, enseñábanse apenas principios de doctrina, y Fleury, y moral cristiana, y santos cristianos, y un tanto, así como superfluo, de leer y de escribir. Ni lastimar, ni poetizar, son aquí mi misión; mi misión es contar. Hoy cada aldea tiene escuela; con sus manos fabrican los padres la casa del maestro; del haber del hijuelo se priva el campesino porque aprenda de letras; aumentan en la ciudad los institutos de carácter grave; extiéndese en la Universidad el ya lleno programa; apréndense en la Escuela Politécnica, con hábitos militares, matemáticas; enseña la Escuela Normal, por práctico sistema de razón y propio juicio, a ser maestros; quinientos niños pueblan los salones del extenso Instituto Nacional; bien se enseña en San Francisco; del extranjero fueron traídos maestros y maestras; unos y otras enseñan tolerancia religiosa, dan instrucción realmente útil, vulgarizan los más recientes sistemas americanos y europeos.

Madura estaba la espiga en aquellas inteligencias. En las tierras de América no cuesta mucho trabajo la sazón. Aindiados, descalzos, huraños, hoscos, bruscos, llegan de las soledades interiores niños y gañanes, y de pronto, por íntima revelación y obra maravillosa del contacto con la distinción y con el libro, el melenudo cabello se asienta, el pie encorvado se adelgaza, la mano dura se perfila, el aspecto mohíno se ennoblece, la doblada espalda se alza, la mirada esquiva se despierta: la miserable larva se ha hecho hombre.

Poco después asaltan la tribuna los libros históricos, los libros de agricultura, la flauta, el piano. Se dan a pensar en cosas graves, a dudar, a inquirir, a examinar. Hablan de Bolívar, de los hombres patrios, del buen gobierno que los educa, ¡del porvenir vasto que espera a su —como ellos dicen— querida Guatemala! Yo los veo, yo los impulso, yo los aliento. De esos hombres saldrán, más tarde, algunos grandes hombres.

La Universidad, que es por cierto espaciosa y bella, acaba de reformar sus facultades, de mejorar su medicina, de liberalizar su derecho, de establecer su facultad de letras y filosofía, el gran estudio de los gérmenes, de las esperanzas, de los desenvolvimientos y de las analogías. De la agrícola Costa Rica, de la inteligentísima Honduras, del cercano San Salvador, de la moderada Nicaragua, vienen numerosos estudiantes a hacerse de ciencia en la Universidad Central.

Tienen los de medicina, para práctica, un hospital excelente, por viajeros europeos tenido como rival de los mejores, por humanitario, por metódico, por aseado, por rico.

Tienen los de jurisprudencia estudios filosóficos a la margen de espaciosos corredores, que ayudan a la eterna extensión del pensamiento, en vastas aulas, distinguidos profesores.

Y los jóvenes se animan. Discuten al maestro, al texto, al libro de consulta. Tienen cierto espíritu volteriano, que hace bien. Rechazan la magistral imposición, lo que también es bueno. Anhelan saber para creer. Anhelan la verdad por la experiencia; manera de hacer sólidos los talentos, firmes las virtudes, enérgicos los caracteres.

Foro en los pueblos está la gran revolución. La educación popular acaba de salvar a Francia; yo la vi hace tres años, y auguré en forma segura, de muy pocos creída, su triunfo sobre cualquier nueva reacción. La reacción vino, y Francia ha triunfado.

La educación popular mantiene respetada en lo exterior, y en lo interior honrada, a la risueña Suiza.

La educación popular, maciza allí cuanto rencorosa, ha dado a Alemania su actual grande poder.

Saber leer es saber andar. Saber escribir es saber ascender. Pies, brazos, alas, todo esto ponen al hombre esos primeros humildísimos libros de la escuela. Luego, aderezado, va al espacio. Ve el mejor modo de sembrar, la reforma útil que hacer, el descubrimiento aplicable, la receta innovadora, la manera de hacer buena a la tierra mala; la historia de los héroes, los fútiles motivos de las guerras, los grandes resultados de la paz. Siémbrense química y agricultura, y se cosecharán grandeza y riqueza. Una escuela es una fragua de espíritus; ¡ay de los pueblos sin escuela! ¡Ay de los espíritus sin temple!

De cinco años viene este renacimiento salvador. Es exclusiva obra del gobierno liberal. No se acerca a Barrios una madre doliente, que no tenga enseguida para sus hijos una cama, un vestido, un libro. En la ciudad, en las afueras, en la Escuela Politécnica, en la Normal, en todas partes, Barrios, más que piensa lo bueno, lo presiente. Conoce que esa es la redención y naturalmente, sin esfuerzo alguno, se irrita con los que oprimieron y redime.

Mucho se gasta en escuelas; remunérase bien a los maestros; no llega vapor que no venga cargado de útiles, ya de efectos calisténicos, ya de aparatos astronómicos, de libros, de colecciones, de modelos. Se entra en el Instituto Nacional, y se oye una banda excelente. Se va a la Escuela Normal, y con espíritu de amor hispanoamericano se ve un notable instituto neoyorquino. Formación de hombres, hecha en lo mental, por la contemplación de los objetos; en lo moral, por el ejemplo diario.

Triunfante la revolución, estaba como pletórica de buenos deseos. Rebosaba creaciones. Tendió telégrafos, contrató ferrocarriles, abrió caminos, solicitó educadores, subvencionó empresarios, fundó escuelas. En esto último, su ardor no se ha cansado todavía. Ni se cansará, porque sus frutos son visibles, y sus mismos frutos lo alimentan. ¡Qué vuelta la del maestro joven a la aldea lejana, donde para recibirlo ciñó su madre al pelo la trenza más hermosa, y al cuello los mejores corales, y vistió el buen viejo, indio o ladino, su más blanca camisa de cotón! Se fue con sus harapos y vuelve con sus sueños, con sus bancas, con sus instrumentos de alma, con sus riquezas espirituales, con sus libros. Se fue burdo y viene afinado. Se fue tartamudo y vuelve elocuente.

Antes soñaba en vacas; hoy en el porvenir, en gran trabajo, en gloria, en cielos. Es el redactor de todas las cartas, el director de todos los amores, el sabio respetado, el juez probable el alcalde seguro, el constante maestro. A su calor, sin alejarse ya del hogar sabroso, crecerán simas nuevas...

Él fue hecho a semejanza de otras y él hará estas otras a su semejanza. La educación es como un árbol: se siembra una semilla y se abre en muchas ramas. Sea la gratitud del pueblo que se educa árbol protector, en las tempestades y las lluvias, de los hombres que hoy les hacen tanto bien. Hombres recogerá quien siembre escuelas.

Así, rápidamente, a modo de gigantes niños, a manera de fantasmas de oro, acaban de pasar a nuestra vista inmensos campos, vastas haciendas, soledades regias, esperanzas, adelantos, glorias, gérmenes. El café que empieza, el nopal que expira, el cacao que resucita, el ganado que muge impaciente, el pasto que se ofrece, el extranjero a quien se llama, la fortuna que se brinda, el libro en que se aprende, la riqueza pública por el trabajo individual, base futura de gran gloria.

Luego ese pueblo desconocido, del que emanan, o memorias indígenas movidas por un abate anticuario, o terrores modernos movidos en los hermanos pueblos por crueles y políticos rencores; ese pueblo limítrofe arrullado por mares, refrescado por brisas, sentado en el corazón del Continente; esa tierra nebulosa por el muerto Carrera —de quien un sacerdote dijo que estaba a la diestra de Dios Padre envuelta en fúnebre sudario, impenetrable cerco; esa República vecina— más nueva para sus amigas repúblicas que las más lejanas y más extrañas tierras, —es una nación seria, trabajadora y próspera; es una comarca pacífica, encantadora y fértil; es una impaciente hermana que va, rumbo a la grandeza, con el cayado en una mano y el libro en la otra. Aspira, aprende, llama. La sed es general; el agua es abundante.

El porvenir está en que todos lo desean. Todo hay que hacerlo; pero todos, despiertos del sueño, están preparados para ayudar. Los indios a las veces se resisten; pero se educará a los indios. Yo los amo, y por hacerlo haré.

¡Ah! Ellos son ¡terrible castigo que deberían sufrir los que lo provocaron! ellos son hoy la rémora, mañana la gran masa que impelerá a la juvenil nación. Se pide alma de hombres a aquellos a quienes desde el nacer se va arrancando el alma. Se quiere que sean ciudadanos loa que para bestias de carga son únicamente preparados. ¡Ah! las virtudes se duermen, la naturaleza humana se desfigura, los generosos instintos se deslucen, el verdadero hombre se apaga. Aire de ejemplo, riego de educación necesitan las plantas oprimidas. La libertad y la inteligencia son la natural atmósfera del hombre.

Y ellos, los que vieron un guerrero español y lo copiaron en muy dura piedra en el circo asombroso de Cobán; los que tenían escuelas, donde se loaba al alto Dios; los que elevaron torres, donde estudiaban los hermosos astros; los bravos paladines; tos ingeniosísimos geómetras; los delicados tejedores; las heroicas mujeres; su senado de ilustres, más grave y respetado que nuestras severas Cortes de justicia; los de grandes ejércitos, populosísimas ciudades, brillantes guerras; los defensores de Utatlán; los rebeldes Mames; los clásicos quichés, los profundos cantores del grande Whenb-Kaquix, llorado con lágrimas entre árabes y homéricos; los allá idos de México y Cuba; los vivaces niños; los celosos amantes; ellos son los que con el copetón sobre la frente, con el calloso pie agrietado, con la mirada imbécil, con la rodilla y el beso siempre prontos, con el esclavo espíritu, con la cargada espalda, a paso de mula o de buey sirven hoy al cura, adoran nuevos ídolos, visten míseras ropas, y ni aleteo de águilas, sino sustento de arrobas, pasan montes y ríos, praderas y ciudades, hondos y cerros.

Son resignados, inteligentes, incansables, naturalmente artistas, sin ningún esfuerzo, buenos. ¡Qué gran pueblo no puede hacerse de ellos, haciendo, por ejemplo, a manera de una escuela normal de indios! ¡Un nuevo apostolado es menester!...

Pero en tanto que llegan los apóstoles, ¡cómo adelanta el pueblo vecino! ¡Cuántos granos y lanas vende hoy Quezaltenango! por Chimaltenango, ¡cuántos viajeros pasan! por San Marcos, ¡cómo aumenta el cultivo! por Escuintla, ¡cómo crece la caña! por Amatitlán, ¡cuánto no fertiliza la laguna!

Adiós van a decir al buen lector estas cansadas páginas; más ¡quiera la fortuna que por ellas haya venido en conocimiento de la gran riqueza agrícola; del afable carácter otra gran riqueza de Guatemala! ¡Quiera la fortuna que no se olviden los inmigrantes de la tierra que los llama, los explotadores de la fortuna que les espera, los tímidos del gobierno que les protege! ¡Quiera la buena suerte que recuerden cómo crecen en Salamá los pastos, en la Costa Cuca el café, por el lado del Atlántico la caña! Ni ¡cuánto se necesitan los ganados! Ni ¡cómo prospera allí la vid! ni ¡cómo todo asegura éxito a cualquier industria o sementera nueva!

Anchos caminos, naturales esplendideces, bondadoso carácter, benévolo gobierno, inquietud por mejora y por riqueza; mujeres americanas y cristianas, hombres inteligentes y afectuosos, viejo arte, ansia creciente. Señorial ciudad, deleitoso clima, pintorescos pueblos, seguro bienestar, fantástico crecimiento de fortuna; he aquí lo que a todo el mundo ofrece Guatemala, fertilísimo campo, California agrícola.

¡Ojalá que, con este amante libro, haya yo sembrado en él mi planta!

Reflexiones destinadas a preceder a los informes traídos por los jefes políticos a las conferencias de mayo de 1878

Entre los numerosos decretos expedidos por el Gobierno de Guatemala, con el ánimo de hacer prósperas y útiles las múltiples riquezas del país, y fortalecer la inteligencia de sus hijos, fue muy notable la disposición dictada por el ministro de Gobernación en 17 de octubre de 1876.

Convoca este decreto para el 14 de mayo de cada año a los jefes políticos de los Departamentos; los llama a discutir sobre los grandes intereses patrios; sobre la indispensable asimilación de razas; sobre el modo de ennoblecer los caracteres por el trabajo honrado, y la esperanza de un honesto lucro, y de fortificar las instituciones y aumentar las probabilidades de riqueza con el desarrollo de la instrucción, complemento de la personalidad humana.

Quiere la ley de octubre que los jefes políticos, encargados responsables y directos de las voluntades reformadoras del Gobierno general, mediten durante el año, en presencia de los problemas, los medios de resolverlos, y vengan luego a decir en franca y libre discusión, en qué estaban los males, en qué consisten los obstáculos, qué resistencias estorban al planteamiento de las redentoras ideas nuevas, y qué elementos antiguos deben removerse; y nuevos despertarse, para que la nación, trabajadora y fuerte, realice la obra de que viejas ideas y oligárquicos intereses la tuvieron largo tiempo apartada. La ley de octubre quiere que los jefes políticos expongan cada año lo que se ha vencido y lo que hay que vencer; propongan las medidas conducentes a la transformación de los indígenas, la propagación de las luces, el fomento de la agricultura, el cumplimiento de las leyes hacendarias —sin el cual no pueden exigir los gobernados que el gobernante cumpla para con ellos sus deberes—, y, en suma, cuanto tienda a hacer constante al trabajador, instruido al niño, mejorado al indio, inspirado en noble ambición al perezoso.

Viénese por estas conferencias en conocimiento práctico de las diversas comarcas de la República, de sus productos, usos y necesidades, que ha de ser luego elemento de las leyes que en su provecho se dicten, y que siendo más conocidas, harán naturalmente que las leyes dictadas sean mejores. Tienen los pueblos representantes instruidos y directos ante el Gobierno y el Gobierno un medio más de conocer y remediar, por tanto, las necesidades de los pueblos. Con la exposición en conjunto de las experiencias individuales, se desechan las lentas y perniciosas, y se adoptan las que llevan más segura y rápidamente a la reforma agrícola que se proyecta en el país. En estas conferencias, cada uno de los jefes reunidos expone su opinión sobre puntos de interés general, cuál dice la que, a su juicio, es mejor manera de cultivar el cacao, cuál celebra la mejora que ha dado fruto en su departamento en el cultivo del café; y así cambiando mutuamente las ideas, las experiencias de todos vienen a aprovechar a cada uno, y las de cada uno son igualmente útiles a todos. Conocen los ministros, por informe verbal y detallado, las cuestiones que requieren su examen y consejo, y se llevan los jefes a los pueblos las mejoras que observan en la capital. A más, con el cumplimiento de un deber patriótico, se robustece en el ánimo de los funcionarios el deseo de contribuir, con el aumento de la fama propia, a la prosperidad de la Nación.

Como base de estas conferencias, y al mismo tiempo copia del estado presente del país, la ley de octubre ordena que los Jefes políticos lean en su primera reunión un informe conciso de las obras públicas llevadas a cabo en sus departamentos;

de sus escuelas y sus campos; de sus pueblos, haberes y esperanzas. Los que se han traído a las conferencias este año son los que se ofrecen hoy al público.

Estos informes se ofrecen, no como una nueva exhibición de buenos deseos, no como una muestra artificiosa y literaria, sino como el resultado ingenuo y cierto de la obra de los representantes del Gobierno en nuestras ricas y extensas comarcas. Lo que la falta de galas de dicción, de buena voluntad les sobra. Si no acusan portentosos adelantos, revelan en cambio adelantos graduales, logrados con el convencimiento de los que han de adelantar, modo único de conseguir progresos positivos. En estos informes se presentan, entre reflexiones de trascendental interés, quejas de familias, cuestiones de detalle, minuciosidades de administración intima, que se le conservan en su publicación, para que en estos documentos aparezcan con todo su propio y sincero carácter. Pero, a par de estas interioridades administrativas, trátase en los informes, si bien con la concisión que la ley les exige, todos los grandes problemas a que quiere hallar solución patriótica el benéfico anhelo del Gobierno. Código de deberes patrios es la ley que organizó estas conferencias.

Entre estos documentos, algunos, como el de Chiquimula, son descripciones concienzudas, amenas y correctas; otros, como el de la Alta Verapaz, nos revelan mágicas riquezas; esmaltan a otros, como al de Huehuetenango, atinadas y graves reflexiones; otros, como el de Amatitlán, son fervientes aspiraciones al progreso. Pero, de todos ellos resulta que los funcionarios que dirigen las antes dormidas fuerzas del país, obran activamente guiados por un común y noble pensamiento. Revolucionarios útiles, comprenden que las revoluciones son estériles cuando no se firman con la pluma en las escuelas y con el arado en los campos. Y benévolos y humanos, en vez de desdeñar la pobre raza tanto tiempo azotada y olvidada, no la relegan a las selvas, ni abruman sus espaldas con cargas ominosas, sino procuran infundirles, concediéndosela, y llamándolos con avidez, la libre personalidad de que carecen. La mejor revolución será aquella que se haga en el ánimo terco y tradicionalista de los indios.

Todas las que, por importantes, podrían llamarse cuestiones vivas del país, preocupan a los autores de estas páginas: creación, circulación y cambio de riquezas; mejoramiento de la raza aborigen; afianzamiento y aumento de la industria agrícola, como la menos expuesta a los vaivenes de la fortuna; establecimientos de las escuelas que, razonando los derechos, los afirman, —explicando los misterios del trabajo; preparan al trabajador a mejorarlo; y despertando nobles ambiciones, sugieren a la actividad los medios de llegar a satisfacerlas.

Revelan los informes las ideas dominantes en la mente del jefe del Estado, y de los espíritus enérgicos que le ayudan en su tarea. Nótase cómo ha fructificado ya el empeño que el Gobierno pone en convencer a los pueblos de que las grandes necesidades de la República son el ensanche de la comarca cultivada, y la educación de los espíritus incultos. Atención preferente consagran los jefes políticos a cuanto a Instrucción y Agricultura se refiere.

Hay propagandas que deben hacerse infatigablemente, y toda ocasión es oportuna para hacerlas. La riqueza minera de difícil y casual logro, hunde las fortunas con la misma rapidez con que las improvisa. La riqueza industrial necesita larga preparación y poderosas fuerzas, sin las cuales entraría vencida en una concurrencia múltiple y temible. La riqueza agrícola como productora de elementos primos necesarios, más rápida que la industrial, más estable que la minera, más fácil de producir, más cómoda de colocar, asegura al país que la posee un verdadero bienestar. Las minas suelen acabarse; los productos industriales carecen de mercado; los productos agrícolas fluctúan y valen más o menos, pero son siempre consumidos, y la tierra, su agente, no se cansa jamás.

Y como nuestras tierras fueron por la naturaleza tan ricamente dotadas; como tenemos en todas partes a la mano este agente infatigable de producción, al progreso agrícola deben enderezarse todos los esfuerzos, todos los decretos a favorecerlo, todos los brazos a procurarlo, todas las inteligencias a prestarle ayuda. El mejor ciudadano es el que cultiva una extensión mayor de tierra.

La Instrucción acaba lo que la Agricultura empieza. La Agricultura es imperfecta sin el auxilio de la Instrucción. La Instrucción da medios para conocer el cultivo, acrecerlo, perfeccionarlo; prepara un fuerte régimen político, totalmente imposible sin ella, porque el régimen de las voluntades no puede existir allí donde las voluntades no existen: y no existen útilmente, en tanto que no existen inteligentemente. La instrucción abriendo a los hombres vastos caminos desconocidos, les inspira el deseo de entrar por ellos. ¿Cómo se podrá elegir el mejor arado, si no se conocen las diversas clases de arado? ¿Cómo se podrá reformar la tierra, si no se conoce la naturaleza de la tierra? ¿Cómo se podrá reclamar un derecho si no se sabe definir su esencia? ¿Cómo se podrá hacer todo esto, y sentirse hombre y decirse que se lo es, si no se sabe leer y escribir? Nada garantiza tanto los sentimientos liberales del Gobierno actual, como la prisa que demuestra por difundir la instrucción. No teme a los gobernados quien les enseña la manera de gobernar bien.

A estas dos, únese una tercera cuestión importantísima. La raza indígena. Muy difícil problema, que demasiado lentamente se resuelve; sobre el que se echan con descuido los ojos, cuando el bienestar de todos los que en esta tierra viven, de él depende. Estos informes confirman lo que de los indígenas se sabe. Son retraídos, tercos, huraños, apegados a sus tradiciones, amigos de sus propiedades, enemigos de todo Estado que cambie sus costumbres. Pero estos mismos defectos, estudiados en su origen, acusan las inapreciables cualidades de los indios. Dedúcese de ellos que son constantes, leales, firmes y severos; que aman profundamente; que rechazan fieramente lo que no creen bueno. ¿Qué no podría hacerse, cuando logremos atraernos a hombres que tienen tales dotes? ¿Cuándo la fidelidad, la lealtad y la constancia fueron en raza alguna, malas condiciones? Si hoy las emplean en rechazar toda mejora, es porque los hombres que pretenden llevar las reformas a sus pueblos, son los mismos que en otro tiempo, de generación en generación, lo han venido engañando, castigando y burlando; los que aparecen a sus ojos como los hurtadores de sus propiedades, como los seductores de sus mujeres, como los profanadores de sus ritos, como los iconoclastas de su religión. Intereses malévolos los mantienen en estas condiciones. ¿Qué medios habría para torcer estas hostiles voluntades, para hacernos amigos de los que con razón harta, nos han tenido siempre como sus enemigos implacables? Hacernos amar de aquéllos de que nos hemos hecho odiar. Inculcar a los ladinos conmiseración y apego a los indígenas. Probarles con actos repetidos que se trata de su bien. No puede deshacerse en pocos años el hondo mal en muchos años hecho. Pero cuando con inteligencia y decisión se realice esta obra; cuando con incansable amor se cumpla; cuando trayéndolos a los pueblos los invitemos, a los Honestos goces de la vida comunal, cuando en vez de inspirarles recelo, les inspiremos con nuestra ternura para ellos, ternura y confianza, los indios industriosos, leales, artistas, ágiles y fuertes, serán el más potente apoyo de la civilización de que son hoy la más pesada rémora.

Nótase a este propósito en los informes un dato que es de justicia señalar. Nótase tacto en el Supremo Gobierno para ir consiguiendo de los pueblos por la persuasión, el convencimiento y la dulzura, *El Progreso* que gobernantes menos avisados hubiesen pretendido lograr por disposiciones acres y perentorias; con lo cual en vez de conseguirlo lo hubieran retardado y malogrado.

Muy difícil es el problema y mucha constancia, benevolencia y unánime prudencia necesita. Los ladinos han menester en esto tanta predicación como los indios. Debe aconsejárseles suavidad y calma:-y que, para asegurar mejor sus intereses, los sepan por algún tiempo contener. De las aptitudes de los indios, solo el que los hubiera estudiado ligeramente dudaría.

Bien es verdad que, con acento amargo, se quejan de ellos los Jefes políticos de Guatemala. Amatitlán y Huehuetenango, pero en estos informes mismos se lee cómo van ya cediendo los indios de Jalapa; cómo los de la Alta Verapaz viven en buenos pueblos, y cómo los mismos fieros indígenas de Olapa, en medio de sus rudos hábitos, revelan los conocimientos que ya tienen, y las cualidades de inteligencia y trabajo que en ellos se podrían utilizar. Educados los indios, crecería, con el buen acuerdo en el reparto de las tierras, el área cultivada; reunidos los esfuerzos individuales, aumentarían en importancia las poblaciones; y no habría que volver con tanta ansiedad los ojos a tierras extranjeras, en demanda de brazos y aptitudes, que con habilidad y blandura podríamos conseguir en nuestras tierras.

A más de estas cuestiones de solución urgente; a más de estas atenciones de campos, escuelas e indios, los informes tratan de otras, que son como consecuencia y complemento de ellas. ¿Qué harían los campos pletóricos de frutos si no se abriesen para su salida cómodos caminos? La posibilidad de la exportación despierta el apetito del agricultor: la imposibilidad o dificultad, lo hace desconfiado y perezoso. La venta es el premio del trabajo: los caminos que facilitan la venta, son su estímulo. Así se observa que en aquellos departamentos donde se han abierto nuevas vías ha crecido la producción. En el departamento de San Marcos páganse estas contribuciones, préstanse estos servicios, sin trabajo y con presteza. Convencidos aquellos habitantes de que atender al bien general es favorecer y acelerar el propio, cumplen sin repugnancia estos deberes vitales, que ensanchan su horizonte, y llenarán sus arcas. Si se emplea a hombres del campo en este trabajo, nada es más justo que se emplee en una obra a aquellos a quienes directamente ha de aprovechar. ¿Qué derechos tendrían, si no, para reclamar un beneficio a que no hubieran contribuido?

Obsérvase en los informes que allí donde hay más cultura y más honrada ambición de trabajo, la contribución se ha pagado con más puntualidad, lo que demuestra que la ignorancia de los pueblos, arteramente explotada por los que de ella viven, funestamente dirigida por los que en su supersticiosa pereza fundan su poder, es la única causa de estas inconcebibles resistencias. El pan arranca a sus hijos el que se niega a pagar, en dinero o trabajo, este género de impuestos.

El Departamento de San Marcos, que entra briosamente en la vía nueva, se promete grandes resultados del camino que lo unirá a Quezaltenango; Chimaltenango del de la Antigua; Totonicapam, del que, por el mutuo cambio de frutos, cree necesario hasta el Quiché. El activo Pochuta celebra la vía que lo unirá a Patzún, y la Alta Verapaz habla con entusiasmo de las ventajas que ha de producirle el camino carretero que va a acercar el fértil Senaju al rico Panzos. Zacapa y la Baja Verapaz dan verdadera importancia a los caminos. Así anchas las vías, segura la exportación, abaratados los fletes, con el aumento de la posibilidad de la ganancia, crecerá la enérgica actividad de los agricultores.

Justo es consignar, ya que de agricultura aún se habla, el celo que los jefes políticos despliegan en la creación de los almácigos, en el cuidado de las siembras comunales, en la distribución de la semilla y, en el cambio de los cultivos ímprobos por los que ofrecen, con iguales esfuerzos pingüe fruto. Lógrase ya de muchos indios que vuelvan a la siembra del cacao, y sustituyan el rutinario maíz por el café rico. La Alta Verapaz, risueña y joven, ofrece al trabajo frutos óptimos; las más variadas producciones solicitan la explotación inteligente; la mansa condición de los naturales favorece este llamamiento de la tierra; la cercanía de los puertos auxilia a los hombres laboriosos, improvisadas fortunas son allí mudo ejemplo de las facilidades naturales; abundantísima flora seduce a los ánimos activos, y ofrece devolver con generosa usura ú los que explotan sus secretos.

Amaillán reparte tierras; Cobán recibe solicitudes incesantes; Sololá ha medido y distribuido 144 caballerías, baldías hasta hoy. Elógiame las leyes sobre distribución de los terrenos, como si ya los pueblos comprendieran que la distribución de la propiedad, y el cambio de tierras estériles en tierras productivas, aunque lastime preocupaciones de partido y añosos intereses tradicionales, es causa inmediata de la riqueza del país, lograble fácilmente con la creación de muchos pequeños propietarios.

Hojeando estas páginas, vese con placer que el Gobierno atiende a hacer reales economías en el presupuesto militar de los departamentos. Y si en algunos, por ser ya muy exiguos, o por exigirlo las condiciones de la comarca, no ha podido aminorarse, otros como Santa Lucía, ahorran en $2.000, $700; otros como Escuintla, pagan sus escuelas con el ahorro conseguido en el presupuesto de la guerra.

De las obras públicas dan minuciosa cuenta los celosos funcionarios. Las Municipalidades, responsables directísimas de la honradez y bienestar de los pueblos, constrúyense locales apropiados a la severa autoridad que ejercen. En las ciudades importantes desprovistas aún de rastros créanse éstos, necesarios para la pública salud. Cérdanse los cementerios y aléjense de los centros de población; elementales medidas de higiene. Estudia Quezaltenango, con entendidos ingenieros, el medio de librar a la población de las inundaciones que a veces la amenazan. Y las más pobres aldeas muestran celo en la construcción de locales para escuelas, estas iglesias humildes, donde se aprende a conocer y amar la patria.

Dato muy importante, no por cierto nuevo, ofrecen estos informes, en cuanto a la moralidad de los habitantes de la República. Sanos y sobrios, por lo común, vese, sin embargo, que allí donde los hombres viven sin gran esfuerzo y sin estímulos, la embriaguez y la pereza merman las fuerzas del hombre; y allí donde se trabaja, donde se lee, donde se abren caminos; donde —como en San Marcos— se desean máquinas, donde se aspira a mayor bien, allí la embriaguez, si existe, disminuye y la moralidad pública aumenta.

Crear, pues, necesidades, es un seguro medio de favorecer la moralidad, ocupando a los hombres, antes que en deshonestos o delincuentes vicios, en la manera de satisfacer aquéllas.

Leídos estos documentos en conjunto, dejan en quien lee vivos pensamientos de esperanza, por las fuerzas que revelan; de gratitud a los que patrióticamente las conducen. Véase por ellos, y de cuanto se deduce, que el Supremo Gobierno pone la activa mano en el establecimiento de graves reformas sociales, con urgencia reclamadas por el estado naciente del país. Este pueblo por natural vocación, ha de ser un gran pueblo agrícola. No lo será si no es un pueblo instruido. No lo será, si —en vez de mantener en lucha los elementos que lo forman— no se asimilan estrechamente, y obran, ladino e indígena, movidos por pensamientos comunes y semejantes intereses.

De aquí esos decretos que reparten tierras; esas leyes que aderezan para el cultivo las extensiones que antes fueron inmóvil e improductivo privilegio de ejidos y comunidades. De aquí el apresuramiento en la creación de las escuelas; la contribución de caminos; la redención de censos, que, si a veces lastiman intereses tercos y parciales, favorecen y preparan mayor suma de naturales intereses. Nadie debiera resistir estas medidas, si pensara que lo que se sacrifica en bien de todos refluye luego en bien de cada uno.

En cuanto a los autores de los informes, es de observar cómo los empleados del Gobierno conocen su espíritu, y en la medida de sus fuerzas, procuran realizarlo. Enseñar a leer y enseñar a cultivar son en el Gobierno mente fija: y tal es la mente de los Jefes políticos. Siembran, reparten, propagan las excelencias del café, hacen maestros —en espera de maestros mejores— a los secretarios de los pueblos, atraen y convencen a los indios. Bien hacen en secundar con tanto celo estas salvadoras miras. Un progreso no es verdad sino cuando invadiendo las masas, penetra en ellas y parte de ellas; cuando no es solo el Gobierno quien lo impone, sino las necesidades de él, que de la convicción unánime resulta. Toda la buena voluntad de un gobernante sería inútil sino lo secundara con vigor e inteligencia la voluntad de los empleados. Las épocas de reforma no permiten reposo. Los apóstoles de las nuevas ideas se hacen esclavos de ellas.

La práctica irá haciendo cada vez más completos e importantes estos informes, anuales resúmenes de los trabajos de mejora durante cada año realizados. Ellos vendrán a servir de explicación al país, de estímulo a los pueblos, de premio a sus inmediatos gobernantes. Ya los que hoy se presentan dan idea aproximada de la fertilidad de nuestros campos, y de la creciente actividad de los que han de hacerlos producir. El espectáculo de la riqueza excita el esfuerzo humano: estos informes ayudan a la tarea de hacer conocer nuestro país a los extraños y a sus mismos hijos; tarea importante que nunca, aun a riesgo de cansar con ella, de, hiera interrumpirse.

En lo que al Gobierno toca, más que a retóricos encomios y celebraciones vagas, deben satisfacerle estos resultados reales de su visible afán por el engrandecimiento material y preparación de la República. Nobles y justos goces hay para él en esta obra palpable, en este concierto halagador de escuelas que se abren, de haciendas que se fundan, de vías que lo ensalzan, de niños que se instruyen, de labriegos e indígenas que leen.

Poesía dramática americana

Salvador Falla, el joven pensador, ha dicho muy bien: sobre todo lo humano, flota como esencia, augurio y perfume, lo que el hombre tiene de artista y de poeta, que es lo que tiene de divino. Muerta es Cartago, y nadie va a llorar sobre las plazas antipáticas de aquel difunto pueblo mercader. Muerta es la vieja Grecia, y todavía colora nuestros sueños juveniles, calienta nuestra literatura y nos cría a sus pechos, madre inmensa, la hermosa Grecia artística. Con la miel de aquella vida nos ungimos los labios aún todos los hombres. Por eso aflige tanto ver en Union Square la estatua mezquinísima de Lincoln. Una estatua vive mucho más que una batalla: más que las Decretales de Augusto, vivirán las humillantes, pero sublimes quejas del perseguido Ovidio. Ovidio fue débil, y aduló a Tiberio; fue débil como Mickiewickz, el gran apóstata polaco; pero sobre su tumba desconocida se pasearon ansiosos los dedos de una reina: una mano de mujer apartó el musgo impío que cubría el nombre grandioso, y la emperatriz Catalina lloró sobre el poeta: ¡gran fortuna ésta de ser llorado por mujeres! ¿Quién llorará sobre la tumba del pensativo de Fontainebleau, del azotador de los flamencos, del cruel enemigo de Vercingetorix?

   Salvador Falla ha tenido razón. La imaginación salva y pierde a los pueblos; pero así como los pierde, así los salva. Lleva al exceso de las artes, a la corrupción, a la molicie; pero también lleva a la inmortalidad, a la universal admiración, al perpetuo imperio. Un pueblo no debe ser excesivamente literario, sobre todo en los tiempos febriles y mercantiles que corremos; pero debe ser un poco literario. Mi maestro Rafael Mendive ha dicho que por el dolor se entra a la vida: por la poesía se sale de ella. Se olvidan las culebras, y se piensa en las águilas y los leones. ¡Qué suaves lágrimas se asoman a los ojos después de haber leído buenos versos! Y ¡cómo piensa en Dios el que leyó, con hondo ánimo, la Aurora de Krasinscki!

Aquí, en mi madre América, la Hermosura besa en la mejilla a cada mujer que nace; la Poesía besa en el corazón a cada hombre. El indómito gaucho canta su rencoroso cielito; el tapatío mexicano, su pintoresco jarabe; su punto enamorado, el guajiro de Cuba. Y más que las sombrías arboledas europeas, que abre a la caza el clásico día de San Huberto, hablan al alma las selvas bravas, junto al río; los palmares tupidos, junto al monte. La fantasía, virgen desnuda, tiene en América el casto seno henchido.

Todo se escribe en verso en nuestras tierras: todos los héroes tienen cantores; todas las campañas, Tirteo; todos los amores, expresiones rítmicas. En castizo como Bello y Mera; en español francés como Lozano, laméntanse en inmortales versos las rebeldes agitaciones del espíritu, las heroicas grandezas de la patria, los consuelos y agravios del amor. Y ¿cómo no, por donde el Cauca corre, donde las limeñas miran, donde el café hierve, donde el Tequendama aterra, donde —león de agua en cauce estrecho— se desata potente el Amazonas? ¿Cómo no, donde en Orízaba asfixia el vivo aroma de azahares, en Tehuantepec cubren la margen de los ríos los frutos de naranjos encendidos? ¿Cómo no, en estos lugares de imponderables maravillas, donde en el hondo valle el labrador siega la caña, sobre el valle hondo extiéndense las nubes, revueltísimos senos de colores, y sobre el cielo de iris y violeta, cruza, como yo he cruzado, vibrante, triunfador, altivo, audaz ferrocarril? ¿Cómo no, donde no se conocen más rivales que aquellos graves bosques, imponentes y misteriosos como ancianos, en que viven los místicos sacerdotes de Himalaya, que rodean los claustros budistas del Tibet?

Pero yo no quiero hablar de esta fácil poesía de la Naturaleza, cristal matizado que refleja los inagotables cambiantes de nuestras soberanas perspectivas; ni de la tierna poesía íntima; ni del período de imitación, que en literatura, como en todo, todos los hombres y los pueblos sufren; ni de la alta poesía épica por Julio Arboleda en Gonzalo de Oyón tan bien hallada. Hojeando cronicones, desempolvando manuscritos, reanimando cuentos, admirando héroes incógnitos, recogiendo muy tristes leyendas, la poesía dramática —con todos sus contrastes, con el fragor de su combate interno, con su potencia resucitadora, con su inolvidable manera de inculcar, con sus versos ardientes, con sus héroes vivos, con sus mujeres enamoradas, con sus lecciones suaves, con su arreo brillantísimo— abraza tiernamente al dormido escritor americano, le sonríe como al gallardo monarca de Atitlán debió sonreír Ixcunsocil, y, como desdeñada amante que ama, le pregunta:

«¿Por qué, mi amante estéril, vives puerilmente de las hojas de las rosas y de las aguas de los ríos? ¿Por qué perezosamente cantas los devaneos comunes de tu espíritu? Veme aquí, con mi cortejo histórico y fantástico. Ni la sierra de Puebla guarda más esmeraldas que yo glorias, ni el cielo del Pacífico más horizonte te podría ofrecer que yo. ¡Yo traigo conmigo conquistadores legendarios, tenaces conquistados, indias de oro, indios de hierro, rencores de raza, infortunios inmensos, fuertes cuerpos quemados en los valles, tiernas almas burladas y vendidas, plumas de Cuauhtemoczín, cascos de Hernán Cortés, lágrimas de Marina, crueldades de Alvarado! Yo traigo aquí conmigo no contados cuentos, no descritas guerras, no pintados caracteres, no revelados lánguidos amores. Yo también tengo, como los moros de la Aljafería, como los jardineros de la Alambra, mis lindas cautivas, mis rudos herejes, mis doncellas heridas de amores, mis historias de maravillas increíbles, de misteriosas fugas, de mágicos rescates. Tengo bajo el cielo vasto un mundo nuevo. Tengo en cuatro siglos dos epopeyas no trovadas, más héroes que hojas verdes la costa del Atlántico, más lágrimas que corales tiene Honduras, minas México y perlas el rumuroso río Guayabo. ¡Amante perezoso, ven a mí!»

También la poesía dramática tiene razón. Si los galanes de apretado embozo, y las dueñas de oscuro manto, menos que el alma oscuro, y las ingeniosas y cultas damas dieron a Lope y a sus émulos tipos eternos para el teatro original, simpático y caballeresco, que dura en España todavía; si aún visten los actores la túnica de Coriolano, ciñen el casco de Germánico y pasean las águilas de Roma; si los gastados tipos sacros alimentan aún los místicos teatros alemanes, ¡qué vigorosa escena, asombro y alimento de los siglos, no podría surgir de los riquísimos veneros de inspiración que casi intactos guarda la historia de la larga infancia y trabajosa juventud de América! ¡Qué terribles tragedias, con nuevos e históricos resortes! ¡Qué exposición de caracteres, sencillamente heroicos, por lo que son más heroicos! ¡Qué animados idilios, ardientes cuentos trigueños, a manera de los europeos color de rosa! ¡Cuánto amor contrariado, y crimen cometido, y patria y familia puestas en lucha, y amares de mujer vencidos por el amor riesgoso de la patria, no darían savia permanente al teatro nuevo, que calentaría, puesto que América está destinada a vivificarlo y calentarlo todo, la fatigada fantasía europea!

Y aquí, en el reino de Utatlán, donde Socoleo luchó, donde Uspantán asombró, donde los audaces Mames pusieron espanto tantas veces en las osadas filas de Castilla, ¡cuán fácil fuera al ánimo patriótico volver al mundo de la vida los ignorados bravos que bajo el casco del corcel o el látigo implacable del rubio Gonzalo, murieron tristemente! ¿Qué hacen en sus tumbas Ricab el animoso, Acxopil el prudente, Jiutemal el tenaz, Acxicuat avariento? ¿Dónde son idas la voz de los Ahaos, la respetada voz de los Calpules, aquellos cánticos de Xelahú, aquellas arengas de Tecú Umán? ¡Chignaviucelut no tiene poeta, ni Sinacam, ni Sequechul tiene honradores!

Hubo adivinos y sacerdotes, herejes y cristianos, mansos y rebeldes, valientes y cobardes, jinetes de corcel y cazadores de venados, grandes pasiones primitivas y grandes pasiones corrompidas: ¡todo un pasmoso teatro!

No está inculto este campo fertilísimo, ni desierta la escena americana. En confusa reunión, como es lo justo en todo pueblo espiritualmente formado por tantas contradictorias reminiscencias, impaciencias, grandezas, pequeñeces y lecturas, han brotado de los laúdes colombianos altos dramas antiguos, líricas leyendas dialogadas, políticas y satíricas comedias, retrato y castigo de los defectos salientes de la época. Famoso nombre alcanzan las comedias vivaces de Segura, los dramas apasionados de Salaverry, las románticas figuras de Corpancho, los líricos entusiasmos de José Mármol, ¡aquel que se murió pidiendo vida! Visible es en las modernas tablas castellanas la ática savia que Ventura de la Vega —si allá educado, aquí nacido, a nuestro Sol que enciende, crea e imprime— infundió al renaciente teatro español, por Lope dado a vida, por Calderón levantadísimo, por el americano Alarcón, más idealista y elegante por americano. Vega mismo. Madrid sancionó, con fraternal aplauso, las calientes concepciones de García de Quevedo, el elevado; Santo Domingo ostenta con orgullo a Anacaona, drama vengador; a Tilema, el drama de la restauración dominicana. El autor de Celiar dio su color vivísimo a un drama hermoso; y con éstos, ¡cuánta obra brillante aquí no citada, porque pudiera parecer muestra de dramografía empalagosa! ¡Qué poéticas creaciones de Calderón el mexicano, de Gorostiza, el enmudecido; de Milanés, el poeta puro; de Heredia, el poeta Píndaro; de Urzáis, el cubano humilde; de Acha, el dramático político; de Peón Contreras, mi amigo muy querido, que todo lo hace bueno, y tanto hace; el que vierte dramas como Zorrilla, y Grilo perlas; el que habla al fin de la Noche Triste y del Teocalli; el que escribe como Bretón y Echegaray, con menos sales que aquél y más ternura que éste; el yucateco infatigable: ¡nuestro Lope de Vega americano!

Cruzada de unión y de resurrección: trátense y familiarícense todos los poetas de nuestras tierras. Surjan y revivan en la América entera, en esta misma hermosa Guatemala, teatro en otro tiempo de tan hidalga rebeldía y dura conquista; la matrona tranquila de ceñidor azul y azul corona; la de manto de mares poderosos. Surjan y revivan los olvidados elementos de que por la riqueza y nuevo color de los lugares, por los inagotables asuntos históricos, por la frescura y originalidad de las pasiones, por la épica sencillez de caracteres, por el continentalismo inevitable de que todo esto ha de revestir a nuestros dramas, está llamado a ser, en rítmica poesía o cadencioso verso, un imponente teatro nacional.

Guatemala, febrero de 1878

El popol Vuh de los quichés. Páginas del libro de José Milla

Si no por la originalidad de sus pesquisas, ni por la novedad de sus teorías, es, entre otros méritos literarios, apreciable la *Historia Antigua de Centro América*, del guatemalteco don José Milla, por la imparcial y sencilla relación de la cosmogonía indígena. Cuanto hay escrito sobre estos curiosísimos asuntos, desdeñados solo por los que no los conocen, Milla lo ha leído con inteligencia y reproducido con sinceridad. La misma falta de opinión propia que pudiera en estas materias señalársele como un defecto, ha venido a ser una buena condición, por cuanto no oscurece ni violenta las costumbres y creencias que relata, con el afán de hacer triunfar una teoría favorecida.

Véase cómo cuenta Milla el Génesis de los quichés:

«Como la Biblia de los hebreos, el *Popol Vuh* de los quichés comienza con el Génesis; haciendo mención de un "Creador y Formador Supremo que engendra, que da el ser" y a quien designa con diversos nombres; tales son el de "Tirador con cerbatana tlacuatzín",[11] y al chacal, "Gran Blanco Picador", "Dominador", "Serpiente cubierta de plumas", "Corazón de los lagos", "Corazón del mar", "señor del planisferio que verdea", "señor de la superficie azulada"; epítetos y atributos que parecen encerrar un sentido alegórico. Además de ese creador supremo, que podía indicar un principio monoteísta en la religión de aquellos pueblos, se menciona también a un "abuelo" y a una "abuela" (Xpiyacoc y Xmucané), "Conservador y Protectora, dos veces abuelo, dos veces abuela".»

Esta creencia debe haber sido muy antigua entre los indios de la América Central, pues Las Casas encontró la tradición

---

11 Semivulpeja.

de que en los tiempos anteriores al diluvio adoraban al abuelo y a la abuela; y continuaron designando a la divinidad bajo esos nombres, hasta que, según la misma tradición, se les apareció una anciana que se suponía inspirada, y les enseñó a llamara Dios con otro nombre, aunque no decían cuál.

La cosmogonía de les quichés, según se encuentra expuesta en las primeras páginas del *Popol Vuh*, no carece de grandeza.

> Todo estaba suspenso, dice, todo en calma y silencioso; todo estaba inmóvil, pacífico y vacío en la inmensidad de los cielos... No había aún un solo hombre, ni un animal, ni pájaros, ni peces, ni cangrejos, ni madera, ni piedras, ni hoyos, ni barrancos, ni yerbas, ni bosques; solo el cielo existía.
> No se manifestaba aún la faz de la Tierra; solo estaba el mar tranquilo, y el espacio de los cielos.
> No había cosa que formara cuerpo, que se asiera a otra, que se balanceara o que rozara; que hiciera oír un sonido en el cielo.
> No había más que inmovilidad y silencio en las tinieblas, en la noche. Solo están sobre el agua, como una luz que va creciendo, el Creador, el Formador, la Serpiente cubierta de plumas; los que engendran, los que dan el ser.
> Están envueltos en verde y azul, y por eso se llaman Gucumatz.[12]

Hay algo de solemne y grandioso en esa oscuridad; ese silencio, esa inmovilidad de los elementos en los instantes que precedieron a la aparición de la vida sobre la faz de la Tierra.

---

12 Según Brasseur de Bourbourg (Comentario al «Libro sagrado»), Gucumatz, en lengua quiché, es lo mismo que «Quetzalcóatl», en náhuatl, «Cuculcán» en maya y «Cuchalcán» en tzendal. Significa serpiente cubierta de plumas de quetzal (verde y azul). Quetzalcóatl era el dios principal de la mitología mexicana, o náhuatl.

Refiere a continuación cómo los creadores se reunieron y se consultaron acerca de la formación de los bosques y de las lianas; y sobre la creación de la humanidad, y cómo apareció la luz durante aquella conferencia. Llama al Creador Supremo «Corazón del cielo» y «Huracán», personaje en que residen tres diversas entidades, el Relámpago, el Trueno y el Rayo, formando una sola persona. Dice enseguida cómo se dio principio a la creación del universo, relación que no carece de poesía. «Se mandó a las aguas que se retiraran; Tierra, dijeron, y al instante se formó. Como una niebla o una nube se verificó su formación y se levantaron las grandes montañas sobre las aguas como camarones. Formáronse la tierra, los montes y las llanuras; dividiose el curso de las aguas y los arroyos se fueron a las montañas serpenteando.»

Se procedió enseguida a la creación de los animales, guardianes de las selvas; los que pueblan los montes: ciervos, pájaros, leones; serpientes, víboras y cantiles, guardianas de las lianas.

Asignáronseles sus habitaciones; se les promulgó la ley de la multiplicación, y dotándolos de la facultad de producir ciertos sonidos (cada uno según su especie), se les ordenó glorificar al Creador e invocar su nombre.

Visto que no acertaban sino a producir acentos inarticulados, se les condenó a ser triturados por el diente, anunciándoles que su carne sería humillada.

Hízose enseguida un primer ensayo de formación del hombre, construyéndolo de barro; pero no sirvió. No tenía cohesión, movimiento ni fuerza. Era inepto, flojo, volvía la cara solo hacia un lado; su vista era turbia y no podía ver atrás. Dotado de lenguaje, carecía de inteligencia, y pronto se deshizo en el agua, sin acertar a ponerse en pie.

Reunido el consejo de los dioses, con el abuelo y la abuela, Xpiyacoc y Xmucané, se decidió proceder a un segundo ensayo, haciéndolo preceder de algunos sortilegios, para calcular el resultado de la nueva operación. Se fabricaron hombres de tzité y mujeres de sibak[13] que engendraron hijos e hijas, y se multiplicaron; pero les faltaba el corazón y la inteligencia y no se acordaban de su Creador. Su faz se secó, sus pies y sus manos carecían de consistencia; no tenían sangre, humedad ni grasa; no pensaban en levantar la cabeza hacia su Creador y Formador. Tales fueron los primeros hombres, que en gran número existieron sobre la faz de la Tierra. Seres imperfectos, que no pensaban, ni hablaban a su Creador, fueron condenados a perecer. El *Popol Vuh* hace una pintura viva y animada del cataclismo que ocasionó da destrucción de aquella primitiva raza humana.

Se oscureció la faz de la Tierra y comenzó una lluvia tenebrosa que no daba tregua ni de día ni de noche. Cayó una resina espesa que ahogaba a los hombres, y al mismo tiempo animales carnívoros les arrancaban los miembros y pulverizaban sus huesos y sus cartílagos. Todo se conjuró contra ellos; hasta los animales y objetos domésticos los improperaron y maldijeron. Desesperados los hombres, corrían por todas partes; querían subir a los techos de las casas, pero éstos se desplomaban y los hacían caer; trepaban a los árboles, pero los árboles sacudían violentamente sus copas y los arrojaban a lo lejos; intentaban refugiarse en las cavernas, y las cavernas se cerraban y no les daban asilo.

Así pereció aquella generación, de la cual quedó únicamente una especie de hombres degenerados (los monos); recuerdo perpetuo de los maniquíes que había destruido el cataclismo.

La América. Nueva York, mayo de 1884

---

13 «Tzité», corcho. El «sibak» o sibaque (castellanizado) es, según Ximenes, la médula de la espadaña.

Guatemala, la tierra del quetzal. W. I. Brigham

Desde el noble prólogo dice bien este libro honrado de su autor, que en él revela la cualidad, rara en los viajeros, de juzgar los países con arreglo a sus elementos e historia, y no a los cánones de la raza del crítico. No llega en el autor la fantasía, que por todas partes apunta y realza la obra, al grado de síntesis que pide el arte; ni los materiales, allegados con escrúpulos, se eslabonan y ayudan como pudiesen, en manos más acostumbradas a urdir libros; pero la nota fiel, la narración personal y viva y la cordialidad que hermosea estas laboriosas páginas; excusan de sobra algún error de juicio o equivocación histórica; como cuando supone a México, cuya historia real pasma y conforta, inferior en carácter y recursos a la tierra del quetzal indómito,` menos varia y pujante; o cuando presenta como víctima de desórdenes y guerras a ese ameno rincón de Nicaragua, que es, en su pequeñez, como Suiza de América y ejemplo de repúblicas.

No entró Brigham por el maravilloso Río Dulce, cuyos basaltos de extraños jeroglíficos reviste la pompa de las enredaderas y las palmas, con aquel necio desdén del búfalo corpulento por el hombre de tierras calurosas, en quien la viveza mental y el brío del corazón compensan con ventaja la poquedad de los miembros y el color tostado por la cercanía de un Sol abrasante. «Amo los trópicos», dice Brigham, que escribe con el encanto y fuerza de quien ama. Ni el hijo feliz del pueblo fundado por los apóstoles de la libertad y desenvuelto al influjo de señores benignos, el hijo de los Plymouth y de Penn, pide monumentos de república y civilización acabada al país tan bello como mísero, cuya gente nativa, que hizo a Izmachi de piedra y cimiento, no era por cierto indiada ruda; pero que, a la lanza de Alvarado, el rubio y ágil bribón que quemó vivo el señorío indio y le robó su más galana mujer, cayó bajo la dominación de aquellos en cuya historia no quiere entrar Brigham, porque «no sería viaje de recreo el que hubiera de hacer por entre cloacas de engaño y montes de tiranía». Y siendo tales sus orígenes, y la desconfianza y el fanatismo la natural consecuencia, ¿qué más ha podido Guatemala hacer, constituida de hecho bajo un régimen patriarcal ansioso por levantarse a la dignidad de república, que producir para jefes de los departamentos hombres tales que, según Brigham, «pueden compararse con ventaja a los gobernadores de cualquiera de los Estados del Norte de la Unión Americana»?

El mérito del libro de Brigham está, sobre todo, en tal fidelidad a lo que ve, que, sin afear con la preocupación ni adornar con la simpatía el país fértil y modesto por donde viaja, queda éste pintado por manos extranjeras como lo hubiese descrito un buen observador indígena. ¡Ay! ¿qué han de dejar tras sí el indio aterrado, tan leal a lo suyo que, cuando ha poco le profanaban sus ruinas de Utatlán, aún halló valor para alzarse a defenderlas, y el clérigo que exige adoración a «un Cristo de cuyas heridas salen imitando la sangre hilos carmesíes, y a cuya izquierda llora con un pañuelo de finísimo encaje, junto a los soldados romanos, un general guatemalteco»? «Amontonados en una sacristía vi cabezas y pies y "brazos de santos, y barbas y pelucas, y un Cristo con las piernas combas y argolla en los tobillos, para atarlo a la mula el Domingo de Ramos".» «Yo, que en la cumbre del Sinaí, y ante Buda gigantesco, y frente a los dioses de Cantón y el Júpiter del Vaticano, he sentido animarse mi imaginación, nada solemne ni santo hallé en el santuario de Esquipulas, el santuario del Cristo negro, a no ser el retrato del primer arzobispo de Guatemala, don Pedro Pardo de Figueroa.» «Aquellas imágenes —dice en otro lugar— me causaron repulsión mayor que cuando me detuve en el umbral del santuario de Kali, en la vecindad de Calcuta, y vi el ídolo odioso con los labios untados de sangre, y caído al pecho el collar de cabezas.»

¿No es maravilla, y prueba de la energía mental del país, que de esas supersticiones hayan surgido colegios nacionales excelentes, fieles correos, ferrocarril, penitenciaría, Cobán con sus cultivos, Quezaltenango con sus, telares de «mucha labor durable y bella», Guatemala imperial, reclinada sobre el valle volcánico entre montes lujosos, como cesto de ópalos matizado de esmeraldas, con sus colegios que fueron conventos, con su juventud juiciosa y crítica que era ayer torva esclava, con su gobierno que batalla en su forma de república contra la constitución pasto; al que dejó España y mantuvo el clero, por quien España perdura en América; con sus hogares generosos donde crecen juntos en el patio el jazmín del Cabo y la bondad en el corazón, sin más cizaña que las pasiones de la religión falsa; con sus escuelas y bibliotecas y con su Instituto, rico en ciencias y letras, en maestros cultos y discípulos aprovechados, en útiles y aparatos de aprender, allí donde en la pared, como memento para los débiles y espuela para los cobardes, cuelga aún un cuadro en que los indios, sin más coraza que un peto de lana, ni más casco que una cabeza de jaguar, mueren bajo el diente de los mastines cebados a carne quiché por los conquistadores españoles? Ni el opresor halla excusa ¡indecorosa para quien la ofrece!, ni el oprimido desdén injusto, en este libro que, para retrato del país y enseñanza de los norteamericanos, fue Brigham escribiendo, sin disimular flaquezas ni escatimar méritos, hoy en el vapor que ancla en el lindo Livingstone, caserío y palmar de los pulcros negros caribes; mañana en mula, rumbo a las ruinas de Quiriguá, en cuyos monolitos perpetúa la imagen del hombre barbado, como doquiera que hubo mayas, la memoria de aquel sabio Votam que les fue de Cuba; y al otro día en caballo triunfante, cuando el alcalde de un pueblo por donde pasaba Barrios, que entonces presidía, dijo a Brigham que no tenía bestias, y Barrios le dijo al alcalde: «¡Pues hazlas para mañana, o lo vas a pagar caro!».

No en todo es justo el viajero, ni da con la razón de muchas cosas que la tienen; pero él vio el país como se debe ver, acá metiéndose por la maleza, allá recogiendo maderas petrificadas, granos y flores, y por allí levantando, con ayuda de indios, al costo de $3.75, una buena choza con techo de palma manaca; más lejos durmiendo al pie de los caobos, esencia y majestad de la flora del trópico, a la hora en que el vampiro, harto de la sangre de las caballerías, pasa rozándole el rostro con las alas. Las industrias ¿cómo han de estar por aquellos pueblos interiores? «El herrero que tiene clavos no tiene martillo»; eso sí, los colegiales responden deprisa a lo que Brigham les pregunta, y las cabezas de bastón «en la Antigua las tallan mejor que en Dieppe», y los poconchis de Tamahú tienen buenos telares, y el indio es todo honor, y el ladino viveza, y el caribe leñador admirable y marinero; y donde hay para qué y cómo, se trabaja con brío; y las siembras son muchas y buenas y de tanta hermosura, que allí, no en Massachusetts, debieran vivir los campesinos que quieren llevar la vida venturosa; ¡qué plátanos; qué naranjas; qué trigo y maíz; qué variedad de palmas; qué rápidas cosechas!

Él describe los pueblos que visita, y las comidas, y el hotel, y lo que vio y oyó en ellos; en Escuintla la de las cañas, en Antigua la de ruinas, en Palín el de frutas; él alaba, como debe, el buen natural y honradez de la gente del país; él enumera y calcula la riqueza de aquella vegetación paradisíaca;

él pesa y mide la tierra generosa que circunda los volcanes de Hunapú y los lagos ardientes, suelo de amor y lujo, cubierto de verde espeso y de más flores que hojas, flores menudas, bermejas y amarillas; él, ganado con la energía del orden natural lo que pierde con la falta de orden literario, resume el viaje, narrando amenamente, en un capítulo de opinión, donde resulta amable, a pesar de sus trabajos de comienzo, la República; y en este libro, que en una noticia sobre volcanes y terremotos cuenta la historió de aquella naturaleza fragante, halla lugar, con ayuda del buen obispo guarros y el capitán Fuentes, de la «Recordación Florida», y el *Popol Vuh*, que tradujeron Brasseur y Ximenes, y Milla, que tomó su historia de éstos, para narrar en fieles versículos la pintoresca creación de la Biblia quiché, y cómo los buenos desdentaron a los malos, y llegó a ser príncipe de Utatlán hermosa el bravo y magnífico Tecum-Unam, odiado de cakchiqueles y zutujiles, que cayó muerto, con más heridas que poros, a los pies de Alvarado, cuando la lanza del español rubio tundió de un golpe el pájaro real que en defensa de su príncipe cayó sobre el de España, ¡el quetzal del Quiché, enamorado de su belleza y albedrío, que muere cuando cae preso, o cuando se le quiebra la pluma verde de la cola!

El Economista Americano. Nueva York, enero de 1888

Plátanos

Dicen que están sacando grandísimo provecho de ellos en Guatemala. Bien hacen en ir abriendo caminos nuevos, por si de súbito se estrecha, o cierra, el del café, vía única, por donde toda la República, confiada e imprevisora, se ha venido echando.

Y Guatemala debiera ver con miedo este mal hábito de entregarse a un cultivo exclusivo; porque hubo vez ya en que, como no tenía sembrados en sus campos, siempre nuevos, más que nopales, con la caída del nopal cayó en grandísima angustia, y en deudas y pobreza. Cuentan que veden a 30, 40 y 50 centavos racimo allá por las cercanías de Izabal, que es tierra pletórica, al remate de río majestuosísimo, donde las cercas de las haciendas son de rosas, y las hendijas de los montes vecinos están llenas de plantas medicinales, y se dan en bosques los jazmines del Cabo perfumados, pálidos, púdicos, bellos —como mujer latinoamericana.

Cinco años hace, como toda la vida de Guatemala se había ido del lado del Pacífico, los campos mismos de aquella porción de la República parecían en ruinas, cuya paz y melancólico silencio turbaban apenas algunos arrieros cantadores que venían a Izabal a buscar sal, o viajero enamorado de tierras de América, que allí le brindan en aves y en verdor varia y magnífica riqueza.

Y ahora, desde que se han dado con empeño a aprovechar el plátano, la comarca prospera, las tiendas de los pueblos desiertos se reabren, cruzan fuertes vapores el famoso Río Dulce, cuyas altas cortinas de verdor, entre las que asoman palomas blancas y matizados tocororos, y misteriosas piedras con sorprendentes inscripciones dibujadas, ofrecen a los ojos maravillas tales, y tan grandiosas y serenas, que, ya se cruce por las aguas rizadas del lago que el río lleva en el seno, ya se envíe un saludo a las pescadorcillas de pies descalzos que, como de cestos de flores, salen a ver a los viajeros de sus cabañas en las islas del tránsito, no hay manera de apartar de lo infinito y divino el alma conmovida y absorta. Las que las de Chipre son bellas las islas de suelo de arena que cría flores, que bordan la vieja costa yucateca, guarnecida de cincelados palacios indios. Más que la de río Algano es bella la entrada del Río Dulce, que lleva a la comarca abundosa que enriquece hoy el sencillo comercio de los plátanos.

La América. Nueva York, junio de 1883

Quesos

Dijo bien el francés, cuando dijo que sin queso no había comida buena; y ¡qué pena da pensar en cuán buenos podrían ser los quesos que se dan en nuestras tierras, si a los rudimentarios métodos nativos se fueran sustituyendo los simples y perfectos de los sabihondos en queserías! ¿Por qué no vetear el queso de mantequilla de que se enorgullece justamente Guatemala, con esas venas azules que dan apariencia de Roquefort al Gorgonzola? ¿Por qué no dar a la blanda crema la ligereza y frescura del Brie? ¿Por qué, con el buen batir y mejorar, del queso de San Felipe ya gustosísimo, no derivar el Camembert, en toda buena mesa socorrido?

Ahora está haciendo buenos estudios en quesos Duclaux, químico de Francia. Quiere saber por qué quesos semejantes de iguales elementos trabajados de igual modo, tienen, si son de distintas comarcas, distintos sabores; y por qué quesos diversos, de diferentes maneras trabajados, si de la misma comarca, tienen un sabor común. Parece que crían los quesos, sujetos a cierto método, un moho fungoso que los penetra y causa su especial sabor.

Es lo cierto que no hay cosa más fácil que quesear bien, ni más productiva. ¡Qué mina no explotada hay, a poco que se la trabaje, en tantos quesos nuestros pretenciosos y areniscos! En Guatemala con pocas lecciones que dio un francés, comenzaron a sacar, de entre paños húmedos, buen Brie, y buen Neufchatel. Muy útiles cosas aprendería en este ramo quien pudiera haber a mano «La Sociedad Económica» de Guatemala, que es periódico en que se han publicado notables estudios agrícolas, reseñas de descubrimientos paleontológicos, diestros consejos de industria agrícola y antiguos libros de Indos, tan ricos en colores y pomposos como el plumaje de un pavo real. De ceñidor de mujer persa, o baile de bayadera enamorada queda la impresión en los ojos cuando se acaban de leer aquellas descripciones de amores, sitios y guerras de príncipes, que ha solido publicar en folletines el periódico guatemalteco.

Y allí dio al público don Julio Rossignol un buen curso de quesería, popular y enciclopédico, en que están revelados al vulgo, de modo que no hay más que leer y hacer, los misterios de esos venerandos aristócratas, Stilton, Cheddar, Pon Leveque, Surchoix.

He ahí una riqueza segura y desdeñada.

Los cultivos numerosos de diversas ramas agrícolas y sus industrias correspondientes, mantienen en equilibrio a los pueblos dados por desdicha a cultivos mayores exclusivos: café, caña de azúcar, etcan venido a ser estos cultivos, con las grandes operaciones bursátiles que se basan en ellos, verdaderos juegos de azar, y como bombas mágicas, que ya son de oro, ya de jabón. Más vale, por si se quiebra la rienda en la carrera, llevar al caballo de muchas riendas que de una.

Debiera ser capítulo de nuestro Evangelio agrícola la diversidad y abundancia de los cultivos menores.

La América. Nueva York, junio de 1883

Árboles de quina

No hace aún cuatro años sembraron en la India a instancias de un industrioso comisionado del Gobierno, árboles de quina que costaron, con cierto escándalo de los timoratos, ciento cincuenta mil libras esterlinas: y hoy, no solo han pagado aquellos árboles con sus productos, en tantas industrias utilizable, su costo primitivo, sino que se les valúa, en su estado actual, en un millón de libras. La India es la temible rival de América. Cría aquel suelo, con oceánica abundancia, todo lo que cría el suelo americano: si está más lejos de Europa, tiene en cambio más numerosas, frecuentes y pujantes vías de transporte. Y ni el mismo indio de América, tan sumiso y tan sobrio, pero tan indiferente a todo trabajo que exceda el que necesita para comprar fuegos artificiales, unas varas de lienzo, aceite brujo y una armónica, —trabaja por tan ruin Salario como el nativo de la India. La competencia, pues, que es ya hoy temible, y que pudiera ser mañana invencible, puede solo mantenerse por exquisito cuidado en los cultivos, —y salvarse por un sistema rápido y perfecto de vías de transporte entre América y Europa. Menor flete, menor precio. Mejor cultivo, mejor fruto. Más pronto en el mercado, más ventaja.

Guatemala hace ahora lo que la India hizo en 1879. Va a sembrar millones de árboles de quina. Ha comisionado para la siembra a un caballero que la entiende: que suele ser manía de los Gobiernos, por ahijar a prosélitos, enviar en comisión para comprar águilas a los que solo saben de comprar tortugas. Como el zapato a la horma, debe ajustar cada comisionado a su tarea. El Comisionado de Guatemala para la siembra de estos árboles de quina es Mr. Forsyth, plantador de Ceilán, muy conocido, que ya ha andado a todos los vientos por las fastuosas comarcas guatemaltecas, escogiendo sitios para la siembra de sus árboles.

La quina quiere tierra cálida, aire encendido, lluvia cuantiosa. El suelo volcánico le está muy bien, y la aquilata. Grandes trozos de tierra tiene México, no menos ocupado que Guatemala en la mejora de sus cultivos, donde crecería la próvida quina sin esfuerzo. Guatemala, de un clima aún más igual que el mexicano, y con hermosos departamentos de tierra caliente, espera con razón muy buenos frutos del cultivo del árbol generoso que da fama y riqueza a Colombia.

Como las aplicaciones de la quina crecen, y se la usa ya en muchas industrias, no hay miedo de que crezca su cultivo. El mal no está en sembrar en razón del aumento de consumo probable; sino en sembrar con exceso, con ciega desatención a los requerimientos posibles del consumo.

Es urgentísimo, es vital para todo plantador, estar al cabo de la industria y comercio de su tiempo. Sembrar sin conocerlo, es como poner dinero a una ruleta. Y todas las naturalezas nobles y prudentes rechazan el azar, como elemento impuro de la vida. Puesto que se tiene la dote de la razón, se tiene el deber de usarla. Antes de echar en tierra una semilla, el plantador debe haber meditado de antemano en qué países, y en qué cantidades, se consumirá probablemente el fruto del árbol que siembra, para la época en que su árbol fructifique.

No solo para la elaboración de la vivificante quinina, y todas las socorridas panaceas que de las varias quinas principalmente se alimentan; sino para otros diversos objetos, y en buen número hoy para sustituir al lúpulo, escaso para la cerveza que de todas partes está en gran demanda, se aplica hoy la corteza de la quina.

Es de guatemaltecos el don de la prudencia. Tanto como ingeniosos, son cuerdos. Es por excelencia el de Guatemala pueblo crítico. Medita de antemano cuanto hace. Hace bien ahora en sembrar quina: hace bien sobre todo, porque el café baja, aunque por accidentes transitorios parezca que sube a veces; y sus azúcares imperfectos y recargados no tienen natural salida; —por lo que, si no introduce cultivos nuevos, y el café, producido hoy con loco exceso, sigue en merma, se vería en crisis grande, como todo pueblo ha de verse que fía su subsistencia a un solo cultivo.

La América. Nueva York octubre de 1883

Propósitos

Extraña a todo género de prejuicios, enamorada de todo mérito verdadero, afligida de toda tarea inútil, pagada de toda obra grandiosa, la *Revista Venezolana* sale a luz. Nace del afecto vehemente que a su autor inspira el pueblo en que la crea; va encaminada a levantar su fama, publicar su hermosura, y promover su beneficio. No hace profesión de fe, sino de amor. No se anuncia tampoco bulliciosamente. Hacer, es la mejor manera de decir.

Hierven aquí en pasmoso número, singulares ingenios. Las liras, como aquellas blandas arpas, vibran con desusados sones al soplo más leve del espíritu, o se cuelgan de rosas para encomiar a los nativos héroes, o recogen al paso de los vientos la queja de las selvas impacientes y el estruendo de las tormentas mugidoras. Un anciano débil, escribe como Carlyle; tal abogado, como Taine; tal académico de la Historia, como si sobre sus páginas vertiese caja de ricas joyas, que fulgurasen y llameasen al vibrante Sol. Señalado vigor, que viene de la general virtud; delicadeza extrema, que se debe al suave influjo de las castas damas; sano y amplio lenguaje, como de noble casa solariega; y algo, en suma, de monumental y de ciclópeo, fragante aquí como la Biblia, tonante allá como la historia, relampagueante acá como la batalla, avaloran e ilustran los talentos de esta tierra, de tanta alteza de cuna, que bien puede suspirar por ella el ánima cautiva, sin miedo de que el rubor encienda el rostro, ni los menguados lo tengan a lisonja.

¿Cómo, del natural asombro que el número y valía de los trabajadores de la mente causa al que los observa, y con ellos goza, no ha de venirse a la creación de un hogar pobre, más limpio, y con la buena voluntad aderezado, donde campeen con sus variadas dotes estos hombres extraños, en cuyas manos generosas pone al nacer hada benéfica la péñola y el plectro? ¿Ver gloria, y no cantarla? ¿Ver mérito, y no celebrarlo? ¿Ver cubiertas de polvo, averiguaciones minuciosas, tradiciones amadas, memorias de épocas viejas de arte patrio, de libros patrios, de hombres patrios, y no salvarlas con cuidado amante, y sacudirlas a la clara luz? ¿Dejar, como trabajo de escasa monta, a pasto de roedores, este imparcial estudio de una vida imitable, aquel acucioso examen de nuestros elementos de riqueza, cuál pintoresca escena de costumbres indias, cuál notación curiosa de nuestra fauna y nuestra flora, y nuestra atmósfera matizada de colores, y nuestro aire henchido de perfumes? ¿O una triste memoria de aquellos tiempos olvidados, de hombres desnudos y penachos vívidos? ¿O una tranquila escena de aquellas pampas vastas, con su sacerdote de cabellos blancos, y sus indígenas sin inquietud y sin ventura? ¿O un combate de filibusteros? ¿O una sesión de nuestro primer Congreso? ¿O una cabalgada del fúlgido Bolívar? ¿O aquellas plazas nuestras, con su árbol histórico y coposo, y su orador magnífico, y su apiñada y clamante muchedumbre? ¿O nuestros adelantos, futuro desarrollo, o sabias leyes? He ahí a lo que viene la *Revista*, a toda pasión doméstica y caso de debate interno decorosamente ajena: no a detenerse en lánguidas y peligrosas contemplaciones de la gentil Naturaleza, útiles solo cuando de ellas nacen la certidumbre de la poquedad de nuestra vida, y urgencia de prepararnos por la austera virtud para la próxima, o el patriótico anhelo de poner a bullir sus colosales y dormidas fuerzas; no a dolerse, con boabdílea rima, de esos imaginados males de hábito que de bracear en mar de versos, no en mar de verdadera vida, vienen; no a decantar como razón de una culpable calma las históricas glorias, que no han de ser a pechos esforzados más que el deber de conquistar las nuevas: a poner humildísima mano en el creciente hervor continental; a empujar con los hombros juveniles la poderosa ola americana; a ayudar a la creación indispensable de las divinidades nuevas; a atajar todo pensamiento encaminado a mermar de su tamaño de portento nuestro pasado milagroso; a descubrir con celo de geógrafo, los orígenes de esta poesía de nuestro mundo, cuyos cauces y manantiales genuinos, más propios y más hondos que los de poesía alguna sabida, no se esconden por cierto en esos libros pálidos y entecos que nos vienen de tierras fatigadas; a recoger con piedad de hijo, para sustento nuestro, ese polvo de gloria que es aquí natural elemento de la tierra, y a tender a los artífices gallardos las manos cariñosas, en demanda de copas de oro en que servirlo, a las gentes aún no bastante absortas; a eso viene, con más amor que fuerza, y más brío que aptitudes, la *Revista Venezolana*.

Cosas grandes, en formas grandes; sentimientos genuinos, en pulquérrimos moldes; acendrado perfume en ricas ánforas: he aquí lo que ella anhela, y a poco que la ayuden, hallará. Vendrán a ser en esta tarea los trabajos del que la encabeza y esto escribe, como aquel cobre humilde, tan escaso de valor cuanto necesario a toda liga. Aposento natural tiene en la *Revista Venezolana* todo pensamiento americano; y cuanto al bien de nuestras tierras, y a auxiliarlas a formar conceptos propios y altos contribuya. No se publicará en extraño pueblo libro de nota que aquí no sea explicado; ni libro alguno entre nosotros que no nos halle con la pluma alzada en pro de sus bondades, y en excusa de los que nos parezcan extravíos. Amar: he aquí la crítica.

No obedece la *Revista Venezolana* a grupo alguno literario, ni la perturban parcialidades filosóficas, ni es su criterio airado y exclusivo, ni viene a poner en liza, sino a poner en acuerdo, las edades. Son las letras como madres generosas sobre cuyas rodillas se apaciguan las fugaces querellas de sus hijos. Pues ¿quién contiene esta irresistible simpatía que nos empuja, como a amado hermano, hacia el que, fatigado del interior demonio ardiente, lo echa de sí en resuelta prosa, o en alada rima? ¿No son todos buscadores de la verdad, con lámparas de colores diferentes?

No abandonarnos nos prometen nuestros amigos generosos, y la *Revista Venezolana* se levanta en sus brazos, bien segura de ellos. De venir aquí empeñan promesas, y ya les vemos venir en procesión de vencedores, Arístides Rojas, con la América a cuestas; con sus proféticas visiones, Cecilio Acosta; el reposado Soublette, con su palabra clásica; con la suya elocuente, arrebatada y justa, Guillermo Tell Villegas; y el hidalgo Saluzzo, con sus voces sentidas; y Eduardo Blanco, el caballero de la gloria; y el vivaz Nuñez de Cáceres, con su obra varia y nueva; y Morales Marcano, que arrebata al espíritu sinuoso sus ondas invisibles, y les da molde férreo; y el amado Aveledo, a contarnos coloquios con la naturaleza. Con cítara de oro, colgada de caléndulas, dirá Eloy Escobar sus cosas tristes; y con daga de señor, más que con plectro, tañerá en la suya el caballeresco Diego Jugo; y cantará Francisco Pardo sus arrogantes versos, de alas grandes de luz; y revolverá los suyos Armas, poderosos y límpidos; y cubrirá de rosas de Fíngal a nuestros bravos el culto Tejera; y los ensalzará con entusiastas voces Arismendi; y como Plácido gemirá Domingo Hernández, y Julio Calcaño dará a los vientos su flexible lira, y Arvelo sus sinceras dulces cántigas, y Eraclio Guardia pulsará con mano enérgica su laúd fundido en el bronce macizo y resonante de los clarines de la lid moderna. No será, pues, tribuna egoísta, este humilde periódico; sino casa modesta, donde todo sereno pensamiento, y

pensador hidalgo, tendrán casa. Alhajado está el hogar; y los miembros del Areópago citados: ¡sea todo, humildemente, en prez de Venezuela, y de la América!
José Martí
Revista Venezolana. Caracas, 1 de julio de 1881

Muestra de un ensayo de diccionario de vocablos indígenas por Arístides Rojas[14]

Arístides Rojas agota cuanto toca. Sale ahora al encuentro del etimólogo de España, Roque Barcia, en quien las malaventuras políticas y quehaceres republicanos no merman la profunda ciencia de cosas arianas, ni la ingénita dote para hallar la causa lejana de voces y sucesos: y vence con suave modo y fuerte razón a Roque Barcia. Tala y devasta por la mies enemiga: demuestra, con riqueza de datos fastuosa, que no son las palabras de Indias tan deslustradas como Barcia en su *Diccionario Etimológico* las presenta. Elige, como campeón leal y seguro de su fuerza, la arena enemiga para librar combate. Y vuelve de ella alzada la visera, sin herida el corcel, enastada la lanza.

Y ¡qué ciencia le ha sido necesaria para la liza! ¡Qué saber de cosas geográficas, y físicas, y literarias, y vulgares! ¡Qué andarse, como por casa propia, entre el pic-huun, el libro de los mayas, y el quippu, el libro quechua! ¡Qué tomar la palabra en su huevo, y juguetear con ella y desfibrarla, y recorporarla, y mostrarla al que la lee absorto en toda su hermosura y poderío! Él sabe de lo suyo y de lo ajeno: explica y desmenuza el vocablo de los chaimas como el de los aztecas, y el de los tupíes como el de los muiscas, y el de los guaraníes como el de los cumanagotos. Si de cosas de México habla, manéjalas como pudieran don Francisco Pimentel, que mereció lauros de Francia, y Orozco y Berra, a quien toda loa es debida por su extremada ciencia mexicana. Y si de cosas de Cuba escribe Rojas, en nada le aventaja don Esteban Pichardo, el etnólogo insigne que midió a palmos la tierra siboney, y supo

---

14 Este texto y los siguientes aparecieron con el título de Libros Nuevos.

profundamente de bajareques y bohíos. Y de palabras y costumbres quechuas, tanto sabe como un quipucamáyae. Van en Rojas unidas, con muy rara presteza, la idea y su ejecución: ni en idear se le saca delantera, ni en ejecutar se le gana hora. No bien llega a sus manos la abultada obra de Barcia, busca con anhelo cuanto en ella hace relación a esta tierra de América, por cuya gloria, gracia ingenua y valer desconocido vive, y cuyo genio posee; duélele hallar la verdad desfigurada, y las lenguas de los buenos indios empequeñecidas; y ganoso a un tiempo de abrir, con mano segura, vía que en silencio venía hollando, y de pagar tributo digno de él, a quien en tan sabrosa lengua ha honrado al gran poeta de México, compara los vocablos que Barcia trae errados con ellos mismos; tales como los rescataba de publicación temprana en su *Ensayo de un Diccionario de vocablos indígenas*, extraordinaria obra, a juzgar por la enseña y la pone reverentemente en manos del generoso y discreto Guerra y Orbe, que ha de darse de fijo con deleite a las lectura del gustosísimo regalo. Y he aquí, cómo Rojas, calladamente y sin ayuda, toma a pecho y alza triunfante en hombros, la tarea para la cual ha buscado, con tan desafortunado empeño, la Academia de la Lengua colaboradores. A honor marcado tiene la *Revista* la publicación de esta muy rica muestra filológica, que, para que sea adición a su segundo número del 15 venidero, pasa de las manos de su laureado autor, a quien el caballero don Fausto Teodoro de Aldrey regala la obra impresa, a las nuestras, que estrechan las del discreto filólogo en alabanza del mérito y en reconocimiento del presente.

Revista Venezolana. Caracas, 1 de julio de 1881

«Venezuela Heroica» por Eduardo Blanco

Cuando se deja este libro de la mano, parece que se ha ganado una batalla. Se está a lo menos dispuesto a ganarla: y a perdonar después a los vencidos. Es patriótico, sin vulgaridad; grande, sin hinchazón; correcto, sin alarde. Es un viaje al Olimpo, del que se vuelve fuerte para las lides de la tierra, templado en altos yunques, hecho a dioses. Sirve a los hombres quien así les habla. Séale loado.

Cinco batallas describe el libro: La Victoria, llena toda de Ribas; San Mateo, que de tumba se hizo cuna; las Queseras, que oscurecen a Troya; Boyacá, por donde se entra a Colombia; Carabobo, donde muere Hernán Cortés. Con grandes palabras dice estos grandísimos hechos. Cada combate tiene sus héroes y sus formas, y, con urdimbre artística, lo menudo y humano de la lidia, como distribución de tropas y lugares, está hábilmente mezclado a lo divino. Así se desataron las legiones; así pujaron; así se deshicieron, tambalearon, rugieron y vencieron. Cada casa venezolana tiene allí sus dioses lares: los Cedeño, los Jugo, los Montilla, los del hermoso Anzoátegui, los Ibarra, los Silva, los Urdaneta; toda la nobleza de la libertad tiene allí cuna: ¡no tuvo pueblo jamás mejor nobleza! Y los brazos ingleses son loados. Y a los españoles, luego de vencidos, no se les injuria. Precede a cada empeño de armas notable ensayo histórico, sobre los elementos, condiciones y significación de la época en que acontecen, con variedad tan rica aderezado, y tan meduloso, y tan brioso, que en este libro la página última está al lado de la página primera. Todo palpita en *Venezuela Heroica*, todo inflama, se desborda, se rompe en chispas, humea, relampaguea. Es como una tempestad de gloria: luego de ella, queda la tierra cubierta de polvo de oro. Es un ir y venir de caballos, un tremolar de banderas, un resplandecer de arneses, un lucir de colores, un golpear de batalla, un morir sonriendo, que ni vileza ni quejumbres caben, luego de leer el libro fulgurante. Y parece, como en los cuadros de Fortuny, un campo de batalla en que no hay sangre: ¿cómo ha hecho este historiador para ser fiel sin ser frío, y pintar el horror sin ser horrible? Y ¿no hay que admirar tanto las hazañas que inspiran, como el corazón que se enciende en ellas y las canta? Se es capaz de toda gloria que se canta bien. Se tendría en sus estribos Eduardo Blanco sobre el caballo de Bolívar.

Propiedad más estricta cabría en alguna imagen; pie más robusto para un vibrante párrafo; forma más concisa para alguna idea profunda. Y más seguridad en el lenguaje cabe, no por cierto cuando batalla y resplandece, como arrebatado de la gloria, sino cuando, sin mermar la excelencia de su juicio ni la moderación de su energía, juzga en sus breves instantes de reposo los hombres y sucesos. Pero este libro es una llama; y su calor conforta y gusta. He ahí el libro de lectura de los colegios americanos: Venezuela Heroica: he ahí el premio natural del maestro a su discípulo; del padre a su hijo. Todo hombre debe escribirlo; todo niño debe leerlo; todo corazón honrado, amarlo. De ver los tamaños de los hombres, nos entran deseos irresistibles de imitarlos.

Revista Venezolana. Caracas, 1 de julio de 1881

«La Venezoliada», poema, por J. Núñez de Cáceres

Gozo, y no fatiga de las prensas, ha venido siendo durante el último mes este libro singular, no porque sea su asunto extravagante, ni su forma caprichosa, sino por su extensión, originalidad, abundancia y empuje.

Esta obra es un acto de bravura. No paga su autor con ella tributo al tiempo corriente, que vive —en cosas de letras— bien por desconfianza de sí propio —bien por falta de objetos invariables de amor hondo, bien porque las urgencias de la acción no le den espacio a los entretenimientos de la expresión, muy dado a lo pequeño—. Ni para meditar, ni para escribir, ni para leer lo extenso hay tiempo. Ni ¿cómo un poema, cuando —en esta edad tumultuosa de derrumbe y renuevo— no es raro que al mediar ya la faena, hayan sufrido cambio esencial, o merma grande, las ideas que nos hicieron concebirlo? ¡De cuánto provecho para nuestros hijos, pero de cuánto tormento para nosotros, es vivir en este siglo ardiente!

De grande dote de abstracción, que acusa universalidad de espíritu, se ha menester para sacudirse esos racimos de canes que nacen prendidos de los miembros del hombre de valía, y hacer obra de unidad extensa en una época tachada justamente de falta de unidad.

De estos libros se lamenta la escasez, y es fuerza celebrarlos cuando vienen. Esa es buena manera de servir a la patria: grabar lo que se desvanece: dar molde nuevo al recuerdo viejo: reconstruirla. Y eso es *La Venezoliada*: una pintura exuberante, rebosante, fresca, risueña, húmeda, de aquellos días de paz menguada, en que eran los cuerpos regocijados aposentos de espíritus en cuna: los días de la Colonia. Van los cuadros, vistos de tal manera que parece que el poeta ha suprimido con ojo avaricioso la distancia, rodando mansamente y sin violencia, de silva en silva amena, que recuerdan por cierto, aquellas agraciadas en que escribió Vicente Salias su *Médicomaquia burladora*. Aparejadas van en el poema la potentosa riqueza del intento, y la inagotable, audaz y sorprendente de la rima. A las veces, aguijado del excesivo pensamiento, aglomera asonantes, y salta por un verso que no le ocurre pronto y acaba flojamente, o con un giro oscuro, para admirar al punto con una estrofa seductora y nítida, que pone, por lo donairosa, regocijo, y por lo revuelta y atrevida, asombro. Él, como los cristales del histólogo, ha encontrado palacios en el átomo. Nadie como él conoce la fibración y composición de lo pequeño; ni nadie halla colores más enérgicos para pintar naturaleza grande. Ha limpiado de sombras el espacio. Ve, con hondos ojeos de miniador, en el magnífico paisaje, el cielo ricamente enfaldado, que lo corona; y el monte que le da fondo macizo, y la maraña selvosa que lo viste, y el báratro que suele interrumpirla, y el insecto volante que lo cruza, y el polvillo de iris que colora las alas revoltosas del insecto. Así, luego de caprichoso y melancólico principio, empapado a menudo de invisibles lágrimas, nos lleva, haciéndolos con su impaciente mano, a aquellos llanos plácidos que a la falda del Avila se tienden, y a la sombra de los javillos en la llanura, y a la de los granados en el patio de las casas, y a la sala de éstas y a todas sus habitaciones interiores, y a los hábitos y curiosidades de sus dueños, ya mantuanos lujosos, que se sientan en butacones de cordobán claveteados, ya personas humildes, que viven en su casa de encomienda, esmaltada de imágenes de santos, que dan lance al poeta para lucir su magistral dominio del detalle. Y a las octavas, con sus fiestas locas; y a los toros, cerrados en las calles, y vistos de balcones; y a la Semana Mayor, ocasión de

fausto y competencia, antaño como hogaño; y al bautizo, al matrimonio, a la famosa ceremonia, con bailes celebrada, y con sangrías, chorote y bizcochuelo, de quitar por primera vez la barba al primogénito; y a oír, y a ver, rodeados de llaneros —que nos cuentan de sus caneyes y chinchorros, y de la que les borda sus camisas y aderesa sus uñas de pavo— el zambe revueltísimo, el alegre joropo y la llora monótona y la extraordinaria bambabuena. En un canto celebra al afamado García, al lamentado Solano, a Aveledo virtuoso, a don Elías Rodríguez. En otro ¡oh cosa extrema! analiza con imaginaciones estupendas, los componentes varios y revueltos que han originado nuestras razas. Tiene allá y acá, cual cosa colosal, irregularidades de coloso. Y encarnizamientos de imaginación. Y excesos de desembarazo: nunca desmayo, nunca vulgaridad, nunca pobreza. Entraña de mar parece el libro.
Revista Venezolana. Caracas, 1 de julio de 1881

Nota[15]

Engalanada aparece hoy la *Revista Venezolana*. La han favorecido con un valiosísimo regalo los señores Arístides Rojas, y Fausto Teodoro de Aldrey: es de tal valía la obra que ofrecemos hoy, reproducción muy aumentada y pulida del trabajo que vio la luz ha poco en *La Opinión Nacional*, que ella sola, entre gentes pensadoras y benévolas, bastaría para acreditar la empresa a que se uniese.

Apenas empiezan los pueblos de América a dar paz a sus angustias, y a descansar de su indispensable trabajo revolucionario, más ocasionado a la explosión vehemente de los afectos personales, que a los trabajos detenidos de investi-

---

15 Esta nota aparece en el dorso de la portada del segundo y último número de la *Revista Venezolana*.

gación y examen, se dan sin demora, con generosa prisa y singular acierto, a la creación de grandes obras: ésta es una. No sabe qué hacer la *Revista Venezolana* para agradecer el honor que recibe de una manera digna de él. El trabajo es trascendental; y abre vías nuevas: la edición es elegante y esmerada, y publica el mérito de las prensas que la han dado a luz. Con haber merecido este obsequio se siente compensado de las amarguras que una empresa de este género y alcance había de producir, el obligado y reconocido director de la *Revista Venezolana*.

Revista Venezolana. Caracas, 15 de julio de 1881

El carácter de la Revista Venezolana

He aquí el segundo número de la *Revista Venezolana*. Fervorosas palabras de simpatía por una parte y naturales muestras de extrañeza por la otra, saludaron la aparición del número primero: todo nuevo viajero halla pródigo Sol que lo caliente, y ramas que le azoten el rostro en el camino. —Débense al público, no aquellas explicaciones que tengan por objeto cortejar gustos vulgares, ni ceder a los apetitos de lo frívolo; sino aquellas que tiendan a asegurar el éxito de una obra sana y vigorosa, encaminada, por vías de amor y de labor, a sacar a luz con vehemencia filial cuanto interese a la fama y ventura de estos pueblos.

No citaremos, sino agradeceremos en silencio, las demostraciones de ardoroso afecto que la *Revista Venezolana* ha recibido: mas, ni debe intentarse lo mezquino, aunque de ello venga provecho mayor que de intentar lo grande, ni debe dejarse sin respuesta, por lo que al logro de lo grande importa, cuanto a desfigurarlo o a estorbarlo se dirige. Seguro de sí mismo, por enamorado, por trabajador, y por sincero, ni con las alabanzas se ofusca, ni ante interesados juicios ceja, el director de la *Revista Venezolana*. La obra de amor ha hallado siempre muchos enemigos.

Unos hallan la *Revista Venezolana* muy puesta en lugar, y muy precisa, como que encamina sus esfuerzos a elaborar, con los restos del derrumbe, la grande América nueva, sólida, batallante, trabajadora y asombrosa; y se regocijan del establecimiento de una empresa que no tiene por objeto entretener ocios, sino aprovecharse de ellos para mantener en alto los espíritus, en el culto de lo extraordinario y de lo propio; y nos aseguran que la tarea de hablar a los venezolanos calurosamente de su grandeza y beneficio, y los de la América, será estimada y favorecida en esta tierra buena, en su provecho interesada, y encendida en el fogoso amor de sus proezas: ¡quién se fatiga de tener padres gloriosos!, ¡ni de oír hablar del modo de hacer casa a sus hijos! —Pero hallan otros que la *Revista Venezolana* no es bastante variada, ni amena, y no conciben empresa de este género, sin su fardo obligado de cuentecillos de Andersen, y de imitaciones de Uhland, y de novelas traducidas, y de trabajos hojosos, y de devaneos y fragilidades de la imaginación, y de toda esa literatura blanda y murmurante que no obliga a provechoso esfuerzo a los que la producen ni a saludable meditación a los que leen, ni trae aparejadas utilidad y trascendencia. Pues la *Revista Venezolana* hace honor de esta censura, y la levanta y pasea al viento a guisa de bandera.

¿Cómo? Cuando se tallan sobre las ásperas y calientes ruinas de la época pasada, los tiempos admirables y gloriosos que los enérgicos ingenios y elementos robustos de este pueblo anuncian; cuando es fuerza ir haciendo con mano segura atrás todo lo que estorba, y adelante a todo lo brioso y nuevo que urge; cuando vivimos en una época de incubación y de rebrote, en que, perdidos los antiguos quicios, andamos como a tientas en busca de los nuevos; cuando es preciso derribar, abrirse paso entre el derrumbe, clavar el asta verde, arrancada al bosque virgen y fundar; cuando, poseedores de la excesiva instrucción literaria que heredamos de la colonia perezosa, se vive en gran manera como extraño enfrente de esos mares que nos hablan de poder y de fama venideros, de esas selvas, guardadoras clementes de nuestra fortuna abandonada, y de esos montes de oro, que descuajados en fuego se estremecen coléricos bajo nuestras plantas, como con cansancio de su obligada pereza, y con enojo del desamor con que los vemos; cuando los árboles están de pie en los bosques, como guerreros dispuestos a la lidia, en espera de estos gallardos desdeñosos de los pueblos, que no acuden a desatarlos y a recoger el fruto de ese magnífico combate de los humanos y la naturaleza; cuando pueblan florestas suntuosas, naciones ignoradas, y se hablan raras lenguas por sendas escondidas, a cuyos bordes son abono de la tierra los frutos que podrían ir mar adelante en nave nuestra a ser gala y señuelo en los mercados; cuando vagan por entre nosotros, a modo de visiones protectoras, grandes muertos erguidos que demandan a cada hijo que vive su golpe de martillo en la faena de la patria nueva; cuando hay tres siglos que hacer rodar por tierra, que entorpecen aún nuestro andar con sus raíces, y una nación pujante y envidiable que alzar, a ser sustento y pasmo de hombres: ¿será alimento bastante a un pueblo fuerte, digno de su alta cuna y magníficos destinos, la admiración servil a extraños rimadores, la aplicación cómoda y perniciosa de indagaciones de otros mundos, el canto lánguido de los comunes dolorcillos, el cuento hueco en que se fingen pasiones perturbadoras y malsanas, la contemplación peligrosa y exclusiva de las nimias torturas personales, la obra brillante y pasajera de la imaginación estéril y engañosa? —No: no es ésta la obra. Es la imaginación ala de fuego, mas no tórax robusto de la inteligencia humana. Es la facilidad sirena de los débiles; pero motivo de desdén para los fuertes, y para los pueblos causa de aflojamiento y grandes daños. De honda raíz ha de venir, y a grande espacio ha de tender toda obra de la mente. Deben sofocarse las lágrimas propias en provecho de las grandezas nacionales. Es fuerza andar a pasos firmes —apoyada la mano en el arado que quiebra, descuaja, desortiga y avienta la tierra— camino de lo que viene, con la frente en lo alto. Es fuerza meditar para crecer: y conocer la tierra en que hemos de sembrar. Es fuerza convidar a las letras a que vengan a andar la vía patriótica, de brazo de la historia, con lo que las dos son mejor vistas, por lo bien que hermanan, y del brazo del estudio, que es padre prolífico, y esposo sincero, y amante dadivoso. Es fuerza, en suma, ante la obra gigantesca, ahogar el personal hervor, y hacer la obra.

Cierto que, pasajeros de la nave humana, somos a par del resto de los hombres, revueltos y empujados por las grandes olas; cierto que, venidos a la vida en época que escruta, vocea y disloca, ni los clamores, ni los provechos, ni las faenas del universo batallador nos son extrañas; cierto también que por nacer humanos, singulares dolores nos aquejan, como de águila forzada a vivir presa en un menguado huevecillo de paloma. Mas ni el fecundo estudio del maravilloso movimiento universal nos da provecho —antes nos es causa de amargos celos y dolores— si no nos enciende en ansias de combatir por ponernos con nuestras singulares aptitudes a la par de los que adelantan y batallan; ni hemos de mirar con ojos de hijo lo ajeno, y con ojos de apóstata lo propio; ni hemos de ceder a esta voz de fatiga y agonía que viene de nuestro espíritu espantado del ruido de los hombres. De llorar, tiempo se tiene en la callada alcoba, frente a sí mismo, en la solemne noche: durante el día, la universal faena, el bienestar de nuestros hijos y la elaboración de nuestra patria nos reclaman.

Animada de estos pensamientos, y anhelosa de hacer la obra más útil, la *Revista Venezolana* viene a luz, no para dar salida a producciones meramente literarias, de las que vive sin embargo tan pagado y a las que con doloroso amor secreto se abandona el que esto escribe y comienza por alejar con mano resuelta de estas páginas, sus propias hijas nacidas en pañales de Europa, o en pañal de lágrimas; no para alimentar sus ediciones de trabajos varios, sin orden ni concierto, ni gran traba entre sí, ni fin común, ni más analogía que la que viene de la imaginación que las engendra; no a ser casa de composiciones aisladas, sin plan fijo, sin objeto determinado, sin engranaje íntimo, sin marcado fin patrio: —viene a dar aposento a toda obra de letras que haga relación visible, directa y saludable con la historia, poesía, arte, costumbres, familias, lenguas, tradiciones, cultivos, tráficos e industrias venezolanas. Quien dice Venezuela, dice América: que los mismos males sufren, y de los mismos frutos se abastecen, y los mismos propósitos alientan el que en las márgenes del Bravo codea en tierra de México al Apache indómito, y el que en tierras del Plata vivifica sus fecundas simientes con el agua agitada del Arauco. Como balcón por donde asome a nuestro mundo feraz el mundo antiguo, y porque es elemento útil de nuestra vida, estará el movimiento universal representado por el extracto sucinto y provechoso de los grandes libros que en toda parte del mundo se publiquen. Y como dan medida justa de este sano pueblo el sentimiento ingenuo, el dolor casto y la pasión caballeresca de sus poetas, con rimas suyas irán siempre esmaltadas estas páginas humildes, soberbias solo en el vigor con que han de defender la obra que intentan. Más vale estar en ocio que emplearse en lo mezquino. Y callar, que no hablar verdad. Pero enfrente a la faena, es deber el trabajo, prueba la injusticia y el silencio culpa. Determinado así nuestro propósito; excusado es decir lo que está fuera de él, o cabe en él.

    De esmerado y de pulcro han motejado algunos el estilo de alguna de las sencillas producciones que vieron la luz en nuestro número anterior. No es defensa, sino aclaración, la que aquí hacemos. Uno es el lenguaje riel gabinete: otro el del agitado parlamento. Una lengua habla la áspera polémica:

otra la reposada biografía. Distintos goces nos produce, y diferentes estilos ocasiona, el deleite de crepúsculo que viene de contemplar cuidadosamente lo pasado, y el deleite de alba que origina el penetrar anhelante y trémulo en lo por venir. Aquél es ocasionado a regocijos de frase, donaire y discreteo; éste a carrera fulgurosa y vívida, donde la frase suene como escudo, taje como espada y arremeta como lanza. De lo uno son condiciones esenciales el reposo, la paciencia: de lo otro, el ansia y el empuje. De aquí que un mismo hombre hable distinta lengua cuando vuelve los ojos ahondadores a las épocas muertas, y cuando, con las angustias y las iras del soldado en batalla, esgrime el arma nueva en la colérica lid de la presente. Está además cada época en el lenguaje en que ella hablaba como en los hechos que en ella acontecieron, y ni debe poner mano en una época quien no la conozca como a cosa propia, ni conociéndola de esta manera es dable esquivar el encanto y unidad artística que lleva a decir las cosas en el que fue su natural lenguaje. Este es el color, y el ambiente, y la gracia, y la riqueza del estilo. No se ha de pintar cielo de Egipto con brumas de Londres; ni el verdor juvenil de nuestros valles con aquel verde pálido de Arcadia, o verde lúgubre de Erin. La frase tiene sus lujos, como el vestido, y cuál viste de lana, y cuál de seda, y cuál se enoja porque siendo de lana su vestido no gusta de que sea de seda el de otro. Pues ¿cuándo empezó a ser condición mala el esmero? Solo que aumentan las verdades con los días, y es fuerza que se abra paso esta verdad acerca del estilo: el escritor ha de pintar, como el pintor. No hay razón para que el uno use de diversos colores, y no el otro. Con las zonas se cambia de atmósfera, y con los asuntos de lenguaje. Que la sencillez sea condición recomendable, no quiere decir que se excluya del traje un elegante adorno. De arcaico se tachará unas veces, de las raras en que escriba, al director de la *Revista Venezolana*; y se le tachará en otras de neólogo; usará de lo antiguo cuando sea bueno, y creará lo nuevo cuando sea necesario: no hay por qué invalidar vocablos útiles, ni por qué cejar en la faena de dar palabras nuevas a ideas nuevas.

Queda con esto, agradecido tiernamente el amoroso concepto que a muchos merecemos, respondida sin vacilación la extrañeza que a otros hemos causado, y determinado con fijeza el carácter de la *Revista Venezolana*. La sinceridad: he aquí su fuerza. El estudio: he aquí su medio. Y un derecho solo recaba para sí: su derecho a lo grande.

Revista Venezolana. Caracas, 15 de julio de 1881

Centenario de Andrés Bello

Tengo delante de mí un cuaderno hermoso, de vastas páginas, de limpios márgenes, de clara letra. En eso se conoce el espíritu de editores de libros: el de ánima ruin los imprimirá en letra pequeña, con borde estrecho, en líneas apretadas: el de ánima caballeresca y generosa será pródigo de papel, como de beneficios, tenderá los pensamientos en páginas amplias, como sus propósitos, y dará a las ideas de poetas y letrados palacio, y no cárcel. Este es el libro que el caballero Fausto Teodoro de Aldrey, director de *La Opinión Nacional* de Caracas, da en ofrenda a la América en el día centenario de Andrés Bello.

Apenas lo hojeo, hallo nombres famosos. No sé qué tienen los ancianos fuertes que con mirarlos se alegra el alma y cobra fe y pujanza; aún mantiene en alto la pluma batalladora don Antonio Leocadio Guzmán, que va a par de su tiempo, y, como movido de interna fuerza, perpetuamente se renueva. Ahí Arístides Rojas, en quien el hábito de mirar los insectillos que manchan las rosas de su patio, o devoran las hojas de sus ricos libros, no ha hurtado a los ojos la fuerza de ver águilas. Ahí el señor Vicente Coronado, que dice en habla propia cosas justas. Ahí Eduardo Blanco, gallardo e impaciente como los históricos paladines. Ahí Tejera, de rima acicalada; Jugo Ramírez, que como manojo de fustas sacude sus enérgicas estrofas sobre la faz de los malvados o de los ignominiosos; Heraclio de la Guardia, cuyos versos no se arrastran por la tierra, como cansados peatones, sino que ostentan como escogidos guerreros, la armadura sonante y reluciente. Y hallo nombres de españoles preclaros, y que todos ellos dan fe de la verdad que uno de ellos, que es dramaturgo insigne, dijo por boca de un hermoso capitán en uno de sus dramas: «El que honra a los demás se honra a sí propio».

¡Cuán bien merece el poeta egregio el homenaje que le tributan agradecidas las letras, que él fundó, y la imprenta, que él enriqueció, en su patria! Ya me parece verle con su frente espaciosa, con sus ojos azules, con su cuerpo magro, con sus manos finas, hojeando a todas horas libros útiles, y haciéndolos, y mejorando los ajenos, y acompañándose de ellos, como de amigos tiernos y fieles, en la mesa, en el paseo, en el sueño. Ya le veo entrarse como infantil Teócrito, por el fragante patio sembrado de naranjos y granados, y mirar con ternura las hojas amarillas y alzar del suelo con piedad las flores mustias, o ensayar con recogimiento religioso, como de quien dice palabras divinas, aquella escena del Segismundo de Calderón, en que el hombre rebelde, desnudo de social arreó, se yergue, dislocado como corcel arrebatador, como río hinchado, ante los pálidos hombrecillos de la Corte; o aquellas otras escenas discretísimas en que se manda que no haya burlas con el amor. Ya lo alcanzo, sentado a la margen del risueño Arauco, viendo correr al par, en el riachuelo el agua, y en el libro que lee los tiempos de la historia. Ya le oigo departir humildemente con su maestro Cristóbal de Quesada, y con el latín que aprendió de él, mejorado por su excelso juicio, vencer en las aulas animadas a condiscípulos y a dómines. Ya le miro, como quien doma águila, enseñar a Bolívar; y como quien oye a profeta, aprender de Humboldt; y le veo pasar del brazo del buen Ustáriz, con él como con todos bondadoso, y escucho las palmas regocijadas con que celebran sus amigos los sueltos y galanos versos con que los pasma y enajena. Y al elegir, de entre los grandes de América, los fundadores —le elijo a él.

Abre la rica ofrenda de *La Opinión Nacional* una página hermosa, en que el cariño va hermanado con el respeto, y la admiración con la ternura, y en que el tributo vale más por quien lo paga: y lucen en esta página arrogante, donde parece que ha ido la pluma como plegando manto majestuoso, aquella tersura y realeza de la buena lengua de otros tiempos, que se va perdiendo en éstos, ya porque la prisa de vivir no da espacio al estudio, ni tiempo de sazón al pensamiento; ya porque entre la suma excesiva de brillantes patrones, andamos deslumbrados, y no damos con el bueno; ya porque ahora escribimos con la angustia sentada a nuestra mesa, y de un lado a Voltaire y de otro a Goethe.

Tras el homenaje de don Antonio Leocadio Guzmán pone el suyo que parece haz de mieses doradas, Arístides Rojas. Corren los ojos contentos por sobre esas páginas dramáticas y abundosas. Diferénciase Rojas de los poetas en que la poesía se le escapa del ritmo. Lo que vuela, lo que palpita, lo que ilumina, está en su estilo. Encadena, porque enseña. No se nota en Arístides Rojas la labor del esfuerzo, el encarnizamiento de la idea que lucha por darse molde propio; desbórdase su lenguaje, y rueda fácil, ameno, coloreado. Ve de una vez muchas cosas y de una vez las dice. Si copia el mar azul, su estilo, como playa normanda, resplandece; si evoca caballeros vencidos, que van por sendas lóbregas sobre rocín cansado, el yelmo roto, la mano flaca, el rostro enjuto, la evocación parece cuadro, y no página. Ve lo que hace ver. Despierta, echa a andar, empuja, enaltece, despeña a sus personajes; toma a éste, deja a aquél; los apareja. Presenta los sucesos como en ramas. Tiene los caracteres de la naturaleza que pinta. Luego de haberlo leído, queda la impresión de un paseo brillante. En este tributo a Bello, de un lado pone al sabio Viracocha, y de otro al creador Amalivaca; allá acumula las hazañas de San Martín, acá las de Bolívar; realza a Caracas, que meció la cuna y engalanó la fantasía del poeta, y a Chile, que le dio premio y sepulcro. Con inquietud febril y animado desorden, pone en junto, al nacer el ilustre caraqueño, el mundo que se derrumba y el mundo que alborea; ve bullir a los caballeros hazañosos de la independencia; los canta y los consagra; estudia a Bello en el destierro triste, engendrador de fuerzas; acompáñale amante cuando dueño de ciencias y maestro de letras, va, camino de la gloria, a la apartada Chile. Se va como por sobre alas, leyendo ese valioso tributo.

El señor Vicente Coronado apunta, con juicio seguro y habla pulida, las magistrales bellezas del estilo y armazón poética de las odas de Andrés Bello. Es la frase de Coronado bruñida y medulosa; estudia, no rebusca, lo que dice. Su período es amplio y numeroso. Ve con ojos seguros y ahondadores. No es solo para él el poeta de Caracas bardo eximio y rimador perfecto, sino que le halla en el espíritu profundo aquellas innatas dotes de singular valía y rebelde genio que llevaron a ser de colono humilde, maestro de Repúblicas; y de discípulo de adocenados enseñadores, señor y legislador de su majestuosa lengua.

Eduardo Blanco encierra en espacio breve, cuadro bello. Ve al guerrero que pasa, triunfante y asolador; y al poeta que llora sobre las ruinas, como evocando las sombras de los infortunados que las poblaron; y como rogando a las piedras derruidas que se animen a su voz, y se junten de nuevo, y vuelvan a ser casa y palacio. El canto del poeta, como paloma blanca, se cierne sobre la guerra.

Tiene don José María de Rojas, merecido bien de Venezuela, por la lealtad filial con que mueve a los extraños al reconocimiento y alabanza de los patrios méritos. Y envía de España al caballero Aldrey atentas cartas, amorosas frases y versos de prohombres, escritos en honor de aquel que fue en su tiempo el más erudito hablista y el más profundo pensador de la tierra en que se hablaba lengua castellana. Escribe don Manuel Tamayo carta cordial y culta, en honra del celebrado, al solícito Rojas, salúdale con atenta frase Cánovas; dirígele galana misiva don Pedro Alarcón, que une a la fiereza gótica en el pensar, tales donaires y centelleos en el decir que parece su estilo, como los palacios de Granada, obra de artífice árabe, realzada de mosaicos de colores, y de calados transparentes ajimeces. Don Aureliano Fernández Guerra, que es máximo prosista, y ánima benévola, habla de Bello cariñosamente en carta agraciada como suya, y cual su carácter, risueña y abierta. Y don Manuel del Palacio, poeta hábil, ofrece a la memoria del poeta de la América un elegantísimo soneto.

Cierran rimas valiosas este libro que abrió prosa selecta; a una vez cantan Heraclio Guardia, Felipe Tejera, Diego Jugo. Son siempre de fina labor y esmerado remate de rimas de Tejera, y esta gracia en el ajuste y mérito artístico realzan el entusiasta afecto con que en castizas décimas celebra el bardo joven al que ha dado en América con la pureza de su vida y la belleza inmaculada de sus estrofas, ley y ejemplo a los bardos.

En Colombia van aparejados el fervor americano y la excelencia literaria, y a Colombia, que ha celebrado con un certamen de bellas letras el centenario del poeta de Caracas, envió Jugo Ramírez la levantada y valerosa poesía a que *La Opinión Nacional* da casa en su libro. La Musa de Jugo es austera. Ha hecho de su pluma, no látigo de satírico, sino espada de caballero. Vésele en sus versos, como si con mano nerviosa e impaciente señalara a los pueblos él porvenir honrado, y como si a su corazón fuesen enderezadas las armas que desata la malicia humana. Le place la virtud y le enoja lo que le oscurece o vilipendia. Ve los tiempos futuros en que ha de embotarse en la pluma que crea, la espada que mata: ve, en lira felicísima, trocarse la turba revuelta en muchedumbre atenta y útil, y llamar con grandes voces de trabajo a la roca, al surco, a la entraña del monte. Ve cómo, ayudada de las artes, se salva la tierra. Vuelve los ojos a nuestra América maravillosa. Alaba, en versos esmerados, aquel amor del sosiego y aquel deleitoso lenguaje del pacífico Virgilio de los americanos. La calumnia mordió a Bello, y flagela a la calumnia. Y ruega al poeta, con enérgica plegaria, que de nuevo taña la lira, y mueva a paz y a concordia a los pueblos que con su desacuerdo y su rudeza ofenden a sus manes. Por honrada y artística merece loa especial la obra de Jugo.

¿Y estos versos de Heraclio de la Guardia, que ponen broche al elegante libro? Parecen amoldados en copa áurea y sonora. Hay como brillo de estrellas, y como aire tibio y aromado en esos versos melodiosos. A no menor homenaje tenía derecho el que puso la razón a la par de la imaginación, y ambas mantuvo en desusada altura; el que dio canto a la naturaleza de América y leyes a sus hijos; el que halló en el viejo hogar de la colonia una lira de alambres, resonantes, colgada de azucenas de los valles, y de cándidas ofrendas de pastores. Y de tales bardos y de tales encomiadores merecía ir acompañado el publicador de este libro memorable que, como prueba de sí mismo, y a prenda de su excepcional larqueza y respeto a lo glorioso, ha salido a honrar a uno de los padres de los americanos, y ha recabado para sí la gloria qué tributa.

José Martí
Nueva York, 23 de diciembre de 1881

El poema del Niágara[16]

¡Pasajero, detente! ¡Este que traigo de la mano no es zurcidor de rimas, ni repetidor de viejos maestros —que lo son porque a nadie repitieron— ni decidor de amores, como aquellos que trocaron en mágicas cítaras el seno tenebroso de las traidoras góndolas de Italia, ni gemidor de oficio, como tantos que fuerzan a los hombres honrados a esconder sus pesares como culpas, y sus sagrados lamentos como pueriles futilezas! Este que viene conmigo es grande, aunque no lo sea de España, y viene cubierto: es Juan Antonio Pérez Bonalde, que ha escrito el «Poema del Niágara». Y si me preguntas más de él, curioso pasajero, te diré que se midió con un gigante y no salió herido, sino con la lira bien puesta sobre el hombro —porque éste es de los lidiadores buenos, que lidian con la lira— y con algo como aureola de triunfador sobre la frente. Y no preguntes más, que ya es prueba sobrada de grandeza atreverse a medirse con gigantes; pues el mérito no está en el éxito del acometimiento, aunque éste volvió bien de la lid, sino en el valor de acometer.

¡Ruines tiempos, en que no priva más arte que el de llenar bien los graneros de la casa, y sentarse en silla de oro, y vivir todo dorado; sin ver que la naturaleza humana no ha de cambiar de como es, y con sacar el oro afuera, no se hace sino quedarse sin oro alguno adentro! ¡Ruines tiempos, en que son mérito eximio y desusado el amor y el ejercicio de la grandeza! ¡Son los hombres ahora como ciertas damiselas, que se prendan de las virtudes cuando las ven encomiadas por los demás, o sublimadas en sonante prosa o en alados

---

16 Este trabajo se publicó como prólogo al Poema del Niágara de Juan Antonio Pérez Bonalde, en Nueva York, en 1882, y más tarde fue reproducido en la *Revista de Cuba*, tomo XIV 1883.

versos, mas luego que se han abrazado a la virtud, que tiene forma de cruz, la echan de sí con espanto, como si fuera mortaja roedora que les comiera las rosas de las mejillas, y el gozo de los besos, y ese collar de mariposas de colores que gustan de ceñirse al cuello las mujeres! ¡Ruines tiempos, en que los sacerdotes no merecen ya la alabanza ni la veneración de los poetas, ni los poetas han comenzado todavía a ser sacerdotes!

¡Ruines tiempos!, ¡no para el hombre en junto, que saca, como los insectos, de si propio la magnífica tela en que ha de pasear luego el espacio; sino para estos jóvenes eternos; para estos sentidores exaltables reveladores y veedores, hijos de la paz y padres de ella, para estos creyentes fogosos, hambrientos de ternura, devoradores de amor, mal hechos a los pies y a los terruños, henchidos de recuerdos de nubes y de alas, buscadores de sus alas rotas, pobres poetas! Es su natural oficio sacarse del pecho las águilas que en él les nacen sin cesar —como brota perfumes una rosa, y da conchas la mar y luz el Sol— y sentarse, a par que con sonidos misteriosos acompañan en su lira a las viajeras, a ver volar las águilas: —pero ahora el poeta ha mudado de labor, y anda ahogando águilas. ¿Ni en qué vuelta irán, si con el polvo del combate que hace un siglo empezó y aún no termina, están oscurecidas hoy las vueltas? ¿Ni quién las seguirá en su vuelo, si apenas tienen hoy los hombres tiempo para beber el oro de los vasos, y cubrir de él a las mujeres, y sacarlo de las minas?

Como para mayor ejercicio de la razón, aparece en la naturaleza contradictorio todo lo que es lógico; por lo que viene a suceder que esta época de elaboración y transformación espléndidas, en que los hombres se preparan, por entre los obstáculos que preceden a toda grandeza, a entrar en el goce de sí mismos, y a ser reyes de reyes, es para los poetas —hombres magnos— por la confusión que el cambio de estados, fe y gobiernos acarrea, época de tumulto y de dolores, en que los ruidos de la batalla apagan las melodiosas profecías de la buena ventura de tiempos venideros, y el trasegar de los combatientes deja sin rosas los rosales, y los vapores de la lucha opacan el brillo suave de las estrellas en el cielo. Pero en la fábrica universal no hay cosa pequeña que no tenga en sí todos los gérmenes de las cosas grandes, y el cielo gira y anda con sus tormentas, días y noches, y el hombre se revuelve y marcha con sus pasiones, fe y amarguras; y cuando ya no ven sus ojos las estrellas del cielo, los vuelve a las de su alma. De aquí esos poetas pálidos y gemebundos; de aquí esa nueva poesía atormentada y dolorosa; de aquí esa poesía íntima, confidencial y personal, necesaria consecuencia de los tiempos, ingenua y útil, como canto de hermanos, cuando brota de una naturaleza sana y vigorosa, desmayada y ridícula cuando la ensaya en sus cuerdas un sentidor flojo, dotado, como el pavón del plumaje brillante, del don del canto.

Hembras, hembras débiles parecerían ahora los hombres, si se dieran a apurar, coronados de guirnaldas de rosas, en brazos de Alejandro y de Cebetes, el falerno meloso que sazonó los festines de Horacio. Por sensual queda en desuso la lírica pagana; y la cristiana, que fue hermosa, por haber cambiado los humanos el ideal de Cristo, mirado ayer como el más pequeño de los dioses, y amado hoy como el más grande, acaso, de los hombres. Ni líricos ni épicos pueden ser hoy con naturalidad y sosiego los poetas; ni cabe más lírica que la que saca cada uno de sí propio, como si fuera su propio ser el asunto único de cuya existencia no tuviera dudas, o como si el problema de la vida humana hubiera sido con tal valentía acometido y con tal ansia investigado que no cabe motivo mejor, ni más estimulante, ni más ocasionado a profundidad y grandeza que el estudio de sí mismo. Nadie tiene hoy su fe segura. Los mismos que lo creen, se engañan. Los mismos que escriben fe se muerden, acosados de hermosas fieras interiores, los puños con que escriben. No hay pintor que acierte a colorear con la novedad y transparencia de otros tiempos la aureola luminosa de las vírgenes, ni cantor religioso o predicador que ponga unción y voz segura en sus estrofas y anatemas. Todos son soldados del ejército en marcha. A todos besó la misma maga. En todos está hirviendo la sangre nueva. Aunque se despedacen las entrañas, en su rincón más callado están, airadas y hambrientas, la Intranquilidad, la Inseguridad, la Vaga Esperanza, la Visión Secreta. ¡Un inmenso hombre pálido, de rostro enjuto, ojos llorosos y boca seca, vestido de negro, anda con pasos graves, sin reposar ni dormir, por toda la tierra, y se ha sentado en todos los hogares, y ha puesto su mano trémula en todas las cabeceras! ¡Qué golpeo en el cerebro!, ¡qué susto en el pecho!, ¡qué demandar lo que no viene!, ¡qué no saber lo que se desea!, ¡qué sentir a la par deleite y náusea en el espíritu, náusea del día que muere, deleite del alba!

No hay obra permanente, porque las obras de los tiempos de reenquiciamiento y remolde son por esencia mudables e inquietas; no hay caminos constantes, vislúmbranse apenas los altares nuevos, grandes y abiertos como bosques. De todas partes solicitan la mente ideas diversas —y las ideas son como los pólipos, y como la faz de las estrellas, y como las olas de la mar—. Se anhela incesantemente saber algo que confirme, o se teme saber algo que cambie las creencias actuales. La elaboración del nuevo estado social hace insegura la batalla por la existencia personal y más recios de cumplir los deberes diarios que, no hallando vías anchas, cambian a cada instante de forma y vía, agitados del susto que produce la probabilidad o vecindad de la miseria. Partido así el espíritu en amores contradictorios e intranquilos; alarmado a cada instante el concepto literario por un evangelio nuevo; desprestigiadas y desnudas todas las imágenes que antes se reverenciaban; desconocidas aún las imágenes futuras, no parece posible, en este desconcierto de la mente, en esta revuelta vida sin vía fija, carácter definido, ni término seguro, en este miedo acerbo de las pobrezas de la casa, y en la labor varia y medrosa que ponemos en evitarlas, producir aquellas luengas y pacientes obras, aquellas dilatadas historias en verso, aquellas celosas imitaciones de gentes latinas que se escribían pausadamente, año sobre año, en el reposo de la celda, en los ocios amenos del pretendiente en corte, o en el ancho sillón de cordobán de labor rica y tachuelas de fino oro, en la beatífica calma que ponía en el espíritu la certidumbre de que el buen indio amasaba el pan, y el buen rey daba la ley, y la madre Iglesia abrigo y sepultura. Solo en época de elementos constantes, de tipo literario general y determinado, de posible tranquilidad individual, de cauces fijos y notorios, es fácil la producción de esas macizas y corpulentas obras de ingenio que requieren sin remedio tal suma de favorables condiciones. El odio acaso, que acumula y concentra, puede aún producir naturalmente tal género de obras, pero el amor rebosa y se esparce; y éste es tiempo de amor, aun para los que odian. El amor entona cantos fugitivos, mas no produce —por sentimiento culminante y vehemente, cuya tensión fatiga y abruma— obras de reposado aliento y laboreo penoso.

Y hay ahora como un desmembramiento de la mente humana. Otros fueron los tiempos de las vallas alzadas; éste es el tiempo de las vallas rotas. Ahora los hombres empiezan a andar sin tropiezos por toda la tierra; antes, apenas echaban a andar, daban en muro de solar de señor o en bastión de convento. Se ama a un Dios que lo penetra y lo prevale todo. Parece profanación dar al Creador de todos los seres y de todo lo que ha de ser, la forma de uno solo de los seres. Como en lo humano todo *El Progreso* consiste acaso en volver al punto de que se partió, se está volviendo al Cristo, al Cristo crucificado, perdonador, cautivador, al de los pies desnudos y los brazos abiertos, no un Cristo nefando y satánico, malevolente, odiador, enconado, fustigante, ajusticiador, impío. Y estos nuevos amores no se incuban, como antes, lentamente en celdas silenciosas en que la soledad adorable y sublime empollaba ideas gigantescas y radiosas; ni se llevan ahora las ideas luengos días y años luengos en la mente, fructificando y nutriéndose, acrecentándose con las impresiones y juicios análogos, que volaban a agruparse a la idea madre, como los abanderados en tiempo de guerra al montecillo en que se alza la bandera; ni de esta prolongada preñez mental nacen ahora aquellos hijos ciclópeos y desmesurados, dejo natural de una época de callamiento y de repliegue, en que las ideas habían de convertirse en sonajas de bufón de rey, o en badajo de campana de iglesia, o en manjar de patíbulo; y en que era forma única de la expresión del juicio humano el chismeo donairoso en una mala plaza de las comedias en amor trabadas entre las cazoletas de la espada y vuelos del guardainfante de los cortejadores y hermosas de la villa. Ahora los árboles de la selva no tienen más hojas que lenguas las ciudades; las ideas se maduran en la plaza en que se enseñan, y andando de mano en mano, y de pie en pie. El hablar no es pecado, sino gala; el oír no es herejía, sino gusto y hábito, y moda. Se tiene el oído puesto a todo; los pensamientos, no bien germinan, ya están cargados de flores y de frutos, y saltando en el papel, y entrándose, como polvillo sutil, por todas las mentes: los ferrocarriles echan abajo la selva; los diarios la selva humana. Penetra el Sol por las hendiduras de los árboles viejos. Todo es expansión, comunicación, florescencia, contagio, esparcimiento. El periódico desflora las ideas grandiosas. Las ideas no hacen familia en la mente, como antes, ni casa, ni larga vida. Nacen a caballo, montadas en relámpago, con alas. No crecen en una mente sola, sino por el comercio de todas. No tardan en beneficiar, después de salida trabajosa, a número escaso de lectores; sino que, apenas nacidas, benefician. Las estrujan, las ponen en alto, se las ciñen como corona, las clavan en picota, las erigen en ídolo, las vuelcan, las mantean. Las ideas de baja ley, aunque hayan comenzado por brillar como de ley buena, no soportan el tráfico, el vapuleo, la marejada, el duro tratamiento. Las ideas de ley buena surgen a la postre, magulladas, pero con virtud de cura espontánea, y compactas y enteras. Con un problema nos levantamos; nos acostamos ya con otro problema. Las imágenes se devoran en la mente. No alcanza el tiempo para dar forma a lo que se piensa. Se pierden unas en otras las ideas en el mar mental, como cuando una piedra hiere el agua azul, se pierden unos en otros los círculos del agua. Antes las ideas se erguían en silencio en la mente como recias torres, por lo que, cuando surgían, se las veía de lejos: hoy se salen en tropel de los labios, como semillas de oro, que caen en suelo hirviente; se quiebran, se radifican, se evaporan, se malogran —¡oh hermoso sacrificio!— para el que las crea: se deshacen en chispas encendidas; se desmigajan. De aquí pequeñas obras fúlgidas, de aquí la ausencia de aquellas grandes obras culminantes, sostenidas, majestuosas, concentradas.

Y acontece también, que con la gran labor común de los humanos, y el hábito saludable de examinarse, y pedirse mutuas cuentas de sus vidas, y la necesidad gloriosa de amasar por sí el pan que se ha de servir en los manteles, no estimula la época, ni permite acaso la aparición aislada de entidades suprahumanas recogidas en una única labor de índole tenida por maravillosa y suprema. Una gran montaña parece menor cuando está rodeada de colinas. Y ésta es la época en que las colinas se están encimando a las montañas; en que las cumbres se van deshaciendo en llanuras; época ya cercana de la otra en que todas las llanuras serán cumbres. Con el descenso de las eminencias suben de nivel los llanos, lo que hará más fácil el tránsito por la tierra. Los genios individuales se señalan menos, porque les va faltando la pequeñez de los contornos que realzaban antes tanto su estatura. Y como todos van aprendiendo a cosechar los frutos de la naturaleza y a estimar sus flores, tocan los antiguos maestros a menos flor y fruto, y a más las gentes nuevas que eran antes cohorte mera de veneradores de los buenos cosecheros. Asístese como a una descentralización de la inteligencia. Ha entrado a ser lo bello dominio de todos. Suspende el número de buenos poetas secundarios y la escasez de poetas eminentes solitarios. El genio va pasando de individual a colectivo. El hombre pierde en beneficio de los hombres. Se diluyen, se expanden las cualidades de los privilegiados a la masa; lo que no placerá a los privilegiados de alma baja, pero sí a los de corazón gallardo y generoso, que saben que no es en la tierra, por grande criatura que se sea, más que arena de oro, que volverá a la fuente hermosa de oro, y reflejo de la mirada del Creador.

Y como el Auvernés muere en París alegre, más que de deslumbramiento, del mal del país, y todo hombre que se detiene a verse anda enfermo del dulce mal del cielo, tienen los poetas hoy —auverneses sencillos en Lutecia alborotada y suntuosa— la nostalgia de la hazaña. La guerra, antes fuente de gloria cae en desuso, y lo que pareció grandeza, comienza a ser crimen. La corte, antes albergue de bardos de alquiler, mira con ojos asustados a los bardos modernos, que aunque a veces arriendan la lira, no la alquilan ya por siempre, y aun suelen no alquilarla. Dios anda confuso; la mujer como sacada de quicio y aturdida; pero la naturaleza enciende siempre el Sol solemne en medio del espacio; los dioses de los bosques hablan todavía la lengua que no hablan ya las divinidades de los altares; el hombre echa por los mares sus serpientes de cabeza parlante, que de un lado se prenden a las breñas agrestes de Inglaterra, y de otro a la riente costa americana; y encierra la luz de los astros en un juguete de cristal; y lanza por sobre las aguas y por sobre las cordilleras sus humeantes y negros tritones; y en el alma humana, cuando se apagan los soles que alumbraron la tierra decenas de siglos, no se ha apagado el Sol. No hay occidente para el espíritu del hombre; no hay más que norte, coronado de luz. La montaña acaba en pico; en cresta la ola empinada que la tempestad arremolina y echa al cielo; en copa el árbol; y en cima ha de acabar la vida humana. En este cambio de quicio a que asistimos, y en esta refacción del mundo de los hombres, en que la vida nueva va, como los corceles briosos por los caminos, perseguida de canes ladradores; en este cegamiento de las fuentes y en este anublamiento de los dioses, la naturaleza, el trabajo humano, y el espíritu del hombre se abren como inexhaustos manantiales puros a los labios sedientos de los poetas: —¡vacíen de sus copas de preciosas piedras el agrio vino viejo, y pónganlas a que se llenen de rayos de Sol, de ecos de faena, de perlas buenas y sencillas, sacadas de lo hondo del alma, y muevan con sus manos febriles, a los ojos de los hombres asustados, la copa sonora!

De esta manera, lastimados los pies y los ojos de ver y andar por ruinas que aún humean, reentra en sí el poeta lírico, que siempre fue, en más o en menos, poeta personal, y pone los ojos en las batallas y solemnidades de la naturaleza, aquel que hubiera sido en épocas cortesanas, conventuales o sangrientas, poeta de epopeya. La batalla está en los talleres; la gloria, en la paz; el templo, en toda la tierra; el poema, en la naturaleza. Cuando la vida se asiente, surgirá el Dante venidero, no por mayor fuerza suya sobre los hombres dantescos de ahora, sino por mayor fuerza del tiempo. ¿Qué es el hombre arrogante, sino vocero de lo desconocido, eco de lo sobrenatural; espejo de las luces eternas, copia más o menos acabada del mundo en que vive? Hoy Dante vive en sí, y de sí. Ugolino roía a su hijo; mas él a sí propio; no hay ahora mendrugo más denteado que un alma de poeta: si se ven con los ojos del alma, sus puños mondados y los huecos de sus alas arrancadas manan sangre.

Suspensa, pues, de súbito, Id vida histórica; harto nuevas aún y harto confusas las instituciones nacientes para que hayan podido dar de sí, porque a los pueblos viene el perfume como al vino, con los años, elementos poéticos; sacadas al viento, al empuje crítico, las raíces desmigajadas da la poesía añeja; la vida personal dudadora, alarmada, preguntadora, inquieta, luzbélica; la vida íntima febril, no bien enquiciada, pujante, clamorosa, ha venido a ser el asunto principal y, con la naturaleza, el único asunto legítimo de la poesía moderna.

¡Más, cuánto trabajo cuesta hallarse a sí mismo! El hombre apenas entra en el goce de la razón que desde su cuna le oscurecen, tiene que deshacerse para entrar verdaderamente en sí. Es un braceo hercúleo contra los obstáculos que le alza al paso su propia naturaleza y los que amontonan las ideas convencionales de que es, en hora menguada, y por impío consejo, y arrogancia culpable, alimentada. No hay más difícil faena que esta de distinguir en nuestra existencia la vida pegadiza y postadquirida, de la espontánea y prenatural; lo que viene con el hombre, de lo que le añaden con sus lecciones, legados y ordenanzas, los que antes de él han venido. So pretexto de completar el ser humano, lo interrumpen. No bien nace, ya están en pie, junto a su cuna con grandes y fuertes vendas preparadas en las manos, las filosofías, las religiones, las pasiones de los padres, los sistemas políticos. Y lo atan; y lo enfajan; y el hombre es ya, por toda su vida en la tierra, un caballo embridado. Así es la tierra ahora una vasta morada de enmascarados. Se viene a la vida como cera, y el azar nos vacía en moldes prehechos. Las convenciones creadas deforman la existencia verdadera, y la verdadera vida viene a ser como corriente silenciosa que se desliza invisible bajo la vida aparente, no sentida a las veces por el mismo en quien hace su obra cauta, a la manera con que el Guadiana misterioso corre luengo camino calladamente por bajo de las tierras andaluzas. Asegurar el albedrío humano; dejar a los espíritus su seductora forma propia; no deslucir con la imposición de ajenos prejuicios las naturalezas vírgenes; ponerlas en aptitud de tomar, por sí lo útil, sin ofuscarlas, ni impelerlas por una vía marcada. ¡He ahí el único modo de poblar la tierra de la generación vigorosa y creadora que le falta! Las redenciones han venido siendo teóricas y formales: es necesario que sean efectivas y esenciales. Ni la originalidad literaria cabe, ni la libertad política subsiste mientras no se asegure la libertad espiritual. El primer trabajo del hombre es reconquistarse. Urge devolver los hombres a sí mismos; urge sacarlos del mal gobierno de la convención que sofoca o envenena sus sentimientos, acelera el despertar de sus sentidos, y recarga su inteligencia con un caudal pernicioso, ajeno, frío y falso. Solo lo genuino es fructífero. Solo lo directo es poderoso. Lo que otro nos lega es como manjar recalentado.

Toca a cada hombre reconstruir la vida: a poco que mire en sí, la reconstruye. Asesino alevoso, ingrato a Dios y enemigo de los hombres, es el que, so pretexto de dirigir a las generaciones nuevas, les enseña un cúmulo aislado y absoluto de doctrinas, y les predica al oído, antes que la dulce plática de amor, el evangelio bárbaro del odio. ¡Reo es de traición a la naturaleza el que impide, en una vía u otra, y en cualquiera vía, el libre uso, la aplicación directa y el espontáneo empleo de las facultades magníficas del hombre! ¡Entre ahora el bravo, el buen lancero, el ponderoso justador, el caballero de la libertad humana —que es orden magna de caballería— el que se viene derechamente, sin pujos de Valbuena ni rezagos de Ojeda, por la poesía épica de nuestros tiempos; el que movió al cielo las manos generosas en tono de plegaria y las sacó de la oración a modo de ánfora sonora, henchida de estrofas opulentas y vibrantes, acariciada de olímpicos reflejos! ¡El poema está en el hombre, decidido a gustar todas las manzanas, a enjugar toda la savia del árbol del Paraíso y a trocar en hoguera confortante el fuego de que forjó Dios, en otro tiempo, la espada exterminadora! ¡El poema está en la naturaleza, madre de senos próvidos, esposa que jamás desama, oráculo que siempre responde, poeta de mil lenguas, maga que hace entender lo que no dice, consoladora que fortifica y embalsama! ¡Entre ahora el buen bardo del Niágara, que ha escrito un canto extraordinario y resplandeciente del poema inacabable de la naturaleza!

¡El poema del Niágara! Lo que el Niágara cuenta; las voces del torrente; los gemidos del alma humana; la majestad del alma universal; el diálogo titánico entre el hombre impaciente y la naturaleza desdeñosa; el clamor desesperado de hijo de gran padre desconocido, que pide a su madre muda el secreto de su nacimiento; el grito de todos en un solo pecho;

el tumulto del pecho que responde al bravío de las ondas; el calor divino que enardece y encala la frente del hombre a la faz de lo grandioso; la compenetración profética y suavísima del hombre rebelde e ignorador y la naturaleza fatal y reveladora, el tierno desposorio con lo eterno y el vertimiento deleitoso en la creación del que vuelve a sí el hombre ebrio de fuerza y júbilo, fuerte como un monarca amado, ungido rey de la naturaleza.

¡El poema del Niágara! El halo de espíritu que sobrerrodea el halo de agua de colores; la batalla de su seno, menos fragosa que la humana; el oleaje simultáneo de todo lo vivo, que va a parar, empujado por lo que no se ve, encabritándose y revolviéndose, allá en lo que no se sabe; la ley de la existencia, lógica en fuerza de ser incomprensible, que devasta sin acuerdo aparente mártires y villanos, y sorbe de un hálito, como ogro famélico, un haz de evangelistas, en tanto que deja vivos en la tierra, como alimañas de boca roja que le divierten, haces de criminales; la vía aparejada en que estallan, chocan, se rebelan, saltan al cielo y dan en hondo hombres y cataratas estruendosas; el vocerío y combate angélico del hombre arrebatado por la ley arrolladora, que al par que cede y muere, blasfema, agítase como titán que se sacude mundos y ruge; la voz ronca de la cascada que ley igual empuja, y al dar en mar o en antro, se encrespa y gime; y luego de todo, las lágrimas que lo envuelven ahora todo, y el quejido desgarrador del alma sola: he ahí el poema imponente que ese hombre de su tiempo vio en el Niágara.

Toda esa historia que va escrita es la de este poema. Como este poema es obra representativa, hablar de él es hablar de la época que representa. Los buenos eslabones dan chispas altas. Menguada cosa es lo relativo que no despierta el pensamiento de lo absoluto. Todo ha de hacerse de manera que lleve la mente a lo general y a lo grande. La filosofía no es más que el secreto de la relación de las varias formas de existencia. Mueven el alma de este poeta los afanes, las soledades, las amarguras, la aspiración del genio cantor. Se presenta armado de todas armas en un circo en donde no ve combatientes, ni estrados animados de público tremendo, ni ve premio. Corre, cargado de todas las armas que le pesan, en busca de batalladores. ¡Halla un monte de agua que le sale al paso; y, como lleva el pecho lleno de combate reta al monte de agua!

Pérez Bonalde, apenas puso los ojos sobre sí, y en su torno, viviendo en tiempo revuelto y en tierra muy fría, se vio solo; catecúmeno enérgico de una religión no establecida, con el corazón necesitado de adorar, con la razón negada a la reverencia; creyente por instinto, incrédulo por reflexión. En vano buscó polvo digno de una frente varonil para postrarse a rendir tributo de acatamiento; en vano trató de hallar su puesto, en esta época en que no hay tierra que no los haya trastocado todos, en la confusa y acelerada batalla de los vivos; en vano, creado por mal suyo para empresas hazañosas, y armado por el estudio del análisis que las reprime cuando no las prohibe o ridiculiza, persiguió con empeño las grandes acciones de los hombres, que tienen ahora a gala y prueba de ánimo fuerte, no emprender cosa mayor, sino muy suave, productiva y hacedera. En los labios le rebosaban los versos robustos; en la mano le vibraba acaso la espada de la libertad, que no debiera, por cierto, llevar jamás espada; en el espíritu la punzante angustia de vivir sobrado de fuerzas sin empleo, que es como poner la savia de un árbol en el corpecillo de una hormiga. Los vientos corrientes le batían las sienes; la sed de nuestros tiempos le apretaba las fauces; lo pasado, ¡todo es castillo solitario y armadura vacía!; lo presente, ¡todo es pregunta, negación, cólera, blasfemia de derrota, alarido de triunfo!; lo venidero, ¡todo está oscurecido por el polvo y vapor de la batalla! Y fatigado de buscar en vano hazañas en los hombres, fue el poeta a saludar la hazaña de la naturaleza.

Y se entendieron. El torrente prestó su voz al poeta; el poeta su gemido de dolor a la maravilla rugidora. Del encuentro súbito de un espíritu ingenuo y de un espectáculo sorprendente, surgió este poema palpitante, desbordado, exuberante, lujoso. Acá desmaya, porque los labios sajan las ideas, en vez de darles forma. Allá se encumbra, porque hay ideas tales, que pasan por sobre los labios como por sobre valla de carrizos. El poema tiene el alarde pindárico, el vuelo herediano, rebeldes curvas, arrogantes reboses, lujosos alzamientos, cóleras heroicas. El poeta ama, no se asombra. No se espanta, llama. Riega todas las lágrimas del pecho. Increpa, golpea, implora. Yergue todas las soberbias de la mente. Empuñaría sin miedo el cetro de la sombra. Ase la niebla, rásgala, penétrala. ¡Evoca al Dios del antro; húndese en la cueva limosa: enfríase en torno suyo el aire; resurge coronado de luz; canta el hosanna! La Luz es el gozo supremo de los hombres. Ya pinta el río sonoro, turbulento, despeñado, roto en polvo de plata, evaporado en humo de colores. Las estrofas son cuadros: ora ráfagas de ventisquero, ora columnas de fuego, ora relámpagos. Ya Luzbel, ya Prometeo, ya Icaro. Es nuestro tiempo, enfrente de nuestra naturaleza. Ser eso es dado a pocos. Contó a la Naturaleza los dolores del hombre moderno. Y fue pujante, porque fue sincero. Montó en carroza de oro.

Este poema fue impresión, choque, golpe de ala, obra genuina, rapto súbito. Vese aún a trechos al estudiador que lee, el cual es personaje importuno en estos choques del hombre y la Naturaleza; pero por sobre él salta, por buena fortuna, gallardo y atrevido, el hombre. El gemidor asoma, pero el sentidor vehemente vence. Nada le dice el torrente, que lo dice todo; pero a poco pone, bien el oído, y a despecho de los libros de duda, que le alzan muralla, lo oye todo. Las ideas potentes se enciman, ce precipitan, se cobijan, se empujan, se entrelazan. Acá el consonante las magulla; el consonante magulla siempre; allá las prolonga, con lo cual las daña; por lo común, la idea abundosa y encendida encaja noblemente en el verso centellante. Todo el poeta se salió a estos versos; la majestad evoca y pone en pie todo lo majestuoso. Su estrofa fue esta vez copio la ola que nace del mar agitado, y crece al paso con el encuentro de otras olas, y se empina, y se enrosca, y se despliega ruidosamente, y va a morir en espuma sonante y círculos irregulares y rebeldes no sujetos a forma ni extensión; acá enseñoreándose de la arena y tendiéndose sobre ella como triunfador que echa su manto sobre la prisionera que hace su cautiva; allá besando mansamente los bordes cincelados de la piedra marina caprichosa; quebrándose acullá en haces de polvo contra la arista enhiesta de las rocas. Su irregularidad le viene de su fuerza. La perfección de la forma se consigue casi siempre a costa de la perfección de la idea. Pues el rayo ¿obedece a marcha precisa en su camino? ¿Cuándo fue jaca de tiro más hermosa que potro en la dehesa? Una tempestad es más bella que una locomotora. Señálanse por sus desbordes y turbulencias las obras que arrancan derechamente de lo profundo de las almas magnas.

Y Pérez Bonalde ama su lengua, y la acaricia, y la castiga; que no hay placer como este de saber de dónde viene cada palabra que se usa, y a cuánto alcanza; ni hay nada mejor para agrandar y robustecer la mente que el estudio esmerado y la aplicación oportuna del lenguaje. Siente uno, luego de escribir, orgullo de escultor y de pintor. Es la dicción de este poema redonda y hermosa; la factura amplia; el lienzo extenso; los colores a prueba de Sol. La frase llega a alto, como que viene de hondo, y cae rota en colores, o plegada con majestad, o fragorosa como las aguas que retrata. A veces, con la prisa de alcanzar la imagen fugitiva, el verso queda sin concluir, o concluido con premura. Pero la alteza es constante. Hay ola, y ala. Mima Pérez Bonalde lo que escribe; pero no es, ni quiere serlo, poeta cincelador. Gusta, por descontado, de que el verso brote de su pluma sonoro, bien acuñado, acicalado, mas no se pondrá como otro, frente al verso, con martillo de oro y buril de plata, y enseres de cortar y de sajar, a mellar aquí un extremo, a fortificar allí una juntura, a abrillantar y redondear la joya, sin ver que si el diamante sufre talla, moriría la perla de ella. El verso es perla. No han de ser los versos como la rosa centifolia, toda llena de hojas, sino como el jazmín del Malabar, muy cargado de esencias. La hoja debe ser nítida, perfumada, sólida, tersa. Cada vasillo suyo ha de ser un vaso de aromas. El verso, por dondequiera que se quiebre, ha de dar luz y perfume. Han de podarse de la lengua poética, como del árbol, todos los retoños entecos, o amarillentos, o mal nacidos, y no dejar más que los sanos y robustos, con lo que, con menos hojas, se alza con más gallardía la rama, y pasea en ella con más libertad la brisa y nace mejor el fruto. Pulir es bueno, mas dentro de la mente y antes de sacar el verso al labio. El verso hierve en la mente, como en la cuba el mosto. Mas ni el vino mejora, luego de hecho, por añadirle alcoholes y taninos; ni se aquilata el verso, luego de nacido, por engalanarlo con aditamentos y aderezos. Ha de ser hecho de una pieza y de una sola inspiración, porque no es obra de artesano que trabaja a cordel, sino de hombre en cuyo seno anidan cóndores, que ha de aprovechar el aleteo del cóndor. Y así brotó de Bonalde este poema, y es una de sus fuerzas: fue hecho de una pieza.

¡Oh! ¡Esa tarea de recorte, esa mutilación de nuestros hijos, ese trueque de plectro del poeta por el bisturí del disector! Así quedan los versos pulidos: deformes y muertos. Como cada palabra ha de ir cargada de su propio espíritu y llevar caudal suyo al verso, mermar palabras es mermar espíritu, y cambiarlas es rehervir el mosto, que, como el café, no ha de ser rehervido. Se queja el alma del verso, como maltratada, de estos golpes de cincel. Y no parece cuadro de Vinci, sino mosaico de Pompeya. Caballo de paseo no gana batallas. No está en el divorcio el remedio de los males del matrimonio, sino en escoger bien la dama y en no cegar a destiempo en cuanto a las causas reales de la unión. Ni en el pulimento está la bondad del verso, sino en que nazca ya alado y sonante. No se dé por hecho el verso en espera de acabarle luego, cuando aún no esté acabado; que luego se le rematará en apariencia, mas no verdaderamente ni con ese encanto de cosa virgen que tiene el verso que no ha sido sajado ni trastrojado. Porque el trigo es más fuerte que el verso, y se quiebra y amala cuando lo cambian muchas veces de troje. Cuando el verso quede por hecho ha de estar armado de todas armas, con coraza dura y sonante, y de penacho blanco rematado el buen casco de acero reluciente.

Que aun con todo esto, como pajas perdidas que con el gusto del perfume no se cuidó de recoger cuando se abrió la caja de perfumería, quedaron sueltos algunos cabos, que bien pudieran rematarse; que acá sobra un epíteto; que aquí asoma un asonante inoportuno; que acullá ostenta su voluta caprichosa un esdrújulo osado; que a cual verso le salió corta el ala, lo que en verdad no es cosa de gran monta en esta junta de versos sobrados de alas grandes; que, como dejo natural del tiempo, aparecen en aquella y esta estrofa, como fuegos de San Telmo en cielo sembrado de astros, gemidos de contagio y desesperanzas aprendidas; ¡ea! que bien puede ser, pero esa menudencia es faena de pedantes. Quien va en busca de montes, no se detiene a recoger las piedras del camino. Saluda el Sol, y acata al monte. Estas son confidencias de sobremesa. Esas cosas se dicen al oído. Pues, ¿quién no sabe que la lengua es jinete del pensamiento, y no su caballo? La imperfección de la lengua humana para expresar cabalmente los juicios, afectos y designios del hombre es una prueba perfecta y absoluta de la necesidad de una existencia venidera.

Y aquí viene bien que yo conforte el alma, algún momento abatida y azorada de este gallardísimo poeta; que yo le asegure lo que él anhela saber; que vacíe en él la ciencia que en mí han puesto la mirada primera de los niños, colérica como quien entra en casa mezquina viniendo de palacio, y la última mirada de los moribundos, que es una cita, y no una despedida. Bonalde mismo no niega, sino que inquiere. No tiene fe absoluta en la vida próxima; pero no tiene duda absoluta. Cuando se pregunta desesperado qué ha de ser de él, queda tranquilo, como si hubiera oído lo que no dice. Saca fe en lo eterno de los coloquios en que bravamente lo interroga. En vano teme él morir cuando ponga al fin la cabeza en la almohada de tierra. En vano el eco que juega con las palabras, porque la naturaleza parece, como el Creador mismo, celosa de sus mejores criaturas, y gusta de ofuscarles el juicio que les dio, le responde que nada sobrevive a la hora que nos parece la postrera. El eco en el alma dice cosa más honda que el eco del torrente. Ni hay torrente como nuestra alma. ¡No!, ¡la vida humana no es toda la vida! La tumba es vía y no término. La mente no podría concebir lo que no fuera capaz de realizar; la existencia no puede ser juguete abominable de un loco maligno. Sale el hombre de la vida, como tela plegada, ganosa de lucir sus colores, en busca de marco; como nave gallarda, ansiosa de andar mundos que al fin se da a los mares. La muerte es júbilo, reanudamiento, tarea nueva. La vida humana sería una invención repugnante y bárbara, si estuviera limitada a la vida en la tierra. Pues ¿qué es nuestro cerebro, sementera de proezas, sino anuncio del país cierto en que han de rematarse? Nace el árbol en la tierra, y halla atmósfera en que extender sus ramas; y el agua en la honda madre, y tiene cauce en donde echar sus fuentes; y nacerán las ideas de justicia en la mente, las jubilosas ansias de no cumplidos sacrificios, el acabado programa de hazañas espirituales, los deleites que acompañan a la imaginación de una vida pura y honesta, imposible de logro en la tierra ¿y no tendrá espacio en que tender al aire su ramaje esta arboleda de oro? ¿Qué es más el hombre al morir, por mucho que haya trabajado en vida, que gigante que ha vivido condenado a tejer cestos de monje y fabricar nidillos de jilguero? ¿Qué ha de ser del espíritu tierno y rebosante que, falto de empleo fructífero, se refugia en sí mismo, y sale íntegro y no empleado de la tierra? Este poeta venturoso no ha entrado aún en los senos amargos de la vida. No ha sufrido bastante. Del sufrimiento, como el halo de la luz, brota la fe en la existencia venidera. Ha vivido con la mente, que ofusca; y con el amor, que a veces desengaña; fáltale aún vivir con el dolor que conforta, acrisola y esclarece. Pues ¿qué es el poeta, sino alimento vivo de la llama con que alumbra? ¡Echa su cuerpo a la hoguera, y el humo llega al cielo, y la claridad del incendio maravilloso se esparce, como un suave calor, por toda la tierra!

Bien hayas, poeta sincero y honrado, que te alimentas de ti mismo. ¡He aquí una lira que vibra! ¡He aquí un poeta que se palpa el corazón, que lucha con la mano vuelta al cielo, y pone a los aires vivos la arrogante frente! ¡He aquí un hombre, maravilla de arte sumo, y fruto raro en esta tierra de hombres! ¡He aquí un vigoroso braceador que pone el pie seguro, la mente avarienta, y los ojos ansiosos y serenos en ese haz de despojos de templos, y muros apuntalados, y cadáveres dorados, y alas hechas de cadenas, de que, con afán siniestro, se aprovechan hoy tantos arteros batalladores para rehacer prisiones al hombre moderno! Él no persigue a la poesía, breve espuma de mar hondo, que solo sale a flote cuando hay ya mar hondo, y voluble coqueta que no cuida de sus cortejadores, ni dispensa a los importunos sus caprichos. Él aguardó la hora alta, en que el cuerpo se agiganta y los ojos se inundan de llanto, y de embriaguez el pecho, y se hincha la vela de la vida, como lona de barco, a vientos desconocidos, y se anda naturalmente a paso de monte. El aire de la tempestad es suyo, y ve en él luces, y abismos bordados de fuego que se entreabren, y místicas promesas. En este poema, abrió su seno atormentado al aire puro, los brazos trémulos al oráculo piadoso, la frente enardecida a las caricias aquietadoras de la sagrada naturaleza. Fue libre, ingenuo, humilde, preguntador, señor de sí, caballero del espíritu. ¿Quiénes son los soberbios que se arrogan el derecho de enfrenar cosa que nace libre, de sofocar la llama que enciende la naturaleza, de privar del ejercicio natural de sus facultades a criatura tan augusta como el ser humano? ¿Quiénes son esos búhos que vigilan la cuna de los recién nacidos y beben en su lámpara de oro el aceite de la vida? ¿Quiénes son esos alcaides de la mente, que tienen en prisión de dobles rejas al alma, esta gallarda castellana? ¿Habrá blasfemo mayor que el que, so pretexto de entender a Dios, se arroja a corregir la obra divina? ¡Oh Libertad!, ¡no manches nunca tu túnica blanca, para que no tenga miedo de ti el recién nacido! ¡Bien hayas tú, Poeta del Torrente, que osas ser libre en una época de esclavos pretenciosos, porque de tal modo están acostumbrados los hombres a la servidumbre, que cuando han dejado de ser esclavos de la reyecía, comienzan ahora, con más indecoroso humillamiento, a ser esclavos de la Libertad! ¡Bien hayas, cantor ilustre, y ve que sé qué vale esta palabra que te digo! ¡Bien hayas tú, señor de espada de fuego, jinete de caballo de alas, rapsoda de lira de roble, hombre que abres tu seno a la naturaleza! Cultiva lo magno, puesto que trajiste a la tierra todos los aprestos del cultivo. Deja a los pequeños otras pequeñeces. Muévanle siempre estos solemnes vientos. Pon de lado las huecas rimas de uso, ensartadas de perlas y matizadas con flores de artificio, que suelen ser más juego de la mano y divertimento del ocioso ingenio que llamarada del alma y hazaña digna de los magnates de la mente. Junta en haz alto, y echa al fuego, pesares de contagio, tibiedades latinas, rimas reflejas, dudas ajenas, males de libros, fe prescrita, y caliéntate a la llama saludable del frío de estos tiempos dolorosos en que, despierta ya en la mente la criatura adormecida, están todos los hombres de pie sobre la tierra, apretados los labios, desnudo el pecho bravo y vuelto el puño al cielo, demandando a la vida su secreto.

Productos de Venezuela

Este es para Venezuela el mes hermoso, en que en sabia exhibición han de juntarse los productos todos de aquel pueblo histórico, cuna, como la Grecia de las razas latinas de Europa, de los pueblos hispanoamericanos. Porque de allí, como de seno de gloriosa madre, surgió el padre de pueblos.

Viene ahora a cuento recordar lo que la industriosa Venezuela, que hoy tiene tiempo por fortuna para ocuparse en sus industrias, expuso en aquella otra Exhibición buena, que celebró el año pasado la República Argentina en la brillante ciudad de Buenos Aires.

¿Cómo no había de dar muestras la sección venezolana de producción natural, variada y rica? Y no hay que celebrar a la tierra fértil, que da maravillas casuales, sino a los que cuidan de presentarlas con orden y lucimiento en los pueblos extranjeros.

Desde el primer instante, atraía los ojos una escogida colección de muy bien curtidos cueros. De vaca los había, con tal esmero trabajados, que parecían de cabritilla. Los había de carnero, teñidos con la cochinilla del país; de cabra, de color oscuro o de vivo azul. Tan notables y perfectos eran los preparados al uso de Inglaterra como los dispuestos al modo de Levante. Y es lo más celebrable que todas las substancia empleadas en curtir aquellos cueros, eran substancias del país. A esto sí que puede llamarse industria venezolana; y ésta sí que puede competir con fruto con industrias similares en el extranjero. La tierra de Venezuela da la materia prima, las que sirven para trabajarla y los trabajadores.

A tales industrias patrias que tienen tales elementos de prosperidad y victoria, pueden dedicar sin miedo dineros y trabajos los capitalistas. Y como en Venezuela se da el ingenio vivo, y abundante, como las flores del bucare, hasta el sistema de emplear los colores para teñir los cueros, es venezolano. Tiene Venezuela excelentes químicos. Ha hecho bien su Gobierno en levantar estatua al hombre de ciencia que alimentó en la privilegiada República el amor a estos nobles estudios.

De café, de aquel café venezolano, vivificador y fragante, café tal que parece que hierve una oda en cada taza; de cacao, de algodón —de que hacen en el país buenos tejidos; de cochinilla, de más vivo color aún que las de Guatemala y México— no hay que decir que había excelentes y numerosas muestras —y era celebrada la exquisita finura con que, como con manos francesas, estaban trabajados los dulces de chocolate. De Venezuela es el buen gusto.

Casi queda dicho que era muy importante la sección de productos de Farmacia y Química. Sobresalían el extracto de zarzaparrilla, crema de eucaliptos, y buenas preparaciones botánicas. Se sabe que la Botánica, base de la ciencia médica en todos los pueblos nacientes, y elemento casi único de la sabia Terapéutica china, figura grandemente, y acaso exclusivamente, en el sistema de curación de los indígenas, no desdeñado por cierto, sino muy atendido por los médicos cuerdos.

En anchas vidrieras, veíanse allí sombreros bien hechos, botas a la grenadiére, de aquellas que ya obtuvieron en la Exposición de Filadelfia medalla de bronce; y muy bien acabados zapatos para mujeres y niños: a bien que para esto tiene Caracas excelentes modelos. Delfino es el zapatero renombrado.

Muy bueno pareció también el jabón de lavar de Meneses, ya compacto, ya líquido, muy preferible, a lo que parece, a muchos de importación extranjera en la América española. He aquí sus elementos:

Sebo americano	100
Resina de pino	75
Aceite de palma amarillo	11/2
Sosa cáustica	10 %

Del azúcar, que en abundancia grande y en ricos panelones produce Venezuela, hacen favorable juicio los críticos de la Exposición que hallaron las muestras venezolanas muy bien refinadas y dispuestas.

Ponía hermoso remate al espacioso salón que destinó a Venezuela la noble madre de San Martín, la generosa República del Plata, una colección muy rica de minerales y maderas. Con tener maderas tan buenas Buenos Aires, todos se detenían a admirar la especial naturaleza, la sólida fibra, el fresco color, las caprichosas vetas de las maderas de Venezuela, que por lucirlas mejor, no quiso barnizar sus muestras.

¿Qué más que fe de sus hijos en sus propias fuerzas, y vías de comunicación entre los centros de producción y las costas, y éstas y las tierras extranjeras, faltan para que entren en vías de prosperidad pasmosa a pueblos que tienen a raudales las riquezas que otros explotan y codician?

Como gigantes que ya se cansan de reposar, se ve que se levantan y emprenden la marcha nuestros pueblos nuevos.

La América. Nueva York, agosto de 1883.

Los Estados Unidos y Venezuela

Se publica en los Estados Unidos un periódico encaminado a atraer a los manufactureros y comerciantes norteamericanos a los mercados de nuestra América.

Venezuela, dice en su último número *The American Exporter*, está mejor situada que ninguna de las Repúblicas de la América Meridional para el comercio con los Estados Unidos. A nuestro propio abandono e ignorancia —dice, hablando con los norteamericanos— puede atribuirse solamente la pobreza de nuestro comercio con los venezolanos. Decir que nuestro tráfico con ellos excede al de ellos con cualquiera otro país, no altera el hecho de que sería mucho mayor si pusiéramos en práctica aquellas reglas de comercio que Inglaterra conoce tan bien. Venezuela consume algo más de productos americanos que de productos ingleses, y los Estados Unidos consumen, tal vez, tantos productos venezolanos como toda Europa.

Cree el periódico que una de las razones que han mantenido hasta ahora en pequeñez el tráfico entre los dos países es el desconocimiento, cuando no las vulgares preocupaciones, de los exportadores y fabricantes norteamericanos respecto a las condiciones de aquellos mercados, y a las necesidades y hábitos de los que viven en ellos. Los grandes países suelen ser, y los Estados Unidos lo son en muchas cosas, tan rutinarios como los pequeños. Para llevar sus productos a algún país, hay que llevar productos que sean de acomodo y consumo en el país.

Es grato ver el creciente empeño con que, con propósitos pacíficos y mercantiles estudian hoy muchos hombres de la América del Norte los recursos, méritos y facilidades de riqueza de las Américas del Centro y del Sur. El carácter práctico y levantado de alguno de los representantes de nuestros países en Washington; las visitas cordiales, y hechas con visibles y cariñosos propósitos de mutuo estudio y acercamiento, de los magistrados de dos Repúblicas cercanas; la atención que sobre sí ha traído, aun a los que no se han decidido a figurar en ella, la Exposición Venezolana; la recomendación, siempre fecunda, del presidente de los Estados Unidos en su Mensaje al Congreso sobre la necesidad de estudiar más de cerca, querer más, visitar más, y enviar más frutos a los países hispanoamericanos; y los trabajos de los que, como *La América*, tienden a la mayor comunicación industrial y mercantil entre ambas secciones americanas, han venido juntándose, como sin sentir, y como evocados unos hechos por los otros, para producir esta curiosidad benéfica en los productores y embarcadores del país.

Ya no es curiosidad; es decisión de obrar.

Ya no se preguntan si aquellos mercados son útiles, puesto que lo saben; lo que se preguntan es el modo de ponerse de una manera práctica y fructuosa en comunicación con ellos.

La América. Nueva York, septiembre de 1883.

«Manual del Veguero Venezolano». Por el señor Lino López Méndez

De Varina salía en tiempos de antaño —de Varina, que estaba cerca de Cumaná, madre de Sucre— el más rico tabaco que por entonces saboreaban, con mengua del de Güines y del de Flor de Sagua, los fumadores de España, Italia y Francia. De Venezuela viene ahora también un lindo libro, en que se cuentan con afortunada llaneza, singular lucidez y desinterés incomparable, todas las varias artes y celosos cuidados que quiere la hoja india, consuelo de meditabundos, deleite de los soñadores arquitectos del aire, seno fragante del ópalo alado. *Manual del Veguero Venezolano* se llama el discretísimo libro: todo es aroma, como la planta cuyo cuido enseña; es su autor el señor Lino López Méndez, veguero de oficio, que aquí prueba ser, además, escritor hábil y galano, que de las mismas plantas, y al Sol y al sereno, ha aprendido el modo de cuidarlas. Dice que le enseñó mucho el manual de Dau, pero que la tierra le ha enseñado más.

No agrada el libro solamente porque con habla tersa y sabrosa, tan culta que parece de letrado, y tan clara que no habrá labriego que no la entienda, narra todos los trances, riesgos, necesidades y enseñanzas del cultivo de esta planta rica; sino por cierto amor de padre, celoso y ferviente, que muestra el enseñador ameno por sus plantas. Se ve que las ama y mima como si fueran sus hijas. Se enoja con los que las tratan rudamente. Se encara, como con profanadores, con los vulgares rutineros. Por entre las hojas del libro, parece vérsele encorvado, en la madrugadita fresca, buena a estas labores, sobre la mata recién nacida, sacándole de entre las hojas el mordedor y diminuto cogollero; que donde nace planta, allí nace insecto; y por donde brota flor, ya anda la oruga.

Está escrito este libro de manera que, con ser la mejor acaso, y la más práctica y entendible de cuantas monografías van publicadas sobre el cultivo del tabaco, imagínase ver al autor, mientras se lee su artístico trabajo, protegiendo con las manos cuidadosas, del Sol excesivo, del grillo rastrero, del podador burdo, de la humedad putrefactora, a su mata olana de tabaco. Ni matas las llama, sino maticas. Hojitas dice cada vez que tiene que decir hojas. Como Cherville, este Mery de los jardines ama sus flores, don Lino López ama sus plantíos. Como a personas estima sus plantas. ¡Sentido y respeto de la vida universal, dote solo de las almas profundas! ¡Delicadas puerilidades, prenda exclusiva de las almas nobles!

Extractar el libro fuera imposible, porque todo él es extracto. No habla como empinado catedrático, más atento a que le admiren que a que le entiendan, sino como padre de familia que da lecciones a sus hijos campesinos. La perfección absoluta de su pequeño libro le viene visiblemente de su íntimo y acabado conocimiento del asunto. Podrá no ser don Lino López hombre de letras; pero, por el completo ajuste de su estilo y su asunto, ha hecho de su folleto de sesenta y cuatro páginas una obra literaria. A bien que en Venezuela es don nativo el arte, y tradicional el habla buena. Todavía andan por sus calles Eloy Escobar, caballero y poeta, que habla en su lengua de familia un castellano que para sus obras de gala envidiarían el coloreador Alarcón y el discreto Valera; y un Morales Marcano, cuyo lenguaje, de sólidas facetas y de fácil curso, hace a la vez pensar en el viejo vino generoso y en los reflejos del brillante; y carreteros y mozas andan por

Caracas, y pastores en luengas camisolas, que mueven el castellano que parecen graduados de academia.

¡Cuánto enseña el *Manual del Veguero Venezolano*! Toma la planta en el almácigo, y no la deja hasta que sale ya bien acondicionada y empacada, en busca de los torcedores de la ciudad. Cuenta cómo ha de abonarse la tierra; por cuanto no hay tierra, por rica que sea, que no mejore con el abono, ni alma que no se sazone con la vida, ni inteligencia que no crezca con el cultivo y ejercicio, y el tabaco ha menester más que planta alguna de abono cuidadoso, sin que lo haya mejor que el de vegetales bien podridos (por ser sabida ley que la vida nace de la muerte), mezclados con una parte de estiércol de bestias; los vegetales mejores son los palos de las mismas matas de tabaco, las cañas del arroz, del maíz, la hojarasca que se va trocando en tierra. Y explica cómo se ha de ir preparando en montones este abono, y no ha de usarse de montón que no tenga ya contados sus seis meses.

Dibuja, más que dice, cómo han de hacerse en dos rectángulos paralelos los semilleros o almácigos, sobre canteros muy bien movidos, por querer el tabaco, así como atmósfera seca, tierra muy limpia y floja. De diez varas de largo por dos y media de ancho será cada uno de los dos canteros; media botella de semilla, mezclada a cinco de arena fina, hasta; y luego que el almácigo está ya polvoreado de sencilla, se le salpica con ceniza y abono y se le cubre piadosamente, a que ni Sol ni lluvia le dañen, con las generosas hojas del plátano. Del plátano se sacan las cabullas en que se ensartan las hojas cosechadas; las hojas con que se forra el interior del burro, largo envase donde, bien cubierta, se pone más tarde el tabaco embetunado a que fermente; y las tiras que atan las manillas primero, y luego los matullos. El semillero es el tesoro de la vega, y como a tal se cuida. Al quinto día se le pone techo, y ya a los ocho días, la planta tempranera saca a tierra sus dos primeras hojas tiernas, que han de ser bien regadas, más nunca con agua salobre. ¡Cuánto pequeño cuidado empieza ahora, de que dependen luego la bondad, el peso, la condición y el aroma del tabaco! A los veinticinco o treinta días de nacida la semilla, trasplantada a canteros semejantes, y cuando ya tiene unos dos meses, siémbresela definitivamente, a tres cuartas una planta de otra, y nunca a menos, en los surcos que, a medida que se hace el trasplante, van los gañanes abriendo en el terreno bien arado y revuelto, o trabajado a pico y escardilla, cuyo terreno será tanto mejor si tiene dos partes de tierra suelta, de arena fina, y otra de abono vegetal y animal.

Para la siembra, todo esmero es poco. Se le arranca de hondo, para que las raíces no se dañen; se la lleva como en palmas al surco, de nueve pulgadas de ancho y seis de hondo; se la pone en la cresta de él, para que no la arrastren las lluvias, que correrán sin daño a su lado; se la pone bajo una casilla, como si cada planta fuera delicada dama.

No bien pasan veinte días, ya están los peones, con una escardilla pequeña, desyerbando el surco y arrimando tierra al pie de cada mata; a lo que llaman medio aporque. No ha de dejarse crecer yerba en el surco. Ha de emprenderse campaña reñida con los voraces insectos; ha de buscarse, en las cuevas que labra al pie de las matas, al grillo mordedor; al cogollero astuto, para lo que hay que abrir las hojas de cada mata; al verde veguero, que no con menor rapidez se come las mejoren hojas que los ogros del cuento de Perrault se comían niños; y al pardo traidor, cachazudo que devasta en la sombra. También a los semilleros atacan los gusanos; pero a esta invasión se pone coto cercando los almácigos de mostaza, que los insectos comen con delicia.

A poco, repolla, a lo que se le da otro desyerbe; y a poco más, «escaña», por lo que entienden que está a punto de, dar el botón, nuncio de la flor, el cual, con cuidado sumo, ha de arrancarse con las hojillas que le cercan, así como los retoños que nacen al pie de las hojas mejores de la planta, con cuya poda y deshijo va a las hojas toda la fuerza de la mata. ¡Singular cosa, que no sean diferentes, sino idénticos, el modo de sacar provecho de una planta y de una inteligencia! Todo es análogo; acaso más: todo es idéntico. Y así como acaba el monte en alto pico, así tal vez en una verdad sola, y germen solo, se concentran todas las formas de la vida. Universo es palabra admirable, suma de toda filosofía: lo uno en lo diverso, lo diverso en lo uno.

> No es buen veguero
> Quien no coge el bajero,

dice el refrán campesino; con lo cual se enseña que no han de desdeñarse porque sean de clase inferior, sino de cogerse y aprovecharse, las hojas bajas de la planta, primeras que sazonan. Conforme van madurando las hojas, lo que se conoce en que sus venas amarillean y se cubren de pintas amarillas, se van cogiendo; y cuando ya toda la mata esté madura, se la cercena de raíz, con un machete bien afilado. Luego vienen el madureo, la seca, el embetunado, el enmanillado de las hojas. Se clasifican las hojas por tamaño; se ensartan, como quien cose, con una aguja que lleva a la zaga una cabulla, las hojas de cada condición, que una vez en el hilo de diez cuartas, se atan a los cujes, y van en ellos a los andamios, donde las cubren con fardos de crudo grueso; y no las descubren hasta que no tienen ya el color amarillo del melón sazonado que anuncia que las hojas están maduras; por lo que a esos andamios llaman los maduraderos, que como los corredores adonde sacan los cujes a que se oreen, y las piezas abrigadas donde los ponen, ya a calentarlos, con braseros sin humo, de la humedad excesiva, ya a impedir que el exceso de Sol tueste las hojas y las «arrebate», son todas partes de la aireada casa de tabaco. Y se ha de registrar hoja por hoja, y no dejar hoja podrida ni verduzca. Cuando han pasado quince días de oreo, embetúnanse por primera vez las hojas. Lucen en los betunes los vegueros todas sus experiencias e imaginaciones: cuál prepara el suyo con una infusión de tabaco en agua; cuál pone, en vez de agua, secreción del cuerpo humano, que da más fuerza que perfume. Pero el *Manual del Veguero* dice que para lograr tabaco bueno, luego de bien almacigado, cogido y oreado, no hay como empaparlo en un betún de su receta, que es de este modo: en diez botellas de aguardiente de 30°, póngase media libra de sarrapia, luego de haber rajado cada semilla por un extremo, y una media libra de tabaco bueno y de clase fuerte, todo lo cual se tapa bien en un envase de vidrio, de donde no se le saca sino al ir a usarlo, en cuyo instante se le agregan, moviendo el conjunto bien para que se disuelvan la sal y el óxido, una media libra de sal de nitro y una onza de óxido de hierro.

Pero no es ese el betún, sino una parte de él, a la cual han de juntarse veinte más de una infusión de cuatro onzas de palillos de tabaco bueno para cada diez botellas de cocimiento. Y es fama que con tal menjurje, ni la media capa segundona, ni la entrecapa averiada, ni la humilde y retorcida tripa, dejan de parecer tan finas y exquisitas como a los señores de la corte de Felipe IV las hojas del afamado Pedro Alonso.

Por de contado que hay que secar y orear muy bien, y a aire cálido y no lluvioso, las cabullas embetunadas, no sea que éstas adquieran mal olor y ruin calidad, sobre todo si por ser el tabaco pajizo y flojo se hubiese mezclado al betún una media libra de azúcar quemada, o «papelón», como llaman a los panecillos de azúcar primitiva en Venezuela, o «panela», como les dicen en Guatemala.

Y aún no está todo acabado; que en este punto falta, después de secar bien las hojas, sacarlas al sereno en los corredores; y enmatuladas las cabullas, o envueltas y amarradas, ponerlas a fermentar en el burro, con conveniente peso encima, a que den las hojas de sí todo su gluten, y hiervan y se fortalezcan, cuyo emburrado ha de hacerse antes de que salga el Sol o en horas de tiempo húmedo. Y se vuelven de uno y de otro lado, por sendos días y con muchas precauciones, los matules en los burros; hasta que luego de cuarenta días de estar el tabaco en éstos, lo sacan a recibir betún segundo, que lo aquilata y perfecciona, y cuya labor se hace con regaderas o esponjas, de manera que las hojas de cada matul, ya desatado, queden bien impregnadas de esta infusión definitiva. Al día siguiente, ya el tabaco es seno de perfumes, y los escogedores ponen de un lado la capa grande, toda sana y de color parejo; y la segunda capa más pequeña; y el capote, manchado y de color flojo; y los desechos que van a hacer la tripa. Lo enmanillan, y sale entonces a ocupar artesanos, a enriquecer a mercaderes, a entretener ocios, a día traer penas, a acompañar pensamientos solitarios. ¡Tal vez tengan razón los fumadores: mejor ha de ser a veces ver cómo se dibujan en el aire, con el humo del tabaco, leones y águilas, que sentirlos, como humo del espíritu, subidos al cráneo!

Todo eso que hemos apuntado de ligero, como suma de libro, y por si hay en ello algo nuevo que otros cultivadores aprendan, está enseñado con tal mansedumbre de dicción, riqueza y encadenamiento de detalles y claridad visible y palpable en el libro del señor Lino López Méndez, que el que lo acabe de leer, gustoso y agradecido como quien cierra un gran cuento, se da a sí mismo el grado de docto en el cultivo del tabaco, y pregunta el camino de las tierras fértiles donde, en vegas planas o en lomas arenosas, crece de manos de hombres sensatos y piadosos como el autor de este libro, la planta amable que da el humo, compañero del hombre.

La América. Nueva York, enero de 1884

Buenos y malos americanos. Fiestas en París en honor del general San Martín

De un lado se están poniendo en América los que, sin fuerzas para cumplir con los deberes que les imponen, prefieren renegar de las glorias americanas, como si con esto se librasen del mote de menguados y egoístas; y de otro lado, los que, sin rencillas imbéciles por una parte, pero sin excesos lamentables de lo que demanda el espíritu de raza por la otra, se estrechan, ponen en alto la bandera nueva y van rehaciendo la cuja en que se yerguen, que aquellos otros muerden a escondidas, gateando al favor de su sombra. De un lado los que cantan la forma de nuestras glorias, pero abjuran y maldicen de su esencia, y de otro los que tienen tamaño de fundadores de pueblos, y, por sobre el miedo de los timoratos y las preocupaciones de la gente vana, no quieren hacer de la América alfombra para naciones que les son inferiores en grandeza y espíritu, sino el pueblo original y victorioso anticipado por sus héroe, impuesto por su naturaleza y hoy sobradamente mantenido en estima por sus hijos; no por los que con el mismo plectroporque esos usan plectro, endiosan a Bolívar y a sus tenientes, y al espíritu ¡oh vergüenza! contra el que aquellos hombres magnánimos combatieron; sino por aquellos otros americanos que cuidan más de cumplir dolorosamente su deber de hijos de América en tiempos difíciles, que de pavonear serventesios y liras humildes, en cambio de interesados aplausos, a los ojos de regocijadas tierras extranjeras. Los conocemos, los conocemos. Y los más sinceros son en política como esos raquíticos naturalistas de ojos cortos, que de puro mirar a los detalles pierden la capacidad de entender, a pesar de sus grietas y de sus cataclismos, la armonía de la Naturaleza; son siervos naturales, que no pueden levantar la frente de la tierra; son como flacas hembras que no saben resistir una caricia. Un título los compra. Con lisonjas y celebracioncillas se les tiene. Decimos que los conocemos.

Se nos han ido esas líneas de la mano, como vanguardia de mayor ejército que no quisiera verse obligado a librar batalla al leer en cartas privadas noticia de la entusiasta fiesta con que los hispanoamericanos de París, en que los de la vieja Colombia están en mayor parte, celebraron, en prosa y verso el 25 de febrero, el aniversario de San Martín virtuoso. De ese espíritu necesitamos en América, y no de otro; del que apriete, como quien aprieta espigas de un mismo haz, todos los pueblos de América, desde el que levanta en bronce al cura Hidalgo, que a Washington se parecía en la serenidad y terco empuje, con cierto mayor entusiasmo, hasta el que a Belgrano y a Rivadavia reverencia. Y del lado del Pacífico, ¡benditos sean los que emplean sus manos en vaciar bálsamo sobre aquellas heridas!
  En desemejanza de aquellos malos americanos de quienes hablábamos, que se desciñen de la frente los lauros de Chacabuco y de Maipó, para ir a ceñirse los lauros de Bailén, San Martín —como decía el venezolano Carrillo y Navas la noche de la fiesta—, «acababa de segar gloriosos laureles en los campos sangrientos de Bailén, pero no vaciló en arrancarlos de su frente para reemplazarlos con otros más hermosos conquistados en San Lorenzo, en Maipó y en Chacabuco».
  Y ¿qué otra cosa dijo de San Martín? Dijo, con llano y altivo lenguaje, «que en vez de enriquecerse con el ejercicio del gobierno, sacrificó lo suyo por la patria».
  Y dijo más, y muy justamente, el caballero Carrillo, el organizador de la Biblioteca Bolívar en París, quien a la caliente lengua venezolana une cierta autoridad de pensamiento,

seguridad honrada y nervio, que avaloran lo que escribe; dijo que «si Bolívar brilla sin rival en la epopeya de la independencia, por la energía y constancia de su carácter, por la extensión de su genio y por la poesía misma de su gloria, San Martín presenta, por su parte, durante su carrera política, el dechado más perfecto de todas las virtudes civiles y militares, realzadas por una extrema modestia, y al retirarse a la vida privada legó a las generaciones por venir el más alto quizás y más útil ejemplo de abnegación patriótica que han presenciado los siglos».

Al señor Pedro Lamas tocó, y le venía de derecho, contar a los concurrentes a la noble fiesta la magnífica vida del héroe probo, que en la entrevista de Guayaquil dejó, con nunca vista grandeza, en manos de Bolívar, las coronas que en su propia tierra y en Chile y en Perú, tenía ganadas. Tres pueblos puso, que salieron de sus manos, en las de aquel que, con modestia maravillosa y conmovedora, juzgó más útil a América y más afortunado. ¡Quién debió ser Bolívar para causar en San Martín impresión semejante! De la reseña sobria y elocuente de Lamas surgía, como de un espejo de acero, la imagen inmaculada del prohombre argentino.

Y dijo luego un soneto en honor de ambos héroes, y otro brioso y resonante a nuestra América, ese poeta que se saca los versos de lo hondo del alma, como una paloma sus hijuelos, alados y blancos; dijo versos el venezolano Jacinto Gutiérrez Coll, de esos que vibran con el tañido grato y prolongado de la buena porcelana.

Noble ha sido la fiesta que ha juntado en París a los hijos de Bolívar resplandeciente, San Martín virtuoso; noble toda fiesta que ponga en alto el espíritu original y ardiente, el espíritu americano de América, en que se está deslizando ahora, como una serpiente envuelta en la bandera patria, otro diverso espíritu.

Quien hubiera visto poblado de águilas el aire cuando de la casa pobre de Guayaquil salieron de determinar los dos gloriosos caballeros que la Libertad no podía tener más que un esposo, no hubiese visto mal: que aquel aire estaba hecho de águilas.

Esta fiesta de París, por la sociedad «Biblioteca Bolívar» organizada, nos hace ver, como si la tuviéramos delante, la casa aquella, de sagradas paredes, donde lloraron sin duda, con lágrimas que pocas veces ruedan por las mejillas de los hombres, San Martín y Bolívar.

La América. Nueva York, abril de 1884

Un poema cubano. «Los Arabescos de Eduino» por José Antonio Calcaño

De Venezuela, donde nació América; donde un cura liberal, de un rayo de la palabra, abrió en dos y echó al mar la corona española; donde Bolívar, que engendró un mundo, pensó en redondearlo con la libertad de las Antillas, peligro y rémora del continente y de la paz universal mientras continúen esclavas; donde peleó Páez, el más épico y original de los héroes americanos, que quiso remozar su vejez en la batalla por la independencia de Cuba; donde la madre desolada guarda aún la carta que del campo cubano le escribió él hijo querido, que de la riqueza de Caracas se fue a morir por Cuba infeliz; de Venezuela, y de uno de sus mejores hijos, le viene ahora a Cuba un valioso regalo. Cubano es el poema; y ¿por qué no hemos de decir, con ésta ciudadanía en que ardemos todos, que es cubano el autor?, ¿no sangra él, como la madre de su poema, por los dolores de la tierra mísera, la tierra que ya se alza sobre el codo, se aprieta la cintura y vuelve a ver el cielo?, ¿no es el autor hermano glorioso de aquel Eduardo Calcaño, que con las estrofas de su prosa vehemente, calzadas como las lanzas de acero bruñido, y con su discurso de oro encendido, avivó el valor y flageló la cobardía, en tiempo de Zambrana, de Piñeyro y de Sanguily, de los cubanos de la primera guerra? ¿No es honor de América, por la médula de su verso y la ternura de su corazón, José Antonio Cálcaño, el poeta piadoso de «Los Arabescos de Eduino»?

De alma muy fina y de heroísmo doméstico es el poema de José Antonio Calcaño, que halla a la lengua castellana en América empleo más digno que el de servir de colchón y calzapollo a sus dominadores; ¡hay hombres hechos, por su ruin natural, para que se acuesten sobre ellos, Cavas perpetuas de felices Rodrigos, y otros para ponérseles delante con la luz de su virtud y el orgullo de su libertad, y echarlos, tapándose el bochorno, por las entrañas de la tierra!, ¡hay quien le lleve al señor todos los días, para que se bañe al despertar, la palangana servil, llena de la sangre de su tierra! Y hay también, aunque no sea de cuna cubana, quien recuerde lealmente, en poesía amiga y delicada, el sacrificio que suelen negar hoy, en los demás por fatiga o aberración, los mismos que fueron héroes de él. Cuenta el poeta la historia triste de Eduino en romance dramático, realzado por ideas de honda belleza, y de hermano o de padre, como rubíes o zafiros en filigrana de oro.

En New Brighton, cerca de Liverpool, vivían, cuando la guerra, los padres de Eduino, y el niño acababa de nacer; vivían tranquilos —cuanto por climas extraños— cabe a las aves sin nido. De fuego de Sol era la madre bella, y lo que cantaba «siempre» eran «canciones de Cuba»: «mas tal al cantar lloraba que dudo si al tiempo mismo que consolaba su ausencia no doblaba su martirio». Y un día se quedó la casa sola; el padre halló a unos cubanos que le hablaron de la ocasión de ir a la guerra y del Virginius que salía; les dio promesa de ir: «¡oh, Cuba, adorada Cuba!»; la mujer, acobardada un instante, le echa, antes que la que le puso pronto la muerte, la corona de sus brazos; el vapor se va, con el cubano fiel; pasa el vapor, humeando, por frente a la casa viuda: no se ve ni se oye nada; «un pañuelo blanco a bordo —y en los balcones un grito—»: —«Cuba, Cuba, tú no sabes los dolores de tus hijos.»

No volvió el padre: cayó en el *Virginius*.

Entonces no es, sino diez años más tarde, cuando se ve el dolor del poema; cuando la madre, «desierto el mundo», pobre el vestido y la casa, solo para el muerto y para Eduino vive, y exacerbada o hundida,

>	ya son de muerte sus ayes,
>	ya son de rayo sus ímpetus.

Y él, de diez años, «festivo y angélico», todo lo borda con la pluma artística; a besos echa la angustia de la frente de su madre; acaso su risa alegre hiere y extraña el desolado corazón; baja él con la madre al mísero jardín, o la acompaña, por las tardes de verano, a respirar el aire de la mar, de la mar que se llevó al padre que no ha vuelto; y la casa, llénala de dibujos, ya clavados con orgullo a las paredes de su cuarto, ya en los márgenes de diarios y revistas, ya en cuanto hueco halla a mano, que por todas partes se ven «los arabescos de Eduino», por el canto de bronce, se va al cuarto sangrando:

>	con la dureza del hombre,
>	con el rigor del destino,

cuando vuelve, quizás de extender la mano en balde, a la casa menesterosa, halla abierto sobre la mesa, como infausto cumplimiento, el libro de rezos que el esposo al partir le dejó por memoria, y donde el pobre niño ha floreado, con lazo de más pétalos y cintas que todos los suyos, las iniciales de sus padres, la madre, airada de que otra mano desfigurase el recuerdo último, lanza el libro a su niño sonriente, que herido por el canto de bronce, se va al cuarto sangrando:

>	Y por toda la escalera
>	La llevó el sangriento hilo,
>	Como una mano de hierro,

Hasta la alcoba del niño.
Lo que sintió al ver sus manos
Y su rostro en sangre tintos,
Solo alcanzarlo pudiera
La santa madre de Cristo;
Que con ser tal su desdicha
Que aún la lamentan los siglos,
No fue la de hacer su mano
Correr la sangre del hijo!

Después, ¿a qué los cuidados?, ¿a qué besarle con lágrimas las manecitas, que señalan a la pared, pidiéndole que rompa todos los dibujos?, ¿a qué celebrarle arrepentida «los dibujos lindos», y aquel «obsequio de él», y llamarse vil?, ¿a qué echarle, en las manos para siempre caídas, pinturas en montón, y papeles y lápices? Eduino

Estaba siempre en silencio,
A su regazo acogido,
Como se echa bajo un olmo
Con su dardo el cervatillo.

Y se desvanecía, con la cabecita vendada. Y una noche

Tomó la mano a su madre
Y dio el último suspiro...

Y el poema acaba, y la madre:

¡Cómo vivir ya esa madre
Desolada en tal recinto,
Sordo el cielo, el hijo muerto

> Y el remordimiento vivo!...
> Pero el más pronto descanso
> Lo da el más grande martirio:
> Sucumbió, la hallaron muerta,
> Ya el cuerpo rígido y frío,
> De rodillas, contra el lecho
> Y los labios sobre el libro
> En la página en que estaban
> Los arabescos de Eduino.

De lauros está cubierta la mesa donde escribe sus versos, en el reposo de la justa fama, el poeta más castizo de Venezuela. En «Los Arabescos», como en todo lo suyo, luce la lengua su música y color; realza con el ritmo esmerado, y el súbito chispazo de poesía, la narración corriente, y une a estos méritos el de la viveza dramática a que en América no puede dar vuelo el verdadero artista, por no hallarle campo natural sino en la época embrionaria, de indios y conquistadores, poco vulgar aún para que interese y mueva su grandioso drama, o en el teatro, aún no bien desbrozado, de la guerra de independencia, manantial futuro de creaciones, o en la vida social contemporánea, todavía en nuestra América vacilante e informe, que en la escena se habría de expresar con la indecisión e hibridismo que quitan beldad y permanencia a la obra de arte. Drama visible parece, más que poema, el romance de Calcaño. Pero su movimiento y realidad, con ser muchos, no es lo que más debe celebrarle un cubano, ni el señorío sobre la lengua, que él guía y revuelve como jinete generoso un caballo de rico jaez; sino la ternura, de hermano o de padre, con que recuerda los sacrificios callados de Cuba los sacrificios de que Cuba no se ha cansado aún, y aquella voz del alma con que grita, para castigo de olvidadizos y consuelo de héroes ignorados:

¡Cuba, Cuba, tú no sabes
Los dolores de tus hijos!

En la portada lleva el libro, en lazo estrecho, una pluma y una espada, y alrededor una corona de laurel.
Patria. Nueva York, 12 de agosto de 1893

Alba de Cuba. Relieve del escultor venezolano Rafael de la Cova

Más que con la pluma escribimos esta vez con el agradecimiento: Que un cubano muera por su patria; que viva como se vive lejos de ella, que es morir, está bien, y a eso estamos todos, sin pestañear y sin cejar; pero que un noble caballero de otro país, cuyo cincel ha producido obras que adornan parques y plazas de Caracas, su ciudad nativa; que un artista de fama, que nos sabe pobres, y no tiene que esperar de nosotros puesto ni encumbramiento, consagre su delicada inspiración y su cincel destrísimo a poner en escultura nuestras esperanzas; que Rafael de la Cova haya trabajado con manos cariñosas, el precioso relieve que llama Alba de Cuba, es un acto de nobleza que a todos los cubanos debe hacer el nombre de este caballero muy querido. Quisiéramos que nuestros lectores le viesen como nosotros le hemos visto: puesto a la faena como si se tratara de una obra que debiera valerle la recompensa importante que le han valido sus estudios; retocándola con esmero paternal, como si la hermosa criatura que ha creado en este relieve su fantasía fuese su hija más querida; temeroso como un colegial de que la obra no fuera digna de su objeto.

Oh, pero lo es; ¡y pronto estará en todos nuestros hogares, y volveremos a ella los ojos, como un símbolo de nuestros más dulces deseos, en las horas frecuentes de desfallecimiento, en que el destierro es más doloroso que la muerte!

Alba de Cuba tiene la delicadeza de una aurora y la hermosura de un deseo que comienza a cumplirse. De entre nubes vagas, como todo lo que nace, asciende por el cielo una bellísima criatura, vestida con su propia cabellera, que tiene vuelto a lo alto el rostro enérgico, y con el esfuerzo de sus dos brazos arrogantes alza ya a medio quebrar una cadena. Hacia arriba y a sus pies empujan las nubes nuestro escudo. Por el Este, sobre unas nubes apretadas, como cargadas de sufrimiento humano, el Sol asoma.

El óvalo del relieve, como todo él, es sencillo y casto: ni cargazón de adornos, ni ilusiones de mal gusto, ni mucho símbolo: nada más que el noble deseo de un americano libre que acude con el tributo de su arte en la hora del pesar a los únicos americanos que son todavía esclavos. El modelado de la figura es de toda pureza y de beldad notable; y toda la composición tiene un aire de nitidez y castidad que provoca un espontáneo aplauso.

Uno de los mayores méritos del trabajo de De la Cova, en el cual da a entender que conoce la elevación del alma cubana, es que esta figura suya de Cuba, al despertar redimida en su alba libre, no tiene a su alrededor un solo símbolo de venganza o castigo, una sola memoria de rencor que empañe la primera aurora. Así concibe un verdadero artista.

No hacemos aquí más que obedecer al ruego unánime de los que han visto el generoso trabajo de De la Cova: expresarle nuestra gratitud íntima. El arte afirma los sentimientos que expresa, los cuales crecen en el alma, de tenerlos siempre delante de los ojos en una forma hermosa. Y otro servicio más hace el artista. Y es que representando en lo que tiene de bello el sentimiento, acostumbra al espíritu a verlo de esta manera, y se prepara a rechazar en la hora de los extravíos todo lo que desluzca o falsee.

¡Oh! sí. En las horas de soledad y de amargura que son tan frecuentes lejos de la patria, hace mucho bien poder volver los ojos a una imagen que nos la representa libre y nueva.

A Fausto Teodoro de Aldrey
22 de marzo, 1881
Señor Fausto Teodoro de Aldrey
Mi benévolo amigo:

Lucho entre el miedo de ocupar con asuntos personales la atención pública, a más altas cosas que a los placeres de un hombre agradecido consagrada, y el anhelo de decir de una vez el agradecimiento en que reboso. Estoy confuso, y enamorado de los hombres, y de esta noble tierra-madre de todas las americanas y la nuestra, y tan lleno de obligaciones que no sé como pagar: —aunque quiero quedarme con ellas, y no devolverlas, por el placer de tener que agradecer.

¿A quién daré las gracias primero? ¿A esos hijos mimados de la Historia y de las Musas que me llevaron amorosamente de la mano al Club caballeresco? ¿Al ternísimo Escobar, al culto Ponte, a Toledo Bermúdez generoso, que me han recibido, más que en su casa, en sus brazos? ¿A aquella sala brillante y seductora, que entera vive, con sus caballeros de miradas altivas, y sus damas de miradas puras, en el alma del huésped conmovido? ¿A usted, amigo mío, que me saca, con sus hidalgas salutaciones, de mi oscuro retiro, poblado hoy, merced a tanta bondad, de armonías tantas? ¿A la noble persona que con tan airosa pluma ha dicho de mí anoche tan extrañas cosas? ¿A la misma ciudad esbelta y pulcra, con tan singular cuidado embellecida, que entra por tan buena parte con su gracia artística en mis devaneos y ensueños de futuras proezas, no he de dar, con la mano en el corazón henchido, leales gracias?

¡Oh!, ¡quién pudiera pagar con rápidas y útiles obras, tantos beneficios! ¡Qué almohada tan suave para todos mis dolores! Mas de ellos I he de despertar, para contribuir, con el bien de ellos sacado, al bien ajeno; a las tareas grandiosas, a los empeños altos que en esta veneranda tierra se inician y mantienen. De caer vengo del lado de la honra. Pero perder una batalla no es más que la obligación de ganar otra. A servir modestamente a los hombres me preparo; a andar, con el libro al hombro, por los caminos de la vida nueva; a auxiliar, como soldado humilde, todo brioso y honrado propósito: y a morir de la mano de la libertad, pobre y fieramente. Ruegue usted en mi nombre a todos los que me tienen obligado, a mis amigos generosos, a esta ciudad gallarda, a esta sagrada tierra, que den a su servidor nueva ocasión pronta de pagarles en prácticos servicios los consuelos —que como a consuelos solo toma el bien que de él hoy dicen— los delicados consuelos que de todos ellos hoy recibe. Y déjenme ellos y usted callar muy amorosas cosas, que del alma ferviente se me escapan, pero que el celoso decoro vuelve adentro.

En cuanto a usted, mi benévolo amigo, halle pronta manera de que le recompense sus favores, su obligado y afectuoso amigo

José Martí
La Opinión Nacional. Caracas, 24 de marzo de 1881

A Diego Jugo Ramírez

22 de marzo 1881
Señor Diego Jugo Ramírez
Mi muy querido amigo:
Realmente, faltaba algo a mi mano, por lo que estaba enojado con usted y era haber estrechado la suya. Con agradecimiento amoroso le buscaba anoche, y me puse mohíno por no hallarlo: para merecerlas algún día pongo delante de mis

ojos las frases generosas de su carta: pues ¿cómo no había de sacar fuerzas de flaqueza si las echaba a cantar glorias de una tierra que cría tan levantados corazones como el suyo? —Con especial amor guardo su carta que será siempre para mí uno de los más dulces recuerdos de la fiesta —y me daré prisa luego que de este peso del alma, se me alivie el cuerpo, a ir a darle las fervientes gracias que le debo.

Ofrezca a su esposa mis respetos. ¡A usted quisiera yo tener mucho que ofrecerle!, váyale hoy el cariño sin valía de su ahijado agradecido.

José Martí

A Fausto Teodoro de Aldrey
Caracas, 27 de julio de 1881
Señor Fausto Teodoro de Aldrey
Amigo mío:

Mañana dejo a Venezuela y me vuelvo camino de Nueva York. Con tal premura he resuelto este viaje, que ni el tiempo me alcanza a estrechar, antes de irme, las manos nobles que en esta ciudad se me han tendido, ni me es dable responder con la largueza y reconocimiento que quisiera las generosas cartas, honrosas dedicatorias y tiernas muestras de afecto que he recibido estos días últimos. Muy hidalgos corazones he sentido latir en esta tierra; vehementemente pago sus cariños; sus goces, me serán recreo; sus esperanzas, plácemes; sus penas, angustia; cuando se tienen los ojos fijos en lo alto, ni zarzas ni guijarros distraen al viajador en su camino: los ideales enérgicos y las consagraciones fervientes no se merman en un ánimo sincero por las contrariedades de la vida. De América soy hijo: a ella me debo. Y de la América, a cuya revelación, sacudimiento y fundación urgente me consagro, ésta es la cuna; ni hay para labios dulces, copa amarga; ni el áspid muerde en pechos varoniles; ni de su cuna reniegan hijos fieles. Deme Venezuela en qué servirla: ella tiene en mí un hijo.

Por de contado cesa de publicarse la *Revista Venezolana*; vean en estas frases su respuesta las cartas y atenciones que, a propósito de ella, he recibido, y queden excedidas por mi gratitud las alabanzas que; más que por esas paginillas de mi obra, por su tendencia, he merecido de la prensa del país y de gran suma de sus hombres notables. Queda también, por tanto, suspendido el cobro de la primera mensualidad: nada cobro, ni podrá cobrar nadie en mi nombre, por ella; la suma recaudada ha sido hoy o será mañana, devuelta a las personas que la satisficieron; obra a este objeto en manos respetables. Cedo alegre, como quien cede hijos honrados, esos inquietos pensamientos míos a los que han sido capaces de estimármelos. Como que aflige cobrar por lo que se piensa; y más si, cuando se piensa, se ama. A este noble país, urna de glorias; a sus hijos, que me han agasajado como a hermano; a usted, lujoso de bondades para conmigo, envía, con agradecimiento y con tristeza, su humilde adiós.

José Martí

A Diego Jugo Ramírez
Nueva York, 9 de diciembre 1881
Señor Diego Jugo Ramírez
Amigo mío

¿Yo no le he escrito a usted? No puede ser. Mi carta no habrá sido escrita en el papel, pero ha salido muy cariñosa de mi mente, y ha emprendido camino de Caracas. ¿Ni con qué corazón quiere usted que le escriba, si me lo dejé allá todo?

Aquí he traído la rueda que voltea, y la masa que trabaja; pero allí donde puse mis esperanzas, y las perdí, allí dejé lo más caro de mi vida. Otros no entenderán esto: por eso yo no lo escribo para otros. Entendería usted estas vehemencias mías, si me viera escribir, a despecho del pensamiento presuroso que me las empuja, estas letras menudas y correctas: a pesar del buen fuego que arde en mi cuarto, tengo mis manos heladas.

Yo no le he escrito, Jugo, porque quería escribirle sin premura, y con regalo. Esperaba, en vano como siempre, horas de calma. Aquí el trabajo; allí el dolor, que es un mayor trabajo, me echaban apresurado y fatigado sobre la hora del correo. Para decir cuanto quería, no tenía tiempo. Para no decirlo, no debía escribir. Tengo tal fe en mis agradecimientos, que sé que aquellos que me los han inspirado han de sentirlos, aun cuando yo no se los diga.

Y luego las cartas me parecen siempre pequeñas. Esto viene de haber vivido tanto en cárcel; que me fatigo de ellas.

Ayer mismo, revolviendo entre mis recuerdos piadosos, volvía a ver uno que me es caro: un ramo de violetas, que me dio su esposa, en aquel día primero de carnaval en que no en vano estaban todos los colores en calles y ventanas, porque no había ninguno en mi alma. A los pocos días alcé los ojos a aquel ramo, que adornaba el retrato de mi hijo, y vi que se secaba. Y escribí esto, que no le enseñé por ser cosa tan sencilla:

> ¿Por qué os secáis, violetas generosas,
> Que me dio en hora amarga mano pía?
> Pues patria al alma dais, llores medrosas,
> ¡no os secaréis en la memoria mía!
> ¡Oh!, ¡y no se secan!

Aquí, mis escasas horas de esparcimiento son horas venezolanas. Las parto con Bonalde, y con Gutiérrez Coll. Ellos me animan a imprimir un librito, que escribí en Caracas, y allá le irá. Ya está en las prensas. Es un juguete, como para mi hijo.

Jamás recuerdo las pequeñas amarguras que pasé en esa tierra bien amada: solo recuerdo sus ternuras, y pago como yo pago, a mar por río. Empéñeme a escribirle, escribiéndome. Yo no le escribo más, porque ya es el alba. ¡Y vendrá mi hijo, que ya viene, y no lo echará a andar por esos cerros, ni estrechará la mano de usted, amigo mío, ni besará la de su esposa! Pero yo de aquí hago lo que él no hace. Por esto no escribo cartas, porque cuando acabo, empiezo.

Muy obligado y muy cariñoso queda aquí su amigo
José Martí

A Agustín Aveledo

Nueva York, 23 de mayo 1882

Señor Agustín Aveledo

Amigo mío:

No me culpe por no haberle escrito: mi memoria no tiene la pereza aparente de mi mano. Es que vivo muy solo, y las cartas que escribo me dan miedo, porque me recuerdan cómo vivo. Mas no vivo yo solo cuando me acuerdo de Caracas. Habrá quien no lo crea; pero el corazón enamorado se me va a ella, como pájaro alejado de su nido.

No tengo tiempo, amigo mío, más que para cumplirle su promesa. ¿No recuerda que le ofrecí un libro para sus huérfanos? Pues ya le mando el libro. Véalo y si le parece que merece excusa, y que hallará paga de algunas almas buenas, dígame cómo le mando cien de ellos, que es el regalo pobre que mi hijo hace a los huérfanos de su Asilo. Yo no vendo ese libro: es cosa del alma. Pero, me da gozo pensar que puedo hacer con él un pequeño beneficio. Ni lo hago por fama, pero pensando en mi hijo, se me llena el almas de jazmines: y ése es un haz de ellos: habrá quien no le halle perfume: ¡que no sea usted, por Dios! Mas no ha de ser usted, que tiene siempre bálsamo para todos los dolores.

Le recuerda apasionadamente su amigo agradecido,
José Martí

A Diego Jugo Ramírez
Nueva York, 23 de mayo 1882
Señor Diego Jugo Ramírez
Mi amigo muy querido

¿Por qué se queja de mí? Pues, ¿cómo no lee usted las cartas que no le mando? Yo bien sé que no se las escribo; pero se las pienso. Usted fue mi amigo en la hora amarga: usted está sentado en puesto de honor en mi corazón. A usted he de reñir yo, y no usted a mí, porque usted vive en paz, y su casa es como una maceta de jazmines, y yo soy como una jaula quebrantada, en que se va arrastrando un león enfermo. ¡Qué mayor tormento quiere usted que sentirse capaz de lo grandioso, y vivir obligado a lo pueril! Yo no esperé en la tierra más goce que el de hacer un gran bien, y sé cómo hacerlo, y no puedo hacerlo. Es como hinchar de aire ligero un sutil globo, y dejarlo atado a tierra, a que lo azoten y tajen los vientos. Por eso, amigo mío, no escribo a veces: por no escribir cosas de mí.

Esta carta no va más que a llevarle a Ismaelillo. No lo lea una vez, porque le parecerá extraño, sino dos, para que me lo perdone. He visto esas alas, esos chacales, esas copas vacías, esos ejércitos. Mi mente ha sido escenario, y en él han sido actores todas esas visiones. Mi trabajo ha sido copiar, Jugo. No hay ahí una sola línea mental. Pues ¿cómo he de ser responsable de las imágenes que vienen a mí sin que yo las solicite? Yo no he hecho más que poner en versos mis visiones. Tan vivamente me hirieron esas escenas, que aún voy a todas partes rodeado de ellas, y como si tuviera delante de mí un gran espacio oscuro, en que volaran grandes aves blancas.

Pero cuénteme de usted y de si me recuerda, y de lo nuevo que hace. He visto de usted a un perfilador un soneto fiero. Y ¿qué fue de aquel libro de censuras, que escribió usted con estilo de Arquíloco? Crea, amigo mío, que me regocijaría tener qué dar, para darlo porque pudiésemos, en paz de alma, volver a vernos.

Le digo aquí adiós, para poder saludar, antes de que salga el correo, a Arístides Rojas. Envíeme carta, para darme ejemplo, por el vapor que le lleva ésta. Presente mis afectos respetuosos a su señora y a su hermana. Yo estoy purgando la pena de haberme decidido a ser honrado, y vivo sin mi hijo, sin hermana, y sin señora.

Mas no sin señor, que en usted lo tiene su amigo agradecido

José Martí

    Nueva York, 10 de junio 1882

Señor don J. Ramírez

Amigo mío:

Perdóneme usted que hoy le escriba para cosa completamente mía. Quiero que usted sepa lo que por este correo escribo a Aldrey, no porque desee yo que se hable de esto más que entre usted y Arístides, sino porque deseo que ambos conozcan la determinación que tomo, y que quisiera mantener callada, a menos que no se torciera la verdad en cuyo caso le ruego que la ponga en buen camino. Apenas tengo tiempo para decirle en breve que desde el instante mismo de la desaparición de El Monitor comenzaron a ser ligeras*Popol Vuh* un tanto despegadas a mis ojos al menos, las cartas antes agradecidas y vehementísimas, y preñadas de las más calurosas protestas de consideración y afecto, de Aldrey y Juan Luis. Yo las recibía ¡ingenuo de mí! como natural pago al vivo cariño que les tenía. Y mis cartas a Caracas, que hoy se juntan ya en libro per manos amigas, y han dado la vuelta a América, habían llegado a serme cosa del alma. Pero la fortuna me tiene mimado, en lo de rodearme de gentes que me digan la verdad cuando la he menester, pero que me traten con singular ternura, y con una consideración que es mi gozo. En la última carta de J. Luis, me ha parecido ver que esta consideración corría peligro de faltar. Y escribo a Aldrey la carta que le adjunto, para que se la guarde, y solo haga mención de ella en caso de que se dijera de mi acto lo que no es; y suspendo mis cartas a La Opinión.

Déjeme decirle algo, amigo mío, de la futura Academia. ¿No curará esto de su ansia de honores, tan parcialmente concedidos, a tantos hermosos talentos nuestros, que tuercen sus dotes ricas, y esconden sus afectos patrióticos, por hacerse agradables a esos caprichosos y desagradecidos dispensadores de la Fama?

Póngame a los pies de su señora y su hermana. Envíeme a leer algo suyo. Ya oigo todo lo que se va a decir, si, contra lo que deseo y espero, la suspensión de mis cartas se hace pública. Harán que se digan de ellas cuentos de censuras.

Yo escribo para los de mente alta, y siento para los de alma grande: no curo de los otros.

No está usted entre los otros ciertamente. Sabe en cuánto lo estima su amigo agradecido

J. Martí

                Nueva York, 28 de julio 1882

Señor Diego Jugo Ramírez

Amigo mío:

Partió el Caracas tan inesperadamente, que no vine a saber de su salida sino cuando la vi anunciada, como cosa del día anterior en un periódico. Era siervo en aquellos días de una faena urgente y ruda, que me hizo vivir toda una semana como si hubiera sido un solo día. A otros embriaga el vino: a mí, el exceso de trabajo. Queda después de él un suave orgullo, no mayor, amigo mío, que el que me causa haber arrancado con mis versos tan tiernos y amorosos sones a su lira. Irán al pie de un retrato de mi hijo, y quedarán entre los lares de la casa. Yo vivo de estas cosas: otros de oro y palacios. No digo cómo soy por no parecer extravagante, y porque el del buen gusto ha de presidir a todos los talentos, y no es de gusto bueno recordar con la sobriedad propia la falta de sobriedad de los demás; pero a usted puedo decirlo porque ha de callarlo, y de estimármelo.

De lo de Aldrey, de que me da usted, con vivo agradecimiento mío, tan cuidadosa cuenta, queda como estaba. ¡Cuánto me duele ahogar aquella voz, hecha ya a vaciarse en los buenos y altos pechos que aún respiran a las faldas del Ávila! ¡Qué placer era para mí, por más que me ocasionase rudo trabajo, escribir todas aquellas cosas a Caracas! Y añadía a mi placer el ayudar con ella, a un hombre que venía siendo, y fue desde el principio mi amigo leal. Solo hay una cosa comparable al placer de hallar un amigo: el dolor de perderlo.

Mucho me duele haber perdido una amada tribuna. Otra me ofrecen desde Buenos Aires, para *La Patria Argentina*; y otra para la República de México —mas dudo que ame yo estas nuevas— aunque tengo razón especial para amar la de México como amaba ya la de Caracas.

¡Fuérame dado que algún día oyese usted a mi hijo leer su noble carta, y recitar sus versos! No está lejos Caracas, ni yo he de desamarla nunca. Con cinco justos se hubiera salvado una ciudad sagrada: y en esa ciudad sagrada hay más de cinco justos. Usted es uno y lo lleva en memoria y corazón su amigo agradecido
José Martí
Abrace a Arístides.

Heraclio Martín de la Guardia
Nueva York, 10 de abril de 1885
Señor Heraclio Martín de la Guardia[17]
Mi amigo generosísimo:
Con Mercedes le mando la parte más cariñosa y agradecida de mi alma; aunque parte no es justo decir, porque con el

[17] Carta de Martí al poeta venezolano, quien le dedicó su poema al Centenario de Bolívar con estas palabras:
«A José Martí
Señor:
Ama usted a Venezuela como hijo; admira a Bolívar como agradecido. Los escritos de usted han fortalecido mi espíritu en muy tristes momentos. A usted dedico estas páginas.»

acto de valiente bondad con que me tiene usted obligado, se la ha ganado usted toda. Ya era suya, por los trabajos y merecimientos de su vida, por el difícil y ejemplar decoro con que usted aquilata sus talentos: ya era propia de usted como una rosa blanca de una lira de oro. Me apreté el corazón, que se me quería salir del pecho, como si tuviera alas y quisiera ir a usted con ellas, cuando, más valiosa para mí que paga u honor algunos de la tierra, leí la dedicatoria de su poema. ¡Luego no está solo el que está solo! ¡Luego las almas honradas se entienden sin hablarse, y se aprietan para resistir, y vencerán al cabo! ¡Luego me acompaña y me quiere uno de los más grandes poetas en la lengua española! ¿Cómo quería usted que le dijese mi alegría, mi amor lloroso, mi agradecimiento, que como un juramento le empeño, en una carta pálida y lejana? Juntaré mis versos, me dije; unos versos atormentados y dolientes que yo hago, y pondré al frente, como quien posa sobre un haz de zarzales un águila blanca, el nombre de Heraclio Guardia. Con eso no le pagaré la deuda en que me ha puesto; pero daré muestra de que la he alojado en mi corazón, como una joya que me le dará luz en noche oscura, y me lo mantendrá rico cuando las injusticias o ruindades humanas me lo aflijan y empobrezcan. Y en carta no le contesté, por contestarle en libro. Pero me ha entrado el horror de la palabra, como forma de la vergüenza en que me tiene la infecundidad de mi existencia. La mano, ganosa de armas más eficaces, o de tareas más viriles y difíciles, rechaza, como una acusación, la pluma. Las amarguras de mi tierra se me entran por el alma, y me la tienen loca. Ahora mismo, después de un sueño de años, ya puedo escribirle, porque me lo pide Mercedes,[18] con sus ojos que mandan, y porque nues-

---

[18] Mercedes Smith de Hamilton colaboró en Caracas con las fuerzas independentistas cubanas durante la Guerra de los Diez Años. Como

tros guerreros están limpiando su armadura: ¡y entonces sí seré digno de responder a su dedicatoria!

Nada le digo más que este saludo. ¡Ingrato y descortés le habré parecido, yo que no tengo en el alma huésped más caro e ilustre, ni presente con más placer y emoción a los que me la visitan! Cuando me siento triste, tomo en mis manos su poema, y me salgo con él, a mis trabajos y tristezas, como con mi mejor amigo. Cuando cerca de mí habla alguien de oro, abro su libro, y para que sepan que no lo hay mejor, le enseño el de sus versos, macizo y bruñido. Por usted, Guardia, hemos vuelto, y cuente que peso lo que le digo, a la edad de las maravillas y de los titanes. Cohortes son esas estrofas; sus arrebatos, estandartes; sus versos, resplandecientes y sonantes como armaduras, son un ejército de héroes. Y yo, porque no desamo la virtud, he merecido que usted me los dedique. ¡Vengan golpes de maldad, amigo mío, que ya tengo el pecho fuerte para recibirlos! ¡Y quería usted que le contestase en una carta! Cuando por mi alma me pregunten, enviaré a que dé cuenta de ella usted, que me la tiene. Todo es para usted ternura y obligación,

José Martí

---

hija de uno de los miembros de la «Legión Británica», que prestó ayuda a Simón Bolívar, siempre aspiró a ver a Cuba independiente.

Fragmento del discurso pronunciado en el Club del Comercio, en Caracas, Venezuela, el 21 de marzo de 1881

Así, temblando mis mejillas al recuerdo de los días de patriarcal grandeza en que los abrazos de bienvenida sacaron al padre feliz, de un caballo de batalla, como tiembla la superficie de la tierra al ser movida por el fuego interior de los volcanes, fuime a pagar, frente a una tumba blanca, como cumplía a un alma tan pura, mi tributo impaciente, y, si por menguado temor de parecer vulgar o lisonjero no doblé reverentemente ante las cenizas del hombre entero y envidiable un segundo la rodilla, con efusión filial le envié un beso amorosísimo, de largo tiempo en mi alma comprimido, y con mis ojos nublados no sé si de las lágrimas, o de dolor por los males de mi pueblo, o de vapor de gloria, busqué en torno mío la montaña más alta de los Andes, como si allá sobre la más alta cresta, debiera reposar nuestro gigante, como mensaje, el más enérgico que pudiera enviar la tierra al cielo.

Días de fiesta me parecieron, aunque eran días de trabajo los primeros que pasé en Caracas, a bien que para mí los días de trabajo son los verdaderos días de fiesta. No sabía yo, a poco andar, cuáles eran, más claros, si los cielos o las almas. Ni sabía al irme por las perfumadas noches a no verter mi alma —el alma sola de un desconocido en el alma universal que en todas partes flota, besa y corona—; ni sabía qué estrellas brillaban más, si las del cielo, o las de la tierra. Si por los valles echaba a andar, pensaba involuntariamente en los mansos rebaños y en los plácidos goces de Arcadia, si a los cerros vecinos miraba, cambiaban al Sol alegre, como al Sol cambia el plumaje variado de los colibríes; las nubes, como que las palabras que están entre paréntesis corresponden a borradores diferentes, en que la versión está ligeramente modificada. Venían cargadas de fantasías celestes a acariciar las sienes de las vírgenes, y se iban, al venir el Sol. Señor del alma, perezosamente de los rubios techos: y si extendía mi humilde mano, parecíame, en cualquier dirección que la extendiese que iba a acariciar con ella el dorso de los montes. No sé qué extraño orgullo ese hermoso orgullo que al hijo alienta por la beldad y glorias de su madre, inflamaba mi pecho en mis paseos, buscaba a quién enseñar tanta hermosura. Si preguntaba por un barranco, hallaba al vuelo puente. Si me acercaba a leer un rótulo, leía escuela; si me daba con una arrogantísima fachada griega que más que invita, obliga, por su imponente forma a toda grandeza de la ley, decíame que eso era ha poco pared recia musgosa, donde andaban, como búhos dormidos, épocas muertas. Me abrió el hogar sus puertas y hallé —loada sea la ocasión que se me presenta al fin para decirlo— ¡uno de los pueblos más sanos y de los hogares más honrados que he visto en mis peregrinaciones por la tierra! Y me dije: No vayas adelante, cansado peregrino. Depón tu bordón roto al umbral de este pueblo de hidalgos y de damas; —reposa en estos valles: con agua de estos ríos restaña tus heridas: ayúdales en su trabajo, aflígete con sus dolores; echa a andar por estos cerros a tu pequeñuelo; estrecha la mano de estos hombres; caminante: besa la mano de estas damas, peregrino.

Y vi entonces, desde estos vastos valles, un espectáculo futuro en que yo quiero, o caer o tomar parte. Vi hervir las fuerzas de la tierra; —y cubrirse coma de humeantes desfiles de alegres barcos los bullentes ríos; y abatirse (tenderse)[19] los

---

19 Las palabras entre paréntesis corresponden a borradores diferentes, en que la versión aparece modificada.

bosques por la yerba (tierra), para dar paso a esa gran conquistadora que gime, vuela y brama; —y verdear las faldas de los montes, no con el verde oscuro de la selva sino con el verde claro de la hacienda próspera; —y sobre la meseta vi erguirse pueblos (el pueblo); —y en los puertos, como bandadas de mariposas, vi aletear (flamear), en mástiles delgados regocijadas, alegres y numerosísimas banderas; —y vi, puestos al servicio de los hombres, el agua del río, la entraña de la tierra, el fuego del volcán. Los rostros no estaban macilentos, sino jubilosos; cada hombre, como cada árabe, había plantado un árbol, escrito un libro, creado un hijo; la inmensa tierra nueva, ebria de gozo de que sus hijos la hubiesen al fin adivinado, sonreía; todas las ropas eran blancas; y un suave Sol de enero doraba blandamente aquel paisaje. ¡Oh!, ¡qué Calvario hemos de andar aún para ver hervir así la tierra, y correr, por entre nuestras manos, como el agua del río, el fuego del volcán! —Mas, como no ha de haber obra atrevida, que, a pesar de sí mismos, si oponerse a sí mismos se les antojara, no puedan realizar cumplidamente los hijos de Bolívar, sus primogénitos, sus herederos obligados, los ejecutores de su voluntad: —como no ha de haber fuego potente que no encienda en sus almas nobles los ojos fulgurantes de sus damas (para luchar briosamente ante los cuales quisiera el brazo los tiempos de los antiguos caballeros, los de banda al cinto, armadura de hierro, y barba de oro) como la voluntad humana basta a entorpecer o acelerar el porvenir nunca a impedirlo; bien haya ese calvario que así ha de dar espacio a probar la fortaleza de nuestros hombres, y la energía de nuestra voluntad. Basta, para ser grande, intentar lo grande. Y yo tomo mi cruz humildemente; y la rocío con las amargas lágrimas del desconocido, y ayudaré a este pueblo en sus trabajos...

Pero como me asalta, apenas echado afuera este impaciente grito, el miedo acerbo de que, con este desconocimiento funesto en que vivimos los unos de los otros (pueblos) hombres que trabajamos por la realización inmediata y absoluta de los ideales de América, pueda yo parecer, en vez de justador infortunado que trae aún lleno de sangre el peto, roto el yelmo, y empapada de llanto la loriga, —mancebo audaz que suelta al viento lengua lisonjera, para atraerse sin decoro, en esta recalada de su vida, las simpatías que ha menester. ¡Oh!, ¡cómo se me asusta mi palabra de que me la puedan tener, como a quien corteja dama rica, por aduladora y mentirosa! ¡Cómo se me resiste, toda medrosa y trémula a salir como ella es, franca y ardiente, de los labios! ¿Con qué derecho —me dirán los hombres jóvenes— en cuyas venas hierve todavía la sangre de aquellos (hombres gigantes) jóvenes hombreados que tendieron de un mar a otro mar, y de una sola carrera del caballo el pabellón que los cobija, con qué derecho, me preguntarán los hombres jóvenes, vienes a robarnos con tu palabra, el tiempo que emplearíamos mejor en revolotear, mariposas de la llama enamoradas, que si en la llama mueren, de su amor a ella viven, en torno de este búcaro de flores, de cuyos cálices abiertos parecen surgir, como sobre nacarados bustos, soles árabes? ¿Con qué derecho, me preguntarán airados los ancianos, —si es que los hay en esta tierra, donde la pureza de costumbres y la honradez de la familia, oponiendo escudo de virtud a las lanzas del tiempo, da singular tersura y limpidez, a rostros que debieran estar, como por el arado la tierra, trabajados por los años, —con qué derecho, diránme los ancianos, vienes a hurtarnos la atención de estas gallardas criaturas, de cuyo fuego hemos menester para encender el extinguido fuego nuestro, de estos cisnes de colores, de cuya pluma suave necesitamos para dar cojín blando a nuestras cansadas cabezas? ¿Con qué derecho —me dirán las damas— vienes tú a nosotras, hombre triste y escuálido, a desviar nuestros ojos del festín de la juventud y de la vida, para traerlos a tus pálidos dolores, —y a contener en nuestros labios finos las palabras que vienen de los tuyos, esta palabra tierna y culta, desembarazada y discreta de la dama de Caracas, con que, sobre su naturalísimo recato, limpia frente, mano bondadosa y aire de singular realeza que pone respeto y enamora, se distingue de entre las damas de la tierra? Mas yo me vuelvo y digo a los jóvenes que me han de entender; a los ancianos que me han de compadecer; a las mujeres que no me han de odiar: Con el derecho del honor que, herido allá en mi pueblo, viene a éste (esta tierra) como en busca de su solar nativo y pueblo propio; con el derecho del asilo, que no ha de negar al peregrino humilde ningún alma cristiana.

Luché en mi patria, y fui vencido. Se sabe que al poema del 1810 falta una estrofa, y yo, cuando sus verdaderos poetas habían desaparecido, quise escribirla. No me han arrancado, no me arrancarán la pluma de las manos, pero la ha vuelto contra mi pecho la fortuna, y se me ha clavado en el corazón, que palpita ¡ay! en este instante mismo acelerado con el recuerdo de aquellos que a compás suyo latieron, —y ya han muerto. Quise hacer en aquel pueblo mío, que en defensa suya y en brazos de la gloria ha visto caer a hombres de este pueblo, quise hacer una guerra amorosa, para impedir que se hiciese luego una guerra de hambre y de rencores que manchan ¡ay! para muy largo tiempo lo que engendran. ¡Pero los más altos propósitos —y más mientras más altos— ceden el paso a las más ruines pasiones que, como lagartos monstruosos, se atraviesan en esa obligada sombra en que las revoluciones se laboran, de lado a lado del ancho camino, y los lagartos, hinchando el dorso, volcaron en la vía el carro de gloria, en que iba ¡ay! una idea, que es celeste señora, y pesa poco! —Mas en vez de tenderme a la sombra de nuestras ceibas aterradas, a llorar sobre los manes de nuestros héroes, desdeño el llanto inútil, porque la obra ha de honrarlos más que el llanto, y vengo con todo el brío de un dolor nuevo, no a azuzar en hora inoportuna pasiones simpáticas, no a sacar provecho, con femeniles clamores, de nuestras patéticas desgracias, no a pasar con ojos llorosos y melancólica apostura un dolor fácil en el seno de un pueblo benévolo; a ofrecer vengo nuestros dolores, como en el día del triunfo vendremos a ofrecer en el altar del Padre Americano el fruto de nuestra redención y el brillo y el honor de nuestra historia.

Y como para todos los que del lado azul del Atlántico nacimos, hay obra común y magnífica que hacer, vengo a ofrecer, triste y dignamente, mis servicios a los hombres, a poner hombro en la obra.

Hay que abrir ancho cauce a la vida continental, que, ahogada en cada uno de nuestros pechos (nosotros) nos inquieta y sofoca; hay que dar alas a todos estos gemidos, —empleo a nuestro genio desocupado, que en desganarse el verso, vierte (pierde) las horas que pudiera (debiera) emplear en fecundárselo; hay que sembrar de pobladores, como aquel par creador de la hermosísima leyenda de Moriche, esas selvas fragantes, que en espera de los labriegos, sus esposos, llenaron sus brazos de robustos frutos; (sembró de hombres las márgenes desiertas del Orinoco, esas selvas dormidas, que en espera de los labriegos, sus esposos, dejan del amplio seno al suelo agradecido sus robustos frutos) —hay que devolver al concierto humano interrumpido la voz americana, que se heló en hora triste en la garganta de Netzahualcoyotl y

Chilam; hay que deshelar, con el calor de amor, montañas de hombres; hay que de tener, con súbito erguimiento, colosales codicias; hay que extirpar, con mano inquebrantable, corruptas raíces; hay que armar los pacíficos ejércitos a que paseen una misma bandera desde el Bravo undoso, en cuya margen jinetea el apache indómito, hasta el Arauco cuyas aguas templan la sed de los invictos aborígenes; como si la arrogante Amé rica, debiera, por sus lados de tierra tener por límites, como símbolo sereno, tribus desde ha tres siglos no domadas, y por Oriente y Occidente, mares, solo de Dios y de las aves propias; —hay que trocar en himno gigantesco, a cuyo acento abrasador los montes conmovidos se sacudan y echen por valles y mesetas, como nuncios de alba, los pueblos en sus antros refugiados, (desde ha centenares de años echados por el temor a sus escondrijos y quebradas; —¡hay que trocar en himno gigantesco!) esta cohorte gentil de estrofas lánguidas, desmayadas y sueltas, y todas desmembradas, porque las unas no se completan con las otras, que hoy vagan tristemente, pálidas como vírgenes estériles, por entre los cipreses que sombrean el sepulcro caliente del pasado! ¿Y a dónde he de venir, sino a la tierra donde (en que), movidos por generoso (vigoroso) impulso e infatigable e indomable (y fiera y batalladora) voluntad, todos estos altivos pensamientos baten, con sus hermosas alas de águila la frente de los hombres? Así, armado de amor, vengo a ocupar mi puesto en este aire sagrado, cargado de las sales del mar libre y del espíritu potente e inspirador de hombres egregios; —a pedir vengo a los hijos de Bolívar un puesto en la milicia de la paz.

Pues, para qué quisiera yo, haciendo abstracción absoluta (porque por mí no cuenta) de esas razones viles de odio que aun aplicado a la defensa empequeñecen (todo lo que engendran), para qué quisiera yo sobre esa natural vivacidad con que se sienten los pesares domésticos, sobre esa invitación a la actividad que surge de los ajenos dolores; para qué quisiera yo vera mi patria libre, sino (para que rematase nuestra obra, y acelerase, con los destinos suyos, los destinos nuestros) para que, como navecilla elegante y mensajera de nuestras glorias saliese por esos mares fúlgidos al paso de los fatigados europeos, a decirles que para sus venerandas conquistas, nosotros tenemos colosal cima fragante; que sus dolores, esos grandes padres, solo pueden fecundar (fructificar) en nuestra tierra, esta gran tierra; como ellos los del Arte, nosotros tenemos los monumentos de la Naturaleza; como ellos catedrales de piedra, nosotros catedrales de verdor; y cúpulas de árboles más vastos que sus cúpulas, y palmeras tan altas como sus torres, —y héroes, que a grabar los héroes en montañas, fueran más altas que sus héroes, y mujeres tan bellas como sus estatuas, y un Sol de fuego y un amor de fuego que fecundan y doran y levantan los senos juveniles de la tierra. ¡Véola estrecha y larga, tendida con aquel suave verdor, umbroso (sombreado) a trechos, y a trechos atenuado por el Sol, —serpear por el sereno golfo, con su velamen de ligeras nubes, flotando atados a aquellos altos mástiles que se llaman (montes de montañas) Pan de Matanzas, el Cobre y el Turquino! ¡Véola ya cargado el seno de los híbleos frutos del pueblo colombiano, ir a cambiarlos por las serenas ciencias y afanosas industrias del pueblo de Japhet, y adelantar por sobre el agua blanda, con indígena gracia al encuentro de los hombres de tierras oscuras (fatigadas) que vienen a nosotros enamorados del ardiente Sol! Y véola ya, en aquella zona que parece por mano superior aderezada para celebrar la fiesta de los pueblos, como sondeando espiritualmente la tierra sobre el puente pintoresco, colgado de plátanos, salpicado de naranjos, alfombrado de flores, la comunión colosal (portentosa) venidera, en el seno de la Naturaleza rejuvenecida de las civilizaciones (pueblos) más viejas y probadas en la historia radiante de los hombres: —¡Inmenso y grave beso de los mundos; ciclópeo tálamo de donde surgirá al fin (ha de surgir), asombrosa como hija de Cíclopes, gloria definitiva de estas tierras (la verdadera y definitiva gloria americana)! ¡Oh!, ¡cómo estas ideas acariciaban, allá (nos halagaban a los esclavos antillanos, allá en los días perpetuos de la infancia) en las (aquellas) horas de dulce ceguedad en que se cree en todo y a nadie se odia, y parece escasa toda la sangre de las venas para verterla en beneficio de los hombres! Cómo nos predicábamos (pálidos y entusiastas como mártires), en aquella isla florida, el Evangelio que nos venía del continente grandioso: ¡cómo, mal oculto entre el Lebrija, el Balmes, el Vallejo, leíamos amorosamente los volcánicos versos de Lozano! ¡Los periódicos que de estas tierras, ocultos (escondidos) como crímenes, llegaban a nosotros, cómo eran buscados con afán, y leídos a coro, y guardados con el alma (en la fantasía maravillada)! ¡La miel del plátano, a par que en los cálices de oro que le creó Plácido vino a nuestros labios en esas majestuosas y sonoras urnas en que la encerró Bello! —¡Y cuando no con menos estrépito que a la voz de Nariño en Guisa cayeron con fragor alegre sobre los yugos rotos de las bestias echadas a los montes a ser sustento de los bravos, las cadenas de los esclavos de Bayamo (dioses los yugos rotos de los hombres), —como que reanimado nuestro gran muerto se estremecía, seguro ya de su final victoria, su cárcel de oro y gualda; como que ese gigante (ese coloso) que descansa con los brazos tendidos (con las botas de campaña), como para protegerlos y acariciarlos, sobre el río del monte del Oeste, y sobre las corrientes torrentosas del Atlántico, reclinaba al fin, como en almohada de hierro, digna de ella, en nuestras trabas rotas, la espléndida cabeza!

¡Oh, no!, ¡yo no tengo nada que fingir, ni nada que exaltar, antes temo que acallar para que no parezcan lisonjas, que más que a quien las dice, a quien las oye ofenden este concierto de voces amorosas que en presencia de tanta heroicidad (hecho) pasada, beldad presente, y gloria posible por venir, golpean, ganosos de hallar salida de mis labios temerosos y rebeldes! —Brotan, brotan, por sobre las estrechas convenciones (mezquinas) de la etiqueta del país nuevo de la primicial, brotan fundida esta brida de acero que quería yo poner esta noche a mi palabra, —fundida al calor de tantos ojos fulgurantes y tanto espíritu de hombre generoso (tanta alma gallarda y generosa), esta duda de que hubiese yo querido inspirar esta noche a mi palabra— brotan audaces e impacientes, estos tributos de amor, que durante toda mi vida aglomerados, se me echan en esta noche en desbordado tropel fuera del pecho. Parece que éste era el Sol que convenía a mi espíritu, y que, echada en estos vastos senos, mi alma triste, que como toda alma viaja perennemente en busca de sí propia, se había al fin hallado.

Cuando huésped de extraño bajel —en que espantado de tanta alma sola y pequeñez vestida de grandeza como en la República del Norte había observado— no oía yo hablar más que esas descansadas lenguas frías, riscosas e inflexibles; —y vi surgir en sonora mañana a mis ojos hasta entonces tristes (y desde entonces no más tristes) aquella costa serena de Puerto Cabello, con aquel bosquecillo hospitalario, y sus palmas gallardas, y sus limoneros amorosos que como símbolo de la Naturaleza que los cría, rompían con su ramaje exuberante la tierra que los ciñe; cuando vi que, como alegre enamorado de la gentil Naturaleza, se echaba al mar con su perfumado aire que nutre, con su regazo, henchido de árboles, como dándose prisa a consolar a los viajeros de las tierras frías de la soledad que los carcomía, sentí como olas de amor que se me agigantaban y ascendían dentro del pecho, y mis nervios ateridos se tornaron ágiles, y ante la vida hermosa renació mi amor a la vida y tuve alegría febril de novio, como si en aquella ¡luciente mañana me desposara con la tierra. Me parecía el aire cargado de excitaciones y de voces; tendía la mano en el vacío; como para estrechar manos queridas, —y hablaba luengas cosas con seres que ya no oyen.

Si mis ojos inquietos se posaban en su incesante busca sobre un cerro, veíame ya, en noche clara, como estos admirables días nocturnos que no son noches, escalando, como los ágiles caracas, el áspero Calvario, hoy joya rica —peña fecundada, como aquella bíblica— regaladísimo retrete; y me imaginaba que seguía las huellas del iracundo Tepaínca, y oía clamar, como asaeteado por los magueyes inclementes a aquel fiero y hercúleo y bravo Macarao. Si al andar tropezaba con un árbol de granado, imaginábame (veíame yo) a la sombra de aquellos que en alas del buen aire del mar enviaban sus mieles delicadas a los clásicos labios de Andrés Bello; si caía en mis manos impacientes una hoja impresa, si bien celebraba enamorado el saludable, en todos sentidos saludable, olor a imprenta nueva —luego de ver y celebrar el adelanto diario, que ya en la tierra de Venezuela sigue la marcha audaz del potro que embellece sus llanuras, imaginábame (forjábame) que tenía en las (mis) manos una copia amarilla de aquel «Publicista» benemérito: si envueltos más que en mis ropas, en las sombras, veía salir (salían) de oscura puerta algunos (retrasados) visitantes, parecíame (era a mis ojos) que salían de casa de aquella ilustre dama de Padrón a los Urdaes, los Toro, los Mantilla; buscaba la mano inquieta, espoleada por la loca frente, espada y lanza, sin hallar (encontrar) en sus últimas heridas más que amargura y desconsuelo: y transportado por alas ignoradas, y roído por águilas coléricas, vivía en tiempo ilustre de grandeza extraña, y me parecía que eran los montes, no espaldas arrugadas de la anciana tierra, sino pliegues del manto que debía en su hora de descanso cubrir aquellos colosales hombres.

Y luego, cuando del puerto acá venía dejando atrás a la animada Guaira, salvando en vulgar cochecillo, montes que hombres más felices de más gloriosa manera habían salvado ¡qué ruidos apagaban los comunes ruidos! ¡Como interiores aves aleteaban mis caros recuerdos; despertaban mis sueños de niño: (hallábame al fin enfrente de mis amores perpetuos, y crecía); agitada por tantos combatientes la batalla de mi alma! Yo oía discutir en la capilla de San Francisco, al imponente Miranda, al enérgico Riscio, al temible Peña, a Domínguez, a Yáñez. Y, al iluminar mares de luz de Sol que iban y venían al capricho de las nubes, no eran mares de Sol sino pliegues ondeando al viento de aquellas venturosas banderas que anunciaron en la plaza de Caracas la alborada de la vida nueva. Deslumbrados los ojos por el fulgor de fiesta de mi espíritu, parecíame ver surgir, de entre los pardos montes a aquel bravo canónigo del 19 de abril —y lo veía, radiante y magnífico, con la cabeza más alta que las cúspides— tender la mano, como tomando posesión de pueblos y de valles —y decir, iluminado por nunca visto fuego el rostro altivo: «¡Sí! la pido, la pido en nombre de la justicia y de la patria». ¡Imposibles, ya a mi mente las imágenes diarias de la vida, no bien desaparecía la nube de polvo, que es en los caminos, más que estorbo para el viandante, señal de vida de la tierra porque anoche fingíame ver a un hombre joven echar con ademán resuelto sobre el cuello de un caballo cubierto de espuma las riendas inútiles, y tocar a las puertas del Ejecutivo, para anunciarle, con el amanecer del día, el amanecer de la victoria! —y como las olas del polvo amarillo iban y venían, parecíame que venían en ellas aquellos vengadores jinetes de Araure donde caen sobre los desbandados enemigos que van a dar muertos de espanto y de fatiga, en Cabudare y aquellos otros caballos que descargaron en San Carlos su dorso de hombres entre las espantadas (aterradas) filas del tenaz Izquierdo. Parecíame (de súbito) aquel polvo al de la horrenda ruina y veía desplomarse a la señorial Caracas, a la gentil Barquisimeto, a aquella Guaira que detrás dejaba a Mérida, (la espalda a México florido); lamentos como con alas salían de entre las piedras de San Jacinto, que se abrían, y teñido en sangre veía un pilar enhiesto (mis versos de fuego) por entre las grietas de la hambrienta tierra (rota) senos de fuego, y rastreando por aquellos muros, cual si se propusiese desde lo más alto de la catástrofe retar a la Naturaleza, veía al fin a nuestro Padre común, enjuto el rostro de ira, crispada la elegante mano, como para empinar en ella el fuego de la tierra; —que no parece sino que para que tan alta criatura fuese dada a luz, hubiera sido necesario que la tierra sufriera extraordinario dolor de alumbramiento. Parecíame respirar embriagante aire de batalla, como si todavía no hubiesen llegado a sus cuarteles de descanso los jinetes de Bolívar o como si aquellas olas espesas y flotantes átomos fueran la natural nube de polvo que debió levantar, al caer al suelo, nuestro terrible manto de cadenas.

Discurso pronunciado en la velada de la Sociedad Literaria Hispanoamericana en honor de Venezuela, en 1892

Señoras, señores:

No con la voz penosa de quien vive aún en la fatiga de los primeros días de América, puesto que solo se han de contar en un pueblo los días que nacen de aquel en que se sacudió de la frente la corona extraña; no con la voz caída de quien, hasta por el cuerpo ruin, padece de envidia de aquellos cíclopes que escalaron el cielo y se trajeron de él la banda azul que abrió en dos, para siempre, el antiguo pabellón; no con la voz desmayada de la enfermedad tenaz, sino con acentos que fueran a la vez como fragor de rayo y como música de seda, quisiera yo sacar del relicario de mi pecho aquella tierna reliquia de la pasión que guardo en él para el pueblo que a la hora de la libertad puso en sus hombros la fuerza de los ríos con que echa atrás el mar, y el ímpetu y el fuego y el estrépito con que arrancaron de los senos de la tierra sus montañas; para el pueblo que pone en sus mujeres el alma nacarada y aromosa de su flor de café.

Porque yo no sé que haya derecho más grato que el de admirar como hijo al pueblo por donde América mostró al mundo cómo la libertad vence desnuda, sin más cureña que el lomo del caballo ni más rancho que recortes de cuero, al poder injusto que se socorre de las riquezas de la tiranía y del mismo ciego favor de la Naturaleza; de venerar como hijo a la tierra que nos ha dado en nuestro primer guerrero a nuestro primer político, y el más profundo de nuestros legisladores en el más terso y artístico de nuestros poetas; de amar como hijo a la república donde las almas, a modo de espada de fábrica finísima, son todas de acero, que pica frente a frente, para quien les pellizca la dignidad o les rebana la tierra del país, y para el que de afuera va a pedirles techo y pan son todas puño de oro.

Duermen tal vez otros pueblos —que es cosa que no se ha de hacer, porque hay siempre pueblos que acechan y vigilan— duermen otros pueblos tal vez, entretenidos en comadrear por las ventanas o en descascarar el maíz, sobre una gloria que solo tiene derecho a recordar quien la cultiva y continúa; y suele uno que otro americano —por el anhelo codicioso de las pompas y bienes del mundo, o por aturdimiento fácil ante las maravillas ajenas, acaso más viciadas que seguras, o por el horror natural de los trastornos y la sangre, o por impaciencia mal aconsejada de progresos superficiales e inmaturos— proclamar más pesada de la cuenta, o abandonar a la lluvia y el polvo del camino, la patria que sus padres sublimes les confiaron, para obtenerle del Universo indiferente la paz del respeto, y librarla del desdén peligroso con que miran a las almas enteras los creadores y fuertes de este mundo; ¡pero a Venezuela, como a toda nuestra América, a nuestra América desinteresada, la hemos de querer y de admirar sin límites, porque la sangre que dio por conquistar la libertad ha continuado dándola por conservarla! ¡Proclamemos, contra lacayos y pedantes, la gloria de los que en la gran labor de América se van poniendo de quicio y abono para la paz libre y decorosa del continente y la felicidad e independencia de las generaciones futuras!

Fue un día en que de la tierra, como la Naturaleza de los llanos después de las lluvias, surgieron, a medio vestir, los héroes que descansaron de la cabalgata en el alumbramiento de Ayacucho; ¡y allí las margariteñas fueron de más valor que las perlas de la Margarita, que a cestos vaciaban, sin fatigárseles las manos, en el tesoro de la libertad, siempre mendiga en sus primeras horas; y allí, con sus manos blancas y afiladas, como la fragante reina de la noche de su jardín, a su hermano imberbe armaban caballero, de la caballería que no vuelve la espalda sino como en las Queseras, aquellas magníficas barcelonesas, torres de alabastro; y con las valencianas de hospital y reserva, daban el frente a los demonios montados de Boves los espectros de lanza y cinturón que defendían a Valencia invencible; y «con los escarpines de raso» y el incendio de la patria asolada en las mejillas, salieron de sus flores y naranjos a la tiniebla de la emigración, como el jacinto teñido de sangre, las finas caraqueñas! ¡Y allí se abrazaban los hombres a la pólvora, y el Sol ante su luz palidecía de celos; y volvió a ser que los hombres a pie firme anduviesen y triunfasen sobre las aguas de la mar y le cortaron a Ribas la cabeza del gorro frigio y la mano inmortal con que señala su camino a América!

Luego fue el día —porque el drama de la sangre tiene siempre más de un acto— en que, con el calor de la libertad novel en las regiones apartadas de propósito por la malicia colonial, o enemistadas por los celos de predominio o las diferencias de cultura, las armas criadas en la pelea contra el opresor se emplearon en acomodar, con la prisa pródiga de la juventud, las entidades que la distancia y la emulación no han podido dividir tanto como las ha juntado al cabo el patriotismo. Y con los métodos violentos que eran de naturaleza en un país sanguíneo y brillante, venido al gobierno propio sin el cocimiento ni costumbre de las prácticas despaciosas y rutinarias de la libertad, precipitó Venezuela generosa, a saltos armados, la amalgama indispensable para la fundación de un pueblo, —por la ley de los árboles nuevos, que tienen el corazón muy cerca aún de la corteza, y no por la impotencia inherente que los débiles o los ignorantes creen reconocer en esto que no es más que el cumplimiento útil e inevitable de un simple trance histórico. ¡Héroes tuvo Venezuela, bellos como banderas desgarradas, y como el potro fiero de su escudo, y como el rayo primero del Sol, en la pelea sobrenatural de la independencia!, ¡y héroes ha tenido, no menos útiles por ser menos gloriosos, en esta brega de amasar, con cadáveres, y con desterrados, y con presos, los cimientos firmes e inconmovibles de una verdadera república!

¡Y entonces fue la miríada de los méritos: de los llaneros que se amoldaban a la presidencia; de los maestros canosos que hacían del pecho trinchera del civismo; de los magistrados que volvían del sitial de la nación a la silla de la cátedra; de los coroneles a quienes no les salía el discurso a la multitud sino cuando estaban a caballo, con la lanza en su bota; de los patricios que, en el continuo choque de la mezcla urbana y postiza de la civilización de Roma y las de Francia y los Estados del Norte, con la civilización burda y real que caía de las regiones naturales del país, hallaron tiempo para exponer los cánones del mundo nuevo y de la literatura constante en aquella lengua que crece con los años, como el aroma del vino generoso; para cantar la Naturaleza y los afectos en una poesía que mantuvo siempre —aun en la época en que el fuego patriótico parecía tener su forma propia en las importaciones románticas, aun en los días en que el afán de la emancipación definitiva llevaba a tomar los modelos franceses de sus mismos imitadores españoles— aquel orden ameno y encendida moderación por donde en las letras de América tiene aire como de rosa entre flores la literatura venezolana. Entonces fue cuando, con los vaivenes de la fortuna en aquellos años de subir y de caer, se enseñó en sus quilates mayores el alma de la mujer de Venezuela, palma en el salón, y Sol suave en la casa, y amiga en la adversidad; de aquella mujer que sabe unir, sin egoísmo ni rudeza, el albedrío al decoro, y en las quintas del valle hace olvidar, con su gracia elocuente e ingenua, los tornasoles y hermosuras que de todas partes reclaman los ojos en aquella soberbia naturaleza, y en los paseos de la plaza florida viene y va como la misma flor, con su elegancia y su finura, a quien el jardinero ha dado asueto para travesear por los jardines.

Y hoy es el día de la grandeza más difícil, en que los que reciben de sus padres, en el carácter ya hecho a la realidad y a la disciplina, el país más compacto y adulto, han de ordenar, como están ordenando, las fuerzas nacionales, descascaradas en la larga trilla, y han de evitar, como están evitando, la suerte que en el mundo que avanza ha de caber a los pueblos que no se deciden a avanzar con el mundo; hoy es el día de trabajar y de juntar, en que una juventud que pide al empleo directo y al estudio de los problemas propios la paz dichosa que jamás vendría de ideas de afuera ni de amistades artificiales, ni de la creencia impropia y enervante en la irremediable superioridad ajena, entiende acaso que entró ya la América en aquella hora de alma eficaz y común en que se cumplirá por fin el angustioso anhelo, el deseo profético y mortal, de aquel cuyo nombre no se ha de decir, porque con evocarlo solo ya las almas se subliman y elevan; del que por las astas tomó a la Naturaleza, cuando la Naturaleza se le oponía, y la volcó en tierra; del que cuando pensó en «poner una piedra fundamental para la libertad» en América, no la pidió para la libertad de Venezuela, sino para la libertad sudamericana; del que murió del afán devorador de alzar a tiempo, con un siglo de tiempo, las energías que al cabo de él habría de necesitar para su salvación, en la batalla esencial y evitable, el continente que se sacó de las entrañas.

Ni de soberbia, ni de ambición, ni de despecho murió el hombre increíble que acaso pecó por todas ellas; sino del desacuerdo entre su espíritu previsor, turbado por aquella misma viveza de la fuerza personal que lo movía a las maravillas, y la época de distancias enemigas y de civilizaciones hostiles, o incompletas y ajenas, o aborígenes y degradadas, que juntó él mismo a vivir; del desacuerdo murió entre su concepto impaciente y original de los métodos de creación de un país a ningún otro semejante, y los conceptos, más influyentes a veces que sinceros, de los que en la misma libertad prefieren el seguro de la canonjía a las emociones costosas y saludables de las labores de raíz; murió de la lucha, por entonces inútil, entre su idea continental con las ideas locales, y de la fatiga de conciencia de haber traído al mundo histórico una familia de pueblos que se le negaba a acumular, desde la cuna, las fuerzas unidas con que podía, un siglo más tarde, refrenar sin conflicto y contener para el bien del mundo las excrecencias del vigor foráneo, o las codicias que por artes brutales o sutiles pudiesen caer, arrollando o serpeando, sobre los pueblos de América, cuando levantasen por su riqueza un apetito mayor que el respeto que hubiera levantado por su odio y auxilio. ¡Y se cubrió el grande hombre el rostro, y murió frente al mar!

Me lleno de júbilo y de orgullo al ver cómo, en la casa de la nieve, hemos tallado el altar donde se comulga en la amistad discreta y entrañable de los pueblos de nuestro continente. Y al mirar al pie de esta bandera, más limpia de sangre inocente que ninguna otra de las grandes banderas del mundo, y más empapada de sangre gloriosa, los hijos agradecidos de nuestra familia de pueblos, que vienen a poner las almas, atónitas aún de admiración, ante la madre de nuestras repúblicas, siento que en las botas de pelear, que no se ha quitado todavía, se pone en pie el genio de América, y mira satisfecho, con el fuego vivifico de sus ojos, a los que, de buena voluntad para todos los pueblos buenos de la Tierra, cumplen, sin comprometerlo con coqueterías de salto atrás ni con deslumbramientos pueriles, su legado de juntar en un haz las hijas todas de nuestra alma de América.

Nueva York, 19 de septiembre, 1884
Señor Manuel de J. Galván
   Señor y amigo:
   Acabo en este momento de leer su *Enriquillo*. No supe decirle adiós desde que trabé con él conocimiento, y quedamos tan amigos, que se lo he de ir presentando a todo el mundo, para que me lo alaben y protejan, como si fuese cosa mía; lo cual es, por ser como será en cuanto se le conozca, cosa de toda nuestra América.
   Pienso publicar los méritos del libro; pero no aguardo a esto para decir a usted cuánto gozo he tenido con su lectura. Leyenda histórica no es eso, sino novísima y encantadora manera de escribir nuestra historia americana. En el lenguaje, ¡qué castidad, prudencia y donosura! En las observaciones que esmaltan, como diamantes negros una sortija de oro, la narración amena, ¡qué dolorosa ciencia, aprendida, bien se ve, en continuados pesares! En la presentación de los caracteres, ¡qué maestría, gradación, justeza, acabamiento! ¿Cómo ha hecho usted para reunir en un solo libro novela, poema e historia?
   No haga usted otra cosa, luego que concluya su tratado, que escribir cuentos como éste, en que las excelencias son tantas como las palabras, la trascendencia igual a la armo-

nía, y la moderación comparable solo a la extrema belleza, y causa en mucho de ella.

¡Qué *Enriquillo*, que parece un Jesús! ¡Qué Mencía, casada más perfecta que la de fray Luis!

Y en todo, ¡qué poder y hermosura!; ¡qué transparencia en las escenas!; ¡qué profundidad en la intención!; ¡qué arte en todo el con junto, que baja al idilio cuando es menester, y se levanta luego sin esfuerzo, y como a esfera natural, a la tragedia y la epopeya! Acaso sea esa la manera de escribir el poema americano.

Muy contento de haber hecho el conocimiento de usted, que con prenda de tan señalada valía ha enriquecido nuestras letras, le saluda y queda a su servicio.

Su estimador y atento amigo,
José Martí

A Federico Henríquez y Carvajal[20]

Barahona, 21 septiembre de 1892
   Señor Federico Henríquez y Carvajal
   Muy noble amigo:

¿Qué le diré de este pueblo que me es todo amistad, como para redimirse de su nombre de traición, que no le parezca rebuscamiento o lisonja? Voy lleno de la más tierna gratitud y del afán de pelear con quien me diga que no están en esta tierra todas las semillas del porvenir, y la cordialidad, que hace fuerte y amable la vida. ¿Dónde más pensamiento, ni más elocuencia, ni más virtud? Démele la capacidad de arpar y ya está un pueblo salvo. Y en usted, que de la riqueza de su mérito puede dar mucho sin quedarse corto, veo y admiro el carácter seductor de un pueblo en quien vi siempre el alma dadivosa del mío propio, y quiero ahora con cariño de las entrañas. Otros ven la corteza y son siervos de ella; yo miro al corazón.

Déjeme decirle, al pie del estribo, el discurso que acaso ustedes esperaban de mí, compuesto y voluminoso, que no pude darles, porque me tenían encogido a la vez el hondo agradecimiento y la pasión de la verdad, que manda callarla antes que decirla a medias; pero si el orador los dejó de seguro desencantados, confío en que el hombre se les habrá revelado entero en su silencio.

El hombre tiene ya dos patrias, y en la nueva a nadie recordará con más viveza que a aquel que reúne la virtud ejemplar, la devoción americana y la casa amorosa al vehemente talento.

20 La carta de Martí a Federico Henríquez y Carvajal, fechada en 25 de marzo de 1895, y que es conocida como su testamento político, se encuentra reproducida en el tomo 4 de las *Obras Completas*, págs. 110-112.

Esta es América, la tierra de los rebeldes y de los creadores, y aquí se siente íntegro, sangrando de lo que ella sangra y amando sus amores, quien nunca abusa de las palabras solemnes, y al abrazar en usted a tanto mérito sobresaliente, a tanto corazón generoso, se firma su hermano,
José Martí

A tres antillanos

Las fiestas del descubrimiento no han sido en Santo Domingo cosa vana, ni mera cortesía entre gobiernos establecidos, ni ocasión de pedigüeña candidatura al honor nimio y envenenado de un asiento provincial en la Academia Española, ni caso propicio a los de alma arcaica para mostrar, con el apego a la ensangrentada conquista, el desamor de todo lo propio y nuevo: por otras partes de América han sido eso las fiestas del Descubridor; pero en Santo Domingo, la tierra amada de Cristóbal Colón, la tierra de más recuerdos y mayor nobleza indígena de aquellos tiempos en que se ensanchó el mundo, la tierra que el ambicioso italiano descubrió con gloria y abandonó con grillos, la tierra donde acaso, en su arquilla de plomo, revuelto el polvo con los huesos, está lo que queda del cuerpo macizo e inquieto del Almirante, las fiestas han sido como un filial tributo, y como un renacimiento nacional. La misma Academia, que en otras partes no es más que agencia hábil de España en América para defender sus míseras posesiones, las Antillas que arruina y corrompe —no es en Santo Domingo, donde jamás se apaga el alma de *Enriquillo*, más que como la tradición castiza del país, y la única expresión segura del amor al arte en los tiempos revueltos que, en las ansias de la ordenación, atraviesa aún la patria de Juan Pablo Duarte—: ¡con nueve jóvenes «de alma generosa y aspiraciones nobilísimas», juró Duarte, y realizó, la fundación de la República!

Pintorescas y memorables fueron las fiestas del «Centenario Colombino Americano» en Santo Domingo, y no fue en ellas solo de notar la alabanza, a menudo hueca, de lo pasado, árbol seco donde van colgando la hinchazón y la vanidad de sus púrpuras chillonas, sino la historia en sobria literatura, de la mente y el patriotismo del país, y la prueba de la capacidad grande y aspiración enfrenada de sus hijos. No sin objeto habla *Patria* hoy de aquellas fiestas, sino por gratitud, puesto que como recuerdos del Centenario se han elegido dos composiciones, de la magnífica poetisa una, de Salomé Ureña, compañera del pensador Francisco Henríquez y de Federico Henríquez y Carvajal la otra, dedicada, con hondo pensamiento, a tres antillanos que no descansan en la obra de contribuir al rescate, equilibrio y bienestar de nuestra América: a Betances, a Hostos y a Martí.

Federico Henríquez y Carvajal, autor de la poesía así laureada, es hombre que se duele de toda injusticia, y ayuda a toda empresa de libertad, y busca por sobre mares y montañas el mérito americano, y enlaza a nuestros pueblos con las letras amigas y suaves, y los ama con pasión. *Patria* es su casa, como la de todo buen dominicano, como la de todo americano bueno; y hoy publica, porque es de justicia, las bellas décimas: «Tierra».

Patria. Nueva York, 21 de noviembre de 1893

Fragmento de un discurso en elogio de Santo Domingo[21]

Y no sabe bien el mismo señor Billini[22] el placer que me da, y el agradecimiento en que me deja, cuando me invita a sacar, de estos labios míos endurecidos y apretados por un estéril destierro, palabras en la fiesta que el cariño de sus compatriotas consagran a este ilustre dominicano.

Vivía yo algunos años hace, bregando como siempre por el ensanchamiento del espíritu, y la afirmación y... de la luminosa alma de América; vivía yo hace algunos años, ya en las postrimerías penosas de la guerra de mi patria, con todos sus dolores despiertos como leones en mi pecho, y todos sus héroes andándome, con sus plantas de luz, sus manos abiertas suplicantes y su corona de espinas ensangrentadas a la espalda; vivía yo sobre ortigas encendidas, como se vive siempre lejos del país propio, en la lejana capital de Guatemala, de aquella tierra que ostenta en sus selvas y en su escudo, el quetzal de plumaje esmaltado y alma fiera que, cuando pierde la libertad, hunde la cabeza y muere: bien así como Santo Domingo indómito, ese pueblo quetzal. Y allá en Guatemala me enseñó un buen cubano, una noche en que apretada la garganta y secos los ojos, hablábamos de las glorias y desdichas de nuestra tierra, una carta en que el caballero Luperón explicaba, con ese cariño por las causas débiles que es dote exclusiva de las grandes almas, explicaba humilde y tiernamente los impulsos que le habían movido a

---

21 Este borrador, del Archivo de Gonzalo de Quesada, proviene de unas notas de Martí para un discurso en elogio a Santo Domingo. No se sabe si llegó a pronunciarlo.
22 Francisco Gregorio Billini, primo del general Máximo Gómez. Fue presidente de Santo Domingo. Martí publicó una semblanza de Billini en *La América*, septiembre de 1884.

tributar honras fúnebres a aquel cubano de espíritu templado a fuego sobrenatural, a Ignacio Agramonte. Me puse en pie, como si Luperón estuviese delante de mí, a apretarle las manos; le di asiento en mi corazón, donde se sientan pocas gentes, y contraje con él una deuda de ternura y afecto que le pago esta noche.

Gracias, dominicano generoso, en nombre del muerto. Gracias, hombre de juicio sereno y corazón...

Abomino los odios fanáticos, tanto como amo los corazones generosos. La libertad de mi patria, quisiera verla surgir de entre alas, no de entre charcas de sangre; pero a mi tierra la llevo en el alma, como a una hija querida, y a quien me ha admirado y consolado a mi tierra, y dado favor y cariño a sus hijos, a raudales le doy esta alma mía, para que haga con ella lo que quiera, ya que ella es tal que no dejará nunca que se haga de ella nada malo, y en un abrazo que no se acaba, aprieto a mi corazón al hombre generoso que puso una corona de sus flores libres en el ataúd de nuestros muertos, y dio amparo y calor en sus horas de desdicha a estos otros muertos, ¡los desterrados!

Tiene el mundo dos razas: parecida a los insectos la una, la de los egoístas; resplandeciente, como si en sí llevara luz la otra, la de los generosos. Los unos lo sacrifican todo: patria, amistad, estimación, hasta estimación de sí mismos a su beneficio y contentamiento; los otros, aunque en las horas de sosiego puedan pagar tributo a los apetitos y flaquezas de la naturaleza humana, cuando la hora del atrevimiento y la grandeza suena; cuando el honor humano o el honor patrio están en peligro, como arrebata el viento una paja, se sacuden de los hombros todas las preocupaciones, conveniencias o intereses que puedan estorbarla, y alegres como águilas libres, se arrojan apretadamente a la pelea, camino de la luz.

La vida les es grata; pero no con el pensamiento en cepos, las miradas medidas, las mejillas abofeteadas, los afectos en disfraz, toda el alma en bochorno. Y para gozar de la vida, que solo es amable cuando es noble, se decide a conquistarla. ¿Necesitaré deciros, señores, que tenemos delante a uno de estos hombres desinteresados, que ha pagado con su propio cuerpo el precio de su libertad, y con sus propias manos ha desembarazado de su vestido de hierros a su patria, y vuelto a sus llanos apacibles, a sus montañas ilustres, a sus tupidas espesuras aquella ingenua luz de pueblo nuevo que brilló sobre los vestidos de colores de los infortunados caciques de Jaragua?

Ni sería fácil contener la profunda alegría que un detalle, que era antes una ignominia, debe inspirar aquí, y fuera de aquí, todos los corazones. Ved el color del rostro de nuestro huésped, y ved el nuestro. Ved por encima de nosotros, como una paloma hecha de estrellas, la luz de la esperanza. Todos los hombres de bien, cualquiera que sea su color, son hombres blancos: no hay ya más hombres de color, aunque sean blancos, que los egoístas y los necios. Un potentado estéril, un hijo vagabundo de casas titulares, un galancete empolvado, una vulgar persona, que se labra sus rentas y las consume pacíficamente ¿serán más estimables, por venir de las razas glaciales, donde ni las almas ni el Sol brillan, que aquellos hombres bravos, inteligentes y virtuosos que llevan todavía en la tez el color casual de las razas apasionadas que el Sol tuesta? Y qué brazo tan fuerte, qué virtud tan segura, qué piedad tan grande no necesitan tener los hombres de color para abrirse paso por entre tantas resistencias y preocupaciones, solo para los que las alimentan vergonzosas. Por lo mismo que la hemos ofendido y descuidado tanto, y reducido a la miseria espiritual de que hijos ilustres la están ya redimiendo, por lo mismo debemos apresurarnos con las manos llenas de bálsamo y el corazón henchido de ternura, a curar las heridas y dirigir con cariño la raza negra en sus extravíos, como los padres desamorados que oyen al fin la voz de la naturaleza, disculpan y soportan con paciencia los errores necesarios de los hijos que abandonaron, en el nicho de una pared o en el umbral de una puerta, al capricho del destino.

¡Las puertas del alma se abren de par en par a la raza que estuvo en prisiones y ya vuelve! El banquete humano estaba solitario, porque por la fuerza y por la iniquidad quedaba fuera el más adolorido de los comensales. Tierra pequeña es la República Dominicana, pero tierra grande. Ella reconoce y practica el derecho, a pesar de sus convulsiones y rivalidades de pueblo naciente, con una generosidad, firmeza y sencillez que deben captarle el aprecio entusiasta de los que no reservan sus celebraciones para aquellos que pueden remunerárselas con intenciones y provechos, ni procuran en la vida más gloria, que el gozo de ver brillar en toda su pureza el astro humano.

Yo no sé qué simpático atractivo y no sé qué fraternales impulsos, me llevan a mirar como mías propias las bravuras, padecimientos y esperanzas de la tierra dominicana. Hija favorecida me parece de América, que no escribe poemas, pero los hace; que recogió de sus dominadores unas cuantas ruinas, y aposentados en ellas como búhos los odios de raza, está amasando con ellas a toda prisa un pueblo; que ha advertido que la condición de la felicidad es el trabajo, la libertad del individuo la condición de la libertad de la República, y el dominio íntegro de su territorio, ni participado, ni hipotecado, la condición de su ventura actual y su grandeza futura. Yo no sé si será porque el aire de los pueblos se nutre, como del aroma de las flores, de las almas de los que en ellos batallan y padecen y con amor de padre vagan luego en la atmósfera, descendiendo y filtrándose en sus hijos con los rayos del Sol que lo despiertan al trabajo o con la lluvia benéfica que se lo remunera. Y así se habrán mezclado en sus vidas aires de las almas de Santo Domingo y de las de Cuba. Que será, no lo sé; o no será, no lo sé, a no ser que sea ese placer de ver crecer y acreditarse en todas partes del Universo al ser humano, y alcanzar triunfos que parece que están por encima de las dificultades que le cercan; pero cuando lo que fue y lo que es veo y lo que va a ser, me parece que miro a aquel delicado niño Guarocuya, que con tan suaves y serios colores pinta el señor Galván en su *Enriquillo...* en que se mira el Sol con regocijo.

Y acá tengo, sentado frente a mí, al que en aquella tierra ha alcanzado influjo y poder bastantes para hacerle mal y mucho bien y ha preferido hacerle bien. Es mucho más grande que un tirano el que no ha querido serlo. La luz de la libertad lo viste. El amor de un pueblo lo acompaña. Le sigue por todas, partes la admiración de los hombres honrados. Honor, señores, a la tierra de Santo Domingo porque no admite déspotas, y al general Luperón, que con tales hijos suyos siente amor de madre celosa y arrebatada por su patria.

Costa Rica, julio 8, 1893

Señor don Pío Víquez[23]

Mi amigo generoso:

Yo no puedo decir con las palabras, vestidura tantas veces del interés y la lisonja, el tierno agradecimiento con que recordaré siempre la bondad con que Costa Rica ha premiado en mí, viajero humilde y silencioso, el amor y vigilancia con

---

23 Director de *El Heraldo de Costa Rica*.

que los americanos, unos en el origen, en la esperanza y en el peligro, hemos de mantener a esta América nuestra, sorprendida en su cruenta gestación, en los instantes en que por sus propias puertas muda de lugar el mundo. Yo no sé decir, en la pena del adiós, el orgullo y fe de americano con que he visto, como por su raíz de trabajo directo y el vigor de su carácter individual, por la altivez y holgura de su pueblo, criado en la fatiga de sangre y de luz, del alma contemporánea, no será Costa Rica, entre las naciones de América, la que llegue a la cita de los mundos, harto próxima para no disponerse a ella, sin el desenvolvimiento y persona nacional indispensables para medirse en salvo con *El Progreso* invasor. Ya han caído los muros y el hombre ha echado a andar. Quien no se junte a la cohorte le servirá de alfombra.

Pero yo tengo con usted una deuda del alma. Una justa esperanza me la alienta, esperanza de americano previsor, y usted me le dio una hora de júbilo y de sostén. Yo llegué ayer, insignificante e ignorado, a esta tierra que siempre defendí y amé, por culta y viril, por hospitalaria y trabajadora, por sagaz y por nueva; y usted salió a recibirme, con largueza de poeta, y me sentó a la mesa de la bienvenida entre los hombres cordiales de su patria. Me vi tratado como hermano por los que acaso apenas conocían mi nombre. Brillaron allí a mi alrededor el talento enérgico, la palabra discreta, la lisonjera amistad de quienes no la hubiesen acordado de seguro a quien no trajese el sagrado de su hogar, el respeto del huésped y el corazón limpio. Vi en torno mío a hombres plenos y buenos de la América. Y gocé, porque honran y sirven a su pueblo los que, aun fuera de justa medida, premian en nombre de él la fe en su porvenir y la fidelidad a sus ideales. Solo de un modo puedo responder a esta merced grande: y es pedir a usted y a mis amigos de Costa Rica que me permitan servirla como hijo.

Nunca olvidará a su amigo Víquez su
José Martí

Buenos Aires. Mensaje del presidente de la República al Congreso. Paz, escuelas, inmigrantes, ferrocarriles

¡Cuán distantes las tierras del Plata de aquellos tiempos de encomenderos ensañados y fieros querandíes!

En el pago de la Matanza nacen flores; por donde corrían, sobre fantásticos caballos, los indios invasores, corren hoy, como voceros de los tiempos nuevos, los ferrocarriles. Ya el ombú no tiene trenos, sino himnos; ya no rinde la vida, a manos de Garay hazañoso, Tabobá malhadado, gran cacique; ni los minuanes implacables cercenan el cuello a los bravos de España; ni Galán mata a los caracarás inocentes; ni a la sombra del arco de flores moradas se cuentan desdichas los míseros lules, segados, como pálidas mieses, al filo de la espada insaciable del invasor violento. Ni en lenguas secas y ciencias sofísticas educan los colegios a la gente moza, que va de pie, desnuda la ancha frente y limpio de odio el labio, coreando hosannas, en el avantrén de una locomotora. Acólitos no dan ya las escuelas, sino agrónomos; no enfrenadores de almas, sino acariciadores de la tierra.

No vive ya en Palermo el sombrío Rosas; ni holgando por los campos vaga el gaucho, ora carneando intrépido la res rebelde, ora escuchando, encuclillado al pie del lecho recio donde descansa su indolente amada, las coloreadas y sutiles trovas del payador enamorado. Por la pampa no merodean depredadores, sino que cruzan, seguidos de la escolta que porta en astas altas el patrio gallardete, los zapadores nuevos del ejército en marcha: los agrimensores. Sonríe, maravilla y crece Buenos Aires adelantada y generosa. Deja en la mente el mensaje presidencial la misma impresión grata que deja en los ojos un hombre fuerte y joven. Se ven desbordes, lujos, reboses de sangre pura, ansias potentes; parecen cantos de amante, que los cruzados que van camino de una Hyrosolina a que se acercan, entonan en liras nuevas, adornadas de espigas de trigo, al pie de los balcones de damas nunca vistas en tiempos de buhoneros y castillos.

«Nunca —dice el mensaje— abrió presidente alguno el Parlamento argentino en época de mayor paz y bonanza. Buenos Aires, aquietada y trabajadora, llama a todos los hombres a sus brazos, templo nuevo sobre la haz de la tierra.» A los que fían en motines, dice honradamente: «Pagar dinero por gastos de guerra, revueltas y desórdenes, es como echar capital al fuego». Y con profunda mira y gallardo propósito anuncia que van a ser de nuevo colocados en las filas activas de la nación los jefes que solieron inquietarla, porque «ha de olvidarse —dice— que esos jefes desconocieron sus deberes hacia su Gobierno, para recordar solamente que han envejecido unos en los campamentos, derramado otros su sangre en las batallas y prestado todos importantes servicios a la organización y gloria de su patria». «Vayamos en busca de trabajadores a Europa, semillero de hombres. Faltan maestros.»

Muestra, entre otras cosas, este Mensaje, que las tierras del Plata han dado ya buena sepultura a ese vicio cobarde de la mente que depaupera pueblos y hombres: la rutina. El mensaje está, como la nación de cuyos progresos da sumaria cuenta, a caballo, y como pronto a nobles lides. No a lides en contra, sino en pro; no a batallas de morir, sino de sembrar y fecundar; no a batallas ¡por Dios! de armas de riña, sino a certámenes de arados.

Bien queda a fin de cuentas Buenos Aires: el presidente, rogando a los pueblos que agasajen al general Mitre, su noble contendor, modesto y famoso; el interior en orden; los indios invasores, echados de las faldas de los Andes, sus últimas guaridas; con la Iglesia, en paz; que a lo que de sí se va incruentamente transformando, no hay por qué dar con violencia la muerte. El Municipio de la capital queda con sus gastos saldados, y las arcas llenas. En los diez ferrocarriles que se construyen hoy en el país trabajan catorce mil quinientos hombres. No hay villorrio que no pida a grandes voces camino de hierro; pues ¿a quién se le moverán las manos a cultivar, si no ve que puede dar salida fácil a sus cultivos? Ya desembarcan a las puertas de Buenos Aires, en el canal de Riachuelo de Barracas, que se apresta para grandes buques, los inmigrantes italianos.

En el Rosario ya trabajan en el nuevo muelle y ramal férreo. Cartas, ha habido este año tantas (diecisiete millones), que por ellas creció el Tesoro en 417.000 pesos, que son cuarenta y 7.000 más de lo que el correo produjo un año antes. De telégrafos, han tendido cuatrocientos setenta y ocho kilómetros. De tierras, que los compradores solicitan con afán, hay cinco mil y cuatrocientas leguas medidas. Prepara el Gobierno para la venta las tierras nacionales, y cien leguas cuadradas en Chaco, para dar a los cultivadores, y ochocientas leguas más entre el Limay y el Neuquén que las fecundan.

Las fértiles misiones, pobladas hasta ha poco de escasos y primitivos caseríos, en cuyos rincones asomaban, por estar la tierra comarcana rebosándolos, acá plátanos suaves, allá mazorcas de maíz bueno, gavillas de tabaco, haces de caña, se están trocando ahora en depósitos ricos de almas bien nutridas con la enseñanza de las escuelas, y de frutos: de allí, algodón preciado; de allí, maderas finas. Red de ríos son las misiones *Popol Vuh* ya piensan en echar sobre ellos red de puentes; y como la tierra húmeda fructifica lujosamente, hablan ya de vapores que recojan los frutos.

El Chaco, de palmas finas, de platanillos frondosos, de robustos cactus, de árboles festoneados de venerable heno, bajo cuyas ramas, dosel de los arroyos, deslizan sus canoas de puntas dentadas las indias recias; pomulosas y cejijuntas; el Chaco extenso, cubierto de hondos bosques, no privado de cañas, ve ya llegar a sus regiones opulentas, cargados de sus aperos de abatir troncos y abrir la tierra, a los fornidos hombres blancos que vienen contentos a hacer su hogar tranquilo y libre con los maderos frescos de la selva.

Patagonia misma, ya tétrica y calva, tiene seis escuelas. Y la nación entera, trece escuelas normales de profesores, que se esparcirán luego por los campos y aldeas, a hacer buena la maravilla del pan y de los peces, y criar maestros; y mil quinientas escuelas públicas, pocas aún, con ser relativamente tantas, para calmar la sed ardiente de aquel gallardo pueblo: la sed de los caminadores.

Inmigrantes, dieciocho mil más han pisado este año tierra bonaerense que el año anterior; y son gente de Italia campesina, de ojos ardientes y manos callosas, que no van a vender desde innobles rincones de ciudad dulcecillos y frutas, sino a enriquecer las siembras. Savia quieren los pueblos, y no llagas; de Massachusetts, y de todos los Estados Unidos, echan hoy a los pamperos ruines que, como insectos enojosos, suelen sacudir sobre América los pueblos de Europa. Da gozo ver entrarse, sonrientes y serenos, por los campos solemnes y fragantes de Buenos Aires, a esos poéticos trabajadores italianos. Y traen calor de alma, como de quien vive cerca de volcanes y en tierra que fue dos veces alma universal; que no hay inmigración buena cuando; aunque traiga mano briosa, trae corazón hostil o frío. Es estéril el consorcio de dos razas opuestas.

De dineros, cuenta el Mensaje que la República ahorró este año un millón y medio de pesos, que con otros legítimos arbitrios, fueron a amenguar la deuda.

La importación llegó a sesenta y un 2.246.000 pesos.

La exportación excedió a la importación en 2.450.000 pesos.

La deuda pública ha cumplido sus plazos.

Y el dinero que para ferrocarriles se tomó prestado, en ferrocarriles se empleó.

Domando tierras revueltas, vestidas de copiosa verdura, que brillan al Sol como líquidas gigantescas esmeraldas, cruza ya por el Tucumán, perpetuamente florecido, la máquina de vapor. Camino de las alamedas de Mendoza, y digno visitante de los Andes, ya salva la provincia de San Luis osada vía férrea. Silbando pasa y humeando la locomotora, como alegre de ver tanta hermosura, por entre los amenos caseríos de Corrientes frondosa, poblados de naranjos. ¡Tierras son esas de donde salieron, a la voz de San Martín, unos puñados de hombres, a cruzar los Andes, postrar a ejército cuantioso y redimir a Chile; y los cruzaron, lo postraron y lo redimieron en veinticuatro días!

¡Campañas haga iguales en la industria Buenos Aires, dignas de aquellas maravillosas y centáuricas que dieron apariencia de dioses a los hombres! Todo lo alcanzará Buenos Aires, que a tiempo supo exponerse a morir, por ser dueña de sí, y ahora sabe vivir cuerdamente, rica en ardientes corazones y en mentes fértiles.

La América. Nueva York, junio de 1883

Agrupamiento de los pueblos de América. Escuelas En Buenos Aires. Buenos Aires, París y Nueva York

¡Tan enamorados que andamos de pueblos que tienen poca liga y ningún parentesco con los nuestros, y tan desatendidos que dejamos otros países que viven de nuestra misma alma, y no serán jamás —aunque acá o allá asome un Judas la cabeza— más que una gran nación espiritual! Como niñas en estación de amor echan los ojos ansiosos por el aire azul en busca de gallardo novio, así vivimos suspensos de toda idea y grandeza ajena, que trae cuño de Francia o Norteamérica; y en plantar bellacamente en suelo en cierto Estado y de cierta historia, ideas nacidas de otro Estado y de otra historia, perdemos las fuerzas que nos hacen falta para presentarnos al mundo que nos ve desamorados y como entre nubes —compactos en espíritu y unos en la marcha, ofreciendo a la tierra el espectáculo no visto de una familia de pueblos que adelanta alegremente a iguales pasos en un continente libre—. A Homero leemos: pues ¿fue más pintoresca, más ingenua, más heroica la formación de los pueblos griegos que la de nuestros pueblos americanos?

Todo nuestro anhelo está en poner alma a alma y mano a mano los pueblos de nuestra América Latina. Vemos colosales peligros; vemos manera fácil y brillante de evitarlos; adivinamos, en la nueva acomodación de las fuerzas nacionales del mundo, siempre en movimiento, y ahora aceleradas, el agrupamiento necesario y majestuoso de todos los miembros de la familia nacional americana. Pensar es prever. Es necesario ir acercando lo que ha de acabar por estar junto. Si no, crecerán odios; se estará sin defensa apropiada para los colosales peligros, y se vivirá en perpetua e infame batalla entre hermanos por apetito de tierras. No hay en la América del

Sur y del Centro como en Europa y Asia, razones de combate inevitables de razas rivales, que excusen y expliquen las guerras, y las hagan sistemáticas, inevitables, y en determinados momentos precisas. ¿Por qué batallarían, pues, sino por vanidades pueriles o por hambres ignominiosas, los pueblos de América? ¡Guerras horribles, las guerras de avaros!

Todo esto se nos ha venido a las mientes, viendo como la ciudad de Buenos Aires tiene relativamente más escuelas que Nueva York o París. A pesar de que aún no tiene la República Argentina edificios apropiados para escuelas, y paga alquileres recios a propietarios codiciosos; a pesar de que por falta de espacio, o por no alcanzar aún a cuantos buscan puesto los útiles de escuela que sin tasa se han estado importando en la República; los 280.000 habitantes de la ciudad de Buenos Aires envían 22.000 niños a sus 170 escuelas, mientras que los dos millones de habitantes de París no mandan más de 133.000 a sus 462 escuelas; y Nueva York, con su millón y cuarto de almas, 134.000 a sus 299 espaciosos edificios; que por todos los barrios de la ciudad ha sembrado la Comisión de Educación escuelas públicas.

Y vale —para apagar excesivos afanes de copia, de copia a veces irreflexiva, de toda cosa neoyorquina—, vale hacer notar que París consagra a la educación pública, en un total de cinco millones, millón y medio de pesos más que la ciudad de Nueva York.

Poniendo en junto todas las escuelas de la República Argentina, se ve por el informe de 1882, que acaba de salir a luz, que hay en la República 1.389 escuelas, bajo la dirección de 2.256 maestros, a las que asisten 98.000 alumnos. Este año está siendo mucho más: a escuelas adonde iban el pasado 2.400 alumnos, van ahora 3.250; lo cual no sucede por cierto solamente en la ciudad capital donde los diarios, los teatros, la cercanía de las escuelas, la animación intelectual, la vida urbana predisponen a la cultura, y la hacen condición de vida ineludible, y cualidad amable, como llave de todo beneficio, y modo de no vivir en rebajamiento bochornoso: sucede esto en pueblos interiores de no muy gran monta, lo cual prueba que las voces generosas de aquellos patriarcas, y la ferviente y cuasi febril de los apóstoles jóvenes que les suceden, han encendido ya el pujante deseo de más perfecta vida en las poblaciones ingenuas y briosas que pueblan aquellas comarcas.

En suma: así como se veía en tiempos antiguos por las calles soldados de duro jaez, votando a Dios y jurando por el rey; así en aquella lejana República, con fuego y prisa generosos en ninguna otra de las nuestras igualadas, se oyen de todas partes, de los diarios de luchadores viejos, de los libros de poetas jóvenes, de las aulas de universitarios impacientes, de la tribuna de oradores sobre cuyas cabezas ha descendido una paloma nueva, y haces de lenguas vivas, estas otras palabras de pase a otro mundo, y contraseña de la ciudadela nueva: bibliotecas y escuelas.

Bien viene el moderno grito.

A Dios no es menester defenderlo; la naturaleza lo defiende.

El rey, fue un tutor de pueblos, que no han menester ya los pueblos llegados a mayoría.

Enamora el fervor con que prepara su grandeza futura Buenos Aires.

La América. Nueva York, octubre de 1883

Juárez

Ese nombre resplandece, como si fuera de acero bruñido; y así fue en verdad, porque el gran indio que lo llevó era de acero, y el tiempo se lo bruñe. Las grandes personalidades, luego que desaparecen de la vida, se van acentuando y condensando; y cuando se convoca a los escultores para alzarles estatua, se ve que no es ya esto tan preciso, porque como que se han petrificado en el aire por la virtud de su mérito, las ve todo el mundo. A Juárez, a quien odiaron tanto en vida, apenas habría ahora, si volviese a vivir, quien no le besase la mano agradecido. Otros hombres famosos, todos palabra y hoja, se evaporan. Quedan los hombres de acto; y sobre todo los de acto de amor. El acto es la dignidad de la grandeza. Juárez rompió con el pecho las olas pujantes que echaba encima de la América todo un continente; y se rompieron las olas, y no se movió Juárez. Dos hábiles escultores mexicanos lo han representado tendido sobre un túmulo, envuelto en un lienzo simple, y junto a sus pies desnudos, agobiada con todo el arreo de los dolores, la Patria que lo llora. Pero él no está bien así; sino en estatua de color de roca, y como roca sentada, con la mirada impávida en la mar terrible, con la cabeza fuerte bien encajada entre los hombros; y con las dos palmas apretadas sobre las rodillas, como quien resiste y está allí de guardián impenetrable de la América.

No queremos hablar de Juárez ahora, sino de un pueblo que hay en la América del Sur llamado por este nombre. Las maravillas ajenas cantamos, como si no las tuviéramos propias.

Un viajero nos está contando del pueblo risueño y próspero de Juárez. En medio de quintas y haciendas se levanta, y en cuatro leguas a la redonda está lujosamente cultivado.

Anchas de veinte varas son las calles, y algunas de treinta, y sus manzanas, tiradas en cuadro a los medios vientos, tienen 100 varas por 140. Acá una escuela de varones; y más allá, la de niñas; más allá escuelas mixtas, donde se ensaya con miramiento y éxito la educación en común de los niños de poca edad.

Numerosas casas de comercio, llenas siempre de vendedores y compradores de los varios artículos del país, negocian por grandes sumas la desbordante cosecha de trigo; la sucursal de un banco poderoso adelanta con cordura capitales a cuanto agricultor honrado se los pide; a la sombra de las aspas de los molinos están ya tendiendo los últimos rieles del ferrocarril que a distancia de cien leguas va a unir a Juárez con la capital de la República famosa; límpianse a toda prisa los terrenos vecinos para dar a familias extranjeras, mezcladas con algunas nacionales, haciendas de 60 a 90 acres de tierra excelente, a pagar en diez años y de lo mismo que el suelo vaya dando; la población, animadísima; ya pasea en los días calurosos por la gran plaza central, de altos árboles sombreada, que es la gala del gran pueblo, o por otras cuatro plazas bellas que tiene la ciudad en las esquinas; ya se junta en la airosa casa del rico municipio a platicar y danzar alegremente.

Del trigo no saben qué hacerse. Dicen que inspira dicha la de aquellos prósperos habitantes. Son numerosas las sociedades caritativas; y si la de los españoles es unida, no le va en zaga la de los italianos. Ya tienen más hijos y están levantando más escuelas.

Pues esa hermosa ciudad fue fundada sobre la yerba de una llanura, hace siete años.

Y ¿dónde es la maravilla? ¿En Texas? ¿En Colorado? ¿En algún territorio de los Estados Unidos?

No: es en Buenos Aires.

La América. Nueva York, mayo de 1884

La Patagonia

A curiosas hipótesis ha dado origen la etimología de la palabra Patagonia. En una reseña que *La Nación* de Buenos Aires hace de una conferencia del doctor Carlos Spegazzini, que acaba de andar por aquellas tierras y estudiarlas, leemos que el viajero explica de este modo el origen de la palabra: En patagón, los números de cien en adelante pertenecen al quichua. Luego aquel pueblo tuvo vinculaciones con los quichuas, o más fácilmente, se hallaron bajo la dominación de éstos. Ahora bien, los incas imponían a cada tribu la obligación de dar cien hombres de armas, constituyendo así centurias como en tiempo de los romanos.

La palabra cien, dícese en quiché *patac*.

Los patagones llámanse *oaniken*. *Patac oaniken* sería, pues centuria de *oaniken*.

Aunque reconociendo el conferenciante que tal etimología era hipotética y no podía imponerse como única, suponía que aquel *Patac oaniken*, corrompiéndose había llegado a componer la palabra Patagonia.

El carácter de los patagones pareció al conferenciante dulce y benigno. «Son hospitalarios —dice— pacíficos y poco sanguinarios; pero en sus odios son tenaces y no perdonan jamás.»

Describió un precioso instrumento patagón al cual tienen los indios mucho apego. Contó que estaba un día bajo un toldo conversando con un indio cuando de pronto hirió sus oídos una música triste que parecía venir del exterior. Era como si tocaran en el violín, lejos, muy lejos, algo así como una marcha fúnebre de Chopin. Pronto se convenció de que la música partía del mismo toldo: era un viejo que pasaba el tiempo tocando su instrumento favorito. Un fueguino tocaba a veces en el mismo instrumento un trozo de «La Fille de Madame Argot», que había aprendido en Punta Arenas.

Expresó el conferenciante que los patagones adoptan para designarse nombres de objetos. Cuando alguno muere, el nombre que llevaba en vida no lo adopta ningún otro.

La América. Nueva York, junio, 1884

La República Argentina en los Estados Unidos. Un artículo del Harper's Monthly

Nueva York, octubre 22 de 188?

Señor director de *La Nación*:

De dos años acá se nota en los periódicos de los Estados Unidos deseo marcado de conocer los países y recursos de nuestra América, que les parece campo necesario, cuando no obligado, para los productos excesivos de las industrias norteamericanas; sin que a estas averiguaciones de riquezas y costumbres haya presidido aquella cordial afición que a nuestros países corteses y caballerescos enamora, y nos induce a sacrificar en pago de ella el propio interés; antes bien, nos estudian e historian a meras ojeadas, y con mal humor visible, como noble apurado que se ve en el aprieto de pedir un favor a quien no mira como igual suyo. Así es que, siendo en verdad admirables la mayor parte de los pueblos de nuestra América por haber subido, entre obstáculos mortales a su condición presente, de los más oscuros y opuestos orígenes, no pasa día sin que estos diarios ignorantes y desdeñosos nos traten de pueblecillos sin trascendencia, de naciones de sainete, de republicuelas sin ciencia ni alcance, de «pueblos de piernas pobres —como decía ayer Charles Dudley Warner hablando de México— ¡escoria de una civilización degenerada, sin virilidad y sin propósito!».

¡Este Warner merecería que se le pusiera, como en tiempo del Cid, la mano en la barba! ¡Lástima de estilo el suyo, porque de veras escribe con cierto calor, precisión y viveza, en todas partes raras! La civilización en México, como en toda nuestra América, no decae, sino empieza. Tendrá el carácter de nuestra naturaleza, de pampa y de ombú. De sobre un cesto de hidras ha levantado la civilización en nuestra América, con brazos que esplenderán en lo futuro como columnas de luz, un puñado de hombres gloriosos, de apóstoles marciales, de; mentes enciclopédicas, de universitarios redimidos.

¿Qué ha sido en México la civilización contemporánea sino la heroica pelea de unos cuantos ungidos contra los millones inertes, contra privilegios capaces de ampararse de la traición, y de vender al extranjero su república? ¿Qué civilización heredó México, heredó toda nuestra América, cuando ya tenía brío propio para declararse libre? Más han hecho nuestras tierras en subir a donde están, que los Estados Unidos en mantenerse, decayendo tal vez en lo esencial, de la maravilla de donde vinieron.

Dudley Warner ve bien los detalles; pero ¿de qué le sirve, si no ve con cariño? Pinta bien lo que ama, los lagos celestes, los sembrados lucidos, los coros de montañas, arrebujadas como las vírgenes en velos vaporosos; mas el mérito no está en eso, pues para eso no hay nada que vencer, sino en domar la antipatía, si se la tiene, y pintar con lealtad, y como si se le quisiera, aquello que por naturaleza no se ama. No es que todo sea bueno, ni que haya de disimularse lo malo que se ve, porque con cosméticos no se crían las naciones, ni con recrearse contemplando en la fuente inmóvil su hermosura; pero todo se ha de tratar con equidad, y junto al mal, ver la excusa, y estudiar las cosas en su raíz y significación, no en su mera apariencia. ¡Pues si acá fuera a juzgarse el país por la corteza, y no se mirara a sus yerros con la piedad y razón que son menester para excusarlos! Entiende Warner la naturaleza; pero es, a pesar de su forma, escritor estrecho, que no sabe salirse de su raza, como aquel del cuento indio, que porque tenía asido por una pata al elefante, sostenía que todo era pata. Por sobre las razas, que no influyen más que en el carácter, está el espíritu esencial humano que las domina y unifica. Sus emperadores tienen el pensamiento, que son los que ven de alto y en junto, como Emerson; y sus alféreces, que son los que, de mirar en los asuntos menudos de su escuadra, todo lo quieren modelar por ella.

¡Piernas pobres! Davides han hecho más que Goliates. De San Martín no se cuenta que pesase montes: Bolívar pesaba tanto como su espada: el cura Hidalgo llegaría a unas ciento treinta libras. ¡Piernas pobres! Precisamente era así el guía que cierto caminante llevaba una vez de Acapulco a México, al cual viaje dio fin sin que le robase nadie la suma fuerte que cargaba al cinto; así era el guía, poco de años y carnes, muy cenceño y zancudo; pero como un francés corpulento que se agregó a la caravana diera en punzarlo y hacer burla de él, llegando, porque le creyó flojo, a mover mucho el sable y desafiarle el valor, saltó el mozo de su arria con tal vuelo que pareció a todos gigante, y más que a nadie al francés, que escondió el sable en cuanto le vio al mozo los ojos, tan encendidos que no había modo de hacerle seguir camino hasta que el francés no se bajara de su caballo y aceptase el combate. ¡Al francés no le pareció el mozo «piernas pobres»!

Precedidos casi siempre por la fama de la riqueza natural del país, se han publicado principalmente en las revistas mensuales artículos miopes sobre Guatemala; que con política culpable ofrece ahora su alianza a los Estados Unidos a cambio de que éstos abusen de su temible influjo en México para que el Gobierno mexicano permita al guatemalteco oficiar de potencia mayor y absoluta entre los países de Centroamérica que Guatemala mira como botín natural suyo; —sobre Costa Rica, industriosísima colmena, que inspira cariño por la cordialidad de sus habitantes, de los «hermaniticos», como en Centroamérica los llaman, y respeto por su laboriosidad e industria; —sobre Honduras, que levanta su nueva generación, medulosa y prudente, entre minas de oro y plata que estallan por todas partes a flor de tierra como en la ceniza caliente se abren en florones níveos los granos de maíz; —sobre Colombia, montada en oro, sujeto el seno henchido por un corselete de esmeraldas, oreada la frente, repleta en malhora de latines, por las alas anchas de las mariposas azules de Muzo; —sobre Chile, «el país del yanqui sudamericano», donde vio Eleroy Curtis, secretario de aquella volante comisión norteamericana que recorría hace dos años nuestros países, «el paseo de Santa Lucía, el lugar más bello que he visto jamás», donde le pareció el chileno «el más activo, emprendedor e ingenioso entre los hispanoamericanos, agresivo, audaz, arrogante, perspicaz, rencoroso, fiero de naturaleza, hombre de sangre fría», mezclando en eso y en lo que aquí se calla, de tal modo las virtudes a los reparos, que más llegan a ser éstos que aquéllas.

Y hoy mismo acaba de publicarse en el *Harper's Magazine*, que reclama con justicia entre las revistas ilustradas el puesto de representante terco del espíritu aguileño de Norteamérica, un respetuoso estudio sobre «el otro extremo del hemisferio», sobre la Argentina y el Uruguay, donde el asombro mal contenido no deja al autor, que es el mismo Eleroy Curtis, espacio para la censura.

Adivinase el estupor con que los comisionados vieron surgir, cuando desembarcaban en Buenos Aires, «sobre los hombros de un tempestuoso italiano», aquella inesperada y ya temible grandeza; y el escritor ligero que de todos los demás países de América trasmitió impresión tal que resultan, aun los más prósperos de entre ellos, semibárbaros y deformes, solo ve en Buenos Aires al gaucho que expira sobre su poncho de colores a los pies de una nación mágica y pujante.

No tiene el estudio mucha literatura; pero su misma desnudez realza su efecto y es su elección mejor, puesto que desde el exabrupto con que comienza, revela el miedo e impone el respeto que a su juicio merece la Argentina de un país que «vergonzosamente la desconoce», aunque, a seguir como van los precios de producción y transporte en los Estados Unidos, «acabarán los argentinos por echarnos de los mercados de provisiones y harinas».

Y hay algo del floreo de brazos de los boxeadores en aquella avalancha de contrastes estadísticos. Ya no preocupan al escritor, como en los demás pueblos que visita, «si la costarricense anda descalza», lo cual solo es verdad de alguna campesina infeliz; ni si en Santiago de Chile se deja morir de frío la gente en las casas, arrebujada en sus pieles alrededor de un ético brasero. ¡Lo que os debe preocupar, imbéciles, es que «a nosotros nos cuesta 50 pesos poner una res curada de Chicago, en Londres, y a ellos les cuesta veinticinco; que hace cinco años empezaron a exportar cereales, y de aquí a poco nos van a quitar el mercado de harinas del Brasil, como Chile nos ha quitado el del Pacífico; que con su tierra, cultivable casi toda, sus ríos hondos, sus impacientes ferrocarriles, los pueblos del Plata tienen ventajas que superan a las de cualquier otro país del globo»!

Y con aquel espanto con que Catón acababa su discurso, con un elogio continuo y casi colérico que va levantando a latigazos la atención de sus compatriotas soberbios y dormidos; —en vez de entretenerse en describir estatuas y edificios; —en vez de intentar desdichados y rudimentarios esbozos de mera historia política de nuestra lucha sublime por poner de acuerdo, con generosidad e ímpetu difíciles de entender para otras razas, nuestra población supersticiosa y primitiva con nuestros ideales acrisolados y magníficos; —en vez de burlarse a boca ancha de costumbres risibles que acaso conservamos solo por aquel tierno respeto del nieto leal a las chocheces de sus viejos buenos, —esto es lo que dice Curtis a los norteamericanos: «No os fiéis de aquella Patagonia inhabitable, porque lo es tanto como nuestro gran desierto; nuestra población aumenta en un 79 %, y la de ellos en 154; creéis que nuestra Mineápolis es la ciudad que más deprisa crece en el mundo, y Buenos Aires crece mucho más deprisa que Mineápolis. Wheelwright, de Pennsylvania, les fundó su primer ferrocarril; Halsey, de New Jersey, su primer rancho; Hale, de Boston, la primera casa de comisiones que abrió la vida al comercio extranjero; pero tales son ellos que no solo imitan nuestros métodos, sino los mejoran, y nosotros somos tales que mientras Inglaterra envía allí trescientos nueve vapores en un año, los Estados Unidos, invitados por una subvención anual de 100.000 pesos, que no nos decidimos a igualar, no enviamos uno solo». La compañía de carnes frigorizadas de Londres y el Plata está ya siendo enorme pulpo comercial, que acaparará el tráfico de carnes como nuestra Standard Oil Co. acapara el tráfico de petróleo. Y cuando aquel pueblo que va un siglo adelante de cualquiera otro país hispanoamericano; que tiene en sus ciudades más teléfonos y luces eléctricas que nosotros, sus propios inventores; que con avidez inteligente se apodera de toda idea o procedimiento útiles; que tiene más escuelas, más riqueza animal, más riqueza relativa que nosotros; que echa por todo el continente, con éxito que pudiéramos aquí mismo envidiar, suntuosos ferrocarriles por tentáculos; cuando la Patagonia —de donde ha volado el indio como el avestruz— esté poblada por los rebaños que ya la inundan, y por el ferrocarril del Norte baje el comercio, el tránsito, las minas del Pacífico, Buenos Aires será a la vez Londres y Nueva York, y la constancia de aquel pueblo latino habrá levantado contra la misma naturaleza un populoso emporio, una nueva maravilla hermana, en la ribera que con más prisa que juicio escogió para sitio de la ciudad, pensando antes en guerra que en trabajo, el fundador Mendoza. Ya no es aquélla la «Confederación Argentina», como nuestros textos de geografía la siguen llamando torpemente, sino Nación, Nación con N mayúscula como la nuestra, y «una e inseparable», y «unidos nos salvamos y divididos perecemos», y todo lo más que nos plazca decir de nosotros, todo eso es la República Argentina; llamarla de otro modo es injuriar a los patriotas que con su sangre la han hecho lo que es, y poner en berlina nuestra propia inteligencia.

Y así como la relación desnuda del viaje de Darwin en la fragata Beagle resulta a veces, por el influjo de la beldad americana en el autor sincero, épica como nuestro natural resplandeciente, fúlgida como un brillante negro, fresca y casi olorosa, así, por su efecto en este narrador desordenado y frío, por el orden y poesía que le infunden, por la belleza desusada que adquiere al describirlo su lenguaje, se enseñan mejor que con pujos retóricos o mercenarios éxtasis los elementos originales, y pintorescos como todo lo grandioso, con que se elabora aquella nación nueva, ya el pastoral, que pinta en el gaucho a la vez infatigable y muelle «devorando el espacio, semisalvaje y semicaballero», acogiendo como esposa a la viuda del que le pagó con la vida el delito de vencerlo en la payada, ya el ímpetu contemporáneo, que sin más ayuda histórica que el arranque nativo, enfrena los ríos, levanta ciudades en lo que crece la yerba, da cita y envidia a las naciones y con tal virtud que oscurece sus vicios, ante el extranjero hostil, cubre los llanos maravillosos de un pueblo digno de ellos.

Esmaltan el artículo —donde se ve regatear las locomotoras, ir y venir los vapores repletos, encerrar con homérica sencillez la última indiada— las peculiaridades graciosas que llamaron más su atención de viajero; y aun en esto se nota cómo domina al observador el asombro de hallar hasta en lo bajo y popular del argentino la única condición que inspira respeto al norteamericano: la opulencia. «¿De qué familia eres?» dicen que preguntaban antes en Filadelfia al que quería hospedarse en la ciudad. «¿Qué sabes?» preguntaban en Boston. «¿Cuánto tienes?» preguntan en Nueva York. Ahora Nueva York ha embebido la nación entera, y en toda ella solo se pregunta: «¿Cuánto tienes?». A Eleroy Curtis le llaman la atención, no las obras de arte que embellecen las plazas, sino las espuelas y estribos de plata maciza, la chinela de plata donde anida el pie breve la amazona argentina, las túnicas de plumón de avestruz «que ya desaparece como nuestro búfalo», el poncho de vicuña «tan caro como un chal de pelo de camello». «¡Cosa magnífica —dice— el poncho argentino; y ojalá que algún petimetre de Nueva York lo pusiera de moda, que no hay mejor ni más airoso abrigo!» «El estanciero va a su hacienda en un carro de Pullman, en vez del caballo de antes, colmado de argentería, y habla con su mayordomo por teléfono, y mata sus reses a la luz eléctrica.» «Cuesta 6 pesos un asiento en el teatro.» «Hay bancos en Buenos Aires que mueven más caudal que casi cualquiera otro del mundo, y ocupan palacios de hierro, cristales y mármol.» «Su crédito es bueno y sus bonos están sobre la par.» Todo, aunque a paso de viaje, lo celebra, acata y admira, y concretando con recogimiento visible sus inesperadas impresiones, depone la soberbia con que el hombre de Norteamérica se juzga único y prominente entre los pueblos, augura que la nueva generación, educada como en los Estados Unidos para dar a la patria hombres y mujeres útiles, borrará los últimos restos de la dominación española, y después de exhibir en sumario leal las leyes generosas y sensatas de la república, declara que aunque el Brasil, edificado sobre diamantes, le lleva la delantera en población femínea e inculta; aunque Chile «se envanezca con la devastación del Perú», la Argentina es de todas esas naciones «la más próspera, la que mejor establecidas tiene las libertades religiosas y civiles, y la que con más éxito y cuidado levanta los cimientos de la grandeza nacional».

La Nación. Buenos Aires, 4 de diciembre de 1887

La República Argentina en el exterior

Una sesión en la Cámara de Comercio de Nueva York. La palabra de un antiguo amigo. Su influencia benéfica. Línea de vapores al Plata. Deberes de los Estados Unidos para con la República Argentina. La lana «ad valorem». ¡Mejores diplomáticos!

Nueva York, mayo 3 de 1888

Señor director de *La Nación*:

Hace hoy ciento veinte años que se reunieron en una hostería, a hablar de negocios, los mercaderes de pro de Nueva York, y alrededor de una mesa de nogal, con su poco de sidra y su más de cerveza, para rociar la ceremonia, declararon constituida la Cámara de Comercio, sin más retratos en las paredes que el del buen rey Arturo y su mal amigo Lancelote, el sin par caballero de la Tabla Redonda. Hoy, ciento veinte años después, los patriarcas de Nueva York, sentados en sus poltronas de caoba, oían en la sesión solemne de elecciones, presidida por los retratos de negociantes ilustres que cubren los muros de la Cámara, el discurso en que el caballero Edward Hopkins aboga elocuentemente por el establecimiento de una línea de vapores correos entre estos Estados y la Argentina. No solo oyeron los patriarcas, sino que asintieron. Y la primera champaña de la fiesta con que celebra la Cámara su sesión electoral fue vertida en las copas de los representantes de la Argentina y sus amigos, por el caballero presidente.

La fiesta era bella, aunque le quitaba concurrencia la hora, que es acá la más ocupada del día; pero el carácter, pintado en los rostros, suplía de sobra el número.

Se notaba bien el diferente modo de vivir de las generaciones, porque los ancianos, de espaldas anchas y cara rubicunda, parecían más mozos que los comerciantes de estos días, de más competencia, ambición y atareo, en quienes antes que las canas salen las arrugas. En un grupo, saboreando un Clos-Votigeot hablaban de la discusión de la tarifa, y de cómo la idea de la rebaja gana campo, y del brutal lenguaje con que se injuriaron ayer en el Senado, poniéndose uno al otro de «perros traidores», el republicano Ingalls, que preside a los senadores, y el demócrata Voorhees, pretendientes ambos a la presidencia de la República. En otro grupo se hablaba de la lana; de que se la declararía libre; de que no se la declararía; de que quedará probablemente admitida ad valorem. Pero, aunque el *Herald* había publicado por la mañana la noticia de haber suspendido pagos quince casas bancarias de Buenos Aires, o no se hablaba de eso, o se decía que también acá tuvieron su «viernes negro»; «¡así se aprende!», decía un anciano, seco como una nuez y no más alto que ella; «no hay mal en que un pueblo nuevo sepa pronto que debe atenerse al valor real de la propiedad, y no al valor imaginario». De lo que en todos los grupos se hablaba, aquí Thurber, allí Jesup, allá Bliss, acá Schultz, era de la «vergüenza de saber tan poco de un país que puede producirnos tanto»; de la necesidad de poblar el mar con barcos de hierro trabajados en los arsenales, hoy desiertos, de la República; de que «de veras será un crimen que por falta de una línea de vapores nos dejemos echar por el inglés de un país que nos tiene ese cariño». «Veremos, veremos lo que informa sobre el discurso la Comisión de Comercio Extranjero.» «Mi señor: este buen Roederer seco, por el primer vapor de hierro de la línea.» Y uno de los amigos de la Argentina hacía notar que de ella no puede decirse que padece de lo que el mismo Hopkins llama en su discurso «el narcotismo de Hispanoamérica». «No; lo que es del opio —decía otro— no parece que padezca; tal vez esté en peligro de padecer de la cocaína.» «Ella aprenderá con los golpes, como nosotros estamos aprendiendo, el error de negociar en los valores falsos que la especulación acumula sobre los valores reales; toda diferencia entre el valor real y el valor de especulación es una acción negativa, cuyo dividendo paga la catástrofe.» «No sabíamos por acá que allá junto al otro polo hubiese un país que nos sigue tan de cerca.» Y esta observación trajo a la memoria una escena de hace pocos días, cuando la parada funeral de Páez.

Era en el cuartel, y el general Jacinto Pachano, de Venezuela, presentaba al famoso Sherman, al héroe de la marcha de Atlanta, el cónsul de la Argentina, el cónsul del Uruguay. La edad, la gloria y la estatura dan al anciano cierta belleza homérica. Aguzó el rostro curioso y le lucieron los ojos de águila. «¡Ah, la Argentina, Uruguay!» —dijo— «sí, sí, ya sé; eso está del otro lado del Ecuador!»

Y ese asunto de la Argentina fue el único de que se trató en la sesión solemne, fuera de las elecciones; lo cual revela la importancia que en lo privado de la Cámara se da al estudio serio de los medios que puedan asegurar a los Estados Unidos un comercio amplio con el Plata. Y si alguna duda cupiese de este interés, se habría desvanecido al observar la viva atención con que aquellos hombres, representantes estimados de la riqueza de Nueva York, escuchaban las estadísticas con que Hopkins, conocedor de su público, precedía sus consejos, recibidos más de una vez con un murmullo de aplauso.

Primero fue el orden del día, discursos de recuerdo de los muertos del año, voto de gracias a los funcionarios salientes, elecciones unánimes. La elección duró cinco minutos; un caballero vestido de negro, ultradelgado y sobrelampiño, paseó por entre los cien millonarios, casi todos canosos, su sombrero de pelo, que volvió al estrado presidencial lleno de las candidaturas impresas; mientras él y el secretario abren las listas, la Cámara cuchichea; se está como en una casa amiga, sin necia ceremonia; «todas las listas tienen el nombre del presidente —dice el caballero— menos una»; la Cámara se echa a reír, y recibe con palmadas al presidente reelecto, que no es el de más millones, ni el de más influjo en esta corporación que tan decisivo lo ejerce en los negocios del país, sino Charles Smith, comerciante en géneros, que tiene fama de presidir bien, comerciar con honor y medir los hombres de una ojeada. El presidente alude en un vuelo a sus deficiencias personales, a los servicios de la Cámara durante el año anterior, al lunch que espera detrás de la puerta cerrada y al mérito de la memoria anual compuesta por el «muy celoso e inteligente secretario»; al secretario, que forcejea en aquel momento por abrir una gaveta, se le llena la cara de color; por fin llama el presidente a su izquierda al caballero Hopkins, que lleva, como Dilks, una corbata roja.

La hora que duró el discurso pareció a todos breve, y en especial a los que, a la vez que lo oían, observaban la curiosidad respetuosa de aquel senado de magnates; muchos escuchaban con avidez visible; todos con buena voluntad; alguno con sorpresa; cuál pidió que le repitiesen un dato; cuál que ampliasen otro; entre éstos y aquéllos se cambiaban signos de satisfacción; el éxito del orador era patente cada vez que aludía al bochorno de que no se viera por las aguas argentinas un buque norteamericano; más de uno, al oír, acaso por primera vez, en cifras, las pruebas del desarrollo creciente de la República, adelantaba el cuerpo atento, como si se dispusiese ya a echar el capital hacia el nuevo mercado.

El caballero Hopkins hablaba deprisa; ponía de relieve la inferioridad del norteamericano en la Argentina; con su autoridad de yanqui flagelaba el descuido y la ingratitud del yanqui para una tierra donde se le han dado tantas muestras de afecto. Y lo notable y útil del discurso no fue solo haber lograda repetir desde la primera tribuna comercial del país lo que en pura justicia se viene aquí publicando y diciendo en estos últimos años, sino que no dijo estas cosas como de menos a más, pidiendo como merced que el águila ampare con su águila un país de aldea, según torpemente hacen algunos políticos perniquebrados; o admiradores tan amigos de la tierra ajena, que pierden el respeto por la propia. Hopkins no basó sus demandas en que la Argentina las solicitase, sino en que por su riqueza es un mercado apetecible para el comercio hipertrofiado de los Estados Unidos, y en que *El Progreso* continuo de sus instituciones y su capacidad de desenvolverse por sí propia merece el respeto de Norteamérica, a quien por el empuje se compara, y vence en generosidad y cortesía. «Los argentinos no nos piden favor —decía Hopkins hablando de las lanas— sino justicia. ¿Cómo se concibe que recarguemos con un derecho especial la lana de un país amigo que no puede dañar nuestra lana, por ser naturalmente distinta, sobre todo cuando es un país que, a despecho de nuestra incuria y desdén, no se ha cansado de darnos muestras de simpatía, muestras que ni siquiera hemos reconocido en nuestros documentos oficiales?»

Grande era la atención de la Cámara, y aun hubo un rumor de asombro cuando después de agrupar hábilmente las cifras que demuestran *El Progreso* argentino en todos los ramos nacionales, y la pobre figura que los americanos hacen en él —enumeró las semejanzas entre la Argentina y los Estados Unidos, «cuya constitución va perfeccionándose allí de año en año, en medio de obstáculos que solo su raza mixta, solo los hijos de Felipe II y de la inquisición conocen», y señaló las demostraciones más notables de buena voluntad y afecto del país y sus gobiernos hacia Norteamérica; cuando al comenzar la guerra del Sur se apresuró la Argentina a saldar reclamaciones americanas por cientos de miles de pesos, que pendían de medio siglo atrás; cuando al recibir la noticia de la muerte de Lincoln el Congreso suspendió sus sesiones por tres días y la provincia de Buenos Aires dio el nombre del mártir a una nueva comarca; cuando en el espacio de una semana, a propuesta del vicepresidente Alsina, decretó el Congreso favorecer con una subvención anual de 20.000 pesos, durante ocho años, la línea de vapores entre Norteamérica, Río y Buenos Aires; cuando el 4 de julio del año del centenario el Congreso en masa y el Tribunal Supremo, después de saludar por cable al Congreso de Washington, fueron a visitar la legación americana; cuando dieciséis mil almas pasearon la ciudad con insignias de luto en señal de duelo por la muerte de Garfield. Habló del primer tratado que firmó la Argentina con el ministro de Norteamérica, para la navegación libre de los ríos; de las muchas obras de los Estados Unidos sobre ley política, economía y hacienda que el Gobierno de allá lleva publicadas; de la petición que los ciudadanos argentinos presentaron al Congreso, por vía de Schenk, para que extendiese al Plata la línea de correos que llegaba ya al Brasil; de los 100.000 pesos anuales con que el gobierno argentino ofrece hoy favorecer los vapores correos, aún no establecidos.

Y en verdad, era extraño oír al orador, ante aquella Cámara de millonarios tenidos en el mundo por gente de tanto ímpetu y empresa, dolerse de que el Congreso no concediera a la línea de vapores un «contrato por tiempo suficiente, que autorizara el gasto de construir los buques».

«Puesto que protegemos el correo por tierra —decía Hopkins en su oración, marcadamente proteccionista— ¿por qué no hemos de proteger el correo por mar? Puesto que protegemos la producción de nuestras industrias, ¿por qué cometemos la locura de no proteger su transporte a los mercados donde sería posible su venta?»

«Nuestras fábricas se enmohecen, y nuestras minas se ciegan; nuestros trabajadores sin empleo se exasperan en su abandono y destitución; dadnos modo de llevar afuera nuestros productos, para que el trabajador pueda tener ocupación, y el comercio su curso natural, y nuestra marina vida, y nuestra industria puertos extranjeros para los artículos de que está ahora ahíta.» Pero en esta parte del discurso hubiera podido preguntar un observador desapasionado: «¿y de qué les vale a las industrias que el Congreso las provea de barcos que lleven afuera sus productos, si aun con los escandalosos descuentos de exportación resultan casi todos los productos norteamericanos más caros en los Estados Unidos que los artículos rivales puestos en los mercados extranjeros?». Por los sistemas cerrados a nada se llega. En todo sistema hay su tanto de verdad.

La vida es relativa y no absoluta. Los pueblos pueden necesitar de la protección, como un niño necesita de andadores.

Puede ser útil proteger una industria genuina, mientras las restricciones necesarias para protegerla no impongan a la nación un sacrificio superior al beneficio que a toda luz haya de sacar de ella. Las industrias crecidas necesitan salir de la protección, como de los andadores necesita salir el niño. Con el mucho auxilio sucede a las industrias lo que a la criatura a quien nunca saquen del andador: que no aprenderá a andar. No es prudente ligar una medida racional a un sistema fijo, sobre todo cuando el proteccionismo está recibiendo día sobre día en los Estados Unidos golpes mortales, y se le acusa con razón de haber creado tales antagonismos económicos que, si se les sigue extrayendo, la República puede parar en los mismos desastres, odios y despotismos que las monarquías.

Lo que si puede ser es que, por la angustia del comercio y lo racional de la demanda, so capa de contrato de correos, se ayude por el Congreso, aunque no muy enseguida, a extender a la Argentina la línea de vapores; pero no como concesión al proteccionismo, que en este Congreso o en el próximo se verá inevitablemente sustituido por una tarifa más viable y humana, sino porque es mucho el desasosiego de la gente de negocios que en todo el país, como en la Cámara hoy, atiende ávida a cuantos le hablan de abrir nuevos mercados a sus industrias afligidas.

Casa que hace diez años desdeñaba llenar una orden de Sudamérica, como se dice en jerga mercantil, porque se la pedían en envases especiales, ahora busca su más suave y verboso viajero para qué vaya, sombrero en mano, por aquellas tierras, viendo qué envases quieren. Otra casa famosa estimula a un editor con lisonjeras ofertas a que publique un libro descriptivo de toda nuestro América. Y en la Cámara ha sido hoy evidente que por mayoría, si no por unanimidad, acordará ejercer su influjo en Washington para obtener el contrato de correos que sirva de base a la creación de la línea directa a la Argentina.

«Tres cosas —dijo Hopkins— necesitamos para abrir el comercio con aquella extraordinaria República, cuya estadística nos iguala, cuando no nos saca ventaja; cuyas leyes son semejanza de las nuestras; cuya metrópoli lo es de la América del Sur, como Nueva York de la del Norte; cuyo comercio con nosotros es la vigésima parte del comercio total del país; cuya cultura a la de nadie envidia; cuya prensa cuenta con periódicos como *La Nación*, *La Prensa* y *La Tribuna Nacional*, que serían una honra para cualquier pueblo del globo. Tres cosas necesitamos: que el Congreso apruebe el contrato de correos que le tenemos presentado, a treinta centavos tonelada por cada mil millas; que se levante el derecho de diferencia sobre la lana argentina, que no solo impide nuestro comercio, sino lo lleva a nuestros rivales; que reforme por completo nuestro sistema de representación consular y diplomática.»

No cabía en el discurso proteccionista abogar por la entrada libre de la lana, como con éxito y denuedo abogó el presidente en su mensaje, y el representante Mills en la oración fundamental en que explicó el proyecto que lleva su nombre ante la Casa, donde no levantan cabeza los proteccionistas republicanos, aturdidos por la cohesión y brillantez de los argumentos de los demócratas reformistas, que cuentan las —victorias por los discursos, y se aprietan cada día con más fervor en torno del estandarte que alzó con tanto esfuerzo Cleveland. Pero, en cambio, empleó cifras y razones para demostrar a los mismos proteccionistas, mantenedores del derecho diferencial, que el que hoy entraba las lanas argentinas puede suprimirse sin peligro de la lana de Norteamérica, por ser la naturaleza, rendimiento y empleos de ambas tan diversos, que la lana del Plata no puede dañar a la de Vermont, aplicada a distintos usos.

De lo que habló con más desembarazo, y aun con sus puntos de literatura, fue de la reforma que considera necesaria en el servicio consular y diplomático; y la grave concurrencia parecía estar de su parte, a pesar de no ser aquí tenido en gran cosa este servicio, cuando concretaba su consejo de este modo: «Muy pronto cambiaría nuestro influjo en toda Hispanoamérica, y sería igual por lo menos al de nuestros rivales, si nuestro Congreso decidiese comprar casas de legación en esos países, y enviar a ellos ministros plenipotenciarios con secretarios que supiesen hablar, o fueran capaces de aprender la lengua que se habla a su alrededor, bailar con las jóvenes bellas, llamar la atención en las ceremonias públicas y entrar de lleno en la sociedad de las capitales donde residen, con sueldos decentes para los empleados de las legaciones, y personas decentes para gozar de los sueldos, y permanecer por aquellas tierras mientras en ellas fueran útiles. Talleyrand fue quien dijo que el ministro que quiera salir con éxito de su misión debe conducirse de manera que lo acepte con gusto la gente culta del país donde esté acreditado». Y desenvolviendo de una vez su pensamiento y el que con alguna tardanza empiezan ya a abrigar, como la mora que llama a María en el instante de su angustia, los prohombres norteamericanos, el caballero Hopkins terminó su útil y discreto discurso de este modo: «Entonces la América —nuestra América— consolidada en sus intereses por la unión comercial de los valles más vastos del mundo, los valles del Mississippi, el Amazonas y el Plata, será la parte más próspera del globo habitado, superior en riquezas al Oriente y guía verdadera de los hombres por los caminos de la libertad y de la paz».

Quien estudia la economía de las naciones; quien sabe que es mortal para un pueblo tener todo su tráfico ligado a un solo pueblo; quien ve de cerca que las causas que aquí amedrentan el capital son tales que ya el dinero del Norte busca salida en las empresas no muy seguras de México, Honduras y Colombia; quien conoce el ansia con que los grandes acaudalados estudian el modo de colocar alguna parte de sus bienes donde el reino democrático que ya se anuncia no investigue sus orígenes o ciegue las fuentes de sus rentas, comprende cuán ventajoso es exponer con cuerda y eficaz insistencia ante este país, sobrado de capitales deseosos de exportación, otro país al que pudiera convenir importarlos.

La Nación. Buenos Aires, junio 22 de 1888

La Democracia práctica. Libro nuevo del publicista americano Luis Varela

Nada es tan autocrático como la raza latina, ni nada es tan justo como la democracia puesta en acción: por eso no es tan fácil a los americanos convencernos de la bondad del sistema democrático electivo, y tan difícil realizarlo sin disturbios en la práctica.

Depende esto, entre otras cosas, de las vagabundas y ambiciosas facultades imaginativas de los hijos de América, y de la falta de teoríaa para el ejercicio de la libertad.

Somos libres, porque no podemos ser esclavos: nuestro continente es salvaje, y nuestra condición es el dominio propio: pero no sabemos ser libres todavía.

Como en toda sociedad hay el visionario y el incrédulo, el poeta y el vulgo, el Mesías y los hebreos, el que anuncia lo venidero y el que no cree sino en lo visible, ha sucedido que en América se han dedicado a la predicación de la democracia pacífica entendimientos ilustres, ahogados y confundidos entre los brazos robustos y soberbios de una raza rebelde y especial. Pero ningún mártir muere en vano, ni ninguna idea se pierde en el ondular y revolverse de los vientos. La alejan o la acercan; pero siempre queda la memoria de haberla visto pasar.

Estos entendimientos levantados se han dedicado a una sólida tarea: la explicación, la cientificación —palabra nueva pero precisa— de la libertad. La libertad es como el genio, una fuerza que brota de lo incógnito; pero el genio como la libertad se pierden sin la dirección del buen juicio, sin las lecciones de la experiencia, sin el pacífico ejercicio del criterio. Estas teorizaciones de las doctrinas democráticas tienen ya cátedras en la América del Sur y auditorio numeroso que oye esta filosofía de la paz con un respeto y un amor extraños. Hasta ahora los pueblos americanos no habían conocido más que la fiebre de la derrota, o el placer sublime del martirio: ahora comienzan a entender los beneficios del sistema que los rige. Y ésa es la ley: en la formación de los pueblos americanos se empieza por la guerra, se continúa con la tiranía, se siembra con la revolución, se afianza con la paz. Esta nunca es perfecta, pero se va perfeccionando.

La enseñanza de la ciencia politica está fortaleciendo los espíritus en la América del Sur: Pradier-Foderé va a Lima, y explica un curso. Lastarria, el diplomático chileno, reduce la politica a los preceptos de Comte, y escribe un libro luminoso *La política positiva*. Luis Varela, doctor en Derecho, diputado argentino, aprende la teoría de los libros francesea, piensa en Prevost Paradol, deduce y compara hechor de las revoluciones de América, estudia la constitución de los elementos políticos en las repúblicas americanas, y publica *La Democracia práctica*, el ideal perseguido, la visión impalpable, la libertad afirmada por el derecho de todos, y garantizada en sus beneficios por el respeto mutuo.

El libro de Varela es la historia del sufragio: lo admite como base innegable en principio: lo estudia en Inglaterra, en otras naciones europeas, en los Estados Unidos: examina y censura el voto limitado inglés, habla concienzudamente del sistema de simple pluralidad de Girardin; diserta con tino sobre el *self-government*; señala los inconvenientes del voto acumulativo en Buenos Aires; lo explora todo, asienta hechos, deduce resultados, no prejuzga en un sentido, y conduce la inteligencia a grandes pensamientos y a hondo estudio, por una exposición clarísima de los obstáculos que ha venido encontrando la realización de las doctrinas democráticas.

El sueño comienza a cumplirse. América, gigante fiero, cubierto con harapos de todas las banderas que con los gérmenes de sus colores han intoxicado su sangre, va arrancándose sus vestiduras, va desligándose de estos residuos inamalgamables, va sacudiendo la opresión moral que distintas dominaciones han dejado en ella, va redimiéndose de su confusión y del servilismo de las doctrinas importadas, y vive propia vida, y ora vacilante, firme luego, siempre combatida, estorbada y envidiada, camina hacia sí misma, se crea instituciones originales, reforma y acomoda las extrañas, pone su cerebro sobre su corazón, y contando sus heridas, calcula sobre ellas la manera de ejercitar la libertad.

Varela, espíritu serio, raciocina sobre todos los ensayos y apunta todas las deducciones convenientes. Su libro es una piedra sólida: la política positiva de Lastarria ha cincelado en la sombra: Varela ha tallado en la piedra verdadera, pesada, real. Aquello será lo venidero; pero esto es lo práctico por donde se ha llegado a él. En otros libros, leer es distraerse: en *La Democracia práctica*, leer es saber.

No en vano recomiendan el libro los señores Bouret. El demócrata americano, con ser uno en espíritu, ha de ser distinto en la forma del demócrata europeo. Una es la belleza y múltiples las maneras de realizarla. Una es la libertad y distintas las maneras de conseguir su afianzamiento. En Europa la libertad es una rebelión del espíritu: en América, la libertad es una vigorosa brotación. Con ser hombres, traemos a la vida el principio de la libertad; y con ser inteligentes, tenemos el deber de realizarla. Se es liberal por ser hombre; pero se ha de estudiar, de adivinar, de prevenir, de crear mucho en el arte de la aplicación, para ser liberal americano.

Esto enseña el libro de Varela: Castelar lo elogia, y Castelar en teoría lo dice todo bien. Hay quien ha pensado muchas veces en los inconvenientes de la formación de un sistema americano, en su necesidad absoluta, en el carácter especial de nuestras tierras que nos exige especiales formas. La piedra bruta llega a brillante después de rudos golpes: así el pueblo llega a la vida próspera después de embates de la revolución. Y el que haya pensado en la originalidad de nuestra vida, en la lucha constante con la heterogeneidad de su formación, en la obra propia que nos demanda este propio y vigoroso continente, leerá mucho y leerá muchas veces el libro del doctor de Buenos Aires, porque con él y otros parecidos, ha de llegarse a la formación de una Constitución americana.

José Martí

Nuestra América[24]

Es mucho ya lo que se trabaja en toda la América que habla español. Todo lo demuestra: la consideración que inspira a sus visitantes; el éxito serio de nuestros pabellones en la Exposición de París, tanto por las riquezas de nuestras tierras como por nuestra manera de aprovecharlas; el espíritu y novedad de la prensa de los países hermanos; una mera ojeada a un periódico. Allá, al Sur, se vive mucho, por el río de la Plata. Bolivia misma se sacude, con su presidente de empuje a la cabeza. Y del Uruguay y la Argentina, de Chile y el Perú, del Paraguay que nace, de toda aquella familia del mediodía que se siente mal con el poco de odio que han puesto en ella los intereses y los celos, basta, para saber lo que hacen, hojear los números últimos del periódico ilustrado de Buenos Aires: *El Sudamericano*.

Lo primero que se nota, es que les estorba el odio, que se tienen cariño a pesar de las rozaduras de la vecindad, que el chileno Alberto del Solar no quiere que Buenos Aires pida los restos de su héroe Las lleras; que tiene Chile un monumento «a la inmortal Buenos Aires»: Chile ha encontrado petróleo en las lomas fúnebres y lodosas de la tierra del Fuego: Buenos Aires no le va a quitar el petróleo que encontró, si no se pone en sus lomas a buscarlo. Son sueños de sangre estas guerras entre pueblos hermanos. ¿Qué celo de hermano pequeño, qué desagrado entre vecinos, qué envidia de aldea se resiste a la cordialidad y a la razón?

Pero lo que desde la cubierta se nota en *El Sudamericano* es el espíritu nuevo, y el predominio presente de lo industrial en las tierras del Plata.

---

24 Martí publicó un artículo homónimo en *El Partido Liberal*, México, el 30 de enero de 1891.

Ya no es aquel grabado de título en que está una diosa de carcaj, coronada con una torre, entre trozos de ruedas y paletas de pintura, con fondo de academias y de catedrales. En la primera página, se ven las catedrales al fondo, pero vuela un cóndor por sobre todas ellas, como para ver de alto lo que hace el mundo, y traerle el recado a su nación: de horizonte, los Andes. Y en la cubierta, el medallón del título es el sello de la «Compañía Sudamericana de Billetes de Banco». Las letras son entre góticas e inglesas, como yendo a lo moderno sin abjurar de lo que le sirvió de raíz. Y el adorno, es la copia de un frontón de hierro.

Un Shoolbred, nombre inglés, es su director general: un Bosco, nombre italiano, es su director «técnico».

Se abre el número de julio, y se ve bien que estamos en América, que es lo que no se ve en muchas cosas americanas, como si lleváramos debajo del chaleco francés, la faja española. Es una alegoría propia y hermosa la portada. Julio es mes de heroicos aniversarios para la República, en Europa y en América. El 4 de julio de 1776 se declararon libres, cuando ya lo eran por su buena educación política, los trece Estados Unidos del Norte; el 9 de julio de 1816 en la casa de tejas de Tucumán, intimaron su independencia de España las Provincias Unidas del Río de la Plata; el 14 de julio de 1789 el hombre francés echó abajo la puerta de la Bastilla; el día 18 de julio de 1830 promulgó su Constitución de pueblo nuevo el Estado Oriental del Uruguay, el de los treinta y tres héroes; el 20 de julio de 1810 se proclamó dueño de sí el Virreinato de Bogotá; el 28 de julio de 1821 celebró su primer Congreso Nacional la tierra dolorosa de los Incas, con los hijos de los Pizarros y los hijos de los lluaynas sentados en las mismas bancas. Todo es gloria en julio, y en la alegoría están en grupo los escudos de las seis naciones: un ángel, sin alas ni corona, destacándose dichoso en lo alto de un fondo de laurel, escribe en piedra las fechas ilustres: a lo lejos, con letras de luz, dice «Libertas». ¿Por qué no «libertad» en español? «Libertad» es palabra tan bella y entera que Walt Whitman, el poeta patriarcal del Norte, nunca la dice en inglés, sino como la aprendió a decir de los mexicanos.

No vive principalmente *El Sudamericano* de Buenos Aires, de reproducciones estériles, si no dañinas, de los diarios europeos, ni de imitaciones disimuladas y paráfrasis, sino de estudios de arte, de historia, de descubrimientos, de industria, de literaturas patrias, sin faltarle respeto vehemente por todo lo contemporáneo y vivo, y lo bello de veras, del resto del mundo. Y en sus grabados es lo mismo. Las fiestas que pinta en su plana de honor, son las del país; y del país los monumentos que graba, porque no hay pueblo rico ni seguro sin raíces en el corazón y en la fantasía. Todavía anda horrible en una página, y un Tipo Romano en otra; pero lo más es de la tierra. De la tierra es todo; de la Banda Oriental del Uruguay y de la del otro lado del Plata, en la Argentina.

Allí están los trabajos de las aguas corrientes de Montevideo, que son recios y como para siglos; la Oficina Meteorológica de Córdoba; un paisaje de los Andes, con los vapores del Damujo en la hondonada que no cede en majestad a los soberbios Cáucasos de nieve del pintor Vereschagin; y rodeada de palmas, la casa en que murió Sarmiento en la Asunción. Está allí su cuna solemne, ya ceñida de caseríos, el río salvaje de Mocoretá, y luego, como la silla de montar que le echa el jinete al potro cerril, el puente de hierro en que se pasa el río, y de jinete, la locomotora.

Un grabado representa el «Bon Marché Argentino», más suntuoso que el de París, y más vasto que los Macy y los Altman de Nueva York: otro el Club Uruguayo, con su arquitectura de arco de triunfo, donde ya impera, por dicha, sobre lo románico, de arcadas recias y murallones, el renacimiento de columnas leves y esquinas airosas: otro el palacio que le ha mandado levantar a las escuelas, para que les haga de Biblioteca y Museo, una rica que lo es de veras, puesto que tiene la bolsa del lado del corazón, Petronila Rodríguez: otro es la estancia de la Merced, con su techo de mansión señorial francesa y sus paredes de piedra rústica que da a las casas de campo tanta gracia y alegría, y todo con cortinas y cristales para vivir en ella, como los hombres, y no en ella solamente como los parásitos: otro grabado es el Hotel de Inmigrantes de la Plata, el Hotel provisorio, porque el definitivo va a ser casa de príncipes, como debe ser en verdad, porque son de casa real los que vienen a un pueblo a vivir honradamente, con el arado al hombro, y porque es bueno que desde su (...) nada tengan en el país adonde vienen algo que admirar y agradecer.

Si hay retratos, son de los gobernadores de las provincias, que es casi toda gente joven, y con ojos de impaciencia y poder; o de los abuelos santos, los de la guerra de la primera libertad, cuando los generales iban de botas y tricornio, y llevaba morrión la caballería de Maypú; o de Francisco Bilbao, el pobre muerto chileno, con sus ojos de Bécquer y su frente de Mazzini, y su cabellera ostentosa de estudiante, siempre inquieta con el fuego de adentro, que mandaba propagar por el mundo la verdad racionalista, o de Mármol, el de la épica Amalia; con su rostro de señor y sus ojos abrasadores, como los que nuestros padres le vieron a Heredia. Y los otros grabados son: la visita que hizo el presidente argentino al de Uruguay, para gloriarse juntos de los trabajos de unión del Congreso Internacional de Sudamérica que hubo en Montevideo; y los bailes y amistades con que en las fiestas mayas de la Independencia recibió Buenos Aires al presidente uruguayo, y un rancho de indios miserable, con el «puesto» de casas que levantan junto a él, y un explorador que sube por cuerdas del despeñadero, con una momia en los brazos y dos cráneos al cinto, y el desierto, por donde va a pasar el ferrocarril.

Pero no hay en todos estos números de *El Sudamericano* lámina más bella que la que pinta el paseo glorioso de los veteranos el 9 de julio. Algo en América manda que despierte, y no duerma, el alma del país. Hay que andar con el mundo y que temer al mundo. Negársele, es provocarlo.

Está la salvación en el derecho al respeto, que da e impone el adelanto real; en el arte del silencio, y en el equilibrio de las amistades. Este año fue fiesta de hijos la del 9 de julio en Buenos Aires. Todos los soberbios y los humildes, los poetas y los corredores de tierras, los militares y los negociantes, salieron a ver pasar en su carroza de honor al general de la Independencia, al nonagenario Eustaquio Frías. Por la mañana el Club de Esgrima le había llevado una corona. Los estudiantes, de brazo todos, habían recorrido la ciudad vitoreándolo. De los alrededores vino a la gran ciudad el gentío a ver «el coche de los viejos», el coche de las barbas blancas. «¡En nuestros héroes vivimos!» dijo en su discurso de atleta Lucio Mansilla, nieto de héroe. La juventud y la ancianidad aclamaban juntas. Aquel hombre de cara amarillenta, con la cabeza hundida entre los hombros metía el brazo tan adentro en las batallas de la guerra de la Independencia, que nunca lo sacó sin una mordida de sable, o de bala, o de lanza: él estuvo en Pasco y lo dice su escudo «yo soy de los vencedores de Paseo —en Río Bamba, y lo dice otro escudo azul—: el Perú al heroico valor en Río Bamba, en Junín», y está bordado en su pecho, «gloria a los vencedores de Junín»; —en

Chunchanga, y las letras de plata lo dicen: «la patria a los vencedores de Chunchanga» en la campaña toda del Perú, y lo dice la medalla de la cinta roja: «Yo fui del ejército libertador». A su lado, en la carroza, iba Clemente Zárraga, el general de Venezuela, que a los catorce años sentó plaza con la libertad, y ayudó a Páez a tomar por el agua a Puerto Cabello, a caballo.

El Partido Liberal. México 27 de septiembre de 1889

Tipos y costumbres bonaerenses, por Juan A. Piaggio

Nunca en veinte años cambió una ciudad tanto como Buenos Aires. Se sacó del costado el puñal de la tradición: el tirano, ahíto por el peso de la sangre, cayó en tierra; tapiaron, para no abrirlo jamás, el zaguán de la universidad retórica; la blusa del trabajador reemplazó a la toga excesiva e infausta; los pueblos, con el arado en las manos, despertaron a la ciudad en que «se dormía la siesta y la comida era barata». Los desterrados, y los que como tales vivieron en su tierra mientras duró el oprobio, mientras salía triunfante en el conflicto «la civilización» sobre «la barbarie», mientras la ciudad literaria y anémica padeció bajo el rural codicioso y robusto, lucharon con calor después de la victoria; pero fue menos para mantener sus privilegios que para abrir de par en par las puertas de su patria a los necesitados, a los creadores, a los enérgicos del mundo. Sarmiento sentó a la mesa universal a su país, y lo puso a jugar con modelos de escuelas, de máquinas norteamericanas, de ferrocarriles. Mitre, que había estado de joven en la tierra de los cóndores, se hizo como una familia de los pueblos de la humanidad, y contó sus orígenes y sus transformaciones, como cosa de familia; Gutiérrez, para no ser traidor, no quiso ser académico. Convidaron al universo, que padece de plétora, y lo trajeron sin miedo a su casa, porque los hijos de Rivadavia y de Alberdi saben juntar el valor y la prudencia. Los campos les entregaron, y no las libertades. Maestros, maestros ingenieros, negociantes, artesanos, artistas, exploradores, labradores, todo vino a barcadas, adonde se vive en libertad en tierra virgen, adonde los cruzados no van en busca de un sepulcro, y los hombres se forjan por sí propios sus coronas. Al guijarro sucedió el asfalto; a la lechada, el granito; a las arrias, arrias de ferrocarriles; a la lógica de las escuelas, la lógica superior y la enseñanza ordenada de la vida. Por las plazas repletas, donde pululan los grupos, tropiezan los negociantes, se saludan los banqueros, donde los hombres nuevos hablan animados de las ferrovías, de las colonias, de los descubrimientos, de las concesiones, de los teatros, de las carreras, pasan gruñendo, con cuello de corbatín y bastón de puño de oro, dos letrados enjutos: «¡Oh amigo, el tiempo aquel en que el panadero de a caballo nos traía a la casa el pan en serones!».

Pero aquélla no fue capa de quita y pon, que se usa un día y se deja al otro; sino determinación de crear, con sus manos delicadas de universitarios, un pueblo donde se juntasen, bajo la presidencia latina, las fuerzas vivas del mundo. Y se han juntado, y confundido con las del país, pero sin invadirlo ni desfigurarlo, ni quitar al alma arrogante de las pampas el sentimiento y novedad con que embellece la civilización industrial súbita, y contiene la codicia y el egoísmo que crea la riqueza, con daño de la patria. Porque no vale quitar unas piedras y traer otras, ni sustituir una nación estancada con una nación prostituida, ni sacarse el corazón y ponerse otro de retazos, con una aurícula francesa y un ventrículo inglés, por donde corra a regaños, con sus glóbulos de sueño, la sangre española; sino que es la caldera de la tierra, y con sus carbones se han de hervir los allegados extranjeros, de modo que tomen el sabor del país, y no le hurten más de lo que le den, ni le mermen las dos fuerzas nacionales que a todas las demás completan y coronan, y son como la sal y la levadura de los pueblos: la originalidad y la poesía.

De lo juicioso y real de esa mezcla con naciones afines, y la pasión de nuestro raza por la belleza y por la idea, se ha creado, para que todo sea maravilla, a la vez que el país nuevo, la literatura que lo refleja y ennoblece, y suele tardar siglos en las naciones de casta más lenta. A la razón científica y señorío londinense se unen en la expresión argentina la sobriedad del francés y la soltura del español, e impera, sobre todo, en la prensa como en el poema, una airosa y resuelta majestad, en que se avienen, por singular fortuna, allegando en la hora decisiva lo indígena y lo exótico, el vehemente deseo de emular a las naciones famosas y la altivez épica de quien nace y se cría junto al mar y la pampa que lo iguala, sin que el mismo espinazo andino lo sobrecoja ni admire, porque su primer capitán pasó los Andes.

Fue primero la lengua revuelta y excesiva, como en la primera confusión tenía que ser, más cuando era, en la pelea local de la carreta contra el ferrocarril, timbre de honor y patente de hombre aquel modo de hablar, y símbolo del advenimiento de la patria, sin miedos ni tutelas, al coro del mundo. Con los pueblos vinieron sus lenguas, pero ninguna de ellas pudo más que la nativa española, sino que le trajo las calidades que le faltan como lengua moderna, el italiano la sutileza, el inglés lo industrial y científico, el alemán lo compuesto y razonado, el francés la concisión y la elegancia. Y surgió en la Argentina, con la irregularidad y atrevimiento que vienen de la fuerza, ese mismo castellano que no huele a pellejo por obligación ni está sin saber salir de Santa Teresa y el Gran Tacaño, y ya se habla en España por los hombres nuevos, aunque sin el desembarazo y riqueza con que lo manejan en América sus verdaderos creadores. Mas no el castellano de crónica, adamado y pintoresco, que en espera de lances mayores, y por obra de la armonía y color de América, se escribe felizmente, con ligereza de pluma y matices de azulejo, en los países que no han entrado aún de lleno en la brega universal; sino otro que le lleva ventaja, aunque no se le vea ante el peine y el rizador, como que va poniéndole causas a todo lo que dice, y nombres a todo lo que ha menester, y es franco, directo, breve, potente, vivo, sin que se note que prospera en él el vicio de que al principio lo acusaron, que fue el de caer de la jerga arcaica, a que se ha de hacer la cruz, en la jerga científica. Y a esta literatura pertenece, como hijo sano y legítimo, por la franqueza y vida de la pasión, por lo numeroso y rápido de los cuadros, por la luz americana de los colores, por la fuerza argentina del pensamiento, el libro de *Tipos y costumbres bonaerenses*, de Juan A. Piaggio.

No llegan a doscientas las páginas, pequeñas y de margen generoso, de *Tipos y costumbres*, y de ellas unas setenta son bocetos de novela, y acaso de drama; como que en uno, un Alberto ligero se cansa del amor de una pobre María, cuyo nombre le subirá toda la vida a los labios; en las horas de reposo o de pena; y en el otro, «una dama honesta» se casa, porque era la hora de casar, con un marido a quien quería «como a su madre y como a Dios», y a cuyos pies muere, de tisis de alma y de esfuerzos de honradez, cuando se le apareció, con los ojos azules y la barba rubia, el héroe a cuyas miradas echó por primera vez toda la flor su beldad, que vibraba y resplandecía, desde que la inundó, como el Sol, el amor de hombre. Pero le bastan a este escritor enérgico las ciento veinte páginas para poner ante los ojos, sin cátedras fatigosas, ni nimiedades, ni burlas, sino con la caridad de un apesarado, con la precisión de un poeta, con el arte de un músico, con el brillo de un pintor, aquel pueblo de su alma que reconoce por acreedor suyo, como todo hombre honrado, que por la patria es, y en paz y en guerra se debe, antes que todo, a la patria; aquel «Buenos Aires siempre alegre, que tiene en sus brazos la fuerza que da la sangre de cien razas, y lleva en el espíritu la chispa de fuego de la ambición y la prodigalidad; aquel rival chiquitín del fuerte yanqui, durmiendo en la fábrica —apenas techada que levantó— ayer, entre miles de inmigrantes recién desembarcados, que aprenden el idioma y prueban la herramienta, para poder seguir mañana sus pasos gigantescos».

La ciudad palpita en él; y él dice, como el romano: «¡Mi ciudad!». Con ella se levanta, desde que iba de niño, antes de la clase de sus maestros italianos, a coger violetas por los alrededores, a echar los primeros suspiros detrás del «Sol de suburbio, de natural bondadoso, que de todo se admira; muy sana y alegre; de pollera oscura y de botitas altas». Ve vivir a los pobres, querellando y cantando, tendiendo la ropa, de baile y de escuela, en el hervidero de los «conventillos». Va por los barrios, «callejeando», y a eso de las diez, «en la paz sublime de una noche de verano bonaerense», noblemente ocupado de poblar de castillos el aire; y parece que se ve venir por la soledad al «grédano», al napolitano que cojea y toca en el órgano la *Marianita*, al «hermano» de chambergo y mascada, y chaquetilla y pantalón flojo, al «viejo» que le viene a hablar de que «no le da la viaba» a un extranjero, a un «feligrés», porque «tiene una hija de mi flor el gringo»; y silban, y se van juntos «de farra», después de dar al «grédano» cinco «centavarios». De tarde, al caer el Sol, ¡cuántas cosas tristes le cuentan los pianos de las casas pobres, las casas de viuda, con las persianas bajas, con la fachada de colorín a medio descascarar, con los tiestos de flores que se ven en el patio por el portón a medio abrirse, como la hermana soltera de la casa, la hermana del suicida que pudo ser hombre, y se metió de empleado! Sí, tiene muy buenas sociedades Buenos Aires: la de Damas de Beneficencia, la de Huérfanos, la de Mendigos; pero ¿por qué no pone una casa de cariño y de limpieza para los pobres de espíritu, para los que no tienen fuerza con que cargar su pena, ni valor con que arrancársela;

para los que no mudan de vestido, ni se cortan el pelo, ni levantan del suelo los ojos, ni comen sino de limosna; para el pobre «atorrante»? Y allá, donde Buenos Aires brilla, donde a los gritos del rematador pasan de mano en mano, chorreando el oro, los solares, las barriadas, las colonias, las contratas, los caminos; allá, en las grandes plazas y en las calles suntuosas, sale el «chacarero», sombrero en mano, de casa del abogado, «con sus botas gruegas»; pasa el procurador, cuelliparado y narigudo, con la cartera al pecho y el bastón negro; viene y va el corredor de tierras, solapeando a cuantos ve, clavándolos contra la esquina, metiéndoles el plano por los bolsillos, vivo como el ratón, fino como la naranja, rapaz como el águila; anda a paso veloz el «hombre de negocios», de niñas mochas, de cigarro en boquilla, carirrojo y barbudo, con el reloj y las botas fuertes, y en el meñique el brillante. «El mono, el mono humano», vende periódicos. Los petimetres de la calle de la Florida «esperan en hilera a las bellas, hasta entrada la noche». La porteña, hermosa e independiente, pasa con su aire real, como que «Dios la hizo con esmero e inspiración». Los semihombres, los pretendientes, entran en palacio, «blandos y pulcros».

Y luego pinta a Buenos Aires cuando el carnaval lo enloquece, y pasean juntos, ante las puertas de los bancos, de los tribunales, de los teatros, de los clubs, de los cien diarios, los chicuelos, de diablos y monos; las comparsas, con guitarra y tamboril; los carruajes de jóvenes ricas, que van rechazando el asalto con el agua de sus pomos de olor; y como que «nuestra ley es amplia, y generosa nuestra tierra, y nuestro corazón lleno de amor», ¡bien vaya carro tosco del inmigrante de ayer, con toda la familia a la mesa: «el italiano empinando la damajuana; la mujer dando el pecho al niño; la hija mayor condimentando la ensalada; riñendo los hermanitos; y el carricoche —como el país— en marcha!». La plaza de Lorea, la del Retiro, la de la Victoria, todo es banderas, y flores, y luz, y batalla de aguas olorosas; los clubs, bailes de espaldas nacarinas; el Politeama, cancanes, entre pastoriles y locos, «él como palomo y zumbón, ella, como corcho que boga; a poco, en una vuelta de carrera, él, puesto como sobre palangana, le arroja sal, y la pernera, la chazadora, se acerca, levanta el lomo, corre erguida y da el golpe; es como rayo: no se ve, y apenas se siente el gusto cuando ya está paseando asendereada como clueca que levanta tierra». Allá, entre los más pobres, es el «batuque», con tarantela de organillo, ellos de sombrero puesto, ellas de aros de oro, y «el pelo liso del aceite de almendras».

Viva está Buenos Aires en esas páginas, donde no huelgan voces; ni anda la frase como en muletas, sobre elegancias postizas; ni están los cuadros en tropel, sino con cuerda distribución, y cada grupo con su movimiento y color especiales, sin poner el adjetivo sino donde ahorre palabras, ni usar de las etnologías sino como fundamento breve, cuando viene natural, y no, según otros, a modo de percha, en donde van colgando, al son de la fanfarria, todo lo que saben. Cabría, corrigiendo otra vez las pruebas, que un término u otro fuera tan propio como los demás, o que se expurgase de estos párrafos animosos y sucintos algunas desinencias y asonancias cercanas; podría un crítico moscatel pellizcar aquí y allí, sin verle la razón, algún vocablo altisonante, que es más útil que pecaminoso, porque por su uso en manos de este artista se ve que es grande aquel pueblo, y que aun en las voces ama lo grande. Piaggio compone como cuadros sus artículos: para un artículo solo, el Callejeando, que es cosa de maestros, reúne un diccionario del caló porteño; no echa las palabras a granel, a que caigan donde suenen, sino que les arregla las distancias, y pone en grados los sonidos, de modo que ayuden al dibujo y quede en realce la idea; odia la pompa estéril. Sabe que la literatura verdadera está en la observación de los tipos originales, y en la expresión fiel e intensa de lo que el autor ve dentro y fuera de sí, lo cual, más que con pluma, ha de escribirse con tijeras, para ir podando todo lo que sobre, y dejando cada idea en la frase en que salió más clara y feliz, sin engolosinarse con los conceptos de recalada, porque nuestra imaginación es como las ondas de la mar, que se borran las huellas en la arena unas a otras, y dejan el bordado feo y confuso. Rara vez usa Piaggio de la imaginación para invenciones, que es su empleo vano y censurable, sino para componer las partes de su trabajo, de modo que no choquen, sino que se ayuden a brillar, o para que lo real se vea mejor en un símbolo, cuya verdad acentúa con burlas aparentes, a fin de que no lo tachen de ideólogo en un pueblo que se ha dado a lo industrial con frenesí; y en plena hora de bolsa detiene a su pueblo, con el poder del estilo, para hacerle pensar en la salud del amor y en la divinidad de las montañas; o en magnífico sueño, sintiendo rota su lanza de quijote y comidas las entrañas por el dolor de Fausto, ve en los hombres los locos cazadores que le van detrás, con los brazos tendidos, a la implacable Luna, y cuando al despertar magullado halla que rompe en luz el día, se viste gozoso, para cumplir con su deber, y «baja las escaleras, exclamando en tonos proféticos: ¡Levántate y marcha, que el señor está contigo!».

Pero no es ésa la mayor fuerza y hermosura del libro del argentino Piaggio, por más que en la juventud sea dote extraordinaria la moderación en pensar y decir, y merezca plácemes por su humildad el que ha entendido a tiempo que escribir no es cosa de azar, que sale hecha de la comezón de la mano, sino arte que quiere a la vez martillo de herrero y buril de joyería; arte de fragua y caverna, que se riega con sangre, y hace una víctima de cada triunfador; arte de cíclope lapidario. Lo hermoso del libro, y lo que le da derecho de entrada en los corazones, es la suave sabiduría de tristezas que por todo él va enseñando la utilidad y dicha del valor, y la ternura con que celebra, en medio de la pompa de su pueblo, la gracia y la poesía de los humildes. El amor a la mujer y a la patria anima, con abundancia juvenil, estos cuadros generosos: a la mujer; rica o pobre, con tal que sea fiel y lozana; a la patria del héroe, del «hermano», del suburbio, del «grédano» infeliz, que divierte con la música de su órgano los barrios de los desamparados. Y su patria no lo sería para él si no fuera ya, desde que se decidió a ser grande, una patria más para los trabajadores del mundo. Él, como su impresor Lajouane, ha tomado por sello la divisa hermosa: Sine labore, nihil.

El Partido Liberal. México, 3 de octubre de 1889

La Pampa. Juicio crítico

El gaucho viene, a caballo tendido, por la llanura, mirando atrás de sí, como quien desconfía. Su caballo batallador, enhiestas las orejas y vigilantes los ojos, saca del pecho membrudo, en un arranque de galope, las manos de cañas afiladas. El poncho, cogido sobre la arzonera, flota al aire, dorado y azul. El gaucho es de los que nacen a horcajadas; con la rodilla guía a su compañero, más que con la rienda; trae calzones azules y camisa blanca; al cuello lleva un pañuelo rojo; el sombrerete de ala floja va bien sujeto, por el barboquejo, a la cara lampiña. Esa es la portada del libro argentino que ha publicado en París el francés Alfredo Abelot, con el nombre de *La Pampa*.

No es libro vergonzante, impreso en papel turbio, con láminas prerrafaelistas; sino de lo más rico que sale de las prensas, con páginas que convidan a leer y dibujos blandos y delicados, donde se ve, en su ternura y ferocidad, la vida de la pampa, de la planicie imponente y melancólica, coronada al Norte por la palma moriche y frondosa higuera del Brasil y la calzada al Sur por los montes tétricos de la Patagonia. Allí la vida intensa bajo el techo del cielo, con el recado por montura y posada y el horizonte sin más ondulaciones que las del lomo de los avestruces. Allí la pulpería, el club del desierto, con sus velorios y sus rimas, sus carreras y sus cantos, su ginebra y su conversación, su alboroto y su comercio. Allí, en los yerbales profundos, la «boleada», la caza a caballo, con el arma de las bolas; el «baqueo», siguiendo la pista del indio temible por la piedra y el agua; la pelea de la «partida» de soldados y el gaucho malo, el gaucho alzado contra la justicia, que se corre a ellos, se quita de encima las balas a punta de cuchillo. Allí el indio jinete, que cría a sus hijos para el exterminio del blanco invasor, y la tropilla que le rinde la vida y la hacienda, o lo echa sobre sus «toldos» a balazos. Allí, expirando ya a los pies de la locomotora, la vida primitiva y la época.

En setecientas leguas de soledad, a las puertas de las ciudades universitarias, vive aún, con la tradición confusa de lo indio y lo español, una casta natural y fiera, nacida de los castillos y la indiada, hecha al caballo y a la sangre, que bajó lanza en cuja, a la población, a desmontar de sus cátedras al «cajetilla» que, con el agrimensor y el botavacas, la ha vencido. La cautiva, de Esteban Echeverría, y el Celiar, de Magariños Cervantes, cuentan en verso la vida de aquellos centauros, los ataques de la «china» y el «payador» a la grupa del potro, las muertes que deben aquellos caballeros del cuchillo, de alma leonina y de apostura real. Rafael Obligado la cuenta en sus versos de colores. La cantó el gran Sarmiento en su Civilización y Barbarie, libro de fundador, donde se narran los combates de Aldao, el fraile terrible, y del «tigre» Facundo Quiroga. Ahora Abelot pinta la pampa que se va, el último velorio, la última pulpería, el último gaucho alzado, poncho al brazo y hoja al Sol; el mate bebido al alba en cuclillas, antes de ir a la carrera, de juntar la caballada de la tropa, de arrancar, en sus bestias amigas, a la boleada palpitante. «Pampa» es el caballo que el tigre mismo no logra acobardar; «pampa» es el perro que de una dentellada le quiebra el muslo en la pluma al avestruz; la india vanidosa, al mes de verse en la finura de las ciudades, con collar de cuentas y pañolón carmesí, no quiere ser «pampa»; «iluluhuú!» grita desnudo en su caballo, arremetiendo sobre los guanacos, con las bolas al vuelo por encima de la cabeza, el indio de la «pampa». Allí está el poema donde el hombre alborea, como en las edades vírgenes; mata a fuerza de brazo al león que le niega su morada; copia en la piel, a punta de puñal, los árboles, los combates y las nubes; canta de noche, al son de las estrellas, el triste y el cielito; marca de un tajo la cara del que le ofende o le disputa el puesto, y cae de rodillas ante la civilización, roto el jarrete por la reja del arado. ¿A qué leer a Homero en griego, cuando anda vivo, con la guitarra al hombro, por el desierto americano?

La Pampa, de Abelot, no es libro macizo, como pudo ser, sin más que poner con arte lo saliente y propio de aquella vida natural, de modo que se enseñara de por sí, y sin apuntador, y que el carácter del hombre naciese de la naturaleza que lo rodea y educa. El apuntador molesta en los libros, como en el teatro. Lo que se vio es lo que importa, y no quién lo vio. El desinterés del autor es, en la composición de un libro; esencial al arte. Es como cuando sale a la escena en el teatro chino, en medio de los príncipes de tisú y de los generales alados, el tramoyista de chanclos y blusa que en pleno baile de ira, o esgrima de batalla, entra y sale por entre los actores con sus decoraciones ambulantes. Peca este libro sincero de *La Pampa*, en que el autor mezcla sus opiniones, aprendidas y prehechas, con las que dan las cosas de suyo, que es lo que el lector busca en los libros. Porque éstos son los tiempos de pensar por sí, sin perifollos de frase ni dilaciones inútiles, y lo que el que lee quiere y necesita son hechos en que fundar su juicio; por lo que, le impacientan con razón, por satisfechos e intrusos, los juicios de otro. Hay libros de mero discurso y opinión personal, que cae, de lo vacía, cuando no está bien fundada, y tienen su encanto en el arte con que el autor hace que sus razones opinen por él y comienzan y llevan al lector adonde con la verdad se le desea llevar, sin ofenderle la vista con la pompa rudimentaria, ni el albedrío con los pareceres dogmáticos. Lo que se quiere es saber lo que enseña la vida, y enoja que no nos dejen ver la vida como es, sino con estos o aquellos espejuelos. Con tanto como se escribe, está aún en sus primeros pañales la literatura servicial y fuerte.

Es cierto que en *La Pampa* va el autor como contando a modo de testigo lo que vio, y lo cuenta con soltura y hombría, y aquel espíritu de la naturaleza que a todos nos hace uno, según el verso inglés; pero lo que describe es tan vivo e interesante, tan ruidosa aquella «galera» de cadenas en que vienen revueltos hacendados, mozas y criminales; tan ceñida la carrera de los caballos perspicaces a la puerta del vasco pulpero; tan segura la nariz del rastreador que va levantando la pista del fiero Gato Moro; tan deslumbrante, con el Sol en la lejanía y el ánimo del mate en las venas, la boleada de donde vuelve el cazador con el avestruz a la arzonera o la piel chorreando a los ijares; tan pintoresca y nueva la pelea en que el que quiere lanza para pelear se la quita al enemigo con el lazo de las bolas, que no está bien en su traje de biblioteca el caballero francés cuando sujeta los caballos humeantes, con su jinete de camisola y «vincha» a la cabeza, como los corredores griegos, para poner en la llanura abierta las novelerías de la metafísica de ahora, o se quita de la boca la bombilla de plata del mate cimarrón, del «matecito» sin azúcar, para el pecado artístico y filosófico de encinchar con Darwins y Haeckels la vida libre, que se ha de estudiar con un juicio tan libre como ella. ¡No se sale de un papado para entrar en otro!

Donde pudo y debió ver los lances heroicos de la sociedad inicial, el combate primario del hombre y de la fiera, la tristeza asidua y gozos violentos de la vida nómada, la reducción de los lanceros desamparados al capitán cauto y hercúleo, la disputa de las tribus pujantes y naturales con la ciudad literaria y leguleya, y la victoria súbita y feliz de la cultura, bella y útil, sobre la barbarie deslumbrada, ve persistencias, y desviaciones y selecciones, y atavismo. Lleva teoría, que es como llevar venda. No ve más que barbarie primitiva y necesidad feroz de sangre en el indio descendiente de generaciones oteadas y acuchilladas por el blanco, que congrega a su prole, frente al cautivo blanco atado, a que con sus manos indias cumpla la justicia que manda cumplir la tierra de sus padres, manchada por el invasor. A crudeza animal, e insistencia de la fiera en la composición humana, atribuye la familiaridad, que le parece gusto, del gaucho con la sangre, sin notar que ésta es consecuencia de la vida carnicera del gaucho, que se ve, en las comunidades civilizadas, en los mataderos de reses, casado con el cuchillo; y que el valor es una nobleza a que busca salida el hombre, siempre amigo de lucir la habilidad y la bravura; colorada es la sangre del hombre, como la del toro; al toro, que no ofende, se le mata, y ¿o no se ha de matar al que ofende la vanidad y el puntillo salvaje? Por teorizante, cae en errores; como el de decir que mientras más se acerca el estado primitivo del hombre, «más se le ve el furor del juego y de la embriaguez»; y el juego, que no es más que la forma violenta e inculta de la esperanza, e impera en las civilizaciones de plastrón y claque, se le antoja salto atrás, según la teoría naturalista, y reaparición periódica del hombre bárbaro.

 La atracción del abismo, el vértigo de la mar y las alturas, la tendencia constante del hombre a entrar en lo absoluto, a salir de sí y esparcirse, la juzga, por la ceguera de las reglas escolásticas, retorno a la celebración caótica primitiva. Con ver el mundo, graduado y en cada grado idéntico, cualquiera que sea la época de la graduación, salvo las modificaciones de lugar y ambiente, hay filosofía magna e infalible para entender cada trance social, y gozar con verlo, sin entristecerse, como nuestro francés, porque se acaban los carnavales aldeanos de la Buenos Aires de Otroza, cuando damas y caballeros peleaban a agua brutal, a no ser que estas mudanzas no sean por cosa nacida del país, que es lo que nutre y persiste, que a la larga dejan a los pueblos sin la persona propia, y crecida en sí, que es su sal y levadura. ¿A qué buscar en particularidades locales lo que es de la naturaleza común de cuantos pueblos empiezan a vivir? Tiene el gaucho argentino velorios, como el canario campesino y el vulgo irlandés. En la pampa visten de fiesta al muertecito, con sus vestidos mejores, y en Colombia le ponen zapatos dorados, porque es de espinas el camino del cielo, y no quiere la madre ¡no quiere! «que se le entunen» al hijo los pies. Batea su carne el cazador pampero, lo mismo que el indio del Norte. Sin ley vive el gaucho de Choel Choel, y el vaquero yanqui vive sin ley. En cuanto «se carga» de ginebra en la pulpería, sale el gaucho a flor de aire, a llamara pistoletazos a quien le saque el pie en valor, y el minero de Colorado hace bailar a balazos en los pies, al petimetre de la ciudad, lo mismo que el gaucho al «cajetilla», en cuanto le aloca la sangre el whisky. El gaucho malo llega a contar sus muertes como honor; y el llanero de Upata, allá en Venezuela, le decía al maestro: «señor maestro, me gusta dar una puñalá por detrás, pa oír el pujío». El que sabe de árabes errantes e indóciles, sabe de gauchos. Y la torre de los fortines del desierto, ¿no es la torre de las tribus africanas? El hombre es uno, y el orden y la entidad son las leyes sanas e irrefutables de la naturaleza.

Pero esta desventaja de la prevención, que tanto daña cuando viene de la pasión por la ciencia como de la ignorancia de ella, resulta menos en el autor de *La Pampa*, por ser a las claras un hombre bueno, que es la primera condición para ser inteligente de veras; y se ve que el corazón sincero le manda querer lo que la teoría tacha de animalidad por ingenua: la pulpería, él «la quiere». Los gauchos, a la verdad, «son gentes buenas cuando se sabe por dónde tomarlos». El Gato Moro juró guerra a los jueces de paz, y mató cinco de una función de cuchillo; pero los jueces de paz le quitaron al Gato Moro su caballo querido, «su crédito», o su recado de plata, o su «china» amorosa. Se va el gaucho con la vida nueva, y él «siente que se vaya». ¿Quién se le apegará por simpatía en la jornada contra el indio sagaz, y le colgará del arzón, sin que lo note, el pañuelo, con toda la yerba mate que le queda? ¿Quién, con el mismo cuchillo que remató en la disputa a un «delicado», le quitará al tigre caliente la piel, y se la regalará, «porque para sí la querría»? Son buenas gentes estos gauchos. Una «china» les gusta, y se la llevan a la grupa, a vivir en la platería del cielo, que de día tiene un brillante, y de noche es una caja de joyas. Tienen el apetito del puñal, y al «cajetilla» de la ciudad lo ven con odio; pero cuando el poeta pálido andaba por la pampa, el enfermizo Echeverría, no le sacaban el sombrero, y le oían hablar de pie, y se ponían en fila para que pasase, y se decían al oído: «¡Este no es cajetilla!, ¡éste es poeta!». ¡Buena gente, estos gauchos!

En el velorio los pinta primero el libro. Llega la tropilla a la estancia de Torres, que es rico del lugar, y atan en el palenque los caballos, porque del muro del palenque adentro no se pasa montado sin pagar cara la descortesía. El angelito de cuatro años se ha muerto, y hay velorio de los vecinos para celebrar su viaje al cielo. Afuera, llueve a mares; el trueno tamborea; el rayo estalla. Dentro bailan, ceñidos en la habanera o picándose los pies en la zamacueca, los pares de novios, que se persignan al pasar frente a la silla donde está sentado el niño muerto, sobre un pie de cajones vacíos, con treinta y seis velas de sebo alrededor, y a un lado el gaucho viejo, de canas por el hombro, rasgueando la guitarra, y al otro lado la madre, con las manos cruzadas sobre las rodillas y los ojos secos. Hay pocas fiestas en la soledad, y el pulpero le toma en alquiler su muertecito al gaucho pobre, que sí se lo alquila, para que el ángel tenga velas y vaya al cielo como se debe, con canto y velorio, ya que la suerte negra tiene en el hilo vivo el poncho de sus padres.

Y llega la mañana. En cuclillas sorben, alrededor de la fogata de boñigas, el mate generoso. Sobre el recado, tendido por tierra, se echó el sueño ligero, y ahora el recado, con sus jergal` dobladas en cuatro para lo de abajo, su caroña de cuero fino para la humedad, su basto de madera fileteado, con estribos de plata, su pellón y su sobrepellón, de cama que fue, es silla de montar; la cincha es de cuero, y la sobrecincha de lana*Popol Vuh* el freno es romo los de los moros, de cuero trabajado y de plata; donde cabe la pica de su cuchillo, allí labra el gaucho flores, y cabezas, y caprichos, y hojas; sobre el calzón holgado se coge a la cintura, a modo de sobrecalzón, el chiripá; por la cabeza se mete el poncho, y el sombrero hasta los ojos; a rastrear va la «partida»; a buscar al asesino que mató en su rancho al «baqueano viejo», que era la gloria y el honor del lugar, porque no había como él para decir de un guiño dónde estaba cuál estancia, o a cuántas leguas era la vuelta para ir a la otra, o a cuántos días estaba el indio. Por más huellas que vio a la puerta del rancho busca el rastreador al asesino, que huyó hace como ocho días por el yerbal, remolineando, para extraviar la pista, por el río, hasta donde halló piedra, para no dejar rastro a la salida. Llegan a un pueblo en feria, por entre carros, tiendas, grupos, caballerías. «Este es el caballo», dice el rastreador. Y era. El asesino lo trocó por otra bestia del carretero. Vuelven al punto del trato; toma el caballo, a trote de vuelta, el camino de su señor, y el rastreador victorioso le pone la mano en el hombro al asesino, que confiesa, ¿quién se le niega al rastreador? En las calles de piedra conocen los hijos de los gauchos la mula en que pasó el cura, o el caballo en que anda el alcabalero, o si el maestro salió con botas o con alpargatas; y en el remolino de la yerba saben cuántas caballerías van, y cuáles son yeguas, y cuántos son los potros; no le vale al que huye ir de punta de pies, o andar a la jineta sobre la cerca y caer lejos, de talones; al cabo del año el rastreador, impasible, encontrará la huella.

Si hay por allí boleada, ¿quién se va sin verla? Para avestruces y venados dicen que es; pero los gauchos ricos están temblando, porque las bolas las suele echar el cazador sobre el caballo que codicia, o sobre el novillo pintado, «por mor de la piel». En sus caballos de todo lujo vienen a la arrancada los boleadores. Montan en su caballo de cazar; el Sol está saliendo; el agua del mate barbulle en la caldera; los perros enjutos se relamen el hocico; a la busca se arranca la boleada, por los cuatro vientos; de los cuatro vientos vuelven al anochecer, con la carga de pieles sangrientas, y los avestruces muertos por pendones; los perros traen el hocico colorado. Tendidos sobre el recado, encuclillados alrededor de la bombilla, sentados en cabezas secas de bueyes, pasan la noche clara, con las estrellas como si les dijesen cosas; y el payador está cantando las muchas desgracias que ha tenido, o la muerte triste del gaucho Santos Vega, o el robo que le han hecho de su fina querida, o la pena que tuvo cuando cantó mejor que él el payador de otro poblado, o la pelea que ha habido entre los soldados y los indios, o lo tierno que se pone un hombre cuando ve en la noche el cielo estrellado.

En la pulpería es donde se cantarán luego las hazañas, en la sombra de los bancos largos que corren por junto a la pared, o de codos en el mostrador, platicándole al pulpero que de detrás de la reja segura les pasa los alcoholes, o dibujando con el cuchillo, en los muros, las marcas de los caballos del contorno. Ya se salen todos a la puerta, porque el pulpero les compró todas las pieles y las plumas, y llegan del mundo entero, en sus monturas de plata pulida, los gauchos corredores. La pista está limpia, como para carrera grande. Pasean, con el bozal de cuero, los caballos que van a correr. Unos los ven pasar, y hablan de ellos, y apuestan; otros están de amores con las «chinas» que han venido, de traje largo y mantón amarillo o violeta, y los pendientes de oro y cristal, y preso en la cinta el cabello repeinado. ¡De vuelta, los corredores triunfantes, en mangas blancas, con el cabello cogido por la frente con la «vincha» de color! Luego abren paso todos, porque es la carrera de trampas donde, de cintura abajo, con todo se puede pelear, con la rodilla a la paleta del caballo del otro, para cortarle el ímpetu, o enlazándole la pierna, para desmontarlo de un arranque, o llevándole por donde hay, escondida en la tierra, una cueva de bizcacha. Y van cosidos y revolotean, y vuelven cosidos, a escape mortal, caballo con caballo.

Las «chinas» hablan de la tropa fuerte que fue camino de Juárez, con mucha caballada de repuesto, y más mujeres que nunca, porque la pelea es para no volver, hasta que los indios malditos no «hayan estirado la jeta». Y muchas viejas que iban, de las que hacen las tortas que le gustan al soldada. Recién nacidos iban también más que nunca. Y todas en caballos buenos, porque le sacaron la paquetería a las bestias malas que se les venían al morir, y en un Jesús le volvieron a armar los paquetes en los caballos de refresco; y los fogones, y las ollas, y los cestos, y los bultos, y lo de planchar, para ganarles la plata con el buen lavado a los oficiales; «que vea el hombre que se le quiere por su valor y su merecer, y no por lo que da cuando le paga el comisario, porque aunque él no diera, la mujer industriosa se busca con qué comprarse sus pañuelos, y sus alfileres y sus perfumes». Y así van las mujeres del soldado, que ya son menos con los ferrocarriles y la guerra sabia. Por el desierto triste no pelea bien el soldado sin la mujer. Se la dejan atrás, y hay que mandar a buscarla. El perro es fiel al batallón; pero ella más. Y si se anda a golpes cuando se ha bebido mucha caña, hay una torta que sabe muy bien, que viene detrás del vapuleo, y es la torta de las paces. Si hay que pelear, la mujerería se viste con los uniformes que sobran, guarda la caballada y echa atrás al indio.

El juego, la conversación, la pelea de gallos, se suspenden de pronto. De un hachazo corta el gaucho perdidoso la cabeza al gallo bastardo que cacareó. A un lado se echan deprisa todos los jinetes. Viene tronando la galera. De los caballos extenuados echan pie a tierra los postillones, que son tantos como parejas. El mayoral es héroe allí, y ha marcado la cara de muchos atrevidos. Salta del pescante, y se le ve la barba negra, los hombros opulentos, la cintura arqueada y escasa, las piernas secas de andar largo; sin palabras ni risas. Y mientras mudan los caballos en el corral revuelto, con polvareda y alboroto, sacan sillas, mate y agua, para las señoras viajeras; que van de mucho fereler, pero hablan a la par con la gente de Dios; y el pulpero está de mieles con el amo de la estancia, que lleva botas de charol y poncho fino; un gaucho viene en la galera, de «chiripá» muy lujoso; y un italiano de pelo rizado, con corbata azul y la caja en que trae la prendería de vender, que es la locura de las chinas; y un «desgraciado» viene en hierros, con dos policías; un «desgraciado que causó una muerte, porque el amigo se le echó mucho sobre el cuchillo, y se le enconó la cortada». Para él hay mate doble; y caña de la buena; y se le da un pañuelo de seda, para que recuerde en la pena que hay en el mundo una «china» compasiva. Y se canta y se baila, y el cantor habla de la agonía de los hombres de honra perseguidos por la justicia, y del cuidado que ha de tener la galera que va a Juárez, porque por allí la indiada anda feroz, y hay una calavera pelada por cada cabeza de buey; lo que oyen las señoras tomando mate. En la galera, ya pronta a arrancar, meten el mayoral y el pulpero una caja de fusiles.

¡Adonde se va y no se vuelve va ahora la galera! Caerán los indios, los últimos indios, sobre los caballos; de la primera bala vendrá abajo el mayoral; de cadáveres desnudos quedará rodeada la galera; las mujeres, se las han llevado los indios a la grupa. Allá, en la última frontera, hay un cacique indio, hijo de francés, que lleva el pantalón de franja de oro de sargento mayor argentino, y está casado, en su casa de ladrillos rodeada de «toldos», con una española. Más allá, en la última ciudad del mundo, en nuestra señora del Carmen de Patagones, con sus colinas de arena erizada de arbustos sinuosos, son hoy banqueros, agricultores, padres amantes y felices, los que años atrás mandó el Gobierno a la villa por sus delitos de robo, de falsificación, de muerte, a levantar hogares, donde no les podía acusar la tierra, con las mujeres culpables de haber amado sin medida.

El Sudamericano. Buenos Aires, 20 de mayo de 1890

Las crónicas potosinas del señor Vicente G. Quesada y una carta del autor

Es de buenos libros el dar que decir; y pasa en el arte de las letras, como en todas las demás artes, que al que da con lo nuevo, o saca en paño de su telar una joya escondida, le disputan los émulos la invención, o cuando menos la fuerza del paño. Si la polémica es de dime y direte, sin más provecho que el de las riñas callejeras, donde el gentío empuja el codo a los peleadores, y goza con los motes y puñetazos, mejor es que cese la polémica, agria e inútil. Pero el choque de juicios es loable, y aun apetecible, cuando por él se viene en conocimiento de libros y costumbres y autores y pueblos, y se aviva el interés en estudios que no se han de descuidar; que es lo que acontece con el libro de *Crónicas Potosinas*, que publicó hace un año en París, en dos volúmenes de a seiscientas páginas, el literato argentino, ministro hoy en Washington de su república, señor Vicente G. Quesada, conocido en nuestra América, más que por otras valiosas obras suyas, por aquella afamada *Revista de Buenos Aires*, donde hospedó cordialmente, en una colección ya histórica, a lo mejor de los eruditos y poetas hispanoamericanos. Ahora publica, como una flor de otoño, este libro de historia y fantasía, que unos alaban por ser tal vez la obra de América en que se pintan más de vivo y a la mano los tiempos coloniales, y un crítico acota con censuras que han movido al autor a las aclaraciones literarias que van al pie, en una carta amena. Vale de veras que estas cosas vean la más amplia luz, ahora que todo estudio es poco en estos tiempos de reajuste y determinación de nuestra América, para ir más seguramente a nuestros fines y destinos, que con nada se aclaran tanto como con el conocimiento de los factores de que nuestros pueblos se componen; porque los pueblos son como los árboles, que no los conoce bien, ni sabe de los injertos que les puedan convenir o dañar, sino quien los conoce desde las raíces. Y a estos labradores no se puede desdeñar, a los que miran al árbol las raíces, mientras que otros viven prendados del gusano de colorín que se le sube por las hojas, o clavan a destajo en el tronco indígena, por la fatiga de la novedad, ramas de Missouri o de Valdemoro, que le perturban la savia, o se la envenenan.

No fue libro de un día, según dicen sus jueces, éste de las *Crónicas Potosinas*, sino que creció año sobre año en la *Revista de Buenos Aires*, con el aplauso de los que entienden de estas cosas, hasta que in más pecado visible que el de aludir con sinceridad continua a sus fuentes —resultan las crónicas pintura vivísima, pintura ordenada y valiente, pintura trascendental y poética de la vida fastuosa y sombría de la colonia, dispuesta en un ciclo hábil de leyendas, que arrancan, con la del indio Hualpa, en el descubrimiento de la plata del Cerro de Potosí, y paran, de drama en drama, al pie de la Casa de la Moneda, «donde tantos millones se han sellado», viendo pasar, arreados por los indios descalzos, «centenares de asnos y de mulas». Allí se juntan, híbridas, la mitología india, no menos delicada que la griega, y la pompa española; allí fiestas de indígenas, y justas de hidalgos, y riñas de cabildos, y bandos de vascos y criollos, y leyendas de monjas y de diablos y de inquisidores; allí cuentos de maridos y de cortesanas, con páginas que parecen joyería cuando pinta el lujo de las damas de amor, y páginas que lloran, como las de la pasión que tuvo por su castellano infiel la tierna y temible Ima, la que cantaba, llorando en la noche, los yaravíes que dicen la historia quechua, y la de las estrellas del cielo. Una mano hecha a la vida guía allí por entre los cronicones, sin más cuidado que el de la verdad, ni cita en que no vaya con

Martínez Vela, o Córdobas y Acostas, o Cieza de León, al lector que con unas narraciones se transporta y agita, y lee otras sin esfuerzo, y en todas aprende.

Pero un censor tachó en un periódico famoso de Buenos Aires el libro de las *Crónicas*, donde, según otro juez, «ni se exagera el mal ni se regatea el bien, ni la piedad daña a la justicia»; el censor falló que no debía decirse, como dicen las *Crónicas*, que las costumbres que pintan son de la Edad Medieval hispanoamericana; que el cronista no había hilado bien, ni pintado el Cerro con sus verdaderos colores, ni compuesto los cuentos con ingenio suficiente, ni sido el primero en sacar a luz aquellos torneos, mitas, castigos, procesiones, audiencias, venganzas, espantos, amores, muebles, cenas. Hubo el señor José Martí, que ha escrito sobre el libro, de aludir, en carta al autor, a estos reparos, y a ellos contesta el señor Quesada en la carta que sigue, con datos tan vivos y referencias de tanto interés, que aquí les habríamos dado gustosos cabida, aunque no fuese más que por estimular la afición al estudio metódico e indispensable de la época que explica los yerros y sugiere los remedios de la nuestra; y por tomar nota, entre las obras de fuerza y conjunto que van publicadas sobre cosas de América, de la serie de cuadros, dramáticos y justicieros, que ha reunido, con labor visible y plan útil, el autor de las *Crónicas Potosinas*.

Dice así la carta:

Washington, 9 de febrero de 1891
Mi estimado señor Martí y amigo:
Mil y mil gracias por todo, cuanto usted me dice en su amable carta de 7 del mes en curso. Ya ve usted cómo después de veinticinco años de escribir mis *Crónicas Potosinas*, y de mi cuidado de ponerles al calce las fuentes de donde las iba tomando, para

que se pudiera ver lo mío y lo ajeno de ellas, y lo que me he ceñido en todas a la historia me acusa ahora de imitador de mis imitadores, y de falto de corrección y de imaginativa, un crítico que ha empezado a publicar *Crónicas del Potosí* en *La Nación* de Buenos Aires, hace poco más de un año. Aquellos tiempos no son tan conocidos como debieran; y yo no rehuyo, aunque sea a modo de defensa de mi propia labor, la ocasión de poner en claro los lugares y costumbres de una de las comarcas donde se vio más de bulto, y con más colorido, la vida colonial española. El crítico me pone pleito por el vocablo medieval; la autoridad literaria de la señora Pardo Bazán resuelve la cuestión en mi favor; pero, además, yo he visto usado el vocablo medieval en algún libro español de arquitectura, y no libro moderno. Medioeval, como dice la señora Pardo Bazán, o medieval, como me parece a mí más armonioso, es voz que entra perfectamente en la índole de la lengua castellana, aunque no la trae el *Diccionario de la Academia*, que va empobreciendo el castellano a fuerza de querer limpiarlo de lo antiguo, y no aceptar los vocablos nuevos o las transformaciones usuales; pienso que medieval expresa bien «cosa o costumbre de la Edad Media», sin que pueda ser tachado de delito contra la pureza castiza del lenguaje.

El mismo incógnito censor me tilda por haber escrito idiomático, que no era voz aceptada por la Academia, sin fijarse en que la trae el Diccionario de la misma, que define así: «lo propio y peculiar de una lengua determinada». Pretende que veinte y cuatro no significa lo que digo, y no ha visto que pongo al pie la definición del Diccionario.

Díceme que para escribir crónicas se necesita tener el talento de Flaubert, o el poder creador de Gautier, de Bulwer, o de Ebers, o ser un Balaguer cuando menos; y él acaba de publicar en *La Nación* algunas *Crónicas Potosinas*, con el mismo título que yo había usado muchos años antes. En cuanto a lo de originalidad, veo que el crítico, por no citar más que un caso, publicó una crónica, harto breve, tomando por base de su narración el testamento de don Juan de Toledo, el famoso ermitaño de la calavera, que trae en sus *Anales de la Villa Imperial del Potosí* Bartolomé Martínez y Vela, sobre cuyo mismísimo asunto había publicado antes don Diego Barros Arana su *Crimen de jugadores*, y don Ricardo Palma, según dije en mis *Crónicas*, sus *Justos y pecadores*, crónica del siglo XVII, que trata de «cómo el lobo vistió la piel del cordero», y este servidor de usted *El hijo de la hechicera*, que salió a luz allá por 1866, en el tomo II de la *Revista de Buenos Aires*. El crítico que se firma Brocha Gorda publica su crónica en 1890, reproduciendo textualmente el testamento, como lo hicieron Barros Arana, Palma y Quesada. El testamento del hombre de la calavera es el tópico común; otros dirán cuál de los cuatro escritores levantó más alto el argumento, y lo desarrolló con más colorido.

No está de más, como apunte sobre el arte de escribir crónicas, que diga a usted algo sobre el ropaje con que saqué a luz este suceso famoso. Juzgué que, tratándose de un hombre que llevó en vida colgada al cinto la calavera de aquel a quien él mismo mató, era éste uno de esos crímenes extraordinarios que requerían causas igualmente extraordinarias. Pensé que uno de los pocos casos posibles, aunque feroces, sería el de un hijo que matase para vengar a su madre inocente condenada a las llamas por la Inquisición, so pretexto de hechicería, infamando a perpetuidad el nombre de la familia, y agravadas las penas con la confiscación de bienes. Parecióme que solo en caso tan excepcional era posible aquella ferocidad tan prolongada. Tracé entonces el cuadro sacándolo de los estrechos límites de la Villa Imperial, e hice un nuevo estudio de la Inquisición en Lima y la atrocidad de sus sentencias, que alcanzaban no solo a la víctima, sino a sus hijos inocentes; comparé las prácticas penales de los quechuas vencidos con las de sus vencedores para mostrar que aquella pobre raza no podía comprender cómo una dama honesta y buena fuese sentenciada por ejercer la caridad curándolos, y que su hijo, el altivo y espléndido don Juan de Toledo, quedase privado de sus bienes y de su honra, solo porque su madre había sido calumniada y condenada como hechicera. En ese cuadro, no me concreto a Potosí, repito, y los fundamentos de la parte histórica de los hechos capitales que sirven de fondo está autorizada con citas de autores. Con lo que se ve que no sigo tan ciegamente al cronista potosino.

Cuando sigo a Vela, lo cito, cediéndole frecuentemente el lugar y reproduciendo sus propias palabras. No me propuse tomarle como modelo, ni extractar sus Anales, sino sacar de él los hechos típicos de la época, y completar la pintura con el estudio de numerosos historiadores y cronistas a que aludo.

Dice el censor que no conozco la topografía del Potosí, sin saber si conocí o no de visu la Villa Imperial. Y aquí viene a cuento hablar del Cerro un poco.

El Cerro de Potosí se destaca aislado como un pan de azúcar, a que generalmente se le compara; pero situado en la región de las montañas, el horizonte lo forman las siluetas lejanas de las mismas, lo cual es de evidencia, puesto que no está en una planicie. No quise decir, ni lo dije en ninguna de mis *Crónicas*, que el horizonte estuviese cercano y que Potosí se encuentre situado en una hondonada; no. Precisamente estudié la topografía en las geografías de Bolivia que cito: consultaba, además, a bolivianos, entre otros, el señor coronel don Quintín Quevedo y el doctor Scrivener, que vivió en Potosí; de modo que mis descripciones son verdaderas y reproducción de lo que se ve. En cuanto a las distancias; las señalé de acuerdo con las mismas geografías bolivianas.

La señora de Gorriti, que ha vivido en Potosí, me escribió diciendo que se sorprendía de lo exacto de las descripciones y noticias topográficas de mis *Crónicas*.

El mismo coronel don Quintín Quevedo, ministro de Bolivia en Buenos Aires, me escribió en 20 de marzo de 1869: «Tengo vehementes deseos de leer sus *Crónicas Potosinas*, y como hijo de esas tierras que un tiempo fueron emporio del mundo, le tributo mi caluroso agradecimiento por haberse dedicado a escribir tales leyendas». (Carta al autor, que conservo original.)

En la *Revista de Buenos Aires*, tomo XII, año de 1866, página 118, está publicada la carta que me dirigió el doctor don Angel J. Carranza, y dice: «Sin embargo de que me reservaba estudiar la riqueza del famoso mineral en cuyas faldas el capitán Villarroel abrió los cimientos de la aristocrática Villa del Potosí, hoy, después de haber leído con interés creciente sus *Crónicas Potosinas*, pienso que ellas quedarían deficientes si su laboriosidad no las completase con un estudio especial del gigante, cuyas entrañas argentíferas reveló al mundo el oscuro Chumbivilca en 1538, y testigo, por tanto, de las escenas sangrientas, a las que su pluma ha impreso movimiento y colorido, novedad y animación.

»En esta persuasión, espero que usted, ayudado de su rica fantasía, que supo sacar tan ventajoso partido del códice carcomido por el polvo de los siglos, querrá deferir a mi indicación y coronar sus útiles investigaciones, teniendo presente aquel mote: Labor improbus omnia vincit.»

Mi respuesta, publicada en la página 119 del mismo tomo, dice: «Entonces me remitió usted las dos obras inéditas de don Bartolomé Martínez y Vela, que yo había tenido en mis manos accidentalmente. Abrí aquellos libros con avidez, y volví algunas páginas y leí por casualidad un fragmento diciéndole: ¡qué preciosa tela para una crónica!

Tuvo usted, mi buen amigo, la deferencia de poner en mis manos ambos libros, y a mi disposición: éste es el origen de mis *Crónicas Potosinas*».

Con estas citas del año de 1866 queda probado que muchísimo antes que los Anales de Vela fuesen publicados, poseía yo los manuscritos que me han servido para mis *Crónicas*, y por lo tanto, que mi censor ha venido con posterioridad a beber en las mismas aguas. La prioridad me corresponde de derecho.

He clasificado de costumbres medievales hispanoamericanas las que se refieren al período histórico que comprenden esas narraciones, para distinguirlo del primitivo de la conquista y descubrimiento, porque considero que el siglo XVI y XVII es la Edad Media colonial, puesto que en el siglo XVIII comienza a desaparecer el feudalismo de los encomenderos, no se conceden nuevas encomiendas de indios, los conventos cesan de ser los únicos asilos del culto de las letras profanas, que se cultivan ya por el clero y los abogados, se inician las publicaciones y los libros, la imprenta da a luz en México y el Perú libros más o menos numerosos, y aparecen algunas publicaciones periódicas; un movimiento nuevo, producido por el comercio, hace surgir con relativa influencia a la burguesía criolla y peninsular; de los conquistadores solo quedan sus descendientes y sus recuerdos; los gremios pierden su importancia, como la pierde el poder teocrático, y se perciben ya los precursores de la independencia. Creí que mi clasificación de ese período histórico era razonable, y recordé que Juan María Gutiérrez la había usado artes en algún escrito publicado en la misma *Revista de Buenos Aires*.

El distinguido escritor mexicano don Francisco Sosa usa la misma clasificación en su último libro: *Bosquejo Histórico de Coyoacán*. Llama época antigua, época medieval y época moderna.

Rameau de Saint Pére ha publicado su libro, *Une colonie féodale en Amérique, l'Acadie (1604-1881)*, París-Montreal, y nadie le ha criticado que la llame feudal, en el mismo sentido con que yo llamo medieval un período histórico de la vida colonial americana. Evidente es que ese calificativo no es aplicable con el rigor de los períodos históricos conocidos por la Edad Media del siglo V de la era vulgar hasta mediados del siglo XV.

Esa calificación ha merecido la aprobación de altísima autoridad literaria, como don Salvador Camacho Roldán, quien me escribía en 19 de junio de 1890 lo siguiente:

«El período colonial, la Edad Media de la América Española, como acertadamente la llama usted, es un desierto desconocido en nuestra historia colonial, sea por falta de cronistas o por falta de estudio de nuestros archivos. Así, me ha llamado mucho la atención lo empapado que se muestra usted en las costumbres, ideas y leyendas de su época.»

Y a usted, que es tan amistosamente benévolo para juzgar mi libre, no necesito referirle opiniones ajenas; pero no puedo resistirme a la tentación de citar un párrafo de carta del célebre escritor y crítico alemán profesor Juan Fastenrath, tan profundamente conocedor de la literatura española, y juez competentísimo. Dice, con fecha 11 de julio de 1890, desde Colonia:

«Aunque continúo viviendo con todos mis pensamientos en el bellísimo país que he recorrido, la mágica pluma de usted pinta con colores tan vivos la ciudad imperial de Potosí, que me ha transportado usted de repente al teatro de aquellas escenas dramáticas. No sé cómo agradecer a usted su obsequio. Admiraré siempre sus magistrales descripciones y tendré el gusto de dedicar a su interesantísima obra un artículo en el... de Dresde.»

Sé muy bien que la benevolencia y generosidad de los espíritus superiores no son prueba del valor intrínseco de un libro; pero conviene a la justicia, a la buena fama de los autores y a la claridad indispensable en esta clase de estudios, que la crítica no se funde en hechos erróneos, ni queden sin defensa los trabajadores fieles.

He sometido mi libro al juicio imparcial del público, y acepto la censura para aprender, y para tratar de corregirme; pero la bondad de su carta me ha forzado a exponerle, por el interés de aquellos tiempos y sucesos, y el gusto de la verdad, estas consideraciones, que no le habrán parecido demasiado enojosas.

Su afectísimo amigo,
Vicente G. Quesada.
La Revista Ilustrada. Nueva York, mayo de 1891

La Sociedad Hispanoamericana bajo la dominación española. Libro nuevo del señor Vicente G. Quesada, ministro argentino en España

Tienen unos por ciencia en América, y por literatura científica y principal, el estudio minucioso de los pueblos de que les apartan origen y costumbres, y el desconocimiento punible y sistemático del país en que han de vivir. Y es cierto que sin el examen profundo de los diversos ensayos políticos, más valederos mientras más se asemejan los pueblos estudiados al de nuestra naturaleza, ni se logra la pericia útil al adelanto de la tierra propia, ni la robustez moral que viene de la certidumbre de la obra ordenada y triunfante de los hombres; pero este desdén de lo criollo, singular en quienes en lo suyo intentan influir, aunque suele ser signo por donde anuncia su aspiración descontentadiza un espíritu potente, es más a menudo prueba cierta de entendimiento segundón, que al gozo de cavar por sí en lo nuevo prefiere llevar a cuestas lo que cavó otro; o prurito rural del hijastro que en la brava honra solariega suspira avinagrado por su fantástica progenie de galanes y damas palatinas, y en su inútil corazón niega a su padre. Por la verdad filial, patente en la llaneza misma del estilo; por el análisis primerizo y franco de los orígenes y cruzamientos de nuestra América; por el revés con que despide a los americanos que desconocen en su pueblo propio la capacidad que conceden deprisa y de oídas al ajeno, es notable el libro cuyo bosquejo ha publicado en Madrid el argentino Vicente G. de Quesada, sobre *La Sociedad Hispanoamericana bajo la dominación española.*

Durante los años de prueba y tanteo en que nuestra América buscó acomodo entre sus vicios heredados y su libertad súbita, entre la hostil pereza e inepto señorío, y la dificultad de la república inculta y briosa, fueron las letras tribuna desecha de las ideas combatientes, o exánime remedo de las novedades literarias. Pero ya América, saneada en lo real de sus guerras y lo vano de sus imitaciones, conoce por fin sus elementos vivos, más nuevos por la mezcla forzosa de la condición diversa de sus moradores que por peculiaridades inamovibles de hábito o de rasas; y con acuerdo profético brota de todas partes a la ves, en prosa y en poesía, en el teatro y el periódico, en la tribuna y el libro, una literatura altivamente americana, de observación fiel y directa, cuya beldad y nervio vienen de la honradez con que la expresión sobria contiene la idea nativa y lúcida. Del peso de la idea se quiebran las frases; antes quebradas al peso de flores traperas y llanto de cristalería. De traidores está América cansada, que solo le hablen de su muerte fatal y de su ineptitud; y está dando creadores. Los incapaces merodean aún, que en su nulidad florida creen ver la de su tierra, y visten la idea desalentada de pompa resonante. Pero América produce obras de análisis y conjunto donde, como quien tala antes de sembrar, se desenredan y sacan al limpio las capacidades y rémoras de nuestros pueblos, a fin de poner a aquéllas leyes viables criollas, por donde el país se rija según la realidad y estado de sus componentes, y de mudar en agencias las fuerzas toscas o estancadas.

El libro de Quesada es de esos estudios sinceros y totales sobre América. Él, prohombre encanecido en las fatigas de la creación de la república, que le vio a Urquiza el castillo feudal allí donde en la estancia modelo ordena ahora el político pecador su plétora de ideas y métodos extraños; él, hombre agudo y positivo, que ve al mundo sin cáscara, por donde corre a ojos la sangre y el pus, y en cortes y en repúblicas estudió largamente la desnudez humana; él, cuya pluma de hechos castiga desdeñosa, como vicio oculto que es, la complacencia enervante en todo lo propio, por ser del estiércol de nuestro jardín, y el desvío risible de cuanto no nació plátano o palma; él, ministro hoy en la corte de sus amos de ayer, que ve ya fuerte y bella la patria que conoció, como los vascos que la pasearon, de boina por la cabeza y a horcajadas en la mula; él «cree fácil demostrar con hechos históricos la viril energía y capacidad de nuestra raza para el gobierno libre». «Los hispanoamericanos tienen la capacidad y el vigor necesarios para vencer las dificultades de los pueblos nuevos, y para gobernarse y prosperar.» «Se pretende, y el vulgo lo acepta como verdad indiscutible, que el asombroso progreso de los Estados Unidos de Norteamérica y el comparativamente lento y trabajoso de las naciones hispanas tienen por origen y causa eficiente la superioridad de la raza y de las instituciones coloniales que estableció la Gran Bretaña.» «El objeto de mis estudios es investigar y referir los antecedentes de las instituciones y los de las razas indígenas del grupo de las naciones hispanoamericanas, para deducir por ese estudio las condiciones que autorizan, a mi juicio, a tener completa y profunda fe en sus destinos desenvolviendo con prudencia las cualidades heredadas y mejorándolas por el medio ambiente.» «He vivido muchos años en los Estados Unidos; he desempeñado allí una prolongada misión diplomática; he tenido oportunidad de estudiar atentamente y de cerca sus instituciones políticas y su sociedad; he admirado su poder y su riqueza; pero esa admiración no me lleva hasta el servilismo de pensar que el éxito, debido a circunstancias naturales e inevitables, sea originado por superioridad de raza, ni por antecedentes de las instituciones de la época de la colonia.»

Y en esto parece que el tema viril saca un tanto de lo seguro al historiador, que sin ver en la desviación radical de

España la causa suficiente y única de la capacidad de nuestra América, mayor en los pueblos que se le han desviado más, la busca en instituciones que no pudieron ser antaño, cuando el inquisidor y los dos indios del estribo, más eficaces y emancipadoras que lo son hoy a nuestros ojos, en pleno mundo nuevo, cuando reducen y sofocan al criollo aborrecido, en vez de disponerlo a la libertad, sostienen y encubren, con fraude insolente, la más venenosa y mercenaria tiranía. Por el descaro con que se burlaban fueron siempre más célebres sus leyes de España en Indias, que por lo que del derecho mantuviesen o levantaran el carácter. La raza española que, por quijotes y rodelas, pudo su poco más que flechas y algodones, parécele a Quesada superior a los artífices y arquitectos indios; a quienes Draper tuvo por primeros. Donde necesitó de sus rencillas para mandar el número invencible del odio de la llaneza al señorío, del rencor de los cacicazgos al imperio, dejó España con vida al indio que, más que el inglés, exterminó en Cuba, en Jamaica, en Haití, en el cerro uruguayo, rojo aún de la sangre épica de los charrúas.

Por la justicia no se asimiló el español las razas conquistadas, sino por el sexo ineludible, la conveniencia de casar con india señora, y el sutil influjo de la raza natural, sorprendida por una milicia superior cuando aún no estaba en su proceso de amalgama tan adelante que pudiera olvidar sus rencillas en la función nacional de la defensa contra el enemigo común. A Carlos III tuvo que esperar España, al buen tiempo de un virrey criollo, para ver que la media América del Perú era muy vasta para un solo virreinato. Mucho de despechos y poco de derechos se hablaba en los ayuntamientos, que eran más para disputas que para libertades, y por donde se alzó el criollo imbuido de ideas francesas, por cuanto estaba América ahíta que por la primera boca había de echarse; pero las distancias grandes y las muchas cabezas repartidas por el país pudieron más para el federalismo, por ser el equilibrio de ellas, que los ayuntamientos, fiscales antes que políticos. Ni la ley, por pura que fuese, podía contra la explotación e iniquidad de las costumbres.

Desmaya tal vez el lenguaje de Quesada por su sinceridad misma, en la enumeración de aquellas formas de gobierno, que han de estudiarse menos que la condición real y la sustancia del pueblo descrito; pero donde le salta al estilo la sangre y adquiere viveza, es en la pintura, ya al cerrar el bosquejo, de las causas finales de la revolución; cuando cuenta la quimera «del centralismo mercantil»; y trae lo de Vergara el colombiano, cuando habla de «las linazas prohibidas, de los telares prohibidos, prohibidos los viñedos, y las fábricas y las empresas útiles». Se ve en los buenos pasajes hervir el rencor. A los tres siglos vino España a permitir el habla a las colonias entre sí. «Intolerables eran los diques del comercio», que «originaron un contrabando escandaloso». Lucha abierta era la vida, imposible la vida común de «los peninsulares, partidarios del monopolio, y los criollos, partidarios del libre comercio». La lucha entre los partidarios del comercio libre y todos aquellos comerciantes que lucraban a favor del privilegio aparece promoviendo la agitación que engendraba la transformación radical para proveer por sí mismo a sus verdaderos intereses mercantiles. «Los intereses del comercio eran los precursores necesarios de una evolución política social.» «De la fermentación de estos intereses encontrados debía, lógica y necesariamente, surgir la idea de la independencia, a fin de proveer sin tratos al bienestar común.»

Y surgió, tal cual lo narra el escritor argentino en páginas concisas; y Fernando se abre a Francia. El inglés lo castiga en Buenos Aires. Beresford, que quiso después con fuego la independencia, se alzó con la ciudad. Los criollos les pelearon, mejor que los españoles, los picaron, los echaron. El pueblo se alza, pidiendo asamblea. «Medrosos los peninsulares, quieren contemporizar.» Liniers es jefe, por aclamación. Arrollados Cabildo y Audiencia, deponen al virrey, al trémulo Sobremonte; atacan al pueblo; complacen al pueblo. Los ingleses vuelven, con doce mil hombres: los vecinos los tunden y rechazan, los vecinos «que se tornaron en salvarlos». «Era el comienzo de la revolución, el comienzo victorioso e irresistible.» Y así funda su juicio sobre la capacidad bastante de nuestra América, el argentino de pluma sincera que está hoy de ministro de su patria libre en la corte de sus antiguos amos.

Patria. Nueva York. 14 de febrero de 1893

A Miguel Tedín

Nueva York, 17 de octubre /89
   Mi amigo muy estimado:
   ¿Y es de 15 de septiembre la carta de usted que contesto, y he tenido desde entonces delante de mí, y leído muchas veces? Y estaba en el legajo privilegiado, junto con las últimas cartas de mi casa, y las notas que tomé, al correr de la primera ojeada, para acusar recibo del libro fundamental y admirable de la Historia de San Martín que ha escrito Mitre, y yo pongo sin miedo junto a lo mejor que se ha publicado sobre historia en estos tiempos, y por encima de todo lo que va publicado sobre la de América. Mi madre me llama hijo ingrato, y usted, con tanta injusticia como ella, me llamará amigo olvidadizo. Dígame moribundo, y estará en la razón, primero porque lo estoy, por las congojas de adentro y las fealdades de afuera, y luego porque han venido a ayudarme a bien morir los muchos quehaceres de octubre, que es el mes político para los cubanos, y lo fue más este año por causas que no pueden desatenderse sin delito, porque cabe apatía en lo que a uno mismo le aprovecha, y es para su bien, pero no en lo que puede preparar el bien de los demás, y les quita peligros de sobre la cabeza. Después La Edad de Oro, el artículo diario de México, el consulado, que es un entra y sale en estos días de congresos y delegaciones, y muchas cosas más, que no amontono por excusa, porque no la necesito ante usted que me ha visto el corazón, sino para que sepa que en todas ellas no me he olvidado del amigo que me dio la silla en que me siento, y la piel americana que me les da calor a los pies: —ni me ha faltado el tiempo para ir a ver— en vano, porque no ha vuelto aún de su viaje de inspección de mejoras en el sistema —a Mr. Lewis Lyon, único con quien puede

tratarse eficazmente sobre la compra del cable. Podré, esperando inútilmente la hora tranquila, demorar la respuesta a cartas que no se pueden contestar, porque es una ingratitud, como las cartas de oficio. Pero tengo por robo la desatención del interés ajeno que se ha prometido cuidar.

De lo primero de que le he de hablar es de su carta franca y viva, en que me dice la verdad de lo que ha visto, tan claramente que me parece que lo estoy viendo yo. El ferrocarrilero incorregible asoma en lo que me dice de los pobres caballos, que tienen su beldad, aunque usted no se la quiera ver y son amigos; pero la locomotora de usted lleva versos dentro, aunque no quiera, y se lo veo bien en el fervor con que me habla de la hermosura de Escocia; que es pueblo de los de mi molde, y cría a la vez el puente de York, y Scott y Burns. ¿A que no se ha llevado, como recuerdo, las Reminiscences of Scottish Life & Character de Ramsay? Vale la pena de que las encargue, porque están llenas de chiste y originalidad. Yo no las tengo a mano. Es cosa de un Shilling.

Tengo fe en sus juicios, y veo con gusto que confirman los que desde aquí me había formado yo, y las que pudo usted tener por caloradas mías de corazón a propósito de México, que ya ve que es tierra potente y hermosa. ¿A que hace conmigo de cachatero, y me da la última puñalada, convidándome a ir a la Exposición? No era el bullicio lo que me atraía, aunque estoy que me muero de amores por la soledad; sino la ocasión de estudiar con orden los adelantos y fuerzas del mundo: —porque allá el estudio es más fácil y grato, por la simpatía del país, y su genio para acaudalar y exponer. No puede ser, y aquí me quedo clavado a mi roca, viendo como el águila se me lleva por el aire los pedazos de hígado. A usted le gustan los cuadros, como a mí, que me doy un día de cuadros cada mes, para que me entre el alma en romance y color. Vea en mi nombre en el Louvre unos mediopuntos que hay allí de Murillo. Yo aquí iré a ver, pensando que voy con usted, el Angelus. Más de una vez me vi a mí mismo en lo que usted me dice de sus impresiones de la Exposición, y una fue en lo de la calle del Cairo, que es la tierra a donde hemos de hacer el primer viaje de recreo mi hijo y yo, si antes no se me quiebran los resortes lastimados: —no está bien de salud este amigo suyo: los días negros se le pegan a los huesos, y le quitan la pluma de las manos: el otro día, al cumplir contra todo mi gusto con la obligación de hablar en público, sentí como que se me rompía el muelle real. Haremos por vivir hasta que Silveyra tenga el cable, y los que padecen de hambre de justicia no necesiten de nosotros.

He de emplear los minutos que me quedan en hablarle con entusiasmo de la delegación que ha mandado Buenos Aires. De paso no más los vi, a su llegada en camino para Washington: Pinedo me habló de su carta, que no tuvo tiempo de sacar de los baúles, con el apremio de los dos días de visitas y banquetes. Él me pareció culto y sagaz: Sáenz Peña me ha ganado la voluntad, con su reserva digna y su fuego callado: Quintana tiene algo de padre y de duque, y es como un jazmín de la vejez. Ellos no han ido al jolgorio pomposo de las seis semanas. No debían ir, y no han ido. Se exageró la oposición de ellos al nombramiento de Blaine para la presidencia del Congreso: pero, en lo poco que hay aquí de prensa libre, se ve que desdeñan a los que vienen abiertos de par en par como la mujer de la Escritura, y estiman a los que se envuelven en su manto. ¡Viera la cara que puso Hughes, en el banquete que les echó encima, a lo toro, a los delegados del Plata, cuando Sáenz Peña, fumando su tabaco en calma, y viendo como subía en rizos el humo, le dijo que no era cierto que el gobierno argentino tuviese asignada ya una subvención de

100.000 pesos a la línea de vapores a que el de Washington diera otros 100.000! Es una cacería de subvenciones, con la complicidad de los Estados pequeños y avarientos de nuestra América, y el riesgo de que la ambición angustiosa de Blaine los use para mal. Del Sur vendrán los vigilantes, ya que a México le tiene la cercanía atadas las manos. Yo padezco.

Un instante me queda para alcanzar el correo, y para rogarle que no me escaseen sus cartas, en que lo ve cómo es, y cómo lo estima,

su amigo cariñoso

José Martí

Señor Miguel Tedín

A Roque Sáenz Peña

Nueva York, 10 de abril de 1890

Señor Roque Sáenz Peña Mi distinguido amigo:

Recibo su carta, y no necesito decirle que también sentí muy de veras no haber tenido ocasión de saludarlo en su visita demasiado rápida. Pero usted volverá en días de más Sol, y repararé el tiempo perdido. De ningún modo desmayo en el pensamiento de poner en claro, con toda la viveza con que usted y yo lo sentimos, el problema de nuestra América, de modo que confirmemos nuestra independencia antes de que se creen, como pudieran crearse, las condiciones que nos la podrían arrebatar. Y luego, el corazón me sangra por mi tierra, y yo quiero que ella vaya, salvándose y salvando, por donde nuestra América va. Este no es interés mío, sino americano, y no tengo derecho de rechazar la ayuda que me ofrece, si con ella podemos sacar de confusiones un estado político que gracias a la Argentina, y a ciertos discursos que yo sé, ha comenzado a ser menos amenazante. No es solo su primer discurso de usted el que me parece notable: el segundo que era más difícil, lo supera. Leo en los diarios de hoy que el miércoles próximo se cierra la Conferencia; y contengo a duras penas el deseo de volver a Washington, y dejar caer aquí y allá, antes de la dispersión, ideas que considero útiles, y una súplica cauta, y muy privada, por mi patria. Lo saluda muy afectuosamente, y se pone a los pies de la señora,

su amigo y servidor,
José Martí

A Miguel Tedín

Nueva York, 13 de septiembre de 1890
  Señor don Miguel Tedín
  Mi amigo muy querido:
  Ya sé que le debo carta, aunque en verdad no se la debo, porque he contestado con el corazón lo que sé que me manda usted de él, aunque no se lo haya contestado con la pluma. Mi enfermedad, porque estoy enfermo, es el horror de la tinta. Ni en el otro presidio en que estuve, padecí tanto como en éste. Tengo ganas de meterme en lo hondo del monte, hasta que salga con las barbas verdes.
  Pero el objeto de estas líneas no es decirle que lo recuerdo con ternura, y que ayer pensaba en usted al pasear, solo, en el Parque, por donde íbamos aquel día en que yo quise saber como se pasaba en Buenos Aires el domingo; —sino recomendarle, para que me lo atienda y ayude como merece, a mi amigo el caballeresco poeta y notable médico de Puerto Rico, Manuel Zeno y Gandía, que vive bien en su tierra, y muy querido y respetado, pero quiere venirse para acá, a levantar con su ciencia y su literatura una casa más firme y libre para sus hijos que la que tiene de sus abuelos en la isla de Ponce de León. Desea algo, que él le dirá, del diario *La Prensa*; y yo creo que a usted no ha de faltarle quien conozca el periódico, y ayude a Zeno en lo que desea, caso de que no lo conozca usted mismo.
  Me cuesta trabajo poner punto aquí, sobre todo cuando acabo de venir de Castkill, donde hay ahora un pueblo nuevo que he descrito en una de mis cartas a *La Nación*, para que levante usted allí otro igual. Pero mi amigo espera la carta y usted es hombre de negocios, a quien no olvida, sino recuerda con gusto y quiere de veras

José Martí
Buenos Aires

Rafael Pombo

Analizar por entero la obra poética de Rafael Pombo, fuera —y esto es su mayor elogio y la más clara señal de su valer— como hacer el análisis de las cualidades, conflictos y deficiencias de la poesía de Hispanoamérica. Quien en sí condensa un pueblo, es digno de figurar entre los que van a su cabeza. Chocan en Pombo, como en nuestra América, a manera de aguas de un río caudaloso contra los estribos del puente de piedra que les estorban al paso, las novedades, desbordamientos y larguezas del espíritu nuevo, que en América, por las abundancias de la tierra, es aún más libre y osado, con el alma vieja española, que en España va, por ley natural, modificándose y abriéndose al Universo, y en América, ¡oh caso singular!, se fosiliza, y resiste a la obra universal, y alimentado por los fanáticos, los de alma caballeresca que se apegan a lo desaparecido, y aquellos en quienes el amor a lo tradicional y pintoresco puede más que el amor a lo humano y justo, perdura erizada y colérica, cuando en su propia patria se ablanda y transforma. Pues, a ir nuestros españoles de América a España, como muchos de ellos quisieran, a servir de hijos pródigos, de caballericeros menores o de asistentes de los monteros de Espinosa, o de cargos reales semejantes, con grandes casacas paramentadas, o llaves de oro en los faldones, u otros no menos hermosos aditamentos, no tardaría mucho en sentarse el pretendiente don Carlos en el trono. ¡En andas lo llevarían a él, con disgusto y censura de la noble España nueva, estos sumisos y serviles trasamericanos! A España se la puede amar, y los mismos que sentimos todavía sus latigazos sobre el hígado la queremos bien; pero no por lo que fue ni por lo que violó, ni por lo que ella misma ha echado con generosa indignación abajo sino por la hermosura de su tierra, carácter sincero y romántico de sus hijos, ardorosa voluntad con que entra ahora en el concierto humano y razones históricas que a todos se alcanzan, y son como aquellas que ligan con los padres ignorantes, descuidados o malos a los hijos buenos.

Ardor como de sacerdote enamorado; piedad, que se le desborda y le tiene siempre escondido, como si creyese que con el valer y ventura de los demás ha de valer él más y ser más venturoso, recomiendan, iluminar, y acaloran la fertilísima poesía de Pombo. Si ve una flor por tierra, la levanta, y le alisa con cuidado los pétalos y de su propia vida quisiera darle para reanimarla; si ve un niño, ya se adelanta a acariciarlo; y si ve hermosura femenil, ya le corre por las venas el fuego griego, para deponer después respetuosamente su corazón devastado por las llamas a los pies de la casta hermosura. Del mérito ajeno, ¿quién más orgulloso? No bien halla persona que lo tenga, ya está con los brazos en alto, como un muecín en la torre de la mezquita, dando robustas voces para que la ciudad entera venga a contemplar la maravilla y alabar al señor; y riñe con aspereza a los menguados o tibios que no comparten con él su entusiasmo. ¿Caridad? Está tallado en ella. ¿Amor? Pues, ¿qué es éste, sino caridad suma por el objeto que se ama? Ningún espíritu extraordinario ama por sí, sino por no causar dolor a los que le han hecho la merced de quererlo. De preferencia inspiran a Pombo lo hermoso y lo débil. Encantadores versos ha escrito, y como de padre amante, para las escuelas y los niños. Su alma es por igual apasionada y honrada; y si fatídica parece a veces su poesía por el abrasante aliento que corre por ella, y la empuja, envuelve y levanta, como raptor impaciente que a trechos se detiene en su fuga para acariciar a su amada, en otras veces, que son las más, de la sofocación virtuosa de estos afectos, que en su expresión vehemente han tenido ya como una imperfecta satisfacción, viénele una belleza original y segura, que es como una nueva manera de hermosura mística. De asir la belleza vive preocupado, y en trabajar ánforas dignas de contenerla pasa la vida; por lo que la pintura, como todas las artes, le cautiva. A sus versos los mira como colores leales, que sin exageración, pero sin tibieza, deben reproducir los espectáculos del espíritu y aquellos análogos y más vastos del universo: delante de la Naturaleza se pone a vaciarla en sus rimas, como el pintor delante del paisaje que intenta traspasar al lienzo. Tan fiel es Pombo a la verdad, y tan amigo de la sobriedad al mismo tiempo, y de pensar tan sobresaltado y abundoso, que por lo fiel suele caer en nimio, y por el choque de las ideas torrenciales y este laudable gusto suyo por lo conciso y pictórico, para a veces en irregular y confuso.

De los atrevimientos de su fantasía, que lo echan adelante sin descansos ni miramientos, y de ese sano horror a las palabras inútiles e ideas de relleno, frías a los sentidos y repugnantes al espíritu, como esas mujeres bellas vacías de alma que pululan, cual hongos frondosos y emponzoñados, por los caminos de la vida, de las osadías de su mente, en conflicto con los escrúpulos de su lenguaje, viene al estilo poético de Pombo esa desigualdad que, aunque provenga del exceso de buenas condiciones, no puede llamarse belleza. Su necesidad de salirse de sí es tal, siente con tanto brío el amor por las formas más elevadas de la hermosura, y le es tan familiar el verso, que muchas veces ha puesto en él, con el desmayo y oscuridad consiguiente en el ajuste forzado de un pensamiento al lenguaje que no le es natural, lo que hubiera debido estar en prosa. Tales cosas quiere decir a veces, que el verso se le queja, y como que forcejea por escapársele, temeroso de la pesadumbre que le va a caer encima; pero cuando la expresión es deficiente, adivínase bajo ella el bravo pensamiento que se sale por sus grietas y bordes. Y es frecuente verle echar el pensamiento triunfante y encendido por el verso que lo recibe vencido y amoroso. Pombo ha debido sentir muchas veces el goce ardiente del que ase por la melena revuelta a un león, y lo postra.

Recibe el talento poético sus dones de las riquezas naturales del país en que aparece, de las condiciones físicas que a éste distinguen y del depósito espiritual que los seres humanos que lo han animado con sus amores y padecimientos han ido acumulando en él. La tierra está llena de espíritus. EL aire está lleno de almas. Así es como se hacen las naciones. Y tal como la montaña, al erguirse sobre el resto de la tierra, levanta en su camino por la altura, hasta que en ella se detiene, la tierra arbolada y florecida, que queda luego vistiendo como falda amable al monte, tal el genio poético, al batir las alas, recoge en ellas, aprieta a su corazón y cierra en él todas las fuerzas y aromas de la tierra en que surge, y con sus enseñanzas, pasiones y dolores, los espíritus de las generaciones desaparecidas que habitan el espacio, y desde él empujan a su pueblo y lo vigilan. Ungido nace el poeta, como un rey; investido nace, como un sacerdote. A su pueblo ha de ser fiel, porque de su pueblo recibe las condiciones con que brilla. Y el que de su pueblo reniegue, de las propias alas de su cerebro y entrañas de su entendimiento sea, como un ladrón, privado.

Nació Pombo con aquellos alientos soberanos; y su mal ha sido el de limitarse a ceñir en formas estrechas y convencionales el rebosante e impaciente espíritu de América, que se puso en él como en uno de sus privilegiados voceros. Crece la lengua dentro de sus propios cauces, y cada espíritu trae sus formas nuevas; que a no haber sido lícito variar las formas, haciendo versos estaríamos ahora a manera de los de la Danza de la Muerte. Lengua áurea, caudalosa y vibrante habla el espíritu de América, cual conviene a su luminosidad, opulencia y hermosura. O la literatura es cosa vacía de sentidos, o es la expresión del pueblo que la crea; los que se limitan a copiar el espíritu de los poetas de allende, ¿no ven que con eso reconocen que no tienen patria, ni espíritu propio, ni son más que sombras de sí mismos, que de limosna andan vivos por la tierra? ¡Ah! Es que por cada siglo que los pueblos han llevado cadenas, tardan por lo menos otro en quitárselas de encima.

Necesita la fantasía poderosa y original de Pombo de una lengua pujante y resuelta, adecuada a ella; y ni le cabía en los moldes tradicionales, que a innovar se atrevió, mas no en el grado que debiera; ni sin traición a su genio hubiera podido tampoco ceñirse a ellos tan apretadamente que la novedad y energía de sus visiones quedasen sacrificadas a la mera perfección artística: poeta es éste a quien se ve extender la mano y asir el vacío; águilas siente en torno de la frente, y en el cráneo lleva un águila. De esta oposición entre el pensamiento extraordinario y lujoso y la rima timorata, o común orígínase esa imperfección que en el estilo de Pombo se nota; y por eso en aquellos asuntos de ingenio y ternura, que no son de suyo arrebatados y vehementes, sino flexibles y plácidos, y dejan espacio al entendimiento para que los acomode en lengua castiza, campea el estilo de Pombo con sin igual desenvoltura; que no hay ya entonces aquel combate entre la imaginación americana y el molde trasatlántico; y se le ve dueño de sí; y de sus melodiosos versos se desprende aquella armonía y canción de amor inefable que por fortuna jamás faltan por entero, cuando no se revelan de súbito de manera magnífica, en las más atormentadas de sus composiciones. Solo una excesiva cultura literaria, dañosa cundo no va acompañada de atrevimiento o fe igual a ella, hubiera podido refrenar con sus escrúpulos y timideces el vuelo de su fantasía, que vino al mundo con túnica ligera como las nubes, corona de rosas blancas y alas de oro.

El té de Bogotá

Son nuestras tierras de América como tesoros escondidos, que en el día en que se hallan, enriquecen de súbito a sus descubridores. Los países americanos, llenos de hijos vehementes, más dados hasta hoy a ejercitar su valor que a trabajar sus riquezas, se fatigarán al cabo, como ya se han fatigado algunos, de desperdiciar en luchas sin rencor y sin resultados sus ardientes fuerzas, y como ha sucedido ya en los que experimentan este saludable cansancio, volverán su actividad, ganosa de empleo, a las fuerzas físicas, y harán revoluciones agrícolas y mercantiles, con la misma prisa, generosidad y brillantez con que han estado haciendo revoluciones políticas.

Una de las más notables riquezas naturales de América es el té bogotano. No se le sabe preparar todavía, sin tener en cuenta que la China y el Japón no dan salida a un tarro de té que no lleve tres años de empacado. El té de Bogotá se usa apenas se cosecha; y aun así nutre y combate con éxito la clorosis y la anemia, y no hay tónico ni substancias purgantes que en sus efectos generales le aventaje.

No es de ahora el descubrimiento del té de Bogotá, que a casi todos los que nos lean estará pareciendo sin embargo novedad en estos instantes; ya en 1789 decía el arzobispo virrey y señor doctor Antonio Caballero y Góngora, que en lo que su concepto hacía principal ornamento y gloria de la Expedición Botánica era la «invención del té de Bogotá».

El té de Asia no tiene aroma natural, sino que se lo ponen; ni propiedades astringentes, que le dan con la cúrcuma; ni está nunca libre de cierto sabor herbáceo, que lo hace ingrato: ni aquieta el sistema y atrae el sueño, sino que lo aleja e irrita; ni va jamás sin una porción de substancias nocivas, pues es sabido que de dieciocho especies de té asiático que examinó Hassal, todas estaban mezcladas y compuestas y las más de elementos dañosos. Por viejo es bueno el té, y el japonés y el chino valen más cuando son de árbol de 300 a 500 años: la majestuosa fronda de los llanos donde se cría el té de Bogotá revela a las claras que allí pueden encontrarse plantas mucho más viejas.

De modo que resulta que no solo es el té de Bogotá un té agradable y sano, sino que no lo hay mejor; pues entre los mismos de Asia, solo el té imperial, reservado a emperadores y mandarines, tiene las condiciones que el té común de Bogotá posee. Corren a veces por nuestros campos los partidarios de este o de aquel presidente: ¡qué bueno fuera que se levantara en la tierra de Colombia un bando de partidarios del té de Bogotá!

La América. Nueva York, abril, 1884

Guerra literaria en Colombia. «El joven Arturo», de R. Mc Douall. «La escuela», de don Santiago Pérez

Llegan los libros despacio de Colombia; lo que es de sentir, porque en Colombia se escriben buenos libros. Anda allá la literatura, como la mente nacional, partida en dos bandos; y los unos, con indígena brío, éntranse anhelantes por todo lo moderno y escriben con la vehemencia de la tierra las cosas de la Naturaleza, de la Historia, de su espíritu y de la patria, teniendo por delito y contradicción culpable a la ley de Dios el constreñir, como pie de dama china, en moldes de bronce viejo, el pensamiento; y otros, movidos a veces del miedo saludable y generosa repulsión que los abusos de la libertad inspiran, júntanse a levantar valla al espíritu humano y a la gente humilde, con los que ven con ira el crecimiento del hombre llano que, como que viene de la Naturaleza, tiene mano segura y hombro fuerte, y los saca del goce y poderío que por años sin cuento estuvo en ciertas familias vinculado. Porque oligarquía hubo en nuestros países, y ella fue la que alentó y dirigió nuestra revolución de independencia; pero no para su provecho, sino para el público; y no para tener en cepo y grillos el alma luminosa, sino para imprimir con Nariño los «derechos del hombre». ¡Y ahora está aconteciendo que los hijos de aquellos próceres gloriosos no hallan otra manera de honrarlos más que la de ingerir de nuevo en su patria los serviles respetos y vergonzosas doctrinas que echaron abajo, acompañadas de sus cabezas, sus progenitores! Traiciones tiene la Historia, y parricidios; y ésta, que entre mucha gente menguada de América priva ahora, ésta es una. Prevenirse no está de más, si se quiere salvar el espíritu de América, y se le tiene en algo, y se sabe lo que vale; porque Catilina, lleno de falsos honores y contento de ellos, está a las puertas de Roma. Nombramientos y cortesías de allende están sacando a nuestra gente ilustre de su camino natural y honrado. ¡Bueno es que, como los españoles de España, admiremos la Alambra, sin traer por eso otra vez los moros!

Siempre campeó, por lo original, inquieta y sincera, la lengua colombiana; y de sus irreverencias y desmoldes precisamente viene aquel sabor de graciosa verdad de la historia de Lucas Fernández de Piedrahita, y aquella sentenciosa travesura y fresco donaire de Rodríguez Fresle amorosa consunción y abrasante vehemencia de la cuasi divina Madre del Castillo. Con Mutis de Cádiz y Rodríguez de Cuba vinieron a la lengua de Colombia precisión científica y grata cortesanía; y al amor de ellos, que fue sano y sencillo, se juntaron a leer y prepararse a la obra aquellos hermosos evangelistas de 1810, que comenzaron por serlo de la libertad de su patria, pero que no hubieran tenido fuerzas para conseguirla a no haberlo sido de la libertad humana; así se les vio brillar e inspirar amor y respeto. Dondequiera que fueron. Una nueva grandeza, distinta de la griega y romana, resplandece, como ancho globo de oro, en los discursos y acciones de los Torres y Zeas, Garcías del Río y Pombos; y es lo singular, que, llena su mente y oraciones de las hazañas de los héroes antiguos, establecían sin sentirlo, con las palabras mismas con que los evocaban y loaban, un tipo de gloria desinteresado y nuevo, no limitada, como la de Grecia y Roma, a invadir o a rechazar al invasor, ni reducida, como la cristiana que vino después, a morir sonriendo entre los dientes de las fieras, roto ya el cuerpo en harapos sangrientos, por el goce y salvación de la propia alma. Fue la de nuestros varones de 1810 una grandeza amplia y sublime, que vino de expresar con toda la pompa y luz de América, y con un desprendimiento que más parecía de la juventud de un continente que de juventud de hombres, las pujantes ideas humanitarias que alzaron en sus alas de bronce encendidas sobre el mundo, como un Sol arrebatado a su cautiverio, el siglo de redención en que vivimos, trastornado todo él, y nervioso y convulso, por no poder tardar menos de un siglo el espíritu humano en mudar de casa. No por la soberbia gloria antigua de obedecer a la virtud obraron nuestros grandes varones; ni por el deseo egoísta de caer, temblando de gozo, en los brazos de Dios, como los mártires cristianos; sino por el enérgico y generoso dolor de ver abatido el decoro, estremecido y acorralado el espíritu y sofrenado en su divino y libre vuelo el pensamiento humano. Por su gloria habían trabajado generalmente los héroes; y los nuestros, por la ajena. ¿No fuera gozo ver que tal espíritu animaba siempre los libros y papeles colombianos? Porque es de hijos poner, y no quitar, a la virtud y hacienda que les vinieron de sus padres; y no tienen el derecho de gloriarse con los nombres, actos y vida ilustre de sus antepasados, aquellos descendientes que no los perpetúen en su espíritu y acciones; es alevosía ampararse de su gloria, para ir minando la gigantesca obra que alzaron. Honrar en el nombre lo que en la esencia se abomina y combate, es como apretar en amistad un hombre al pecho y clavarle un puñal en el costado. Los que se oponen al ejercicio de las facultades del hombre no son los hijos de los que dieron su vida por ayudar a libertarlo.

Ha habido ahora en Colombia guerra literaria, a propósito de un cuento en octavas, no todas sueltas y viriles, aunque algunas revelan la saludable tendencia de su autor, el joven caballero Roberto Mc Douall, a encerrar en forma concisa y trabajada su pensamiento, que esta vez, ha sido el de denigrar, como de intento, por más que sin razón visible, la educación que las mujeres jóvenes de Colombia reciben en las escuelas normales. Al punto que se lee el cuento, que el autor llama «El joven Arturo», nótase, por desdicha, que, aun cuando no es de mala ley literaria tratar en zumba aquello cuyo descrédito se procura, no corresponde aquí la delicadeza del lenguaje a la del asunto; ni está sazonado con aquella sal sutil, o excusado con aquel profundo pensamiento que hacen amable y atractiva a veces la misma bellaquería rabelesiana. Boccaccio mismo, en fuerza de lo que flagelaba, ¡que era mucha la villanería de la gente de iglesia!; Boccaccio mismo suele sacar a los labios la sonrisa; y en este «Joven Arturo» hay cosas que, y no de entusiasmo, sacan los colores a la cara. Tiene, además, el chiste, su decoro literario, y el buen ingenio desdeña esa barata jocosidad que está en hacer alusiones a cosas deshonestas. Paseaba el autor de este cuento, hace unos diez años, por México, y eran de notar en sus versos, entonces infantiles, un gracioso candor y delicada pureza, que de seguro guarda aún para obras mayores que de este cuento de ahora le rediman.

Bien puede ser que una moza de voluntad y sentido desenvueltos, criada en regalos superiores a su fortuna por una madre tímida y consentidora, case de ligero y eche por malos caminos, aunque haya estado, después de mala crianza, en una escuela normal, y no por haber estado en ella, sino porque, como se ve, en la carne regalona traía el pecado, y padre no tuvo, y la madre no le supo quemar con enérgica virtud el impuro microbio; de la cual moza, que es verídicamente, sin punto más o menos, la que pinta el cuento con el nombre de Clara, deduce el cuentista que las jóvenes colombianas que se educan en las escuelas normales salen a desatender sus quehaceres y engañar, como una bribona de Moliere o una coqueta de Bretón, a sus maridos. ¡Por Dios, por Dios, que éstas son cosas que queman, y no se deben tratar de esa manera sino cuando el mal es tan visible que la indignación o el noble miedo patrio saquen de quicio y justifiquen el exceso, y cada una de esas terribles afirmaciones vaya cosida a su prueba!

Y bien pudiera ser, lo cual de lejos no se sabe, aunque no lo parece, que faltase en las escuelas normales de Colombia, sobre que en aquellos limpios hogares nunca faltaría, esa educación en la ternura y demás condiciones del espíritu sin la que la inteligencia se trueca con la instrucción en entidad monstruosa y abominable; mas, si así fuera; así hubiera sido dicho, y dejar de decirlo hubiese sido culpa, y decirlo obligación y honor; limítase el cuento a pregonar, con puerilidad que es de esperar sea en el estudioso autor transitoria, que las jóvenes pobres de Colombia corren peligro mayor de caer en vida deshonesta adquiriendo en las escuelas normales de maestras una educación que las pone por encima de sí mismas y les asegura un quehacer honrado y propio de su sexo, que manteniéndose en holganza y tentadora frondosidad carnal, con apetitos y necesidades de existencia y sin más camino que el de entrar a servir de criada o manceba, cuando no vayan ambos servicios en una misma infeliz aparejados; ¡pues desde lejos decimos nosotros que, por agradecimiento mal entendido, y por ignorancia, o por pobreza, caen las mujeres en deshonor muchas más veces que por condescendencia al hombre a quien aman o por clamores de la carne! Desde aquí decimos que la mujer, lo mismo que el hombre, a poco que la ayuden, es esencialmente buena, y sobre todo la mujer de nuestras tierras; desde aquí decimos que hacer desaparecer una de las causas de la corrupción no puede ser manera de aumentarla; y si se alega que la educación sustituye con una causa nueva de corrupción la que extingue, decimos que no es cierto, porque la Naturaleza no ha podido crear sus objetos, y al ser humano entre ellos, para que de conocer lo que le rodea le pueda venir mal, ¡ti pueda haber inmoralidad o error en aliviar las ansias de saber que el pensamiento humano trae consigo; y si se dice —y aquí, acaso, está el huesecillo escondido, y la razón vergonzante de toda la agria y elemental polémica que el cuento ha levantado—; si se dice que la educación de las escuelas normales es corruptora porque no es católica, decimos que católica es la educación de las clases altas europeas, que, con excepciones raras, viven en espantoso desconcierto de espíritu, goce discreto y seguro de las más culpables aficiones y empedernido desconocimiento de las condiciones que hacen amable la vida y el hogar sabroso. Ni religión católica hay derecho de enseñar en las escuelas, ni religión anticatólica; o no es el honor virtud que cuenta entre las religiosas, o la educación será bastante religiosa con que sea honrada. Eso sí, implacablemente honrada. Ni es lícito a un maestro enseñar como única cierta, aun cuando la comparta, una religión por la mayoría de su país puesta en duda, ni ofender una religión que desde que el educando la acata, en libre uso de su juicio, es ya un derecho. ¿O es tan de humo y tan hueca la religión católica que, con el estudio de la Naturaleza y la enseñanza de las virtudes humanas, se venga abajo?, ¿o está, acaso, contra estas virtudes, que teme de ellas?, ¿o ha venido ya a tan poco que, sobre ser doctrina divina, y, por tanto, eterna, como afirman los que la mantienen, ni con el prestigio de la tradición, ni con el influjo que con las iglesias solemnes y encendidas ejerce en la imaginación y sentidos, ni con el espanto que con la amenaza de la condenación suscita en las almas, ni con la práctica y reverencia de todos los hogares, ni con el permiso de enseñar en las escuelas de niños y niñas su culto a todos aquellos cuyos padres lo soliciten, puede esta obra de siglos sustentarse? Sea libre el espíritu del hombre y ponga el oído directamente sobre la tierra; que, si no hubiera debido ser así, no habría sido puesto en contacto de la tierra el hombre. Y las dudas que su estudio le traiga, bien traídas le están, pues que son naturales; y saludables son, pues que de todas ellas, como un vapor de verdad, o como una inmensa flor de luz, surge esplendorosa la fe en la armonía, bondad y eternidad del Universo, más fecunda ¡sí, por Dios! y más digna del ser humano que la que predica y ejercita el odio contra los que quieren asegurar al hombre, con el ejercicio honrado de su inteligencia, el cumplimiento íntegro y leal del mandato divino.

El cuento de «El joven Arturo» movió gran contienda y con pasión fue defendido y atacado, por ser para el bando católico excelente refuerzo que venía del campo hostil en que el joven cuentista milita; y para el bando que estableció y ha defendido a espada y pluma las escuelas, una sorpresa penosa. Con los jóvenes que defienden ideas vencidas suele mostrarse muy pródiga la fama, no tanto a veces por especial merecimiento del recluta, cuanto porque, necesitados los que anhelan el entrabamiento y sumisión del espíritu de mostrar que la generación nueva está con ellos, hacen grande alharaca cuando acontece el raro suceso, y ponen por encima de su cabeza a los que de modo más proporcionado brillarían entre los jóvenes que caminan con su tiempo y que, por ir generosamente juntos en las vías naturales, llaman menos la atención que el que echa solo por la vereda desusada. Los que por el cuento se veían servidos, lo encomiaron como obra excelente, a pesar de su irregularidad y crudeza visibles, e iba creciendo sin coto la interesada alabanza; por lo que, con ásperas y mal aconsejadas represalias unos, y con sentidas razones los otros, saliéronle al paso en defensa de la verdad, de la educación pública y la conveniencia de ennoblecer a la mujer humilde y mejorar la condición de todas, a fin de que de veras sean compañeras de los hombres, y no de su disimulada servidumbre. Unos y otros hicieron, con la prisa de responder, flojamente sus octavas, que es pecado que merece excusa allí donde pueden balancearlo algunas de las más bellas traducciones y novedades líricas que enriquecen la moderna poesía en la lengua española. De Juan de la Rosa acá no hay en romance versos mejores que los que a granel campean en la interpretación de las Geórgicas de don Miguel Antonio Caro. Poesía, por de contado, no la hay en esta polémica; cuando fuera bien no entretenerse jamás en rimas sino para vaciar poesía. Poesía es un pedazo de nuestras entrañas, o el aroma del espíritu recogido, como en cáliz de flor, por manos delicadas y piadosas; poesía, en Colombia, es Gregorio Gutiérrez González, cuyos versos, como aves melancólicas, cruzan perpetuamente, sin saber apartarse de él, el cielo de su patria; y es como la melodía de aquellos aires, y el aroma de aquellos campos florecidos, y el misterio de aquellas soledades religiosas, con privilegiada arte buidos en palabras humanas; poesía, imperfecta aún y grandiosa como el Continente que se la ponía en el alma, es José Eusebio Caro. Al cabo se alzó, por sobre toda la contienda un canto severo e indignado que, con voz trémula por la injuria inmerecida y contenida por la hermosa prudencia, puso en su punto el caso del debate, y en visible rincón el descuidado argumento del «Arturo».

Entristece ver a los hombres movidos por sus pasiones o azuzando las ajenas; tanto como por nuestra especie nos causa orgullo el que solo siente pasión por la justicia, y el lenguaje de la recriminación pone de lado, y, siquiera sea sin detenerse a apuntalar ni henchir los renglones que lo han menester, vuelve, como don Santiago Pérez en su canto «La Escuela», por los fueros de la inteligencia perseguida, o de la pobreza y debilidad menospreciadas. Así, solicitada por el viento revuelto que sacude la superficie de los mares, acumúlase y encréspase la ola y esparce con desorden y majestad en las ondas vecinas sus aguas opulentas. Como a plumas mal tenidas en un ala floja, avienta con su réplica generosa y viril las insinuaciones, que no razonamientos, del «cuento» mal aconsejado. Cuanto arriba apuntamos en natural defensa del deber en que los hombres cultos, y los mejores de la inteligencia, están, no de restringir envidiosa y cobardemente, sino de ensanchar con confianza, ardor y ternura, los conocimientos y empleos que ennoblecen, sea cualquiera el sexo en que encarne, al espíritu, en «La Escuela» está arrogantemente dicho. Padre ofendido parece el que habla, y se duele de que le hayan calumniado la escuela de Colombia, como

La libertad, cuando fue en América epopeya, tuvo aquel ejército de jóvenes gloriosos que contaban a veces más victorias y proezas que cabellos en el bozo; luego, dejados nuestros países a sus elementos imperfectos y contradictorios, la libertad, llevada en mala hora necesaria por gentes de pasión y guerra, tuvo que batallar por convertirse de nominal en efectiva. Aquietándola en sus iras impacientes, animándola en sus horas de infortunio, guiándola en los pasos difíciles, increpándola por sus injusticias y exponiéndose valerosamente a su furor, reposando en la hora de la victoria, mas nunca dormidos, sino con la pluma luminosa, como con una espada, al lado, han venido en toda la difícil y ensangrentada peregrinación acompañando a la Libertad sus patriarcas; serpientes vigilan a la Libertad el sueño, y ellos, con sus voces honradas, las espantan; gusanos del propio cuerpo se le suelen subir hasta más arriba de la cintura a la Libertad, y ellos, con su mano leal, los sacuden por tierra; hijos desmelenados y rojos, en sus noches de angustia y pesadilla, han solido nacerle a la Libertad amenazada, y ellos han irlo siempre a la mano a sus acometimientos y desmanes. Han domado éstos fundadores de la Libertad el amor y el odio. Los sacerdotes han sido de la larga época del establecimiento. Entre los americanos tiene, por esa singular virtud, Santiago Pérez, puesto alto y seguro. Es de esos senadores naturales de los pueblos a quienes de lo robusto de la indignación y de lo hondo del concepto del derecho humano acuden sin esfuerzo, apretados y lucientes como las escamas de una malla, raciocinios envueltos en imágenes, que resuenan con los acentos de la gran elocuencia, y se remontan, y como águilas de oro relucen en lo alto, con los alientos de la gran poesía.

La América. Nueva York, julio de 1884

Un recuerdo de la lectura de la Historia de la literatura colombiana, de José M. Vergara

Cuarenta años después de la fundación de Bogotá y Tunja, principiaron los pobladores a hacer versos; mas éstos no eran cantos de hazañas, ni de amores con las sumisas y tiernas criaturas de la tierra nueva, sino como símbolo de la significación mezquina que en cuanto a adelantos de espíritu había de tener la colonia; uno que otro epigrama latino, en honor de algún varón ilustre, u octava real, o mal soneto, celebrando tal vez, y éste era de los temas más altos, la publicación de un libro.

Por cierto que no hace al caso el maravillamiento de Vergara, que tiene como hazaña que los padres españoles hicieran aprender a sus hijo gramática española y latina; lo cual deduce, no de que constase a lo menos que así lo hacían, aunque menos no podían hacer, ni hay padre, español o turco, que deje de hacer cosa semejante con sus hijos, sino de que estos versillos se escribían a los cuarenta años de la fundación, cuando los más, si no todos, eran de los que habían venido de España con su poco de letras; caso poco raro, porque nunca falta caballero, baladrón ni poeta en junta de españoles.

Grave defecto es ése del libro de Vergara: el airado y rencoroso empeño de enaltecer por sobre toda la gloria de América, las glorias de España, y de España eclesiástica, con singular tendencia a hallar bueno cuanto no lo fue, o excusable lo que no tiene excusa, o grande lo mediano, sin que falte algún juicio suyo donde la pasión del crítico desluce la seductora ingenuidad del hombre, en que, al tratar de americanos, se empeñe en recalcar lo que, por no conformarse a sus cánones religiosos o políticos, tiene él por medianía.

A este propósito recuerdo aquella iracunda tirada del lívido y celoso cura... en el aposento del pintor mexicano... ¡Qué erguirse, con miradas y silbos de culebra, contra Bolívar, cuya miniatura notable, pintada por el prócer Espinosa, tenía yo en la mano! ¡Qué gigante aquél, que pasó de tal modo por las aguas, y las encrespó y removió de tal suerte, que cincuenta años después de su hundimiento, aún levanta estas negras espumas! Sacudía aquel clérigo el manteo y fusteaba con él la sombra, cual si en ella estuviera su enemigo. Inconcebible rabia le animaba. Con ademanes y lengua de placer regateaba al héroe sus glorias, y por quitárselas a él, dábaselas a otros menos gloriosos. «Pues, ¿no le he de odiar —decía, y cuenta que éstas fueron sus mismas palabras—; no le he de odiar, si con los españoles sería yo hoy un gran personaje, y ahora no soy más que un clérigo pobre y perseguido?» Y ¡qué decir mal de su país, y qué llamar charlatanería a esa dote riquísima de efusión afectuosa que distingue a los hombres de América, y que él, como a grave defecto, achacaba a los verbosos bogotanos! Víbora parecía el cura, con sus ojos viscosos, con su color lisa y exangüe, y sus cabellos ralos cayéndole sobre el cuello nervioso, y sus movimientos coléricos e irregulares...

El Economista Americano. Nueva York, febrero de 1888

Poesías y artículos de Arsenio Ezguerra

Los que en Nueva York hablamos castellano queremos muy bien, de tiempo atrás, al distinguido colombiano Nicolás Ezguerra, que se ha dado todo a su país, y fuera de él vive enamorado de sus libertades. De él es el patriotismo ardiente, el juicio que lo doma y encamina, y aquel amor americano por donde vino a ser presidente natural y justo de la Sociedad Literaria Hispanoamericana de Nueva York, cuya responsabilidad fuera en verdad grave, en estos años de eco universal, si no los aprovechase en enseñar nuestra América ante esta otra con el poder y originalidad indispensables para asegurar, en la ocasión solemne, el respeto de un país como el del Norte, propio y fuerte, que ha de tener en menos, con razón, a los pueblos limosneros y arrimadizos. De la transfusión de la sangre mueren los enfermos, cuando no es sangre afín. Y Ezguerra no es de los que se quitan del ojo la luz natural, y se ponen de chispa un botón de Edison.

Ni era así Arsenio Ezguerra, el hermano muerto de don Nicolás, sino un poeta de estilo directo y sano corazón, cuya ingenua fe católica no tuvo tiempo de ensancharse y compararse con las demás varias formas de la fe del mundo, y en cuya literatura luce aquel limpio natural del ingenio de Colombia, que sabe poner el fuego de las costas en la serenidad de las montañas.

Patria debe al proscripto don Nicolás el tomo de versos de Arsenio Ezguerra, el cual prologa una buena carta literaria de Medardo Rivas, donde se muestra con el ejemplo, como mostró el poeta malogrado, que para ser elocuente y nuevo en español no es necesario beber los rufianismos del siglo de oro en la copa retorcida de los neocastizos castellanos, ni ponerse a la ubre seca de París, a sorber, a pura mueca, la última sangre.

De lo ingenuo del carácter del poeta da prueba su gusto por el Génesis y los Evangelios, donde es ciego quien no halle mucha joya de literatura, y de que él sacó bellas paráfrasis. Su ancho corazón se ve en sus simpatías por Heine como por Florián, y por Lamartine como por Schiller, dondequiera que halló naturalidad y hermosura. Y es lástima, en verdad, que muriese joven un artista que halló en la sencillez y orden del mundo la poesía verdadera, y la puso en estrofas sonoras y naturales.

Patria. Nueva York, 6 de agosto de 1892

Palabras en la Sociedad Literaria Hispanoamericana de Nueva York sobre Santiago Pérez Triana

Me siento como ungido, y este honor, en nadie hubiese podido recaer mejor que en quien recae por ser él persona distinguidísima. Este honor recae en quien debe, porque al celebrar a D. S. P.,[25] no solo celebramos sus méritos propios, como proféticos y patriarcales.

Hay en la tierra de Colombia algo como aquello de que hablé yo aquí una noche, celebrando dos bellas improvisaciones de Pérez Triana y Calderón, sobria la de Calderón, rica la de Pérez Triana, y cada una con algo de la otra: hay allá, como en todas partes, aunque en pocas en tanto grado, por ser en pocas tan grande y varia la riqueza, una fuerza literaria original y nativa, y un vuelo como el de sus aves, y una altura como la de sus montes, y una coloración como la de sus árboles, y una novedad como la de su naturaleza, que se ve en lo que desde el principio, desde las cárceles de la colonia, produjeran sus hijos, en la gracia de Trelles, en el colorido de Piedrahita, en los[26] de San Nicolás, en la misma pasión angélica de la Madre Castillo. Por aquellas tierras hay tal jugo y poder que cuando sembraban cadetes, salían Bolívares; y cuando sembraban seminaristas, salían Zeas, coronados de ciencia; salía Restrepo, protegiendo con su cuerpo la razón desnuda, salía envuelto en la Declaración de los Derechos del Hombre como en fuego salía Nariño. Así en la tierra. Sembraban Marciales, Persios y Salustios, y sucedió que desde hace más de un siglo, adelantada Colombia en esto como en todo, propuso bravamente, y aun puso en práctica, la reforma contra el latín, que empieza ahora a triunfar en

---

25 Don Santiago Pérez Triana.
26 Palabras ininteligibles.

lo más culto de Europa y en esta parte de América. Porque en desdeñar el bien material, o posponerlo a las cosas del espíritu, hemos sido hasta ahora tan pródigos que nos íbamos quedando demasiado atrás del mundo; pero en batallar por nuestras ideas, en postergarlo todo al obrar político, en amasar la libertad con sangre, en obrar alto, en pensar hondo[27] nos ha hecho el vigía y el cantor, y la nave mensajera, y la hija póstuma, y la lección viva para que con lo que en nosotros ve América hoy nos preste oídos a aquellos de sus hijos que por el amor poético al viejo solar acaso pretendieran, abofeteando a sus padres en la tumba, reemplazar la libertad feliz que la naturaleza les impone y el paso que han dado hacia la luz del mundo con las prácticas homicidas de los tiempos que en sus ojos la cegaron! No es esta noche de fiesta, de fiesta de fundación en que es ley que paguemos tributo de respeto los hispanoamericanos a nuestros fundadores, noche propia para analizar, como urge analizar para evitar males muy próximos, los elementos de que nuestra América se compone, y ver si convendrá más fundirlos, desenvolverlos, y cruzarlos conforme a su naturaleza y cualidades. Sembraron claustros, y nacieron tertulias eutrapélicas: criaron a las mujeres para monjas, y bajo la presidencia de una mujer celebraba sus reuniones la famosa tertulia del Buen Gusto; una mujer notable en quien se mostró toda la flor de su tierra; y esto, y el recordar que nuestro huésped no ha venido a esta tierra por sí solo, sino con los encantos de su vida, me hace pensar en que nuestro homenaje no sería completo si no hiciéremos con lo mejor de nuestra voluntad un ramo como de lirios, y lo dejáramos en manos del anciano meritorio para que lo ponga a los pies de las dueñas de su casa, que son dueñas nuestras.

27 Palabras ininteligibles.

De aquella época de mujeres benditas y de hombres evangélicos arrancan los que luego han ido creando como familias literarias, donde el vigor de la cepa fue tal que no se pierde en los vástagos, sino va fortaleciendo con el jugo de la tierra bien sembrada, como esas generaciones de Restrepos, de Pombos, de Caicedos, de Camachos, de Caros, de Quijanos. Mucho lucen en la literatura colombiana, y con luz mayor, estos ricos ingenios, mas el de nuestro huésped es tal que nada pierde en su compañía, sino que se sienta como padre, y aun como hermano entre ellos. Él ha bregado, desde que se sintió la luz de la palabra del lado de la luz. Él ha ayudado a echar abajo lo viejo prefiriendo, como se debe preferir, que lo podrido se corrompa hasta desaparecer, a permitir que su corrupción entre como componente del cuerpo nuevo. Él ha tenido las pasiones y ha librado los combates, siempre en primera fila y a pecho descubierto, de su país y de su época. Él peleó la batalla romántica del teatro con su Jacobo Morlay y su Castillo de Berkeley: él habla en prosa como senador constante y como poeta tiene en su lira cuerdas varias, la del ingenio para dar los días a Dolores, la de la ternura en el buen hijo de Virginia, la de la Contemplación de la noche con el mar, y en su poema Honor, la de la historia; con reflejos de luz y suavidad de lágrimas. Y ahora que entra en el reposo bien ganado escribe, como por el espíritu del país que se apega a los que nacen en él, como escribían los indios de antes, como si esculpiera, como si no escribiese en el papel, que perece, sino en la piedra, que perdura. Nuestro huésped de esta noche escribe en mármoles.

A mí me causa siempre regocijo leerlo, ya en verso o en prosa. Lo que escribe, inspirado y triste a veces, como el mohán del muisca, otras arrebatado e impaciente, cuando la mocedad literaria, por la piafante y espumosa literatura de aquel tiempo, cuando se criaba más la juventud con la viña de Francia que con la empolvada y enjuta de Roma y de Grecia; pero ya desde entonces, amigo de la proporción y de la sinceridad y dueño enérgico de la dote suprema en el arte de escribir, que es la de ajustar la forma al pensamiento, de modo que si falta alguna palabra de lo escrito falte algo esencial a la idea, y del arte de pensar, que es ver las ideas en globo y por entero, desde la raíz hasta la fruta, o una tela de la cáscara, o una hoja, como lo ven los pensadores de poco más o menos. En él no pudo mucho el zorrillismo ni el hugoísmo, ni pertenece a ésta ni aquella escuela, ni sigue, de público o de secreto, a tal escritor que lo admira, a tal postura de orador, a tal gracia de prosista feliz, sino que lleva su escuela en sí propio, y escribe como quien es, como quien viene de la naturaleza y se fortifica con su contemplación y estudio. La honradez no es menos necesaria en literatura que en las demás ocupaciones del espíritu. Lo que no es honrado en literatura, como en todo, al fin perece. La literatura de nuestro huésped tiene esa suprema condición: honrada.

Él no es como tantos otros, arcaico ni huguesco, que son los dos delitos por donde los que hablamos español en América pecamos, alatinando los unos la expresión e infládola los otros, tanto que unas veces, entre los que padecen de latinomanía no se ve el pensamiento, si lo hay, de puro retorcido entre Plinio y Tertuliano, y en otros tampoco se ve; porque lo cubren de hojas, o lo estiran a pujo de palabrería, de modo que es como los globos, que se vienen a tierra de un alfilerazo.

Él es de los que para América quieren lo que América da, y le haga bien por ser suyo y venir de ella propiamente sin admiraciones pueriles de lo ajeno, sobre todo cuando es hostil, ni de lo añejo y probado de malo, porque esto es como entretenerse, cuando aún no se ha salido bien de un tósigo, en infiltrárselo otra vez con esmero en las venas, a pico de ortografía, y a agujadas de latines. La lengua de D. S. P. no es así, sino legítima y propia de América, con toda la lozanía del buen pensar, donde el lenguaje sigue a la idea, como la túnica de lino de los indios, donde se nota a veces como el aleteo fuente del cóndor que vuela por los Andes y adorna el escudo de su patria, donde como en su propia tierra, se eleva en las alturas, con todo el oro y música de la naturaleza en las regiones templadas, el laurel de hojas recias y bruñidas, rodeado de bosques de palmeros y de olorosas musáceas.

Este es nuestro huésped, y nos honramos honrándolo, sea bienvenido el anciano que no se ha cansado de fundar; el hombre de letras que no se ha llenado de imitaciones; el americano que quiere a América americana, no madrileña o rubia, el presidente que cuando bajó la silla del poder miró a su alma y no encontró otra silla digna de él que la silla humilde y santa del Maestro.

Don Santiago Pérez Triana.

Honduras tiene ya su Escuela de Artes y Oficios

Honduras es un pueblo generoso y simpático, en que se debe tener fe. Sus pastores hablan como académicos. Sus mujeres son afectuosas y puras. En sus espíritus hay substancias volcánicas. Ha habido en Honduras revoluciones nacidas de conflictos más o menos visibles entro los enamorados de un estado político superior al que naturalmente produce el estado social, y los apetitos feudales que de manera natural se encienden en países que, a pesar de la capital universitaria, enclavada en ellos, son todavía patriarcales y rudimentarios.

Pero los ojos de los hombres, una vez abiertos, no se cierran. Los mismos padecimientos por el logro de la libertad encariñan más con ella; y el reposo mismo que da el mando tiránico permite que a su sombra se acendren y fortalezcan los espíritus. Ni ha sufrido Honduras mucho de tiranos, por tener sus hijos de la Naturaleza, con una natural sensatez que ha de acelerar su bienestar definitivo, cierto indómito brío, que no les deja acomodarse a un freno demasiado rudo.

Allí, como en todas partes, el problema está en sembrar. La Escuela de Artes y Oficios es invención muy buena; pero solo puede tenerse una, y para hacer todo un pueblo nuevo no basta. La enseñanza de la agricultura es aún más urgente; pero no en escuelas técnicas, sino en estaciones de cultivo; donde no se describan las partes del arado sino delante de él y manejándolo; y no se explique en fórmula sobre la pizarra la composición de los terrenos, sino en las capas mismas de tierra; y no se entibie la atención de los alumnos con meras reglas técnicas de cultivo, rígidas como las letras de plomo con que se han impreso, sino que se les entretenga con las curiosidades, deseos, sorpresas y experiencias, que son sabroso pago y animado premio de los que se dedican por sí mismos a la agricultura. Quien quiera pueblo, ha de habituar a los hombres a crear.

Y quien crea, se respeta y se ve como una fuerza de la Naturaleza, a la que atentar o privar de su albedrío fuera lícito.

Una semilla que se siembra no es solo la semilla de una planta, sino la semilla de la dignidad.

La independencia de los pueblos y su buen gobierno vienen solo cuando sus habitantes deben su subsistencia a un trabajo que no está a la merced de un regalador de puestos públicos, que los quita como los da y tiene siempre en susto, cuando no contra él armados en guerra, a los que viven de él. Esa es gente libre en el nombre; pero, en lo interior, ya antes de morir, enteramente muerta.

La gente de peso y previsión de esos países nuestros ha de trabajar sin descanso por el establecimiento inmediato de estaciones prácticas de agricultura y de un cuerpo de maestros viajeros que vayan por los campos enseñando a los labriegos y aldeanos las cosas de alma, gobierno y tierra que necesitan saber.

La América. Nueva York, junio de 1884

Libros a la carta

A la carta es un servicio especializado para
empresas,
librerías,
bibliotecas,
editoriales
y centros de enseñanza;
y permite confeccionar libros que, por su formato y concepción, sirven a los propósitos más específicos de estas instituciones.

Las empresas nos encargan ediciones personalizadas para marketing editorial o para regalos institucionales. Y los interesados solicitan, a título personal, ediciones antiguas, o no disponibles en el mercado; y las acompañan con notas y comentarios críticos.

Las ediciones tienen como apoyo un libro de estilo con todo tipo de referencias sobre los criterios de tratamiento tipográfico aplicados a nuestros libros que puede ser consultado en Linkgua-ediciones.com.

Linkgua edita por encargo diferentes versiones de una misma obra con distintos tratamientos ortotipográficos (actualizaciones de carácter divulgativo de un clásico, o versiones estrictamente fieles a la edición original de referencia).

Este servicio de ediciones a la carta le permitirá, si usted se dedica a la enseñanza, tener una forma de hacer pública su interpretación de un texto y, sobre una versión digitalizada «base», usted podrá introducir interpretaciones del texto fuente. Es un tópico que los profesores denuncien en clase los desmanes de una edición, o vayan comentando errores de interpretación de un texto y esta es una solución útil a esa necesidad del mundo académico.

Asimismo publicamos de manera sistemática, en un mismo catálogo, tesis doctorales y actas de congresos académicos, que son distribuidas a través de nuestra Web.

El servicio de «libros a la carta» funciona de dos formas.

1. Tenemos un fondo de libros digitalizados que usted puede personalizar en tiradas de al menos cinco ejemplares. Estas personalizaciones pueden ser de todo tipo: añadir notas de clase para uso de un grupo de estudiantes, introducir logos corporativos para uso con fines de marketing empresarial, etc. etc.

2. Buscamos libros descatalogados de otras editoriales y los reeditamos en tiradas cortas a petición de un cliente.

www.ingramcontent.com/pod-product-compliance
Lightning Source LLC
Chambersburg PA
CBHW031843220426
43663CB00006B/482